教育部人文社会科学研究规划基金项目（10YJA730007）

佛教比喻经典丛书

杂宝藏经注译与辨析

荆三隆 邵之茜 著

中国社会科学出版社

图书在版编目（CIP）数据

杂宝藏经注译与辨析／荆三隆，邵之茜著 . —北京：中国社会科学出版社，2014.1

（佛教比喻经典）

ISBN 978-7-5161-3844-1

Ⅰ.①杂… Ⅱ.①荆… ②邵… Ⅲ.①佛经 ②《杂宝藏》—注释 ③《杂宝藏》—译文 Ⅳ.①B942.1

中国版本图书馆 CIP 数据核字（2014）第 001935 号

出 版 人	赵剑英
责任编辑	蔺　虹
责任校对	林福国
责任印制	王　超

出　　版	中国社会科学出版社
社　　址	北京鼓楼西大街甲 158 号（邮编 100720）
网　　址	http://www.csspw.cn
	中文域名：中国社科网　010-64070619
发 行 部	010-84083685
门 市 部	010-84029450
经　　销	新华书店及其他书店
印刷装订	三河市君旺印装厂
版　　次	2014 年 1 月第 1 版
印　　次	2014 年 1 月第 1 次印刷
开　　本	710×1000　1/16
印　　张	32.5
插　　页	2
字　　数	439 千字
定　　价	79.00 元

凡购买中国社会科学出版社图书，如有质量问题请与本社联系调换
电话：010-64009791
版权所有　侵权必究

目　录

导言 …………………………………………………………… (1)

一　十奢王缘 ………………………………………………… (1)
二　王子以肉济父母缘 ……………………………………… (8)
三　鹦鹉子供养盲父母缘 …………………………………… (17)
四　弃老国缘 ………………………………………………… (20)
五　佛于忉利天上为母摩耶说法缘 ………………………… (28)
六　佛说往昔母迦旦遮罗缘 ………………………………… (32)
七　慈童女缘 ………………………………………………… (36)
八　莲华夫人缘 ……………………………………………… (43)
九　鹿女夫人缘 ……………………………………………… (50)
十　六牙白象缘 ……………………………………………… (58)
十一　兔自烧身供养大仙缘 ………………………………… (63)
十二　善恶猕猴缘 …………………………………………… (67)
十三　佛以智水灭三火缘 …………………………………… (70)
十四　波罗奈国有一长者子共天神感王行孝缘 …………… (75)
十五　迦尸国王白香象养盲父母并和二国缘 ……………… (80)
十六　波罗奈国弟微谏兄遂彻承相劝王教化天下缘 ……… (85)

十七	梵摩达夫人妒忌伤子法护缘	(88)
十八	驼骠比丘被谤缘	(91)
十九	离越被谤缘	(94)
二十	波斯匿王丑女赖提缘	(97)
二十一	波斯匿王女善光缘	(103)
二十二	昔王子兄弟二人被驱出国缘	(108)
二十三	须达长者妇供养佛获报缘	(112)
二十四	娑罗那比丘为恶生王所苦恼缘	(115)
二十五	内官赎所犍牛得男根缘	(121)
二十六	二内官诤道理缘	(123)
二十七	兄弟二人俱出家缘	(126)
二十八	仇伽离谤舍利弗等缘	(131)
二十九	龙王偈缘	(137)
三十	提婆达多欲毁伤佛因缘	(153)
三十一	共命鸟缘	(156)
三十二	白鹅王缘	(158)
三十三	大龟因缘	(161)
三十四	二辅相诡媾缘	(164)
三十五	山鸡王缘	(168)
三十六	吉利鸟缘	(171)
三十七	老仙缘	(174)
三十八	二估客因缘	(178)
三十九	八天次第问法缘	(181)
四十	贫人以糗团施现获报缘	(187)
四十一	贫女以两钱布施即获报缘	(192)
四十二	乾陀卫国画师罽那设食获报缘	(197)
四十三	罽夷罗夫妇自卖设会现获报缘	(201)
四十四	沙弥救蚁子水灾得长命报缘	(205)

四十五	乾陀卫国王治故塔寺得延命缘	(207)
四十六	比丘补寺壁孔获延命报缘	(209)
四十七	长者子见佛求长命缘	(211)
四十八	长者子客作设会获现报缘	(213)
四十九	弗那施佛钵食获现报缘	(217)
五十	大爱道施佛金缕织成衣并穿珠师缘	(221)
五十一	天女本以华鬘供养迦叶佛塔缘	(230)
五十二	天女本以莲华供养迦叶佛塔缘	(234)
五十三	天女受持八戒斋生天缘	(238)
五十四	天女本以然灯供养生天缘	(242)
五十五	天女本以乘车见佛欢喜避道缘	(245)
五十六	天女本以华散佛化成华盖缘	(248)
五十七	舍利弗摩提供养佛塔缘	(251)
五十八	长者夫妇造作浮图生天缘	(254)
五十九	长者夫妇信敬礼佛生天缘	(257)
六十	外道婆罗门女学佛弟子作斋生天缘	(260)
六十一	贫女人以氎施须达生天缘	(263)
六十二	长者女不信三宝父以金钱雇令受持五戒生天缘	(266)
六十三	女因扫地见佛生欢喜生天缘	(268)
六十四	长者造舍请佛供养以舍布施生天缘	(270)
六十五	妇以甘蔗施罗汉生天缘	(272)
六十六	女人以香涂佛足生天缘	(275)
六十七	须达长者婢归依三宝生天缘	(278)
六十八	贫女从佛乞食生天缘	(281)
六十九	长者婢为主送食值佛即施获报生天缘	(283)
七十	长者为佛造讲堂获报生天缘	(286)
七十一	长者见王造塔亦复造塔获报生天缘	(288)
七十二	贾客造舍供养佛获报生天缘	(290)

七十三	帝释问事缘	(293)
七十四	度阿若憍陈如等说往日缘	(309)
七十五	差摩子患目归依三宝得眼净缘	(312)
七十六	七种施因缘	(317)
七十七	迦步王国天旱浴佛得雨缘	(321)
七十八	长者请舍利弗摩诃罗缘	(324)
七十九	婆罗门以如意珠施佛出家得道缘	(331)
八十	十力迦叶以实言止佛足血缘	(335)
八十一	佛在菩提树下魔王波旬欲来恼佛缘	(338)
八十二	佛为诸比丘说利养灾患缘	(341)
八十三	贼临被杀遥见佛欢喜而生天缘	(345)
八十四	刖手足人感念佛恩而得生天缘	(348)
八十五	长者以好蜜浆供养行人得生天缘	(350)
八十六	波斯匿王遣人请佛由为王使生天缘	(352)
八十七	波斯匿王劝化乞索时有贫人以氎施王得生天缘	(354)
八十八	兄常劝弟奉修三宝弟不敬信兄得生天缘	(356)
八十九	父闻子得道欢喜即得生天缘	(358)
九十	子为其父所逼出家生天缘	(360)
九十一	罗汉祇夜多驱恶龙入海缘	(363)
九十二	二比丘见祇夜多得生天缘	(369)
九十三	月氏国王见阿罗汉祇夜多缘	(372)
九十四	月氏国王与三智臣作善亲友缘	(376)
九十五	拘尸弥国辅相夫妇恶心于佛佛即化导得须陀洹缘	(380)
九十六	佛弟难陀为佛所逼出家得道缘	(386)
九十七	大力士化旷野群贼缘	(394)
九十八	辅相闻法离欲缘	(401)
九十九	尼乾子投火聚为佛所度缘	(405)
一〇〇	五百白雁听法生天缘	(409)

一〇一	提婆达多放护财醉象欲害佛缘	(412)
一〇二	迦栴延为恶生王解八梦缘	(416)
一〇三	金猫因缘	(427)
一〇四	恶生王得五百钵缘	(430)
一〇五	求毗摩天望得大富缘	(434)
一〇六	鬼子母失子缘	(437)
一〇七	天祀主缘	(440)
一〇八	祀树神缘	(442)
一〇九	妇女厌欲出家缘	(445)
一一〇	不孝子受苦报缘	(448)
一一一	难陀王与那伽斯那共论缘	(450)
一一二	不孝妇欲害其姑反杀其夫缘	(456)
一一三	波罗奈王闻冢间唤缘	(458)
一一四	老比丘得四果缘	(463)
一一五	女人至诚得道果缘	(467)
一一六	优陀羡王缘	(470)
一一七	罗睺罗因缘	(479)
一一八	老婆罗门问谄伪缘	(488)
一一九	婆罗门妇欲害姑缘	(493)
一二〇	乌枭报怨缘	(498)
一二一	婢共羊斗缘	(502)

后记…………………………………………………………(505)

导　言

　　佛教发轫于古天竺，在长期的发展和演化过程中形成了十分庞大而精密的体系。佛教典籍目前在全球范围内只有汉译本保存得最多、最完整，其中汉译《大藏经》以其所收集的历史文化资料之广博而著称，是其他典籍无可比拟的。佛教经典涉及哲学、历史、文学、艺术、天文、历算、医药、建筑等诸多领域，是包罗宏富的宗教文化古籍，对中国和世界文明都曾产生过极为深远的影响。在成千上万的佛典经卷中，许多经典，如《维摩经》、《法华经》、《佛所行赞》、《百喻经》等，本身就是瑰丽的文学作品，在历史上曾被译为多种文字，其中的比喻故事为人们广为传颂。佛教文学不仅丰富了中国古典小说的创作，其俗讲、变文对后世的平话、戏曲文学的形成，也产生了巨大的影响，为汉语言文学的发展提供了丰富的文化资源。

一　佛教比喻经典的思想内容与特征

　　佛教比喻经典，无论是对历史还是现实生活，都产生过广泛而深远的影响。发掘其思想文化资源，有助于促进社会的祥和安定，使人们在处理各种纷扰的利益关系时，保持互谅和睦；在解决各种社会矛盾时，做到圆融会通。佛教比喻经典内容博大宏赡、系统致密，在千百年的传播中，已经浸润在人们的心灵中，体现在社会生活的各个方面。它不仅展示了广阔的理论空间，同时也构成了一整套修身的独特思想方式，对于为人处世、社会交往具有重要的指导意义，成为人们知行兼备、定慧双运的实践和体验，对中国历代文人以及社会文化心理都产生了深刻的影响。通过对佛教比喻经典的整理，使我们对《大藏经》中的佛教比喻故事有一个整体的、全面的了解。通过系统的注疏和白话文的翻译，可以加深广大读者对佛教比喻经典的理解认识，弘扬佛教文化中的优秀内涵，繁荣社会主义的文化内容。尤其是通过对佛教比喻故事中精彩纷呈的生活画面的分析评论，全面展示了佛教故事中所蕴含的丰富社会生活内容，这些内容既涵盖了当代社会精神文明建设中的各个方面，也有利于开阔人们的视野。

笔者认为，佛教比喻经典研究在构建和谐社会中的作用体现在方方面面，诸如修身思想与当代社会的关系；对无情有性、珍爱自然的认识与当代的环境保护意识；循循善诱、开悟心识的教化方式；精喻妙比的证理法门；佛教文学作品中的语言特色；比喻中的佛教义理及当代启示；佛教比喻中的典故、成语探究；佛教经典汉译与中国化的演变；释门比喻文学与因缘文学作品的相关讨论；佛教比喻经典与中国古代文学作品的相互联系；以及禅思、佛理在当代文化建设中的表现和作用。这种系统性、整体性的研究是我们的主要创新之处，对个案和具体内容的分析及特异性研究是我们力求的独特之处。

佛教比喻经典尽管卷帙浩繁、形式多样，但仍有规律可循。其突出的特点可以概括为四个字："人"、"物"、"事"、"理"。

"人"是指通过生动的人物形象表现佛教的基本教义，化抽象为具体，使佛教的义理体现在日常生活的衣食住行之中。

"物"是说以小见大，用我们习以为常的动物、植物以及自然界的一切事物作比喻，从而凸显佛教的伦理思想。并将人生伦理的业力果报与因果轮回学说联系在一起，以达到扬善去恶的目的。其中"三世两重因果论"将人际伦理和自然伦理相互融合，不仅要求协调好人际关系，还将其提升到一个极为宽广的时空坐标中加以审视，体现了万物平等、代际公平的思想理念，这对于当代社会伦理和社会道德建设可以起到促进作用。

"事"谓之生活常识、社会公理。衣食住行、婚丧嫁娶、爱恨情仇、生老病死，生活中的一切，无不可以入喻。喻语是佛家"因语、果语、因果语、喻语、不应说语、世流布语、如意语"七语之一。佛教以简短有趣的寓言故事、因缘故事弘扬佛法，用通俗而生动的生活语言、生活故事来表现佛教的智慧，往往发人深省、耐人寻味。

"理"意在通过精湛致密的论述方式，用百态纷呈的比喻故事，表现出睿智超妙的思想特征。佛门的喻世论理巧妙细腻、精彩动人，化深奥的玄机为人皆可知的义理，从而达到寄浅训深的效果。佛经在长期的传播中，极大地丰富了汉语的表现能力。大量的佛教比喻经典都十分注重概念的辨析，形成了系统的各种概念和名相。尤其是条分缕析、层层推进的表现手法，以及注重因果，注重过去、现在、未来相互联系的逻辑方式，对中国文学、史学、哲学的论述方法和表达方式都产生了重大的影响。

二 佛教比喻经典的概况与类型

比喻，从文学上说，是一种"借彼喻此"的修辞方法。佛典中大量运用了比喻的手法来论述和阐发佛教义理。在大藏经中，比喻经典主要集中在三个部分：

第一部分，阿含部中的六卷单篇的比喻经典，即《咸水喻经》、《箭喻经》、《蚁喻经》、《五阴譬喻经》、《佛说马有八态譬人经》、

《佛说月喻经》各一卷。

第二部分，本缘部中的比喻经。这一部分比较复杂，可以大体上分为以下三个类型：

一是佛陀本生类，以佛陀前世修行故事构成。如《六度集经》八卷，共九十一篇，其中有八十二篇是关于佛陀的比喻故事；《佛本行经》七卷；《佛所行赞》五卷。

二是佛教因缘类，以佛教因果故事为主题。如《撰集百缘经》十卷、《大庄严论经》十五卷、《贤愚经》十三卷、《杂宝藏经》十卷。

三是阐发佛教义理的比喻类。这一类经的形式又可以分为四种：

1. 《旧杂譬喻经》一部两卷，《杂譬喻经》三部四卷，《众经撰杂譬喻》一部两卷，共五部八卷。

2. 由九十八个比喻故事合集的《百喻经》四卷。

3. 由偈言，即诗句组成的比喻经，有《法句譬喻经》四卷。此外，还有与其相似的《出曜经》三十卷，"出曜"梵文意为"譬喻"，全经以阐发佛义为要。

4. 比喻经类的六卷单篇经典。分别是：《猘狗经》、《群牛譬经》、《大鱼事经》、《譬喻经》、《灌顶王喻经》、《医喻经》各一卷。

第三部分，经集部中的两卷，即《慈氏菩萨所说大乘缘生稻秆喻经》一卷（《大正藏》第十六册，第819页上至821页中）、《佛说旧城喻经》一卷（《大正藏》第十六册，第829页上至830页中）。

史传部中的《天尊说阿育王譬喻经》一卷（《大正藏》第五十册，第170页上至172页上）。

以上三个部分，共计一百二十九卷。

此外，佛典中的比喻层出不穷，如用"空华"、"水月"、"恒沙"来比喻"幻有"、"妄见"、"无量"等抽象概念；喻词迭出，仅以"法"构成的喻词如"法海"、"法云"、"法船"、"法雨"等，就有一百七十余个之多；《圆觉经》中"动目摇湛水"、"定眼回转火"、"云驶月运"、"舟行岸移"的比喻更是脍炙人口；《金刚经》六喻以"如梦、幻、泡、影、露、电"的联喻妙譬来说明一切事物的妄有形态。不仅如此，比喻还是佛典分类的一个组成部分，是佛说十二部之一（契经、应颂、授记、讽颂、自说、因缘、譬喻、本事、本生、方广、希比、论议）。佛典中《维摩经》、《法华经》中的比喻故事也是公认的文学珍品。

三　本丛书的内容、体例

本套丛书是我们承担的"教育部人文社会科学研究规划基金一般项目""佛教比喻经典整理、注译、评介与研究"的成果。

丛书完成的包括《月喻六经》六卷、《旧杂譬喻经》两卷、《杂譬喻经》四卷、《众经撰杂譬喻与医喻九经》十一卷、《法句譬喻经》四卷、《杂宝藏经》十卷共六部书三十七卷佛典的注译、评析与研究。根据我们工作和出版的实际情况，还会有适当的调整。应当指出的是，我们的工作是在前期研究的基础上展开的，借鉴了笔者的已有成果，包括：《佛家名言阐释》、《佛教起源论》、《中国古代文化论稿》、《白话楞伽经》、《白话楞严经》、《印度哲学与佛学》、《儒佛道三家名言品鉴》、《儒释思想比较研究》、《金刚经新注与全译》、《百喻经注释与辨析》、《圆觉经新解》、《佛蕴禅思》、《印度佛学与中国佛学文集》等十三本著述中的相关内容。同时，对于业已出版的本丛书各书之间的内容也会相互参照。需要特别说明的是，鉴于《杂宝藏经》十卷本篇幅较大，从本经起对于在前五部书中多次出现的佛教专有名词、概念、人名、地名，兼顾丛书的特点不再复注，在译文中按文意直接译出，敬请读者谅解。

我们以《大正藏》作为工作底本，参校其他版本。在体例上，每一篇佛经故事，都有"题解"，然后再按"经文"、"注释"、"译文"、"辨析"的顺序依次进行。因此，每篇故事，都是以"题解"发端，以"辨析"收尾。

"经文"部分，若过长，则分段标点、注译。对于经文中的异体字、讹字、组合字，一律按原文录出，以保持原貌，并在注释里校正、说明。

"注释"中，对于一词多义、同词别指、异词同义的佛教概念、名相，则予以复注，同一书中已注出的名词、义理，原则上不予复注。第一部书的注释会略为详尽。

"译文"部分，以直译为主，在专有名词已经注释的前提下，兼采意译，以方便阅读。

"辨析"是笔者对佛典的思想与表现形式的解读和心得。

需要说明的是，在注释和辨析部分，笔者不恪守于旧注、旧说，会注重早期佛教的特点，特别是印度文化的特点予以评说。本书谓之著者，意在于此。这套丛书是笔者从事佛教文化研究以来对佛教经典的又一次整理和研究的成果，谬误、疏漏乃至偏颇之处，敬请读者指正。在此，衷心地期望这套佛教比喻经典能够得到读者的喜爱。

荆三隆

2013 年 5 月于西安

一

十奢王缘

【题解】

缘，即因缘。佛教认为世间一切事物的生成、变化和坏灭皆由因缘和合而成，亦即由各种条件相互作用而产生的。因，为产生结果的内在直接原因；缘，为外在辅助条件。本书共一百二十一章因缘，可以理解为一百二十一篇故事。

十奢王的故事以王子互让王位之事，阐明忠孝为国之本，君仁臣敬、彼此和睦可使政通人和、国泰民安的喻理。一般认为本篇出自古代印度史诗《罗摩衍那》。

【经文】

昔人寿万岁时，有一王，号曰十奢，王阎浮提。王大夫人，生育一子，名曰罗摩。第二夫人，有一子，名曰罗漫。罗摩太子，有大勇武，那罗延力[1]，兼有扇罗[2]，闻声见形，皆能加害，无能当者。

时第三夫人，生一子，名婆罗陀。第四夫人，生一子，字灭怨恶。第三夫人，王甚爱敬，而语之言："我今于尔，所有财宝都无吝惜，若有所须，随尔所愿。"夫人对言："我无所求，后有情愿，当更启白。"

时王遇患,命在危惙[3],即立太子罗摩,代己为王,以帛结发,头着天冠,仪容轨则,如王者法。

时小夫人,瞻视王病,小得瘳差,自恃如此,见于罗摩绍其父位,心生嫉妒,寻启于王,求索先愿:"愿以我子为王,废于罗摩。"王闻是语,譬如人噎,既不得咽,又不得吐。"正欲废长,已立为王;正欲不废,先许其愿。"然十奢王,从少已来,未曾违信;又王者之法,法无二语。不负前言,思惟是已,即废罗摩,夺其衣冠。

时弟罗漫,语其兄言:"兄有勇力,兼有扇罗,何以不用,受斯耻辱?"兄答弟言:"违父之愿,不名孝子。然今此母,虽不生我,我父敬待,亦如我母。弟婆罗陀,极为和顺,实无异意。如我今者,虽有大力扇罗,宁可于父母及弟,所不应作而欲加害?"弟闻其言,即便默然。

时十奢王,即徙二子,远置深山,经十二年,乃听还国。罗摩兄弟,即奉父敕,心无结恨,拜辞父母,远入深山。

时婆罗陀,先在他国,寻召还国,以用为王。然婆罗陀,素与二兄,和睦恭顺,深存敬让。既还国已,父王已崩,方知己母妄兴废立,远摈二兄,嫌所生母所为非理,不向拜跪,语己母言:"母之所为,何期勃逆,便为烧灭我之门户。"向大母拜,恭敬孝顺,倍胜于常。

时婆罗陀,即将军众,至彼山际,留众在后,身自独往。当弟来时,罗漫语兄言:"先恒称弟婆罗陀义让恭顺,今日将兵来,欲诛伐我之兄弟?"

兄语婆罗陀言:"弟今何为将此军众?"弟白兄言:"恐涉道路,逢于贼难,故将兵众,用自防卫,更无余意。愿兄还国,统理国政。"兄答弟言:"先受父命,远徙来此。我今云何,辄得还返?若专辄者,不名仁子孝亲之义。"如是殷勤,苦求不已,兄意確然[4]，执志弥固。

弟知兄意终不可回，寻即从兄，索得革屣，惆怅懊恼，赍还归国。统摄国政，常置革屣于御坐上，日夕朝拜问讯之义，如兄无异。亦常遣人，到彼山中，数数请兄。然其二兄，以父先敕十二年还，年限未满，至孝尽忠，不敢违命。其后渐渐年岁已满，知弟殷勤屡遣信召，又知敬屣如己无异，感弟情至，遂便还国。

既至国已，弟还让位而与于兄。兄复让言："父先与弟，我不宜取。"弟复让言："兄为嫡长，负荷父业，正应是兄。"如是展转，互相推让，兄不获已，遂还为王。兄弟敦穆，风化大行，道之所被，黎元蒙赖，忠孝所加，人思自劝奉事孝敬。婆罗陀母，虽造大恶，都无怨心。

以此忠孝因缘故，风雨以时，五谷丰熟，人无疾疫，阎浮提内，一切人民，炽盛丰满，十倍于常。

【注释】

[1] 那罗延力：对此有不同说法。本处指破除烦恼、邪恶的金刚之力。

[2] 扇罗：神箭。

[3] 危惙（chuò）：指病危。

[4] 礭（què）然：礭，敲击。古同"确"，指坚固。礭然，坚定。

【译文】

国王和王子的故事

从前人的寿命可以活到一万岁的时候，有一位国王，名叫十奢，管理着世界中心须弥山之南人们生活的地方。国王的第一位夫人，生了一位王子，名叫罗摩。第二位夫人，也生了一位王子，名叫罗漫。罗摩太子，十分英勇威武，不仅具有无比的神力，还拥有神箭，无论是听到神箭的声音，还是看见神箭的形状，都能使人受到伤害，没有人能够抵挡。

当时国王的三夫人生下了一位王子，取名叫婆罗陀。四夫人也生了一位王子，名叫灭怨恶。国王对第三位夫人十分宠爱，对她说："我现在对你，即便是拿出所有的财宝也都不会吝惜，如果是你所需求的，我都会尽力满足。"三夫人回答："我一无所求，今后如果有需求，我再向大王禀告。"

不久国王得了重病，生命垂危，于是立罗摩为太子，代替自己为国王。罗摩以丝帛束发，佩戴王冠，仪式规程，如同国王上朝时一样。

当时三夫人探视国王，看到国王的病情有些好转，自恃受宠，又看见太子罗摩继承王位，心生嫉妒，于是乘机请求国王兑现原先的承诺："希望立我的儿子为国王，废除罗摩太子。"国王听后，十分为难，就像人吃东西噎住一样，既不能下咽，又无法吐出。心想："如果废长子吧，可已经立他为国王了；如果不废，可原先对三夫人有过承诺。"但十奢王从小以来未曾违背过诚信；再说按照国法，国王不能言而无信。国王思前想后，为了不违背先前的诺言，就废除了罗摩的王位，剥夺了他的王冠。

这时弟弟罗漫对哥哥罗摩说："你既有勇猛之力，又有神箭，为什么不用，而要忍受这样的耻辱呢？"哥哥回答弟弟说："违背父王的心愿，不能称为孝子。如今国王的三夫人，虽然不是我的生母，但我父亲宠爱她，就像我的母亲一样。弟弟婆罗陀，为人非常随和温顺，他并没有别的想法。像我现在，虽然有神力和神箭，但我怎么能够加害于父母和弟弟这些不应该受到伤害的人？"弟弟听哥哥这样说，也就默不作声了。

当时十奢王就将两位年长的儿子流放到远处的深山去，必须到十二年后才可以回国。罗摩兄弟便按照父王的诏令，心无怨恨，辞别了父母，来到遥远的深山。

当时婆罗陀王子在其他国家，不久奉诏回国继承王位。可婆罗陀与二位兄长平时相处和睦，对他们深存敬意。等他回国后，父王已驾崩，得知自己的母亲妄加干预王位的废立，将两位兄长流放到远方，认为母亲的所作所为毫无道理，便不向母亲跪拜，并对她说："母亲的做法，是倒行逆施，这样会毁灭我们整个家族的。"他又向大夫人跪拜，对她的恭敬孝顺更胜过往常。

不久婆罗陀带领军队，来到哥哥居住的山口，让士卒等在山外，只身前往。看到弟弟婆罗陀，二哥罗漫对哥哥罗摩说："你先前经常称赞弟弟婆罗陀仁义礼让、恭敬孝顺，现在他率兵而来，难道不是要杀害我们兄弟的吗？"

哥哥罗摩见到婆罗陀后问："弟弟今天为什么率领将士而来？"弟弟回答兄长说："我担心途中碰上强盗遭遇危难，率领将士为了自我防卫，没有其他的意思。愿兄长回国，掌管国家政务。"哥哥罗摩回答弟弟婆罗陀说："先前接受了父王的命令，来到这遥远的山中。我今天怎么能够擅自返回呢？如果自作主张，不就成为不仁不孝的人了吗？"弟弟婆罗陀苦苦请求，哥哥心意坚定，固执地坚持不肯回去。

弟弟知道哥哥的心意终究不可回转，就顺从了他的心愿，索要了哥哥穿过的皮靴，然后惆怅懊丧地回到了宫中。当他上朝理政时，常把哥哥的皮靴放在御座上，早晚朝拜、问讯，其礼仪，就像对待兄长那样没有差别。他还常派人到山中，多次邀请兄长回国。然而两位兄长，以十二年期限未满，要孝顺尽忠，不敢违背父王之命谢绝。随着时间的推移，当十二年期限满了之后，兄长深知弟弟屡次派遣使臣邀请之诚恳，又得知恭敬兄长的皮靴就如同恭敬兄长一样，为其深挚情意所感动，便回到了国都。

到国都后，弟弟退让王位还归于兄长，兄长又推让说："父王先前传位给了弟弟,现在我不应该接受。"弟弟又礼让说:"大哥为嫡亲长子,理应由您继承父王基业。"这样互相谦让,反复多次,最后兄长不得已,只好接受做了国王。他们兄弟和睦,忠孝两全,这种风气推广开来,百姓纷纷效法,所及之处,忠孝并行。人们相互信赖,孝敬长者,自我勉励,自觉奉行。婆罗陀的母亲,虽然犯下恶行,但罗摩等人对她不曾怀有怨恨。

由于这样忠诚亲孝的因缘,国家风调雨顺,五谷丰登,人们没有疾病和瘟疫。国之内外,一切黎民百姓,兴旺富裕,十倍于往常。

【辨析】

本篇围绕着王位的继承,以顺叙的方式结构全篇。故事情节完整而又曲折生动,人物形象个性突出,血肉丰满。其中的主要人物大致可以分为两组和一人。

第一组为十奢王和三夫人。这是专制者的代表,他们利欲熏心,不顾及国家利益,只考虑个人得失。十奢王病重不能处理朝政,立太子罗摩代国王行使权力,本来在封建王权内部是天经地义的事。然而恃宠的三夫人,以国王当年的承诺为借口,提出了立自己儿子为王的请求,国王为了满足爱妃的愿望和兑现自己的诺言,把两个年长的儿子发配到遥远的山中,命令他们十二年之内不得返回。

在王妃成群、王子列队的后宫,钩心斗角、相互算计乃至杀戮的权力之争,屡见不鲜,王室成员往往站在自己利益集团的角度去权衡取舍。但是,无论是谁,破坏了立法,则会动摇专制统治制度的基础,从根本上损害统治者的整体利益,所谓"覆巢之下,岂有完卵"?因此,十奢王为了满足爱妃的私欲,废长立幼,一意孤行,无视国家法度,其做法已经将自己和国家置于十分危险的境地,而三夫人的贪欲则把自己和儿子推到了刀剑之下。因为无论是按照法度，还是出于自身利益的考虑，有神勇之力并且已经主持国家政务的罗摩王子，完全有理由不去理会父王昏聩无理的许诺，灭除私欲膨胀的三夫人。弟弟罗漫对哥哥罗摩所说的："你既有勇猛之力，又有神箭，为什么不用，而要忍受这样的耻辱呢？"就足可以说明这一点。所以十奢王和三夫人的行为，揭示出佛教视贪婪为一切宫闱争斗、同室操戈之祸根的喻理。

第二组人物是罗摩和婆罗陀两位王子。大王子罗摩为人忠孝，无论从品行还是能力都具有"神"的特质。认为违背父王的命令，则为不孝，宁可委曲求全，顺从父王的心愿，而不愿做出伤害王妃和弟弟之事。他的言行，暗合在故事提及的四夫人之子"灭怨恶"名字之意，表现了佛教以德报怨、忍辱修行的喻理。

以上两组在客观上形成了鲜明的对比。

三王子婆罗陀仁义礼让、恭敬孝顺，不贪恋权势、荣华。父王和母亲的宠爱，并没有使他丧失理性，对现实有清醒的认识。哥哥虽被流放，并遵循父王之命未满十二年不回，那么十二年以后，无论是从礼法还是从力量来说，重返王位都是理所当然的事。婆罗陀请哥哥出山，以防备盗贼为由率领众多将士，实际上暗含有父王去世后，国内政局不稳、礼法动摇、人心思变的隐情。把王位归还给哥哥，不仅名正言顺，实际上更是把自己和母亲从火山中解救出来。兄弟和睦，礼化风行，世人效法，忠孝不失，这不恰恰是符合王室的整体利益的结果吗？

二

王子以肉济父母缘

【题解】

割肉孝亲，在佛陀本生故事和佛经比喻故事中多次出现，我国古代也曾有与此相类的故事。本篇故事就是通过佛陀舍身救父母的前世因缘，突出佛教"百善孝为先"的喻理。

【经文】

如是我闻：

一时佛在舍卫国，尔时阿难，着衣持钵，入城乞食。见一小儿，有盲父母，乞索得食，好者供养父母，粗者便自食之。阿难白佛言："世尊，此小儿者，甚为希有。乞得好食，用奉父母，择粗恶者，而自食之。"

佛言："此未为难，我过去世中，供养父母，乃极为难。"阿难白佛言："世尊，过去之世，供养父母，其事云何？"

佛言："乃往过去，有大国王，统领国土。王有六子，各领一国。时有一大臣，名罗睺求，计谋兴军，杀彼大王及其五子。其第六小子，先有鬼神，来语之言：'汝父大王及诸五兄，悉为大臣罗睺求之所杀害，次欲到汝。'王子闻已，即还家中。妇见王子颜色忧悴，不与常同，而问夫言：'汝何以尔？'夫答妇言：'男子之事不得语汝。'妇言：'王子，我今与汝生死共同，有何急缓而不见语？'夫答妇言：'适有鬼神，来语我言：汝父大王及与五兄，悉为他杀，次来到汝。以是忧惧，莫知所适。'

夫妇作计，即共将儿，逃奔他国。持七日粮，计应达到。惶怖所致，错从曲道，行经十日，犹不达到。粮食乏尽，困饿垂死。王子思惟：'三人并命，苦痛特剧，宁杀一人，存二人命。'即便拔剑，欲得杀妇。儿顾见父，合掌白言：'愿父今者莫杀我母，宁杀我身，以代母命。'父用儿语，欲杀其子。子复白言：'莫断我命，若断我命，肉则臭烂，不得久停，或恐其母不得前达；不断我命，须臾削割，日日稍食。'未到人村，余在身肉，唯有三脔[1]，子白父母：'此肉二脔，父母食之，余有一脔，还用与我。掷儿放地，父母前进。'

"时释提桓因[2]，宫殿震动，便即观之，是何因缘？见此小儿作希有事，即化作饿狼，来从索肉。小儿思惟：'我食此肉，亦当命尽，不食亦死。'便舍此肉，而与饿狼。释提桓因，即化作人，语小儿言：'汝今割肉，与汝父母，生悔心不？'答言：'不悔。'天言：'汝今苦恼，谁当信汝不生悔心？'小儿于是即出实言：'我若不生悔心，身肉还生，平复如故；若有悔者，于是即死。'作此言已，身体平复，与本无异。

"释提桓因，即将其子并其父母，使得一处，见彼国王，心大悲喜，愍其至孝，叹未曾有，即给军众，还复本国。释提桓因，即渐拥护，作阎浮提王。尔时小儿，我身是也。尔时父母，今日父母是也。"

佛言："非但今日赞叹慈孝，于无量劫常亦赞叹。"诸比丘白佛言："世尊，过去世中，供养父母，其事云何？"

佛言："昔迦尸国王土界之中，有一大山，中有仙人，名睒摩迦。父母年老，而眼俱盲，常取好果鲜花美水，以养父母，安置闲静无怖畏处。凡有所作，举动行止，先白父母。白父母已，便取水去。

"时梵摩达王[3]，游猎而行，见鹿饮水，挽弓射之，药箭误中睒摩迦身，被毒箭已，高声唱言：'一箭杀三人，斯痛何酷。'其王闻其声，寻以弓箭，投之于地，便即往看，'谁作此言？我闻此山中有仙人，名睒摩迦，慈仁孝顺，养盲父母，举世称叹。汝今非睒摩迦也？'答言：'我即是也。'而白王言：'今我此身，不计苦痛，但忧父母年老目冥，从今饥困，无人供养耳。'王复问言：'汝盲父母，今在何许？'睒摩迦指示王言：'在彼草屋中。'王即至盲父母所。

"睒摩迦父时语妇言：'我眼瞤[4]动，将非我孝子睒摩迦有衰患不？'妇复语夫：'我乳亦惕惕[5]而动，将非我子有不祥事不？'时盲父母，闻王行声索索，心生恐怖。'非我子行，为是谁也？'王到其前，唱言作礼。盲父母言：'我眼无所见，为是谁礼？'答言：'我是迦尸国王。'时盲父母，命王言坐。'我子若在，当以好华果奉上于王。我子朝往取水，迟晚久待不来。'

"王便悲泣，而说偈言：

　　我为斯国王，游猎于此山。
　　但欲射禽兽，不觉中害人。
　　我今舍王位，来事盲父母。
　　与汝子无异，慎莫生忧苦。

"盲父母，以偈答王曰：

　　我子慈孝顺，天上人中无。
　　王虽见怜愍，何得如我子？
　　王当见怜愍，愿将示子处。

得在儿左右,并命意分足。

"于是,王将盲父母往至睒摩迦边。既至儿所,捶胸懊恼,号啕而言:'我子慈仁,孝顺无比。天神地神,山神树神,河神池神诸神'说偈而言:

释梵天世王,云何不佐助。
我之孝顺子,使见如此苦?
深感我孝子,而速救济命。

"时释提桓因,宫殿震动,以天耳闻盲父母悲恻语声,即从天下,往到其所,而语睒摩迦言:'汝于王所,生恶心也?'答言:'实无恶心。'释提桓因言:'谁当信汝无恶心也?'睒摩迦答言:'我于王所有恶心者,毒遍身中,即尔命终;若我于王无恶心者,毒箭当出身疮便愈。'即如其言,毒箭自出,平复如故。王大欢喜,踊跃无量,便出教令,普告国内:'当修慈仁孝事父母。'

"睒摩迦从昔已来,慈仁孝顺,供养父母。欲知尔时盲父者,今净饭王是;尔时盲母者,摩耶夫人是;睒摩迦者,今我身是;迦尸国王,舍利弗是;时释提桓因,摩诃迦叶是。"

【注释】

[1] 脔(luán):切成小块的肉。
[2] 释提桓因:梵文音译,即忉利天王,亦称帝释天王。
[3] 梵摩达王:中印度古国波罗奈国的国王。
[4] 眼瞤(shùn):眼皮跳动。
[5] 惕惕(tì):心绪不宁的样子。

【译文】

佛陀前生孝敬父母的故事

我曾亲耳聆听佛陀的教诲：

从前佛陀在憍萨罗国都舍卫城传法，那时阿难身穿袈裟手持食钵，到城中乞食。他看见一个小孩，领着双目失明的父母沿街乞讨，讨来的好的食物供给父母，剩下不好的自己吃。阿难回来后对佛陀说："受世人尊敬的佛陀，这样的小孩十分难得，把乞讨得来的好的食物供奉父母，剩下粗劣的自己吃。"

佛陀说："这还不算难做到的，我在过去世中，供养父母，那才是极难做到的。"阿难问佛陀："受世人尊敬的佛陀，在过去世您供养父母，是怎样的情形呢？"

佛陀说："过去，有一位大国的国王，拥有辽阔的疆土。国王有六个儿子，各自统领一个属国。当时有一位大臣名叫罗睺求，企图谋反，杀死了国王和五位王子。国王的第六个也是最小的儿子，事先有鬼神来对他说：'你父王及五位兄长，都被大臣罗睺求杀害，接下来就是你了。'王子听后，立即回到家中。妻子看见王子面容憔悴，十分焦虑，不同往常，就问他说：'你这是怎么回事呢？'丈夫回答妻子说：'男人的事不需要告诉你。'妻子说：'王子，我现在和你生死与共，有什么事不能对我说呢？'丈夫回答妻子说：'刚才有鬼神来告诉我：你父王及五位兄长，都被叛臣杀死，接着就到你了。我因此而忧愁恐惧，不知该到哪里去？'

"夫妻二人商量后，立刻一起带着儿子，逃奔到其他国家。他们带了七天的干粮，预计应当能够到达。但由于惊慌恐惧结果错走了弯路，走了十天还没有到达。这时粮食已尽，他们极度困顿饥饿，几近死亡。王子心想：'三人一起死，实在太悲惨痛苦了，还不如让一人死而保全两人的性命。'便拔出佩剑，要杀妻子。儿子回头看到后，双手合掌对父亲说：'请求父亲现在不要杀死我母亲，宁可杀了我，以保全母亲的性命。'父亲听从儿子的话，要杀儿子。儿子又说：'请不要杀死我，如果断绝了我的性命，肉就会腐烂发臭，不能保存太久，恐怕母亲不能到达目的地；不杀死我，随时需要随时割取，每天慢慢地吃。'还没到达有人居住的村庄，儿子身上的肉，只剩下三块了。儿子对父母说：'这两块肉，请父母食用，还有一块留给我。把我放在地上，父母请继续前行吧。'

"当时帝释天王的宫殿震动起来，于是他立即出去观看，想知道究竟是什么原因？看见这个小孩做出世间如此稀有的事，就立刻化为一只饿狼，来索要小孩的肉。小孩心想：'我吃了这块肉，也免不了一死，不吃也是死。'便把这块肉给了饿狼。帝释天王随即又化为人，对小孩说：'你割肉给你父母，心里现在后悔不？'小孩回答：'不后悔。'帝释天王说：'可是你应该苦恼的是，怎么才能让人相信你心里不后悔呢？'小孩这时说：'如果我不生后悔之心，身体上的肉就会长出来，恢复到从前那样；如有后悔之心，就马上死去。'说完这话，身体恢复，和原来一样没有差别。

"于是，帝释天王就让小孩和他的父母相聚在一起，拜见了邻国的国王，国王大受感动，感叹这孩子的至孝，认为是从未有过的事。当即给了流亡的六王子军队，回国恢复王位。帝释天王护佑六王子，渐渐得到民众的拥护，成了大国的国王。那时的小孩，就是我的前身；那时的父母，就是我现在的父母饭净王夫妇。"

佛陀说："不但今天赞颂仁慈孝敬，往昔无数世中都赞颂。"弟子们问佛陀："受世人尊敬的佛陀，在过去世中，您供养父母，还有哪些事迹呢？"

佛陀说"从前在迦尸国中，有一座大山，山中有一位仙人，名叫睒摩迦。他的父母年老体迈，而且双目失明，睒摩迦常以美味的果子、鲜花和甘甜的泉水供养父母，把他们安置在清静安闲且没有危险的地方。但凡他有事外出，都先告诉父母。一天，他给父母打了招呼后，便到泉边取水去了。

"这时梵摩达王游猎到山中，看见有一只鹿在饮水，就挽弓射鹿，带有毒药的箭却误伤了睒摩迦，身中毒箭后的睒摩迦大声喊道：'一箭误杀了三个人啊，这是多么残酷！'国王听到喊声，立即把弓箭扔在地上，前往看视，问：'是谁在喊叫？我听说山中有一位仙人，名叫睒摩迦，仁慈孝顺，供养双目失明的父母，备受人们的称赞。你莫非就是睒摩迦？'睒摩迦回答：'我就是。'并对国王说：'我现在顾不了自己身上的伤痛了，只担心父母年老体衰，双目失明，此后饥饿贫困，没有人养活啊！'国王又问道：'你的盲眼父母现在在何处？'睒摩迦指给国王说：'在那间草屋中。'国王随即来到睒摩迦盲眼父母的住所。

"此时，睒摩迦的父亲对妻子说：'我的眼皮跳动，莫非我的孝顺儿子睒摩迦有什么灾祸吗？'妻子也对丈夫说：'我乳房也颤动，心绪不宁，难道是我儿子遭遇什么不测吗？'这时盲眼父母，听到屋外国王走路的响声，心生恐惧，心想：'这不是我儿子的脚步声，是谁来了呢？'国王来到他们面前，大声地向他们打招呼，表示行礼。睒摩迦的父母说：'我们眼看不见，是谁在行礼？'国王回答说：'我是迦尸国王。'这时盲眼父母，请国王坐下来。说：'我儿子如果在的话，就会以鲜花野果供奉国王。我儿子早上取水去了，等了这么久了还不见他回来。'

"国王听后悲泣不已，用诗句说：

> 我本迦尸国之王，游猎来到此山中。
> 本想箭射水边鹿，不觉误中取水人。
> 如今我愿舍王位，前来事奉盲父母。
> 与你儿子无差异，切莫忧愁生计苦。

"双目失明的父母，以诗句回答国王说：

> 我子仁慈亦孝顺，天上人间无人比。
> 国王虽有怜悯心，何能替代我之子？
> 国王如有怜悯心，请示我子罹难处。
> 得以陪伴儿左右，同命共意情分足。

"于是，国王领着盲眼父母来到睒摩迦身边。父母见到儿子后，搥胸顿足，号啕大哭道：'我儿子仁厚慈善，孝顺无比。天神、地神、山神、树神、河神、池神啊，一切的神啊！'并用诗句说：

> 帝释梵天诸天王，为何不护佑救助？
> 我那仁慈孝顺子，为何命运如此苦？
> 深切感念我孝子，速来救济贤者命。

"这时帝释天王的宫殿为之震动，天王以天耳听到了盲眼父母悲怆凄恻的话语声，随即从天界下到人间，来到他们身边，对睒摩迦说：'你对国王，有无痛恨心？'回答说：'并无痛恨心。'帝释天王说：'怎么能让人相信你无痛恨心呢？'睒摩迦回答说：'如我对国王有痛恨心，则箭毒传遍全身，当下就死；如我对于国王无痛恨心，毒箭会从身上退出，伤口愈合。'随即如他所说，毒箭自动退出，伤口愈合。国王见后，欢喜雀跃，立刻下令，通告国内百姓：'应当以慈仁之心孝敬父母。'

"从那以后，睒摩迦成为仁慈孝顺，供养父母的楷模。当时双目失明的父亲，就是今天的净饭王；当时双目失明的母亲，就是摩耶夫人；睒摩迦，就是今天的我；迦尸国王，就是今天的舍利弗；当时的帝释天王，就是佛弟子中有头陀第一称誉的大迦叶。"

【辨析】

本篇中的两个故事都以佛陀前生孝敬父母立意，喻指孝顺是佛家仁慈悲悯教义的根本，所不同的是表现方式上的差别。

第一则故事写的是佛陀为了救母、救父，不惜"割肉孝亲"的感人事迹，凸显了佛陀的牺牲精神和舍己奉献、无怨无悔的情怀，读后令人感慨唏嘘、感动不已。人们误以为"出家人不孝敬父母"，由此颠覆了这一认识，我们从佛陀身上看到的是对父母更为圆满、彻底的慈孝。

对于"割肉孝亲"的做法，今天我们当然是不能接受的，但是对于这种带有"愚忠愚孝"的历史的真实性也不能断然否定，而要从中体会这种行为所体现的社会伦理道德的启示意义。在中国历史上，"割股者"并不鲜见，春秋时晋文公重耳在逃亡途中，饥饿难忍之时，臣子介子推割下自己大腿之肉，做成肉羹奉给重耳，以此保全君主的性命。史书中还记载古代割肉做"药引"以孝亲。台湾作家李敖写的《中国女人割股考》中，割肉者多达620人，从唐代冯氏割股给母亲治病，一直到胡适的母亲冯顺弟割下臂肉喂给弟弟。当"药引"的做法，从今天来看是没有科学依据的愚昧之举，但从历史上来看，却并非仅仅是无奈的选择，而是体现了女性无与伦比的慈爱善良和舍身为人的骇世壮举。

第二则故事写的是仙人睒摩迦孝敬双眼失明父母之事。睒摩迦对父母关怀备至，悉心照顾，这从睒摩迦把盲眼父母安置在清静且没有危险的地方居住就可以看出。故事还通过人物语言、彼此之间的双向互动，以及细节描写来表现至亲至孝的人间真情。如睒摩迦误中毒箭后的"一箭误杀了三个人啊，这是多么残酷"的悲悯呼告，和其父母眼皮跳动、乳房颤动的不祥预感之间的回应，把那种心心相印的骨肉亲情表现得细致入微，感人至深。此外，睒摩迦虽被国王误射，遭受巨大痛苦，但从他和他父母的言语和举止中，却都没有表现出仇恨与怨怒，这从一个侧面反映出佛教忍辱修行的深刻喻理。

三

鹦鹉子供养盲父母缘

【题解】

本篇以鹦鹉供养失明父母的故事，阐明了精勤修孝道，获得大福报的佛教伦理思想。

【经文】

佛在王舍城，告诸比丘言："有二邪行，如似拍鞠[1]，速堕地狱。云何为二？一者不供养父母。二者于父母所作诸不善。有二正行，如似拍鞠，速生天上。云何为二？一者供养父母。二者于父母所作众善行。"诸比丘言："希有世尊，如来极能赞叹父母。"

佛言："非但今日，于过去世，雪山之中，有一鹦鹉，父母都盲，常取好花果，先奉父母。尔时有一田主，初种谷时，而作愿言：'所种之谷，要与众生而共啖[2]食。'时鹦鹉子，以彼田主先有施心，即常于田，采取稻谷，以供父母。

"是时田主按行苗行，见诸虫鸟揃[3]谷穗处，瞋恚[4]懊恼，便设罗网，捕得鹦鹉。鹦鹉子言：'田主先有好心，施物无吝，由是之故，故我敢来，采取稻谷。如何今者而见网捕？且田者如母，种子如父，实语如子，田主如王，拥护由己。'作是语已，田主欢喜，问鹦鹉言：'汝取此谷，竟复为谁？'鹦鹉答言：'有盲父母，愿以奉之。'田主答言：'自今已后，常于此取，勿复疑难。'"

佛言："鹦鹉乐多果种，田者亦然。尔时鹦鹉，我身是也；尔时田主，舍利弗是；尔时盲父，净饭王是；尔时盲母，摩耶是也。"

【注释】

[1] 拍鞠（jū）：鞠，球。拍鞠，古代一种击打球类的游戏。

[2] 唊（dàn）：吃、吞咽。

[3] 揃（jiǎn）：剪断、割，这里指食谷穗。

[4] 瞋恚（chēn huì）：愤怒怨恨。

【译文】

鹦鹉供养失明父母的故事

佛陀在摩揭陀国王舍城外的寺院，对弟子们说："有两种邪恶的行为，就像拍起的球落下时一样，会迅速堕入地狱。哪两种呢？一是不供养父母，二是对父母做出各种不善的行为。有两种正确的行为，就像拍起的球能迅速升到天上。哪两种呢？一是供养父母，二是对父母有各种善行。"弟子们说："世间少有的佛陀，您对父母极为恭敬。"

佛陀说："不仅在今天，过去，在一座雪山之中，有一只鹦鹉，它的父母都失明了，鹦鹉总是把摘来的鲜果，先给父母食用。那时有一位农夫，起初种稻谷时，就发愿说：'所种的稻谷，要和众生共同食用。'这只小鹦鹉，因为这位农夫早先有施舍之心，就常来稻田采取稻谷，用以供养父母。

"一次农夫到田间巡看，见有许多虫子和鸟啄断了田里的谷穗，十分气愤，便设下罗网，捕获了鹦鹉。这只小鹦鹉说：'农夫先有善心，施舍谷物不吝啬，正因为这样，所以我才敢来采稻谷。为什么现在却被捕获网中呢？况且农田就像母亲，种子就像父亲，所发的愿就像孩子，农夫就像国王，一切由其支配。'说完之后，农夫很高兴，问鹦鹉说：'你取稻谷，究竟是为谁呢？'鹦鹉回答：'我有失明的父母，用以奉养他们。'农夫回答说：'从今以后，常来取稻谷，不用为难了。'"

佛陀说："鹦鹉希望有更多的果实，种田者也同样。那时的鹦鹉，就是我的前身；农田的主人，就是现在有智慧第一称誉的舍利弗；失明的父亲，就是今天我的父亲净饭王；失明的母亲，就是我的母亲摩耶夫人。"

【辨析】

这篇故事一开篇佛陀即以拍球为喻，以球的上升和下落，说明善行可以让人迅速上天堂，恶行会让人迅速下地狱，极为形象地描述了由对待父母的善行和恶行而招致的两种截然不同的结果，从而教谕弟子要善待生养自己的父母。"一上"、"一下"既富有动态感，又对比鲜明，给人留下深刻的印象。

接着，时空巧妙转换，以当年鹦鹉啄取稻谷奉养失明的双亲，引出了佛陀的前世今生。鹦鹉喻指佛陀的前身，故事以鹦鹉和田夫的对话来展开情节，辗转生发，亲切自然。既合乎情理，又具有说服力，充分表达了孝敬父母终有善果的喻理。

四

弃老国缘

【题解】

本篇以遗弃老人的国家遭受"天谴"的故事,阐发了爱老、尊师、敬佛的喻理。

【经文】

佛在舍卫国,尔时世尊,而作是言:"恭敬宿老,有大利益。未曾闻事,而得闻解,名称远达,智者所敬。"诸比丘言:"如来世尊,而常赞叹恭敬父母,耆长宿老。"

佛言:"不但今日,我于过去无量劫中,恒恭敬父母,耆长宿老。"诸比丘白佛言:"过去恭敬,其事云何?"

佛言:"过去久远,有国名弃老,彼国土中,有老人者,皆远驱弃。有一大臣,其父年老,依如国法,应在驱遣。大臣孝顺,心所不忍,乃深掘地,作一密屋,置父着中,随时孝养。

"尔时天神,捉持二蛇,着王殿上,而作是言:'若别雄雌,汝国得安;若不别者,汝身及国,七日之后,悉当覆灭。'王闻是已,心怀懊恼,即与群臣,参议斯事,各自陈谢,称不能别。即募国界,'谁能别者,厚加爵赏。'大臣归家,往问其父。父答子言:

'此事易别。以细软物，停蛇着上。其躁扰者，当知是雄；住不动者，当知是雌。'即如其言，果别雄雌。

"天神复问言：'谁于睡者，名之为觉？谁于觉者，名之为睡？'王与群臣，复不能辩，复募国界，无能解者。大臣问父：'此是何言？'父言：'此名学人。于诸凡夫，名为觉者；于诸罗汉，名之为睡。'即如其言以答。

"天神又复问言：'此大白象，有几斤两？'群臣共议，无能知者，亦募国内，复不能知。

"大臣问父，父言：'置象船上，着大池中，画水齐船深浅几许；即以此船，量石着中，水没齐画，则知斤两。'即以此智以答。

"天神又复问言：'以一掬[1]水，多于大海，谁能知之？'群臣共议，又不能解，又遍募问，都无知者。大臣问父：'此是何语？'父言：'此语易解。若有人能信心清净，以一掬水，施于佛僧及以父母、困厄病人，以此功德，数千万劫，受福无穷。海水极多，不过一劫。推此言之，一掬之水，百千万倍，多于大海。'即以此言，用答天神。

"天神复化作饿人，连骸挂骨，而来问言：'世颇有人饥穷瘦苦剧于我不？'群臣思量，复不能答。臣复以状，往问于父，父即答言：'世间有人，悭贪嫉妒，不信三宝，不能供养父母师长，将来之世，堕饿鬼中，百千万岁，不闻水谷之名，身如太山，腹如大谷，咽如细针，发如锥刀，缠身至脚，举动之时，支节火然。如此之人，剧汝饥苦，百千万倍。'即以斯言，用答天神。

"天神又复化作一人，手脚杻械，项复着锁，身中火出，举体燋[2]烂，而又问言：'世颇有人苦剧我不？'君臣率尔，无知答者。大臣复问其父，父即答言：'世间有人，不孝父母，逆害师长，叛于夫主，诽谤三尊，将来之世，堕于地狱，刀山剑树，火车炉炭，陷河沸屎，刀道火道。如是众苦，无量无边，不可计数。以此方之，剧汝困苦，百千万倍。'即如其言，以答天神。

"天神又化作一女人,端政瑰玮,逾于世人,而又问言:'世间颇有端政之人如我者不?'君臣默然,无能答者。臣复问父,父时答言:'世间有人,信敬三宝,孝顺父母,好施、忍辱、精进、持戒,得生天上,端政殊特,过于汝身,百千万倍,以此方之,如瞎猕猴。'又以此言,以答天神。

"天神又以一真檀木方直正等,又复问言:'何者是头?'君臣智力,无能答者。臣又问父,父答言:'易知。掷着水中,根者必沈,尾者必举。'即以其言,用答天神。

"天神又以二白騲马[3],形色无异,而复问言:'谁母谁子?'君臣亦复无能答者。复问其父,父答言:'与草令食,若是母者,必推草与子。'如是所问,悉皆答之。天神欢喜,大遗国王珍琦财宝,而语王言:'汝今国土,我当拥护,令诸外敌不能侵害。'

"王闻是已,极大踊悦,而问臣言:'为是自知?有人教汝?赖汝才智,国土获安,既得珍宝,又许拥护,是汝之力。'臣答王言:'非臣之智,愿施无畏,乃敢具陈。'王言:'设汝今有万死之罪,犹尚不问,况小罪过。'臣白王言:'国有制令,不听养老。臣有老父,不忍遣弃,冒犯王法,藏着地中。臣来应答,尽是父智,非臣之力。唯愿大王,一切国土,还听养老。'

"王即叹美,心生喜悦,奉养臣父,尊以为师。'济我国家一切人命,如此利益,非我所知。'即便宣令,普告天下:'不听弃老,仰令孝养。其有不孝父母,不敬师长,当加大罪。'

"尔时父者,我身是也;尔时臣者,舍利弗是;尔时王者,阿阇世是;尔时天神,阿难是也。"

【注释】

[1] 掬(jū):双手捧起。

[2] 爝(zhuó):多音字,古同"灼",本文指火烧。

[3] 騲(cǎo)马:母马。

【译文】

弃老国的故事

佛陀在憍萨罗国都舍卫城，对弟子们说："恭敬老年人，会获得很大的利益。不曾听过其事，也应当理解其道理，才会名声远扬，被智慧的人所尊敬。"弟子们说："佛陀，您常赞叹恭敬父母、师长和老人。"

佛陀说："不但是现在，我在过去无法计算的岁月里，始终恭敬父母、师长和老人。"弟子们对佛陀说："您过去恭敬老人，有什么事迹呢？"

佛陀说："在很久以前，有一个国家叫做弃老国，在这个国家中，凡是老年人都被驱逐抛弃。有一位大臣，他的父亲年老了，按照国家法律，应当在驱逐之列。但大臣孝顺，心中不忍，就挖了一个很深的地窖，做成了一间密屋，把父亲安置在其中，随时孝敬供养。

"那时有一位天神，手里抓着两条蛇，来到国王的大殿上，对国王说：'如果能分辨蛇的雌雄，你的国家就可以得到平安；如果不能分辨，你和你的国家，七天之后就会灭亡。'国王听后，心里十分担忧，随即和大臣商讨这件事，大家都各自陈说，认为不能分辨。国王随即告示全国：'有能分辨蛇雌雄的人，给以重赏，升官加爵。'大臣回家后，就去问父亲。父亲回答儿子说：'这事容易分辨。让蛇卧于细软之上，烦躁爬动的，就是雄蛇；安静不动的，就是雌蛇。'大臣立即按父亲所说的去做，果然辨别出了雌雄。

"天神又问：'谁对于睡着来说，称为觉？谁对于醒着来说，称为睡？'国王和大臣们，都不能回答，再次告示全国，仍找不到能解答的人。大臣回家问父亲：'这话是指什么呢？'父亲说：'这是指修学佛理的人。对于凡俗之人来说，他们就是觉醒的人；对于证得罗汉果位的高僧而言，他们仍然为睡着者。'大臣立即按父亲的话回答了天神的问题。

"天神又接着问：'这头大白象，有几斤几两重？'大臣们共同商议，没有人能知道，又告示国内，仍然不能知道。大臣回家问父亲，父亲说：'把大象放置在船上，把船放在大水池中，画出水没船的深浅；然后再用这只船称量石块，当石块和大象在船上画的没水深浅一样时，再计算石块的重量，就知道大象的重量了。'大臣随即用这样的方法称出了大象的重量，机智地回答了问题。

"天神又问：'双手捧起一抔水，却多于大海，谁能知道为什么吗？'大臣们共同商议后，又不能解答，告示国内，仍然没有人知道。大臣回家问父亲：'这话是指什么呢？'父亲说：'这话容易解答。如果有人能清净、诚笃地信受所闻之法，以一抔水，布施于佛陀、僧人以及父母、困顿危重中的病人，因为这一抔水的功德，在无法计算的岁月中，受到无穷无尽的福报。海水虽然多，却超不过一成一灭的岁月。因此，一抔功德水，多于大海，何止百倍、千倍、万倍。'大臣随即用父亲的话，回答了天神的问题。

"天神又变化为一个饥饿的人，瘦骨嶙峋，前来问道：'世上还有比我更饥饿穷苦、瘦骨嶙峋的人吗？'大臣们再三思量，还是不能回答。那位大臣像以前一样，回家问父亲，父亲当即回答说：'世上有人，贪婪嫉妒，不信佛、法、僧三宝，不能供养父母和师长，来世将堕入饿鬼道之中，在百年、千年、万年，都喝不到水吃不到粮，身体犹如泰山，肌腹犹如深谷，但食道却犹如细针，毛发如锥子刀锋，缠住身体一直到脚，一举一动，四肢关节如同火烧。这样的人，超过你的饥饿痛苦百倍、千倍、万倍。'大臣随即用父亲的话，回答了天神的问题。

"天神又变化成一个人，戴着手铐脚镣，脖子上套着枷锁，身体中冒出火焰，全身焦烂，又问道：'世上还有人比我更痛苦的吗？'国王和大臣们，都不知道该怎么回答。大臣又回家问父亲，父亲当即回答说：'世上有人，不孝敬父母，忤逆师长，背叛主人，诽谤佛、法、僧三尊，来世堕入地狱中，上刀山，挂剑树，坐火焰车，置炉中烤，陷入沸屎之河，行于刀锋之路、火山之路。这些痛苦，无穷无尽，不可计算。这样的处境，超过你的痛苦百倍、千倍、万倍。'大臣随即按父亲所说的，回答天神。

"天神又变化成一位女子，相貌端正，光彩照人，世间无人可及，又问道：'世间有相貌端庄和我一样的吗？'国王和大臣都默默不语，不能回答。大臣又回家问父亲，父亲当时回答说：'世上有人，信奉佛、法、僧三宝，孝顺父母，好施、忍辱、精进、持戒，死后往生天上，相貌端庄美好，超过你的容颜百倍、千倍、万倍，以此看来，你就犹如一只瞎眼的猕猴。'大臣又按父亲所说的，回答了天神的问题。

"天神又拿一根方方正正两头一样大小的檀木，问大家：'哪边是头？'凭国王和大臣的智力，都回答不出。大臣又回家问父亲，父亲回答说：'很容易知道。把木头放到水中，根部会下沉，头部会浮起。'大臣随即按父亲所说的，回答了天神的问题。

"天神又牵来两匹白色的母马，形状颜色一模一样，又问大家：'哪匹是母马，哪匹是小马？'国王和大臣们还是不能回答。大臣又回家问父亲，父亲回答说：'给马喂食草料，母马必定会将草料推让给小马。'天神所有的问题，全都得到了正确的回答。天神心中欢喜，送给国王许多奇珍异宝，对国王说：'你的国土，我应当护佑，使敌人不能侵犯。'

"国王听了以后，十分喜悦，问大臣说：'是你自己知道？还是有人教你？依靠你的聪明才智，国土获得安宁，既得到了珍宝，又获得了天神的护佑，这都是你的功劳。'大臣回答国王说：'并非我有智慧，唯有得到您的赦免，臣才敢如实禀报。'国王说：'即使你今天有万死之罪，我也不会追究，何况小小的罪过呢？'大臣对国王说：'国王有命令，不让供养老人。我有老父亲，不忍抛弃，因此冒犯王法，藏在地下的密室中。我从家里回来后所有的回答，都是父亲的才智，并非我的功劳。愿国王准许国内一切人，都能供养老人。'

"国王听后随即赞叹，心中喜悦，决定供奉大臣的父亲，并尊为国师。说：'他救济了我们的国家和人民，这样的利益，并非是我所知道的。'随即下令，告示天下：'不允许抛弃老人，要孝敬供养他们。如有不孝顺父母，不尊敬师长的人，要加以罪责。'

"那时大臣的父亲，就是我的前身；当时的大臣，就是今天有智慧第一称誉的舍利弗的前身；那时的国王，就是今天摩揭陀国王阿阇世；当时的天神，就是有多闻第一称誉的阿难。"

【辨析】

这篇故事寓意深刻、事理丰富，所列举的事物之间既各自独立，又相互联系。众多的人物，形成了一组相互对应、鲜活生动的古今人物群像。今日有着无比智慧，能够救度一切众生的佛陀，乃昔日富有智慧的大臣之父；今日之佛弟子舍利弗，为昔日孝顺的大臣；今日的国王，乃昔日由恶向善的阿阇世国王；今日之阿难，即昔日之天神。以人物过去的所为比喻现在的所报，把佛教业力果报学说的义理渗透在引人入胜的情节之中，自然成趣，令人服膺。同时，在一问一答之中，阐发和强调了佛教对慈亲孝养重要性的深刻认识。

本篇不仅谋篇布局精巧细密，而且故事情节极富趣味性和吸引力，精彩纷呈，读来使人欲罢不能。尤为突出的是天神的"九问"和父亲的"九答"，其内容既反映出生活的真实和智慧，如辨雌雄、称大象、识母子、指头尾，也关涉信仰的真实和佛陀的教义，如觉醒人、功德水、地狱苦、地狱罪，等等。内容丰赡，娓娓道来，且相互交叉、虚实相间，可谓九曲连环，迤逦相随。其中"称象"的故事，与我们熟知的陈寿《三国志》中的"曹冲称象"，情节如出一辙。由此我们可以看出,《杂宝藏经》中的许多故事,在汉地有着广泛的流传。《杂宝藏经》是佛经故事的汇编,对中国古代小说、民间故事和通俗文学产生了很大的影响。

五

佛于忉利天上为母摩耶说法缘

【题解】

本篇以天上人间的广阔视阈，以报答母恩为重心，讲述了佛陀慈孝母亲的故事，表达了孝敬母亲得福报，行善最终上天堂的喻理。

【经文】

佛在舍卫国，告诸比丘言："我今欲往忉利天[1]上，夏坐安居[2]，为母说法。汝诸比丘，谁乐去者，当随我去。"作是语已，即往忉利天上，在一树下，夏坐安居，为母摩耶及无量诸天说法，皆获见谛，还阎浮提[3]。诸比丘言："希有世尊，能为其母，九十日中，住忉利天。"

佛言："非但今日，我过去时，亦曾为母，拔苦恼事。"时诸比丘，而白佛言："过去所为，其事云何？"

佛言："往昔久远，雪山之边，有猕猴王，领五百猕猴。时一猎师，张网围捕。猕猴王言：'汝等今日，慎勿恐怖，我当为汝破坏彼网。汝诸猕猴，悉随我出。'即时破网，皆得解脱。有一老猕猴，担儿脚跌，堕于深坑。猕猴王觅母，不知所在，见一深坑，往到边看，见母在下，语诸猕猴：'各自励力，共我出母。'时诸猕猴，互相捉尾乃至坑下，挽母得出，离于苦难。况我今日，拔母苦难。尔时拔免深坑之难，今复拔母三恶道[4]难。"

佛告诸比丘："拔济父母，有大功德。我由拔母，世世无难，自致成佛。以是义故，诸比丘等各应孝顺供养父母。"

【注释】

[1] 忉利天：佛教将三界（欲界、色界、无色界）之欲界分为六重天界：四王天、忉利天、夜摩天、四兜率天、化乐天、他化自在天。第二层忉利天处在须弥山顶，中央为帝释天所居，四面各有八天，总共三十三天，故又称忉利天为三十三天。

[2] 夏坐安居：是佛教修学生活的重要内容之一，又称结夏安居，简称坐夏。在印度，夏季有长达三个月的雨季，期间草木、虫蚁繁殖最多，恐人踩踏误伤生灵，遂禁止出家人外出，聚居一处精进修行，称为安居。汉地依此，僧众在阴历四月十五日至七月十五日的夏季，禁止外出，专心禅修。

[3] 阎浮提：佛教世界观中的须弥山四大洲之南洲，盛产阎浮树，故称。也泛指五谷丰登，人丁兴旺，人所居住的世界。

[4] 三恶道：佛教把众生因业受报的六种去处称为六道，即地狱、畜生、饿鬼、阿修罗、人、天。其中前三种称三恶道，后三种称三善道。

【译文】

佛陀在天界为母亲说法的故事

佛陀在憍萨罗国都舍卫城，对弟子们说："我今天要到天界，坐夏禅修，为母亲解说佛法。弟子们，有谁乐意去，可以随我同去。"说完之后，佛陀当即去了忉利天，在一棵大树下，坐夏禅观，为母亲摩耶夫人以及无数天神解说佛法，使他们都获得了佛法真谛，随后回到人间。弟子们说："世间少有的佛陀，能为您的母亲在天界解说佛法九十天。"

佛陀说："不只是今生，我在过去，也曾为母亲消除过痛苦和烦恼。"这时，佛弟子们问佛陀说："在过去的岁月中，您做过什么事呢？"

佛陀说："那是很久以前，在雪山脚下，有一只猕猴王，带领着五百只猕猴。当时有一位猎人，设网围捕了猕猴。猕猴王说：'你们现在不要害怕，我会为你们冲破设下的这张罗网。你们都跟随我一起逃出。'随即破除了罗网，所有的猕猴得到了解救。有一只老母猴，背着小猴不慎摔了一跤，跌入一个深坑中。猕猴王寻找母亲，不知她的去向，随后看见一个深坑，到了坑边一看，见到母亲在下面，就对猕猴们说：'大家一起努力，共同救出我母亲。'当时猕猴们，一个拽着一个的尾巴，一直接到坑底，救出了猕猴王的母亲，使她脱离了苦难。何况我今天，又解除了母亲的苦难。当时我使母亲得离深坑之苦，今天又为母亲解除堕入三恶道的苦难。"

佛陀告诉弟子们："救济父母，有大功德。我由于救了母亲，所以世世代代永无灾难，自己悟道成佛。因此，佛弟子们都应当孝顺和供养父母。"

【辨析】

这篇比喻故事尽管篇幅有限，但构思精巧，思路开阔，用笔开合有致，从人间到天界，从现在追溯到过去，十分巧妙地将过去与现在一一对应：昔日的猕猴王，对应今日之佛陀，过去猕猴王曾带领群猴冲破猎人的罗网，又不忘救出自己的母亲，因此成为今日世人之尊师；昔日猕猴王之母，对应今日佛陀的母亲摩耶夫人，过去为保护小猕猴而坠入深坑，因此往生后成为净饭王夫人，死后又往生到天界；昔日的五百猕猴，对应今日的佛弟子，过去齐心协力救出猕猴王母亲，今天成为护法利生的僧众。故事在人物角色、命运的自如转换中，自然地将佛教六道轮回的教义和善恶有报的思想隐喻其中。

  从故事中我们能够感受到佛陀对于自己母亲深切的感念与追缅。当年佛陀出生才七天，他的母亲就因难产而去世。这里表现出佛陀不仅祝愿母亲在天界永远安宁，还明示自己要为母亲说法，使她出离三界，不受轮回之苦。佛陀不仅通过言传开示弟子报答母恩，而且以身教为佛弟子树立了典范，充分体现了佛陀希望天下的子女们都孝敬奉养母亲，希望天下的母亲都能永远吉祥的大悲之心。

六

佛说往昔母迦旦遮罗缘

【题解】

这篇故事通过佛陀解说一位老妇人的前世今生，揭示慈孝敬老终有善果的喻理。

【经文】

佛时游行，到居荷罗国，便于中路一树下坐。有一老母，名迦旦遮罗，系属于人，井上汲水。佛语阿难："往索水来。"阿难承佛敕，即往索水。

尔时老母，闻佛索水，自担盥[1]往，既到佛所，放盥着地，直往抱佛。阿难欲遮，佛言："莫遮，此老母者，五百生中，曾为我母，爱心未尽，是以抱我。若当遮者，沸血从面门出，而即命终。"既得抱佛，鸣其手足，在一面立。

佛语阿难："往唤其主。"其主来至，头面礼佛，却住而立。佛语主言："放此老母，使得出家。若出家者，当得罗汉。"主便即放。

佛告阿难："付波阇波提[2]比丘尼，使度出家。"不久即得阿罗汉道，比丘尼中，善解契经，最为第一。诸比丘疑怪，白佛言：

"世尊，以何因缘，系属于他，复以何缘，得阿罗汉？"

佛言："迦叶佛时，出家学道，以是因故，得阿罗汉。当于尔时，为徒众主，骂诸贤圣胜尼为婢，以此因缘，今属于他。五百生中，恒为我母，悭贪嫉妒，遮我布施，以是因缘，常生贫贱。非但今日拔其贫贱。"诸比丘言："不审于过去世拔济贫贱，其事云何？"

佛言："过去世时，波罗奈国有一贫家，母子共活。儿恒佣作，以供养母，得少钱财，且支旦夕。尔时其子，即白母言：'我今欲与诸贾客等远行商估。'其母然可，于是发去。儿发去后，贼来破家，劫掠钱财，并驱老母，异处出卖。儿既来还，推觅其母，即知处所，多赍钱财，勉赎其母。即于本国，而为生活，资财满足，倍胜于前。尔时母者，今迦旦遮罗是。尔时儿者，我身是也。我当尔时，已拔母苦。"

【注释】

[1] 盥（guàn）：洗手的器皿。

[2] 波阇波提：梵文音译，是佛陀的姨妈，摩耶夫人最小的妹妹。佛陀出生七天后，他的母亲就去世了，遂由姨妈波阇波提抚育佛陀。后来波阇波提随佛陀出家，是佛教中第一位女性出家者。

【译文】

佛陀讲述前生母亲的故事

佛陀当年游化时，前往居荷罗国，途中在一棵大树下打坐。有一位老妇人，名叫迦旦遮罗，是一位佣人，到井边打水。佛陀对阿难说："上前讨一些水来。"阿难按照佛陀的吩咐，就前去讨水。

那时，老妇人听到佛陀要水，便亲自挑着水，来到了佛陀打坐的地方，把盛水的罐子放下，上前拥抱佛陀。阿难正要阻拦，佛陀说："不要阻拦，这位老妇人，五百世以前，曾经是我的母亲，她爱子之心未尽，所以拥抱我。如果阻拦，沸腾的热血会从她的脸上涌出，而当即丧命。"老妇人拥抱佛陀之后，又亲吻佛陀的手和脚，然后站在一边。

佛陀对阿难说："去请这位老妇人的主人来。"她的主人来后，向佛陀顶礼膜拜，然后立在佛陀的一旁。佛陀对主人说："放了这位老妇人，让她出家修行吧。如果她出家修行，可以证得阿罗汉果位。"主人听了便当即放了老妇人。

佛陀告诉阿难说："托付给比丘尼波阇波提，让其为老妇人剃度修行。"老妇人出家后不久即证得阿罗汉果位，在女性出家者中，由于善于解说佛经，被誉为第一。佛弟子们感到奇怪，对佛陀说："受世人尊敬的佛，因为什么原因她成了一位佣人？又是什么善缘，证得了阿罗汉果位呢？"

佛陀说："在过去七佛的迦叶佛时期，这位老妇人就出家修行，因为这个缘故，所以证得阿罗汉。她在当时，当着许多信众的面，骂贤明殊胜的女出家人为婢女，因为这个缘故，今天成为佣人。五百世间，曾为我的母亲，贪婪吝啬，又好嫉妒，阻拦我布施，因此，一直处于贫贱之中。我并非只是今天才救度她脱离贫贱。"佛弟子们问："不知道过去救度她脱离贫贱，是怎么样的呢？"

佛陀说："在过去，波罗奈国有一户贫苦人家，母子相依为命。儿子给人家做佣人，以供养母亲，得到很少的钱，艰难地维持生计。那时，儿子对母亲说：'我现在要和商客们一起到远处经商。'母亲同意后，儿子就出发了。儿子离开后，盗贼来到家中，抢掠钱财后，将老母亲驱赶到外地卖给了人家。儿子回来后，四处寻找母亲，得知母亲的下落后，花了许多钱财，才将母亲赎回。随后回到故国一起生活，这时他们财产富足，远远超过从前。那时的母亲，就是今天的迦旦遮罗，那时的儿子，就是我的前身。我在那时，已救度母亲脱离了苦难。"

【辨析】

这个故事所描绘的一幅幅生活画面，含有多层意蕴。首先展示给我们的是一幅孤儿寡母艰难度日图，给人一种"贫贱母子百事哀"的感受，可以说这也是古代印度社会底层百姓生活的真实写照，借以比喻人生的苦难；其次是一幅辞亲远别图，为了改变现实的处境，摆脱贫穷，自强的儿子告别了母亲，辞家远行，这是喻指人生的追求和对未来的希望；第三幅是强盗打劫图，不仅家中财产全被掠夺，而且老母被强行驱逐、拐卖，流落异乡沦为佣人，这真实地表现了贫苦人家遭受的凌辱和辛酸，借以隐喻倚强凌弱的黑暗世道和社会的不公；最后一幅是母子相逢回归家园图，历经艰难，最终母子团聚，过上了富足安定的生活，其乐融融。这一幅幅的画面，展现出佛陀心怀劳苦大众，感念天下母亲的大悲之心。圆满的结局，体现了佛家孝养父母，则得殊胜果报的喻理。同时，佛陀不仅教谕弟子孝亲敬亲，而且教导世人通过自身努力改变人生境遇，给人勇气，催人奋进。

七

慈童女缘

【题解】

故事叙述了佛陀前生为慈童女时的奇险经历，阐发了佛教业力不失，善恶必报的义理。

【经文】

昔佛在王舍城，告诸比丘："于父母所，少作供养，获福无量；少作不顺，获罪无量。"诸比丘白佛言："世尊，罪福之报，其事云何？"

佛言："我于过去久远世时，波罗奈国有长者子，名慈童女，其父早丧，钱财用尽，役力卖薪，日得两钱，奉养老母。方计转胜，日得四钱，以供于母；遂复渐差，日得八钱，供养于母；转为众人之所体信，远近投趣，获利转多，日十六钱，奉给于母。

众人见其聪明福德，而劝之言：'汝父在时，常入海采宝。汝今何为不入海也？'闻是语已，而白母言：'我父在时，恒作何业？'母言：'汝父在时，入海取宝。'便白母言：'我父若当入海采宝，我今何故不复入海？'母见其子慈仁孝顺，谓不能去，戏语之，言：'汝亦可去。'得母此语，谓呼已定，便计伴侣，欲入海去。庄严既竟，辞母欲去。母即语言：'我唯一子，当待我死，何由放汝？'儿答母言：'先若不许，不敢正意。母已许我，那得复遮？望以此身立信而死。许他已定，不复得住。'母见子意正，前抱脚哭，而作是言：'不待我死，何由得去？'儿便决意，自擎手出脚，绝母数十根发。母畏儿得罪，即放使去。共诸商贾，遂入于海。达到宝渚，多取珍宝，与诸同伴，便还发引。

"时有二道：一是水道，一是陆道。众人皆言从陆道去，即从陆道。时彼国法，贼来劫夺，若得商主，诸商人物，皆入于贼；不得商主，虽获财物，商主来还，尽归财物。以是之故，是慈童女，恒出营别宿，商人早起，来迎取之。一夜大风，商人卒起，忘不迎取；商主于后，即不得伴，不识途径。见有一山，便往至上，遥见有城，绀琉璃色[1]，饥渴困乏，疾走向之。尔时城中，有四玉女擎如意宝珠，作倡伎乐，而共来迎，四万岁中，受大快乐。于是自然，厌离心生，便欲舍去。诸玉女言：'阎浮提人，甚无反复，共我生活，经四万岁，云何一旦舍我而去？'不顾其言，便复前行。见颇梨城[2]，有八玉女，擎八如意珠，亦作伎乐，而来迎之，八万岁中，极大欢乐。生厌恶心，复舍远去。至白银城，有十六玉女，擎十六如意珠，如前来迎，十六万岁，受大快乐，亦复舍去。至黄金城，有三十二玉女，擎三十二如意珠，如前来迎，又三十二万岁，受大快乐，亦欲舍去。诸玉女言：'汝前后所住，常得好处，自此已去，更无好处，不如即住。'闻是语已，而自念言：'诸玉女等，恋慕我故，作是语耳，若当前进必有好处。'即便舍去。

"遥见铁城，心生疑怪，而作是念言：'外虽是铁，内为极好。'渐渐前进，并近于城，亦无玉女来迎之者，复作念言：'城中甚似极大快乐，是故不及来迎于我。'转转前进，遂入铁城。门关已下中有一人头戴火轮，舍此火轮，著于童女头上，即便出去。慈童女，问狱卒言：'我戴此轮，何时可脱？'答言：'世间有人，作其罪福，如汝所作，入海采宝，经历诸城，久近如，然后当来代汝

受罪。此铁轮者，终不堕地。'

"慈童女问言：'我作何福？复作何罪？'答言：'汝昔于阎浮提，日以二钱，供养于母，故得琉璃城，四如意珠，及四玉女，四万岁中，受其快乐。四钱供养母故，得颇梨城，八如意珠，八玉女等，八万岁中，受诸快乐。八钱供养母故，得白银城，十六如意珠，十六玉女，十六万岁，受于快乐。十六钱供养母故，得黄金城，三十二如意珠，三十二玉女，三十二万岁，受大快乐。以绝母发故，今得戴铁火轮，不曾堕地；有人代汝，乃可得脱。'

"又问言：'今此狱中，颇有受罪如我比不？'答言：'百千无量，不可称计。'闻是语已，即自思惟：'我终不免，愿使一切应受苦者尽集我身。'作是念已，铁轮即堕地。慈童女语狱卒言：'汝道此轮，不曾有堕。今何以堕？'狱卒瞋忿，即以铁叉打童女头，寻便命终，生兜术陀天[3]。欲知尔时慈童女者，即我身是。

"诸比丘当知，于父母所，少作不善，获大苦报；少作供养，得福无量。当作是学，应勤尽心奉养父母。"

【注释】

[1] 绀（gàn）琉璃色：深青透红的颜色。相传佛陀的头发为绀琉璃色。

[2] 颇梨城：颇梨，梵文音译，意为玻璃、水晶等，是佛教七宝之一。

[3] 兜术陀天：即兜率天，为佛教欲界六重天之第四重天。

【译文】

佛陀前生为慈童女的故事

从前佛陀在摩揭陀国都王舍城传法时，告诫弟子们说："对自己的父母，只要做一点供养，都会获得无法估量的福报；做了一点不孝顺的事，也会获得无法估量的罪业。"弟子们问佛陀说："受世人尊敬的佛陀，关于福报罪业，有些怎样的事呢？"

佛陀说："在我过去很久之时，波罗奈国有一位长者的儿子，名叫慈童女，他的父亲早丧，家里的钱财用完了，他靠卖柴火，每天仅挣两个钱，奉养老母。后来生计好转，每天挣四个钱，用以奉养母亲；接着又有改善，每天挣八个钱，同样奉养老母；这样逐渐取得了人们的信任，远近的人都来买柴，获利变得更多，每天挣十六个钱，奉养母亲。

"人们见慈童女聪明而有福德，就劝他说：'你父亲在世时，常到大海寻找珍宝，你为什么不也到大海寻宝呢？'听了这话后，慈童女便问母亲：'我父亲在世时，以什么为职业呢？'母亲说：'你父亲在世时，到大海寻宝。'儿子便对母亲说：'我父亲能够到大海寻找珍宝，我为什么不到大海寻宝呢？'母亲见儿子仁慈孝顺，以为他不会去，便随意地说道：'你也可以去。'听了母亲这话，认为可以下决心了，便找好同伴，要入海寻宝。一切都准备好后，就来辞别母亲。母亲却说：'我只有你这么一个儿子，你应当等我死后再出海，我怎么能让你出行？'儿子回答母亲说：'如果先前你不允许的话，我不敢做决定。既然母亲已经允许了，哪能再阻拦呢？我希望一生守信，已经和同伴决定了，就不能留在家里了。'母亲见儿子决心已定，便上前抱着儿子的脚，哭诉道：'你不等我死，怎么就离去了呢？'儿子心意已定，用力掰开母亲的手，抽出脚来，以致拽断了母亲几十根头发。母亲害怕儿子得到不孝之罪，只好放他离去。儿子就和商人们一起入海。他们找到了宝岛，获得了许多珍宝，然后和同伴们一起还家。

"当时回家的路有两条：一条是水路，一条是陆路。大家都说从陆路回去，于是就走陆路。按照途经之国当时的法律，如果有盗贼抢劫，并且抓到了商人的头领，所有商人的财物都归盗贼；如果没有抓住头领，盗贼虽然抢到了财物，但商人的头领来索要时，则要将财物全部归还。因此，头领慈童女，总是每次都离开同伴到别处住宿，商人们早上起来，再来接他。这天刮了一夜大风，商人仓促而起，忘了接他。头领慈童女，失去了同伴，走在后面，迷了路。他见到一座山，便登到山上，看见远处有一座城，透出青红琉璃般的色彩，因为饥渴困乏，慈童女就向城中奔去。这时城中，有四位玉女手捧四颗如意宝珠，载歌载舞，一起前来迎接。慈童女在城中生活了四万年，享受了极大的快乐。此后渐渐产生了厌烦，便要离开。四位玉女说：'世俗之人，反复无常，和我们共同生活了四万年，怎么能一下子就抛舍我们而去呢？'慈童女不顾她们劝说，执意前行。于是又看见了一座水晶城，有八位玉女，手捧八颗如意宝珠，也载歌载舞，前来迎接，慈童女在其中生活了八万年，享受了极大的欢乐。之后又产生了厌倦，再次离开远行。这次来到了白银城，有十六位玉女，手捧十六颗如意宝珠，前来迎接，慈童女又在其中生活了十六万年，享受了极大的欢乐，后又离开而去。来到了黄金城，有三十二位玉女，手捧三十二颗如意宝珠，前来迎接，慈童女又在其中生活了三十二万年，享受了极大的快乐，又想再次离去。玉女们劝说道：'你之前所住的，都是很好的地方，从这里离去，就再也没有好去处了，还不如在此长住。'听了这话，他心中想着：'这些玉女，是出于留恋我才这样说。如果我继续前行，必有好的地方。'随即离去。

慈童女远远看见一座铁城，心生疑惑，后来心想：'也许外面是铁，里面想必会极好。'他渐渐向前，走近铁城，没有玉女前来迎接，又心想：'城中似乎有极大的快乐，所以顾不上出来迎接我。'就继续前行，进入铁城。关了城门后，看到城中有一个人头戴着火轮，这个人把火轮取下，戴到慈童女头上，便走出城去。这时慈童女就问看守说：'我戴着的火轮，什么时候可以脱掉呢？'那人回答说：'世间有人，所做的罪业福报，和你一样，到大海寻宝，

遍历各城，时间也如你一样，然后才来接替你受罪。否则，这个铁火轮永远不会坠地的。'

"慈童女问：'我做了什么福德？又有什么罪呢？'回答说：'你过去在人世间，每天挣两个钱供养母亲，所以进琉璃城，得到四个如意珠，以及四位玉女，在四万年中，享受快乐。又用四个钱供养母亲，所以进水晶城，得到八个如意珠，以及八位玉女，在八万年中，享受各种快乐。又用八个钱供养母亲，所以进白银城，有十六个如意珠，十六位玉女，十六万年享受快乐。又用十六个钱供养母亲，所以进黄金城，有三十二个如意珠，三十二位玉女，三十二万年享受了更大的快乐。因为拔断了母亲的头发，所以今天头戴铁火轮，而且不会坠地。直到有人替代你时，才能得以解脱。'

"慈童女又问：'现在这狱中，有和我一样受罪的吗？'回答说：'成百上千，多得不可计数。'慈童女听了后，心想：'我最终免不了受苦，愿一切应当受苦的人的罪报都集中在我一个人身上吧。'这一想法刚一产生，铁火轮当即坠落在地。慈童女对看守者说：'你说这铁火轮，不会坠落。今天怎么坠落了呢？'看守者一怒之下，随即用铁叉击打慈童女的头部，慈童女当场命终，后转生到了兜率天。要知道那时的慈童女，就是我的前身啊。

"佛弟子们应当知道，对于父母，稍有不善，就会遭受极大的苦报；稍有供养，就会得到无量的福报。应当这样修学，要辛勤地尽心尽力供养父母。"

【辨析】

这篇故事通过叙述佛陀前生的因缘，告诫世人：孝敬母亲，只要有一份善心，即得加倍的福报；有一点恶行，则遭受无尽的苦难。佛陀以一位底层劳动者的形象展现在人们面前，这就使故事更贴近百姓生活，更能引起普通读者的关注和共鸣，从而更具有化导劝世之意义。

本篇以极尽铺叙夸饰之笔，构成了曲折离奇、扣人心弦的情节。尤为突出的是巧妙地通过数字的对比映衬，取得了极佳的表达效果。每当慈童女有一次善行，都相应地得到美地、宝珠、美女、岁月四种好处。同时在数量上形成倍数，即供母亲两个钱，得四个宝珠、四位玉女、享受四万年快乐。四个钱则得八个宝珠、八位玉女、享受八万年快乐。依此类推，直到十六个钱，得三十二个宝珠、三十二位玉女、享受三十二万年的种种快乐。而且四个层次之间逐层递进，即从进琉璃城，到进水晶城，再到进白银城，最后进入黄金城。这样的描述既委婉周详、有条不紊地交代了具体的地点、时间和对象，还充满了瑰丽神奇的想象。幻想与现实交织，信仰和世俗相应，从而把佛教孝敬奉养父母得福报的喻理显现无遗。

除了尽心奉养母亲所得的福报有数字、倍数等一系列的对比之外，还有善行和恶行的对比，其形象而具体的场景描绘，将福报、罪业的巨大反差表现得淋漓尽致。此外，人物对话、动作、神态的描述，细腻传神，使人如见其人，如闻其声，颇富文学色彩。

八

莲华夫人缘

【题解】

莲花在佛教中是美丽清澄的象征。本篇莲花夫人和五百儿子的故事,表现的是母子同心,本自善缘的喻理。

【经文】

佛在舍卫国,告诸比丘:"若于父母,若复于佛及弟子所,起瞋恚心,此人为堕黑绳地狱[1],受苦无量,无有边际。"诸比丘问佛言:"世尊,敬重父母,若于父母,不生敬重,作少不善,其事云何?"

佛言:"过去久远无量世时,雪山边有一仙人,名提婆延,是婆罗门种,婆罗门法,不生男女,不得生天。此婆罗门,常石上行小便,有精气,流堕石宕[2]。有一雌鹿,来舐小便处,即便有娠。日月满足,来诣仙人窟下,生一女子,华裹其身,从母胎出,端正殊妙。仙人知是己女,便取畜养,渐渐长大,既能行来,脚蹈地处,皆莲华出。婆罗门法,夜恒宿火,偶值一夜火灭无有,走至他家,欲从乞火。他人见其迹,迹有莲华,而便语言:'绕我舍七匝,我与汝火。'即绕七匝,得火还归。

"值乌提延王游猎，见彼人舍有七重莲华，怪而问之：'尔舍所以有此莲华？'即答王言：'山中梵志女来乞火，彼女足下生此莲华。'寻其脚迹到仙人所。王见是女端正殊妙，语仙人言：'与我此女。'便即与之，而语王言：'当生五百王子。'遂立为夫人，五百婇女中，最为上首。王大夫人，甚妒鹿女，而作是言：'王今爱重，若生五百子，倍当敬之。'其后不久，生五百卵，盛着箧[3]中。时大夫人，捉五百面段，以代卵处，即以此箧，封盖记识，掷恒河中。王问夫人言：'为生何物？'答言：'纯生面段。'王言：'仙人妄语。'即下夫人职，更不见王。

"时萨耽菩王，在于下流，与诸婇女，游戏河边。见此箧来，而作是言：'此箧属我。'诸婇女言：'王今取箧，我等当取箧中所有。'遣人取箧，五百夫人，各与一卵，卵自开敷，中有童子，面目端正，养育长大，各皆有大力士之力，竖五百力士幢[4]。

"乌提延王，从萨耽菩王常索贡献，萨耽菩王闻索贡献，愁忧不乐。诸子白言：'何以愁恼？'王言：'今我处世，为他所陵。'诸子问言：'为谁所陵？'王言：'乌提延王，而常随我，责索贡献。'诸子白言：'一切阎浮提王，欲索贡献，我等能使贡献于王。王以何故与他贡献？'五百力士，遂将军众，伐乌提延王。

"乌提延王恐怖而言：'一力士尚不可当，何况五百力士？'便募国中能却此敌。又复思忆：'彼仙人者，或能解知。'作诸方便，往到仙人所，语仙人言：'国有大难，何由攘却？'答言：'有怨敌也？'王言：'萨耽菩王，有五百力士，皆将军众，欲来伐我。我今乃至，无是力士，与彼作对。知何方计，得却彼敌？'仙人答言：'汝可还求莲华夫人，彼能却敌。'王言：'彼云何能却？'仙人答言：'此五百力士，皆是汝子，莲华夫人之所生也。汝大夫人，心怀憎嫉，掷彼莲华所生之子，着河水中。萨耽菩王，于河水下头接得养育，使令长大。王今以莲华夫人，乘大象上，着军阵前，彼自然当服。'即如仙人言，还来忏谢莲华夫人。共忏谢已，庄严夫人，着好衣服，乘大白象，着军阵前。五百力士举弓欲射，手自然直不得屈申，生大惊愕。仙人飞来，于虚空中，语诸力士：'慎勿举手，莫生恶心，若生恶心，皆堕地狱。此王及夫人，汝之父母。'母即按乳，一乳作二百五十岐[5]，皆入诸子口中。即向父母忏悔，自生惭愧，皆得辟支佛[6]，二王亦自然开悟，亦得辟支佛。

"尔时仙人即我身是。我于尔时，遮彼诸子，使于父母不生恶心，得辟支佛；我今亦复赞叹供养老父母之德也。"

【注释】

[1] 黑绳地狱：佛教八层根本地狱中的第二层，入此地狱，有罪之人遭受的是被黑色铁绳捆绑、勒绞，然后斩锯的痛苦。

[2] 石宕（dàng）：宕，指拖延。石宕，这里指山中的洞穴。

[3] 箧（qiè）：小箱子，藏物用具。大称箱，小叫箧。

[4] 幢：（chuáng）原指支撑帐幕、旌旗的木杆，本文指为每个大力士都竖立一面旌旗，写着每人的名号。

[5] 岐：这里指分成二百五十股乳汁。

[6] 辟支佛：又称缘觉、独觉，是指通过领悟十二因缘独自悟得小乘佛果的出家修行者。

【译文】

莲花夫人的故事

佛陀在憍萨罗国都舍卫城，对弟子们说："如果对父母，或对佛及弟子们，起怨恨之心，这样的人将会堕入黑绳地狱，遭受无穷无尽的、无法计量的痛苦。"弟子们问佛陀："受世人尊敬的佛陀，您敬重父母，但如果对父母不生敬重之心，做了不善的事情，将会怎么样呢？"

佛陀说："在很久很久以前，在雪山旁住着一位仙人，名叫提婆延，是婆罗门种姓。按照婆罗门教的法典，不生育儿女的人，死后则不能往生天界。这位婆罗门，经常在山石上小便，就有精气流到山中的洞穴。有一只母鹿，舐了洞穴里的小便，随即有了身孕。怀胎十月，到分娩时来到仙人的洞窟下面，生下一个女婴，她的身体被花包裹着从母胎中出来，长得端正美丽。仙人知道这是自己的女儿，就抱来抚养。孩子渐渐长大，自己能行走时，双脚走过的地方，都会生出莲花来。婆罗门的法典规定，夜间一直要有火光，正巧这天夜里火灭了，女儿就走到山下的人家，想要讨取火种。这家人看见她的足迹处都有莲花，就对她说：'你绕我家的屋子走七圈，我就给你火种。'女儿就绕了七圈，得到火种后回到山中。

"这时乌提延国王出行游猎，看见这家人的屋外有七重莲花环绕，就奇怪地问：'你家屋舍周围为什么会有这些莲花呢？'主人回答国王：'在山中修行的婆罗门的女儿前来求火种，她走过的地方就生出了莲花。'国王顺着女子的足迹来到仙人的住所。国王见到婆罗门的女儿端庄美貌，就对仙人说：'请把女儿许配给我。'仙人便同意了，并对国王说：'她会生五百位王子。'国王随后立她为小夫人，在五百后宫侍女中，最受宠爱。国王的大夫人，十分妒忌这位小夫人，心想：'国王现在对她十分疼爱，如果再生下五百位王子，会加倍地敬重她。'随后不久，小夫人生下五百个蛋，盛放在一只小箱中。这时大夫人拿了五百个面团，替代了蛋，随即把盛蛋的小箱子，盖后封死，做上标记，抛到了恒河中。国王问大夫人说：'生下了什么？'回答说：'生下的是面团。'国王说：'仙人在说谎。'当即免除了小夫人之位，不能再见到国王。

"当时有位萨耽菩国王，居于恒河下游，这天他和侍女们在恒河边游乐。见到一个小箱子从上游漂下来，就说：'这小箱子是我的。'侍女们说：'国王要了小箱子，我们就要箱子中的东西。'就派人捞起箱子，国王的五百位夫人，每人拿了一个蛋，蛋壳自己打开，每个里面都有一个男孩子，相貌端正，五百夫人将他们抚养长大后，个个都如大力士般有力量，国王为五百大力士竖了旌旗，封了名号。

"乌提延国王常从萨耽菩国王处索取进贡的物品，萨耽菩国王又听到要贡品，心中闷闷不乐。王子们问他：'您为什么忧愁呢？'国王说：'今天我国的处境，常被他国欺凌。'王子们问：'有谁欺凌呢？'国王说：'乌提延国王，长年向我国索取贡品。'王子们说：'一切向您索要贡品的国王，我们都能使他们向您进贡。父王凭什么要给他献贡？'五百大力士，随即率领大军，讨伐乌提延国王。

"乌提延国王听到后惊恐地说：'一个力士的力量尚且不可以抵挡，更何况五百大力士？'便在国内招募能退敌军的人。他想：'那位仙人，或许能知道办法。'他随即启程，来到仙人的住所，对仙人说：'国家有大难，怎样可以抵御呢？'仙人回答：'有仇敌来了吗？'国王说：'萨耽菩国王有五百大力士，率领大军，要来讨伐我国。我今天来，是因为我国没有大力士能和他们对阵。不知有什么方法，可以阻挡敌军？'仙人回答说：'你可以回去求莲花夫人，她能阻挡敌军。'国王说：'她有什么办法能阻挡敌军呢？'仙人回答说：'这五百位大力士，都是你的儿子，为莲花夫人所生。当年大夫人心怀妒忌，把莲花夫人所生的儿子，都扔到恒河水中。萨耽菩国王，在恒河下游救了他们，把他们养育长大。国王今天可以让莲花夫人，乘坐在大象上，到军阵前，他们自然就屈服了。'国王随即按仙人的办法，回去后向莲花夫人谢罪道歉。谢罪之后，重新尊为夫人，穿好礼服，乘坐大白象，来到军阵前。那五百大力士正要举弓射箭，手却自然僵直不能弯曲拉弓，大家都心中疑惑，惊愕不已。这时仙人飞来，在空中对诸位大力士说：'千万不能动手，不要生起恶心，如果生起恶心，就都会堕入地狱。这位国王及夫人，就是你们的亲生父母啊！'母亲当即按压乳房，每个乳房都喷出二百五十股乳汁，分别送进五百个儿子的口中。儿子们立即向父母忏悔，心中生出惭愧之情，都证得缘觉乘佛果，两位国王这时也自然开悟，同样证得了佛果。

"佛陀说：当时的仙人就是我的前身。我在那时，阻挡了五百个儿子，使其不对父母产生恶心，使他们证得了佛果；我今天也同样赞扬供养父母的德行。"

【辨析】

这篇因缘故事以独特的构思、奇异的想象和怪诞离奇、一波三折的情节来隐喻佛教教义。要透析其中的理趣，首先应该理清几层亲缘关系：

一是佛陀的前生"仙人"与故事中的人、物之间的特殊关系。首先，仙人和两位国王、五百王子的关系是长辈和晚辈的关系。仙人的女儿莲花夫人许配给乌提延国王，生下五百王子；萨耽菩国王和五百王妃收养了王子，因此仙人是两国国王的岳父，也是王子的外祖父。这样，仙人在人伦上就自然处于应受到尊敬的"上位"，暗含了神权高于皇权的喻理。其次，仙人是当时婆罗门教修行者的先驱，也是婆罗门法典最早的践行者，是修行有道的先哲。这样，就为佛陀创立的佛教提供了根据，即佛教是建立在婆罗门教之上的，表现出佛教是超越了婆罗门教的新兴的宗教。

二是两国之间人与人的亲缘关系。在恒河上游和下游的两个国家，不仅有着同饮一江水的地缘关系，而且由于萨耽菩国王和五百王妃收养了王子们，这样实际上两国国王之间就是兄弟，莲花夫人和王妃就是姐妹的关系。因此，隐喻国与国之间是兄弟关系，那种相互"欺凌"和"讨伐"，就是兄弟相害、父子相残的不义之举、不耻之行。

三是人物与动物的亲缘关系。"母鹿舔精"生下莲花夫人的情节，这种无法割断的母女关系，消泯了人与动物的界限，充分体现了佛教所提倡的放生、素食、爱护动物的慈悲理念。莲花夫人生下"五百卵",破壳成人的描述,也打破了"胎生"如人、马、猴、鲸鱼等与"卵生"如鸟、蛇、鸡之间的界限,这种重叠交叉的关系,再次凸显了人与动物本自"六亲",众生平等的佛家喻理。可谓是:同饮一江恒河水,上游下游一家亲;人物动物有亲缘,胎生卵生无差别。

九

鹿女夫人缘

【题解】

本篇与前一篇莲花夫人的故事情节十分相似,所不同的是本篇故事在后半部分将莲花夫人出生于鹿的原委加以介绍,突出了人鹿本一体,众生皆平等的喻理。

【经文】

佛在王舍城耆阇崛山中,告诸比丘:"有二种法,能使于人疾得人天,至涅槃乐;有二种法,能使于人速堕三恶,受大苦恼。""何等二法,能使于人疾得人天,至涅槃乐?"

佛言:"一者供养父母,二者供养贤圣。""云何二法,速堕三恶,受大苦恼?"

佛言:"一者于父母所,作诸不善。二者于贤圣所,亦作不善。"诸比丘白佛言:"世尊,速成善恶,其事云何?"

佛告诸比丘:"过去久远无量世时,有国名波罗奈,国中有山,名曰仙山。时有梵志,在彼山住,大小便利,恒于石上,后有精气,堕小行处,雌鹿来舐,即便有娠。日月满足,来至仙人所,生一女子,端正殊妙,唯脚似鹿,梵志取之,养育长成。梵志之法,恒奉事火，使火不绝。此女宿火，小不用意，使令火灭。此女恐怖，畏梵志瞋。有余梵志，离此住处，一拘屡者（秦言五里），此女速疾，往彼梵志，而求乞火。梵志见其迹，迹有莲华，要此女言：'绕我舍七匝，当与汝火。若出去时，亦绕七匝，莫行本迹，异道而还。'即如其言，取火而去。

"时梵豫国王，出行游猎，见彼梵志，绕舍周匝十四重莲华，复见二道有两行莲华。怪其所以，问梵志言：'都无水池，云何有此妙好莲华？'答言：'彼仙住处有一女，来从我乞火，此女足迹，皆生莲华，我便要之："若欲得火，绕舍七匝，将去之时，亦复七匝。"是以有此周匝莲华。'王寻华迹，至梵志所从索女看。见其端正，甚适悦意，即从梵志，求索此女。梵志即与王，王即立为第二夫人。

"此女少小仙人养育，受性端直，不解妇女妖媚[1]之事。后时有娠，相师占言：'当生千子。'王大夫人，闻此语已，心生妒忌，渐作计校，恩厚招喻鹿女夫人左右侍从，饶与钱财珍宝。尔时鹿女，日月满足，便生千叶莲华。欲生之时，大夫人以物瞒眼，不听自看，捉臭烂马肺，承着其下，取千叶莲华，盛着槛[2]里，掷于河中，还为解眼而语之言：'看汝所生，唯见一段臭烂马肺。'王遣人问：'为生何物？'而答王言：'唯生臭烂马肺之物。'时大夫人而语王言：'王喜到惑，此畜生所生，仙人所养，生此不祥臭秽之物。'王大夫人，即便退其夫人之职，不复听见。

"时乌耆延王，将诸徒从夫人婇女，下流游戏。见黄云盖，从河上流，随水而来，王作是念：'此云盖下，必有神物。'遣人往看，于黄云下，见有一槛，即便接取，开而看之，见千叶莲华，一叶有一小儿，取之养育，以渐长大，各皆有大力士之力。

"乌耆延王，岁常贡献梵豫王，集诸献物，遣使欲去。诸子问言：'欲作何等？'时王答言：'欲贡献彼梵豫国王。'诸子各言：'若有一子，犹望能伏天下使来贡献，况有我等千子，而当献他？'

千子即时将诸军众，降伏诸国，次第来到梵豫王国。王闻军至，募其国中：'谁能攘却如此之敌？'都无有人能攘却者。第二夫人，来受募言：'我能却之。'问言：'云何得攘却之？'夫人答言：'但为我作百丈之台，我坐其上，必能攘却。'作台已竟，第二夫人，在上而坐。尔时千子，欲举弓射，自然手不能举。夫人语言：'汝慎莫举手向于父母，我是汝母。'千子问言：'何以为验得知我母？'答言：'我若按乳，一乳有五百岐，各入汝口，是汝之母；若当不尔，非是汝母。'即时两手按乳，一乳之中，有五百岐，入千子口中，其余军众，无有得者。千子降伏，向父母忏悔。诸子于是和合，二国无复怨仇，自相劝率，以五百子与亲父母，以五百子与养父母。时二国王，分阎浮提，各畜五百子。"

佛言："欲知彼时千子者，贤劫千佛[3]是也；尔时嫉妒夫人瞒他目者，交鳞瞽目龙[4]是；尔时父者，白净王是；尔时母者，摩耶夫人是。"诸比丘白佛言："此女有何因缘，生鹿腹中，足下生莲华？复有何因缘，为王夫人？"

佛言："此女过去世时，生贫贱家。母子二人，田中锄谷，见一辟支佛，持钵乞食，母语女言：'我欲家中取我食分与是快士。'女言：'亦取我分并与。'母即归家，取母子二人食分，来与辟支佛。女取草采华，为之敷草坐，散华着上，请辟支佛坐。女怪母迟，上一高处，遥望其母，已见其母，而语母言：'何不急疾？鹿骤而来。'母既至已，嫌母迟故，寻作恨言：'我生在母边，不如鹿边生也。'母即以二分食与辟支佛，余残母子共食。辟支佛食讫，掷钵着虚空中，寻逐飞去，到虚空中，作十八变。时母欢喜，即发誓愿：'使我将来恒生圣子，如今圣人。'以是业缘，后生五百子，皆得辟支佛，一作养母，一作所生母。以语母鹿骤对言因缘，生鹿腹中，脚似鹿甲。以采华散辟支佛故，迹中一百华生。以敷草故，常得为王夫人。其母后身，作梵豫王，其女后身，作莲华夫人。由是业缘，后生贤劫千圣，以誓愿力，常生贤圣。"

诸比丘，闻是语已，欢喜奉行。

杂宝藏经卷第一

【注释】

[1] 媚：原字为古今皆无的异体字，根据文义改为此字。

[2] 槛（kǎn）：木制的器皿。

[3] 贤劫千佛：佛教把世界经过成、住、异、灭的整个过程，称为一劫。认为在这个期间有千佛出世救度众生，故称。

[4] 交鳞瞽（gǔ）目龙：交鳞，龙因恨而起的倒鳞。瞽目，瞎眼。

【译文】

鹿女的故事

佛陀在北印摩揭陀国都王舍城东北的灵鹫山中，告诉弟子们说："有两种方法，能使人迅速往生天界，享受涅槃境界的乐趣；有两种方法，能使人死后迅速堕入地狱、饿鬼、畜生三恶道，遭受极大的痛苦。"弟子们说"是哪两种方法，能使人迅速往生天界，享受涅槃境界的乐趣呢？"

佛陀说："一是供养父母，二是供养圣贤。"弟子又问"有哪两种方法，能使人死后迅速堕入地狱、饿鬼、畜生三恶道，遭受极大的痛苦呢？"

佛陀说："一是对父母做了不善的事，二是对圣贤做了不善的事。"弟子们问佛陀说："受世人尊敬的佛陀，迅速促成善恶果报，那是怎样的事情呢？"

佛陀告诉弟子们说："在很久很久以前，有一个国家名叫波罗奈，国中有一座山，名叫仙山。当时有一位婆罗门，在山中修行。

他在山石上大小便，后来有精气留到上面，一只母鹿来舐，随即有了身孕。怀胎十月后，来到仙人的住所，生下一个女孩，相貌端正美好，只有脚像鹿一样，婆罗门修行者见到后，就把孩子养育成人。按婆罗门的法典，供奉火种，日夜不熄。这个女孩在照管火时，稍不留意，火熄灭了。女孩心里害怕，担心婆罗门责怪她。另有一位婆罗门，与女孩家相距五里多，女孩迅速前往这位婆罗门的住处，索求火种。婆罗门看见她足迹所到之处皆生出莲花，就对女孩说：'绕我房屋七圈，就给你火种。出去时，也绕七圈，不要走重复的路，走不同的道回去。'女孩随即照办，取了火种离去。

"那时梵豫国的国王出外游猎，看见这位婆罗门的屋舍周围环绕有十四层莲花，又看见两条道路上有两行莲华。感到奇怪，就问婆罗门说：'这里没有水池，为什么会有美好的莲花呢？'回答说：'那位仙人住处有一个女孩，来我家求火种，这个女子足迹所到，就会生出莲花，我就要求她说："如果要得到火种，须绕房子七圈，离开之时，也要绕七圈。"所以周围就有此莲花。'国王顺着莲花径，来到婆罗门的住所求见女子。看见她相貌端正，十分高兴满意，便请求婆罗门修行者，把女孩许配给他。婆罗门当即答应了国王，国王立刻立女孩为第二夫人。

"这位女子从小得仙人养育，品行端正，不懂得邀宠取媚之事。后来怀有身孕后，面相师见后说：'会生下一千位王子。'国王的大夫人听到以后，心生妒忌，就慢慢想办法，施恩笼络二夫人身边的侍女，赐给侍女们钱财和珍宝。当时二夫人怀胎十月后，生出了千叶莲花。在即将分娩之时，大夫人用物品蒙住二夫人的双眼，不让她看见，拿了些腥臭的马肺，放在二夫人的身下，取出千叶莲花，放在木盒里，扔到河里后，这才揭开蒙眼之物，对二夫人说：'看你生下的，只是一堆腥臭的马肺。'国王派人问：'夫人生了什么？'得到的回答是：'生下的只是一堆像腥臭的马肺一样的东西。'这时大夫人对国王说：'国王对鹿女的喜爱使人感到困惑，二夫人是畜生所生，仙人所养，生下这不祥腥臭污秽之物。'国王的大夫人，随即剥夺了二夫人的封号，不许她见国王。

"这时乌耆延国王，带着随从、夫人和侍女，在河的下游游玩。看见有一朵金黄色的祥云，从河之上游顺水而来，国王心想：'这祥云下，必有神明之物。'就派人去看，在金黄色的祥云下，看见有一个木盒，随即捞上来，打开一看，见到一朵千叶莲花，每一叶上有一个小儿，国王就抚养他们，长大以后，每个人都有大力士般的力量。

"乌耆延国王，每年都要给梵豫国王进贡。他准备了很多进贡的物品，要派人送去。王子们问：'大王要送这些东西到哪里？'国王回答说：'准备进贡梵豫国王。'王子们说：'如果只有一位王子，也能使天下人来进贡我国，何况您有我们一千位王子，还要去进贡其他人吗？'这一千位王子随即率领军队，降伏了各国，接着来到梵豫国。国王听到兵临城下，便举国招募：'有谁能阻挡敌军？'没有一个人能阻挡。这时，二夫人前来接受招募说：'我能阻挡。'大王问她：'你靠什么阻挡呢？'夫人回答：'只需为我筑一座百丈高台，我坐在上面，就能退敌。'高台筑好后，第二夫人坐在上面。当时一千位王子正要举弓射箭，但手却不能举起。夫人说：'你们千万不要动手把箭射向自己的父母，我是你们的母亲。'一千位王子问道：'怎么能证明你是我们的母亲呢？'回答说：'倘若我挤压乳房，每乳都有五百股乳汁，分别喷入你们的口中，就证明我是你们的母亲；如果不是这样，就不是你们的母亲。'当即两手按压乳房，每一乳中，各有五百股乳汁，喷入一千位王子的口中。其余的将士，都没有得到乳汁。这一千位王子立即降伏，向父母亲忏悔。王子们于是提出两国要和睦相处，消除仇怨，各自退兵。其中五百位王子跟随了亲生父母，另外五百位王子继续跟随养父母。当时两位国王，分别治理世间，各有五百位王子。"

佛陀说："要知道那时的一千位王子，就是漫长的娑婆世界中的一千佛；当时因妒忌蒙人双眼的大夫人，就是瞎眼的龙；那时的父王，就是净饭王；那时的母亲，就是摩耶夫人。"弟子们问佛陀说："这鹿女因为什么原因，生于鹿腹中，足下能生出莲花呢？又是什么原因，成为国王夫人呢？"

佛陀回答说："这鹿女在过去世时，出生于一个贫困家庭。一天，母女二人，在田中锄草，看见一位独自修悟得到佛果的出家人，拿着钵盂乞食，母亲对女儿说：'我想回家取来我的饭食分给这位证悟者。'女儿说：'也把我的饭一起给他。'母亲随即回家，取母女二人的饭食，回来给出家人。这时女儿取来稻草，采来鲜花，把稻草铺好，再撒上鲜花，请出家人入座。女儿嫌母亲迟迟未来，就到一个高处，遥望母亲，等她看见母亲后，便对母亲喊道：'为什么不快点呢？像鹿一样奔跑而来。'母亲到了之后，还抱怨母亲到晚了，发狠地说：'我生在母亲身边，还不如生在鹿的身边。'母亲就把两人的食物给了出家人，剩下的母女俩一起吃。出家人用过饭后，把钵盂抛向空中，腾空飞去，到空中后，做出十八种变化。当时母亲心中喜悦，当即发誓说：'愿我将来生圣明的儿子，就如同今日见到的圣人。'由于这个原因，后来生了五百位王子，都证得佛果。她们一位就是养母，一位就是生母。因为说了生在母亲身边，还不如生在鹿的身边的缘故，所以女儿生自母鹿的腹中，脚如鹿足。由于她采鲜花撒在出家人的座位上，所以足迹中生出一百朵莲花。由于铺了稻草的缘故，得以成为国王夫人。这位母亲的后身就是梵豫国王，这个女儿的后身就是莲花夫人。由于这样的缘故，后来在漫长的岁月里生下一千位圣明的人，由于发誓的愿力，总是生下圣贤的人。"

佛弟子们听了佛陀的话后，都心中欢喜，奉行修学。

《杂宝藏经》第一卷结束。

【辨析】

"鹿女的故事"和"莲花夫人的故事",情节如出一辙,其差别主要在于:

第一,虽然故事相同,"鹿女"和"莲花夫人"亦同为一人,但出发点却不同。本篇讲述了"鹿女"的前缘,即追溯了她的前生,并对她的来世也做了交代;而上篇则叙述的是莲花夫人成为国王夫人以及其后的事迹。"鹿女"之鹿身是由于自己前世的言行所导致的结果;"莲花夫人"则是客观条件使然,是命运的安排,非个人主观行为所致。

第二,在立意上,"莲花夫人"讲述的只是现实的故事,重在表现佛教众生平等的喻理;"鹿女"的着力点是"业力不失",即过去、现在、将来三世一脉相承。通过人物前世今生,说明礼敬佛法者,则天遂人愿,永生圣贤;心怀怨恨者,一语成谶,竟成"鹿女"。从而告诫出家人"不可妄语",怨言终成果报。"语业",无论善恶,定会如影随形,招来报应,从而突出了出家人慎言、慎行的喻理。

六牙白象缘

【题解】

本篇以佛陀的家世为背景,以白象拔牙为喻,表现佛陀为拔除众生贪、瞋、痴三毒烦恼的大悲之心。

【经文】

昔舍卫国,有一大长者,生一女子,自识宿命,初生能语,而作是言:"不善所作,不孝所作,无惭所作,恶害所作,背恩所作。"作此语已,默然而止。此女生时,有大福德,即为立字,名之为贤。渐渐长大,极敬袈裟。以恭敬袈裟因缘,出家作比丘尼。不到佛边,精勤修习,即得罗汉。悔不至佛边,便往佛所,向佛忏悔。佛言:"我于彼时,已受忏悔。"

诸比丘疑怪问佛:"此贤比丘尼,何以故从出家以来不见佛?今日得见佛忏悔,有何因缘?"

佛即为说因缘:"昔日有六牙白象,多诸群众。此白象有二妇,一名贤,二名善贤。林中游行,偶值莲花,意欲与贤、善贤夺去。贤见夺华,生嫉妒心:'彼象爱于善贤,而不爱我。'时彼山中有佛塔,贤常采花供养,即发愿言:'我生人中,自识宿命,并拔此白象牙取。'即上山头，自扑而死。寻生毗提醯[1]王家作女，自知宿命。年既长大，与梵摩达王为妇，念其宿怨，语梵摩达言：'与我象牙作床者，我能活耳；若不尔者，我不能活。'梵摩达王，即募猎者：'若有能得象牙来者，当与百两金。'即时猎师，诈被袈裟，挟弓毒箭，往至象所。

"时象妇善贤，见猎师已，即语象王：'彼有人来。'象王问言：'着何衣服？'答言：'身着袈裟。'象王言：'袈裟中必当有善，无有恶也。'猎师于是遂便得近，以毒箭射。善贤语其夫：'汝言袈裟中有善无恶，云何如此？'答言：'非袈裟过，乃是心中烦恼过也。'善贤即欲害彼猎师，象王种种慰喻说法，不听令害。又复畏五百群象必杀此猎师，藏着岐间，五百群象，皆遣远去，问猎师言：'汝须何物而射于我？'答言：'我无所须；梵摩达王，募索汝牙，故来欲取。'象言：'疾取。'答言：'不敢自取。如是慈悲，覆育于我，我若自手取，手当烂堕。'白象即时，向大树所，自拔牙出，以鼻绞捉，发愿而与：'以牙布施，愿我将来，拔一切众生三毒之牙。'猎师取牙，便与梵摩达王。

"尔时夫人，得此牙已，便生悔心，而作是言：'我今云何取此贤胜净戒之牙？'大修功德，而发誓言：'愿使彼将来得成佛时，于彼法中，出家学道，得阿罗汉。'

"汝等当知，尔时白象者，我身是也；尔时猎师者，提婆达多[2]是也；尔时贤者，今比丘尼是也；尔时善贤者，耶输陀罗[3]比丘尼是也。"

【注释】

[1] 毗提醯（xī）：为摩揭陀国频婆娑罗王的王后，又译韦提希。太子阿阇世篡位，禁锢了频婆娑罗王与王后，致使频婆娑罗王在牢中自杀。

[2] 提婆达多：佛陀的堂弟，为佛陀叔父斛饭王的儿子，在佛

陀的引领下曾皈依了佛门。他聪明勤奋，修佛十二载，能背诵八万法句，有三十福相。但后来大搞分裂，另立僧团。多次想杀害佛陀，佛陀都宽恕了他。最后一次他把毒药藏在手指甲里，想趁礼拜佛足时，毒死佛陀，没想到不慎将自己毒死，堕入地狱。

[3] 耶输陀罗：佛陀为太子时的妻子，佛陀之子罗睺罗的母亲。

【译文】

六牙白象的故事

从前在憍萨罗国都舍卫城，有一位德高望重的长者，生有一女，能够了知自己的宿命，刚一出生就会说话，她这样说："不善的行为，不孝的行为，令人惭愧的行为，害人的行为，背恩弃义的行为。"说完之后，便默不作声。这位女孩生下来的时候，就有大福大德之兆，即为她取名，叫做贤。她渐渐长大后，极为恭敬身着袈裟的人。因为恭敬身着袈裟者，后来出家成为一位修行者。但她却不到佛陀的身边，自己精勤修习佛理，随即证得罗汉果位。后来她后悔自己没有礼拜佛陀，便前往佛陀的住所，向佛陀表示忏悔。佛陀说："我在你前生的时候，就已经接受过你的忏悔了。"

弟子们奇怪地问佛陀说："这位名叫贤的女性出家者，为什么从出家以来都不拜见佛陀？今天才见佛陀表示忏悔，有什么原委呢？"

佛陀随即为弟子们说明原因："从前有一头六牙白象，领着一群象。这头白象有两个妻子，一个叫贤，一个叫善贤。他们在树林中行走时，偶然看到了莲花，白象想把莲花送给贤，但被善贤夺去。贤看见花被夺去，心生妒忌：'白象爱善贤，不爱我。'当时山中有一座佛塔，贤常采花果供奉佛塔，并发愿说：'愿我死后要投生到人间，能够了知宿命，要拔了这白象的牙。'于是登到山顶，自己坠崖而死。后来投生到摩揭陀国为毗提醯王后做女儿，她知道自己的前生。长大成人后，嫁给梵摩达国王。她心中不忘前世的怨恨，就对梵摩达国王说：'给我用象牙做床，我才能活；倘若做不到，我就不能活了。'梵摩达国王立即招募捕猎者说：'如果有能得到象牙的人，赏给黄金一百两。'然后招募来的猎人，身披袈裟，带着有毒的弓箭，前往大象生活的地方。

"当时白象的妻子善贤，看见猎师以后，立即对白象王说：'有人来了。'白象王问：'穿什么衣服？'回答说：'身披袈裟。'白象王说：'穿袈裟的人一定友善，没有恶意。'猎人于是便得以靠近，用毒箭射象王。妻子善贤对象王说：'你说穿袈裟的人有善无恶，为什么射箭呢？'白象回答说：'这不是穿袈裟的过错，而是心中烦恼引起的过错。'妻子善贤便要伤害猎人，白象王却不断地劝说，不让善贤伤害猎人。又担心五百只群象会杀死猎人，就把猎人藏起来，等五百只群象都走远之后，问猎人说：'你为了得到什么而要射我呢？'猎人回答说：'我没有什么需求，是梵摩达国王招募猎人来取你的象牙，因此而来。'白象说：'你拔去好了。'回答说：'我不敢自己拔取象牙。您这样慈悲，关照我，我如果自己动手取象牙，手会烂了掉下来。'白象当下扑向大树，自己将牙拔出，以鼻卷上，给猎人说：'我以牙布施给你，希望我将来能拔除一切众生贪、瞋、痴三毒之牙。'猎人拿着象牙，回去交给了梵摩达国王。

"这时国王夫人，得到象牙以后，便产生了悔过之心，心想：'我今天怎么能拿取这贤良澄净持戒的象牙呢？'从而大修慈善功德，发誓说：'愿象王将来成就佛时，我在佛法中修学，出家修行，证得阿罗汉果位。'

"佛弟子们应当知道，当时的白象，就是我的前身；那时的猎人，就是提婆达多；当时的贤，就是今天这位女出家人；那时的善贤，就是女出家人耶输陀罗。"

【辨析】

本篇与本套丛书中的《杂譬喻经注译与辨析》的"象王夫人喻"一篇的内容基本一致。

故事中描写女子的妒忌心理，既真切细致又独具特色。写其因妒成恨，恨而发愿，由愿成果，果成而悔的完整过程，表现了由前世到现世的发展演变经过，隐喻着因果轮回的佛理。

另外，人们常常把因爱成妒，看做是女性的天生的弱点。其实，这是值得商榷的。在男权社会里，男人把女人当成自己的私有财产。一夫多妻，就难免会有"邀宠"和争风吃醋、明争暗斗之事。因此看似由女性的妒忌引起的家庭矛盾，不仅仅是女性自身的问题，其根本原因在于不平等的社会制度，对此应该有清醒的认识。

十一

兔自烧身供养大仙缘

【题解】

这篇故事通过佛陀前生为供养出家修行者不惜牺牲自己生命的慈悲壮举，表现佛陀普度众生的献身精神。

【经文】

舍卫国，有一长者子，于佛法中出家，常乐亲里眷属，不乐欲与道人共事，亦不乐于读经行道。佛敕此比丘："使向阿练若[1]处精勤修习，得阿罗汉，六通[2]具足。"诸比丘疑怪，而白佛言："世尊出世，甚奇甚特。如是长者子，能安立使得阿练若处，得阿罗汉道，具六神通？"

佛告诸比丘："非但今日能得安立，乃于往昔，已曾安立。"诸比丘白佛言："不审世尊，过去安立，其事云何？"

佛告诸比丘："过去之时，有一仙人，在山林间。时世大旱，山中果蓏[3]、根茎、枝叶，悉皆枯干。尔时仙人，共兔亲善，而语兔言：'我今欲入聚落乞食。'兔言：'莫去，当与汝食。'于是兔便自拾薪聚，又语仙人：'必受我食，天当降雨，汝三日住，华果还出，便可采食，莫趣人间。'作是语已，即大然火，投身着中。

仙人见已，作是思惟：'此兔慈仁，我之善伴，为我食故，能舍身命，实是难事。'时彼仙人，生大苦恼，即取食之。菩萨为此难行苦行，释提桓因，宫殿震动，而自念言：'今以何因缘，宫殿震动？'观察知是兔能为难事，感其所为，即便降雨。仙人遂住，还食果蓏。尔时修习，得五神通。

"欲知尔时五通仙者，今比丘是；尔时兔者，今我身是也。我舍身故，使彼仙人住阿练若处，获五神通；况我今日，不能令此比丘远离眷属，住阿练若处，得阿罗汉，获六神通？"

【注释】

[1] 阿练若：梵文音译，本指林间，本文指僻静修道之处。

[2] 六通：佛教名词，简称"通"，指自在无碍的能力。是修道者通过修行得到的不可思议的神异力量。佛教认为一般的修行者可以得到以下五种神通：

宿命通，亦称宿住随念智证通、宿住智通、识宿命通。指能知晓自己和他人宿世前生之往事的特异功能。

天眼通，亦称天眼智证通、天眼智通。指具有特殊视觉功能，能超越肉眼局限，见人之所不能见，透视世间各种形态。

天耳通，亦称天耳智证通、天耳智通。指具有特殊的听觉功能，能超越耳朵局限，闻人所不闻的极远、极小之声，以及其他物类的声音。

他心通，亦称他心智证通、他心智通、知他心通。指具有感知和洞悉他人心念的功能。

身如意通，亦称神境智证通、神境通、神足通、如意通、身通。即能随意到达任何地方，飞天入地，变化自在。

佛教认为以上五通，凡、圣皆可达到，另有第六种即漏尽通，则只有圣者可通，是佛教学人中的极致。所谓漏尽，是指断尽一切人间烦恼而无碍者。

[3] 果蓏（luǒ）：瓜果的总称。所谓"木实曰果，草实曰蓏"。

【译文】

兔子舍身的故事

在憍萨罗国都舍卫城，有一位长者的儿子，出家修行佛法，他常喜欢和亲属们在一起，不喜欢与出家人共事，也不喜欢诵经、修行。佛陀对这位弟子说："你到僻静的地方精勤修行，可以证得阿罗汉果位，具有六种神通。"弟子们感到奇怪，问佛陀说："受世人尊敬的您出现在世间，是极为奇特难得的事了。像这位长者的儿子，您怎么能安置他在僻静的精舍，证得阿罗汉道果，具备六种神通呢？"

佛陀告诉弟子们："并非我现在能设立精舍让其修行，在很久以前，就曾这样。"弟子们问佛陀："不知道佛陀过去设立精舍让其修行的事，是怎样的呢？"

佛陀告诉弟子们说："在过去，有一位得道的修行者，在山林间修行。遇上大旱，山中的野果、草根、树叶都因干旱而枯萎。当时这位修行者和一只兔子是好朋友，就对兔子说：'我今天要到村子里去乞讨食物。'兔子说：'不要去了，我会供给你饭食。'于是兔子便自己捡来柴火，又对修行者说：'你一定要接受我供奉的饭食，天会降雨的，你再住三天，花果就会长出来，你就可以采来食用了，不需要到俗世去。'说完这话，随即点燃大火，投身到了大火之中。修行者见此情景，心想：'这只兔子这样仁慈，是我的好伙伴，为了我能有食物，就舍掉自己的性命，这实在是太难得了。'当时这位得道的修行者，心里十分痛苦，按嘱咐吃了兔子的肉。只有大慈大悲的菩萨才能修这样的苦行，因此使帝释天王的宫殿为之震动，帝释天王自言自语地说：'今天是什么原因使得宫殿震动呢？'通过观察，得知是兔子所做的这种难能可贵的事，并被其行为所感动，当即降下雨来。得道的修行者便继续住在山中修行，采食野果。通过修习禅法，证得了五种神通。

"要知道那时证得五神通的人，就是今天的这位佛弟子；那时的兔子，就是我的前身。过去因为我舍身的缘故，使得修行者能住在僻静的地方，证得了五神通；我今天为什么就不能使这位佛弟子远离亲属，住在僻静的地方，证得阿罗汉果位，获得六神通呢？"

【辨析】

本篇讲述了一个佛陀前世因缘的故事。以一位佛弟子的修行方式为发端，以忆昔论今、以虚证实、以仙喻僧、以兔喻我的论述方式，从修行环境、结果、悲心等诸多方面构成了今昔对比，即过去我舍生，今日我容僧；昔日五神通，今天六神通；从前菩萨行，今日佛陀心。充分体现出佛陀因人而异、因材施教的教化特点，以及欲度世人、先度僧人的良苦用心。

十二

善恶猕猴缘

【题解】

本篇以猴喻人，以事喻理，劝诫信众应当信仰佛法、追随智者。

【经文】

佛在王舍城。诸比丘白佛言："世尊，依止提婆达多，常得苦恼，依止如来世尊者，现得安乐，后生善处，得解脱道。"

佛告比丘言："非但今日，乃往过去时，有二猕猴，各有五百眷属。值迦尸王子游猎，围将欲至。一善猕猴语一恶猕猴言：'我等今渡此河，可得免难。'恶猕猴言：'我不能渡。'善猕猴语诸猕猴言：'毗多罗树[1]枝杆极长。'即挽树枝，渡五百眷属。恶猕猴眷属，以不渡故，即为王子之所获得。

尔时善猕猴者，我身是也；尔时恶猕猴者，提婆达多是。所将眷属，尔时苦恼，今依止者，亦复如是。尔时依止我者，长夜受乐，现得名称供养，将来得人天解脱。尔时依止提婆达多者，长夜受衰苦，现身得恶名称，人不供养，将来堕三恶道。是故诸比丘，应当远离恶知识，亲近善知识[2]。善知识者，长夜与人安隐快乐。

以是之故，应当亲近善知识，恶知识应当远离，所以者何？恶知识者，能烧燋然，今世后世，众苦集聚。"

【注释】

[1] 毗多罗树：梵文音译，即菩提树，相传佛陀在菩提树下悟道成佛。即佛陀在此经过四十九天的反观内照，证得了解脱苦难的方法，创立了佛教。

[2] 善知识：佛教名词，指具有佛教圆满智慧的人。泛指坚信佛理、同修佛法、传播法理的高僧大德。

【译文】

两只猕猴的故事

佛陀在摩揭陀国都王舍城时，弟子们向佛陀说道："受世人尊敬的佛陀啊，跟随提婆达多，常会得到苦恼，跟随佛陀，现世得到平安快乐，死后往生到人、天、阿修罗三善道，证得解脱苦难的佛果。"

佛陀告诉弟子们说："并非在今天，在过去的时候也是如此。有两只猕猴，各自有五百只猕猴追随。当时迦尸国王子出城打猎，要围捕猴群。那只善良的猕猴王对另一只恶猕猴王说：'我们现在渡过这条河，就可以免遭灾难。'恶猕猴王说：'我不能渡河。'善良的猕猴王对猕猴们说：'菩提树的枝干很长。'于是猕猴王挽着树枝，让五百猕猴相互牵引着渡过了河。而恶猕猴王和猴群，由于不肯渡河，就被王子捕获。

那时善良的猕猴王，就是我的前身；那时的恶猕猴王，就是提婆达多的前身。恶猴王所领的猴群，那时很痛苦，今天跟随提婆达多的人，也同样如此。那时跟随我者，长久地享受快乐，现在也得到好名声，受到供养，将来死后升入天界也得到解脱。那时跟随提婆达多者，长久地遭受苦难，现在得到的是恶名声，不受人们供养，将来死后堕入地狱、饿鬼、畜生三恶道。因此弟子们，应当远离邪恶的认识，亲近圆满智慧的人。圆满智慧的人，能够长久地给人们带来安宁和快乐。因此，应当亲近圆满智慧的人，应当远离邪恶的认识。为什么呢？邪恶的认识，能引燃欲望的火焰而自我焚烧，在今生和来世，招致各种苦难集聚一身。"

【辨析】

本篇故事一以贯之地运用了两两对照、相互映衬的手法，从过去到现在，从现在到未来，分别从三个方面进行了对比：

过去从善者免灾难，从恶者受苦难；今天随佛陀受供养，跟提婆达多得恶名，不受供养；随佛陀者将来入善道受福报，跟提婆达多者入恶道遭罪罚。孰好孰坏，当下立判。深入浅出而又生动形象地阐发了要亲近佛教善知识的喻理，同时也真实地反映出佛陀时期僧团内部存在的激烈冲突和交锋。

十三

佛以智水灭三火缘

【题解】

本篇故事将佛教智慧比喻为熄灭众生贪欲、瞋怒、愚痴"三毒"之火的"智慧之水",借以说明严守佛教戒律则能远离祸患,永得平安。

【经文】

有国名南方山,佛欲往彼国,于中路至一聚落宿。值彼聚落造作吉会,饮酒醉乱,不觉火起烧此聚落。诸人惊怕靡知所趣,各相谓言:"我等唯依凭佛,可免火难。"便白佛言:"世尊,愿见救济。"

佛言:"一切众生,皆有三火:贪欲、瞋怒、愚痴之火。我以智水,灭此三火。此言若实,此火当灭。"作是语已,火即时灭。诸人欢喜,信重于佛,佛为说法,得须陀洹道[1]。诸比丘疑怪:"世尊出世,甚奇甚特,为此村落作大利益,聚落火灭,心垢亦灭。"

佛言:"非但今日为作利益,于过去世,亦曾为彼诸人,作大利益。"诸比丘问言:"不审世尊过去利益,其事云何?"

佛言："过去之世，雪山一面，有大竹林，多诸鸟兽，依彼林住。有一鹦鹉，名欢喜首。彼时林中，风吹两竹，共相揩磨，其间火出，烧彼竹林，鸟兽恐怖，无归依处。尔时鹦鹉，深生悲心，怜彼鸟兽，捉翅到水，以洒火上。悲心精勤故，感帝释宫，令大震动。释提桓因，以天眼观，有何因缘，我宫殿动？乃见世间，有一鹦鹉，心怀大悲，欲救济火，尽其身力，不能灭火。释提桓因，即向鹦鹉所，而语之言：'此林广大，数千万里，汝之翅羽所取之水，不过数滴，何以能灭如此大火？'鹦鹉答言：'我心弘旷，精勤不懈，必当灭火；若尽此身，不能灭者，更受来身，誓必灭之。'释提桓因，感其志意，为降大雨，火即得灭。

"尔时鹦鹉，今我身是也；尔时林中诸鸟兽者，今大聚落人民是也。我于尔时，为灭彼火，使其得安，今亦灭火，令彼得安。"又问："复以何缘得见谛道？"

佛言："此诸人民，迦叶佛[2]时，受持五戒[3]，由是因缘，今得见谛，获须陀洹道。"

【注释】

[1] 须陀洹道：梵语音译，汉译为入流，又名逆流，即声闻四果（小乘佛教关于修道的四个阶位）中的初果。谓断三界妄有见解，迷惑尽除，初入圣道法流，故名入流；所谓逆流，谓去迷渐悟，已经开始背离生死之流。声闻四果中的其余三果为：

斯陀含，梵语音译，汉译为一来，即第二果。谓于欲界九品中，断除前六品，后三品犹在，还须再来欲界一次的人、天，还有一番受生，故名一来或一往来。

阿那含，梵语音译，汉译为不来，即第三果。谓断除欲界一切烦恼，永不来欲界受生，故名不来。早在古代印度的《奥义书》中，就有彻底认识了真理的人不再来此世间的说法。

阿罗汉，梵语音译，汉译为无学，即第四果，是声闻四果的最后一果。谓通过修行疑惑尽除,已出三界,无法可学,故名无学。又译为杀贼、应供,因已断尽三界一切烦恼,故称杀贼;又因应受人、天供养,故称应供。阿罗汉原是印度各宗派对有德修行者的通称。直到今天,耆那教仍把其创始人大雄称为阿罗汉。小乘佛教时期,把修行达到的最高境界称为阿罗汉。

[2] 迦叶佛:为过去七世佛中的第六世佛。据说常骑一头狮子,十分威严。降生于佛陀之前,是佛陀前世之师。另外还有不同的说法。

[3] 五戒:即不杀生、不偷盗、不邪淫、不妄语、不饮酒,其作用侧重于止恶;另有十善,则侧重于行善,即不杀生、不偷盗、不邪淫、不妄语、不绮语、不两舌、不恶口、不悭贪、不瞋恚、不邪见。

【译文】

熄灭心中三毒之火的故事

有一个国家名叫南方山,佛陀想去这个国家,在途经的一个村子住宿。恰好遇到这个村子集会,人们饮酒迷醉后一片混乱,没有发觉起火,村庄被烧。人们又惊又怕不知该到哪里去,相互说道:"我们只有听从佛陀的教诲,才可以免除火灾。"便对佛陀说:"世人之尊,希望得到您的教化和救度。"

佛陀说:"所有众生的心中都有三堆毒火:就是贪欲、瞋怒、愚痴之火。我用觉悟智慧之水,可以浇灭这三堆毒火。如果我说的话是真的,村里的大火应当马上熄灭。"话音刚落,大火当即熄灭。人们心中十分欢喜,更加信任敬重佛陀。佛陀为村民们解说佛法,使他们都证得佛法之初果。佛弟子们奇怪地说:"佛陀您来世间,是极为奇特难得的事,为这个村子带来了很大的利益,熄灭了村中的大火,也灭除了人们心中的三毒之火。"

佛陀说:"我不但在今天为他们谋利益,在过去世中,也曾为这些村民带来很大的利益。"弟子们问道:"不知道佛陀您过去给他们带来利益,那是怎样的事呢?"

佛陀说:"过去世时,在雪山的一面,有一片大竹林,许多的鸟兽住在竹林里。其中有一只鹦鹉,名叫欢喜首。当时林中的两根竹子被大风吹动,相互磨擦,生出火来,燃烧了竹林。鸟兽们惊恐万分,没有栖息投靠之处。这时,鹦鹉生起大悲之心,怜悯那些鸟兽,就到水边用翅膀沾上水,来洒到火上。这赤诚的大悲之心和不曾停歇的行动,撼动了帝释王的天宫,使其大为震动。帝释天王便以天眼观察人间,看是什么原因使其宫殿为之震动。他看见世间有一只鹦鹉,心怀大悲之心,想要熄灭大火,但它竭尽了全力,火仍然不能熄灭。帝释天王随即来到鹦鹉的身边,对它说:'这片竹林很大,方圆几千万里,你用翅膀所取来的水,只不过几滴,怎么能扑灭如此大的火呢?'鹦鹉回答说:'我的悲悯之心更加广大无边,只要精勤努力永不懈怠,一定能够熄灭大火;如果此世此身还不能灭火,那么在来世来身,也一定要熄灭大火。'帝释天王被鹦鹉的宏愿和意志所深深感动,就降下大雨,熄灭了大火。

"那时的鹦鹉,就是我的前身;那时林中的鸟兽,就是今天村子里的人们。我在那时为他们熄灭了大火,使他们得以安宁,今天又为他们熄灭了大火,使他们得到平安。"弟子们又问:"又是什么原因使他们证得佛理的真谛呢?"

佛陀说:"这些人们,在过去迦叶佛时期,接受持守了不杀生、不偷盗、不邪淫、不妄语、不饮酒五戒,因为这个原因,今天证得了真谛,获得了佛教的初果。"

【辨析】

这篇故事的后半部分,其情节与本套丛书中《旧杂譬喻经注译与辨析》第二十三篇"鹦鹉灭火感神谕"颇为相似，然而立意更加鲜明，意蕴更为深厚，结构更趋完整。本故事明喻鹦鹉就是佛陀的前身，佛陀不仅有昔日救火的悲壮之举，还有今天救人的大悲之心。直接点明了要想修得佛果，必须持守戒律，强调了律法乃成就佛法因缘的根本要素。

故事中佛陀借鹦鹉之口道出自己的大悲、大愿：几滴水虽少，但只要心存大愿，精勤勇进，终将惠及社会，影响他人。启示人们：善心虽小，悲心广大，一人心愿，感天动地，必能利益大众。可谓：普度众生出苦海，三学六度住心间。这就是汉地大乘佛教"一心生万法，万法唯一心"教义的思想基础，也反映了人类崇高的伦理道德准则。这种矢志不渝、倾心奉献的情怀，正是我们当今精神文明建设中不可或缺的重要内容。

十四

波罗奈国有一长者子共天神感王行孝缘

【题解】

佛教比喻故事中感念父母,以尽孝道的内容十分丰富,在这些感人故事的字里行间,洋溢着子女对父母深挚的感恩之情,也表现出信仰者所特有的践行孝道的方式。

【经文】

如是我闻:

一时佛在舍卫国,告诸比丘言:"若有人欲得梵天王[1]在家中者,能孝养父母,梵天即在家中;欲使帝释在家中者,能孝养父母,即是帝释在家中;欲得一切天神在家中者,但供养父母,当知一切天神已在家中;但能供养父母,便为和上已在家中;欲得阿阇梨[2]在家中者,但供养父母,即是阿阇梨在其家中;若欲供养诸贤圣及佛,若供养父母,诸贤圣及佛即在家中。"诸比丘言:"如来世尊,极为希有恭敬父母。"

佛言:"非但今日极为希有恭敬父母,于过去世亦曾希有恭敬父母。"比丘问言:"过去恭敬,其事云何?"

佛言:"往昔波罗奈国,有一贫人,唯生一子,然此一子,多有儿息。其家贫穷,时世饥俭。以其父母,生埋地中,养活儿子。邻比问言:'汝父母为何所在?'答言:'我父母年老会当至死,我便埋之。以父母食分,欲养儿子,使得长大。'第二家闻,谓此是理,如此展转,遍波罗奈国,即以为法。

"复有一长者,亦生一子,此子闻之,以为非是,即作是念:'当作何方便,却此非法?'遂白父言:'父今可应远行学读,使知经论。'其父便去,少得学读,而便还家。年转老大,子为掘地,作好屋舍,以父着中,与好饮食。作是思惟:'谁当共我,除此非法?'天神现身,而语之言:'我今与汝,以为伴侣。'天神疏纸,问王四事:'若能解此疏上事者,为汝拥护,若不解者,却后七日,当破王头令作七分。四种问者:一者,何物是第一财?二者,何物最为乐?三者,何物味中胜?四者,何物寿最长?榜着王门上。'

"国王得已,促问国中:'谁解此者?若有解者,欲求何事,皆满所愿。'长者子取此文书,解其义言:'信为第一财,正法最为乐,实语第一味,智慧命第一。'解此义已,还着王门头。天神见已,心大欢喜,王亦大欢喜。王问长者子言:'谁教汝此语?'答言:'我父教我。'王言:'汝父安在?'长者子言:'愿王施无畏,我父实老,违国法故,藏着地中。愿听臣所说。大王,父母恩重,犹如天地,怀抱十月,推干去湿,乳哺养大,教授人事。此身成立,皆由父母,得见日月,生活所作。父母之力,假使左肩担父,右肩担母,行至百年复种种供养,犹不能报父母之恩。'时王问言:'汝欲求何等?'答言:'更无所求,唯愿大王去此恶法。'王可其言。宣下国内:'若有不孝于父母者,当重治其罪。'

"欲知尔时长者子,今我身是也。我于尔时,为彼一国,除去恶法,成就孝顺之法,以此因缘自致成佛,是以今日,亦复赞叹孝顺之法也。"

【注释】

［1］梵天王：亦称大梵天王，为佛教色界四重天中的初禅天之王。

［2］阿阇梨：梵文音译，意即众德具备，教授弟子，使之行为规范端正的导师。

【译文】

儿子孝敬父亲举国受益的故事

亲自聆听佛陀的教诲：

那时佛陀在憍萨罗国都舍卫城，告诫弟子们说："如果有人想请梵天王造访家中，能孝敬供养父母，梵天王就在家中了；要请帝释天王造访家中，能孝敬供养父母，那么帝释天王就在家中了；要请一切天神造访家中，只要供养父母，就应当知道所有天神已来家中了；只要能供养父母，出家修行的佛弟子就已经在家中了；要请规范和端正人之行为的导师造访家中，只要供养父母，这样的导师就已经在其家中了；要想供养圣贤及佛陀，如供养其父母，圣贤及佛陀就在家中了。"弟子们说："受世人尊敬的佛陀，您是极为难得的恭敬父母的人。"

佛陀说："我不仅今天极为恭敬父母，在过去世也极为恭敬父母。"弟子们问道："您过去恭敬父母，是怎样的情形呢？"

佛陀说："从前在波罗奈国，有一个穷人，只生了一个儿子，然而这一个儿子，却有很多儿子。他们家中贫穷，又值灾荒年景，这个儿子就把自己的父母活埋了，只养活自己的儿子。邻居问他：'你父母在哪儿呢？'回答说：'我父母年老了总会死的，我把他们活埋了。把父母的那份食物，抚养儿子，使他们长大。'邻家听了以后，认为有道理，这样辗转相传，传遍了整个波罗奈国，大家都来效法。

"还有一位长者,也生了一个儿子,这个儿子听到以后,认为这样做是不对的,心想:'我应当用什么方法,阻止这种做法呢?'就对父亲说:'父亲您应当出行游学,学习理论掌握知识。'他父亲便出门去游学,学到了一些知识,就回到家中。慢慢地父亲年纪渐老,儿子为他在地下建好屋子,让父亲住在其中,供给他好的饭食。儿子心想:'有谁能和我一起,废除活埋老人的做法?'天神出现了,对他说:'我今天和你结伴,一同做这件事。'天神写了一纸公文,问国王四个问题:'如果能解答公文中的问题,可以拥护你继续当国王,如果不能解答,七天之后,就会砸碎国王的头分成七份。这四个问题是:第一,什么是最大的财富?第二,什么最为快乐?第三,什么味道最美?第四,什么寿命最长?天神把公文张贴在了国王的宫门上。'

"国王得到公文后,急忙告示天下:'有谁能解答?如果有人能解答,他所要求的任何事,我都能如其所愿。'长者的儿子取来文书,解答其中的义理说:'诚信为最大的财富,正信佛法最快乐,真实的话语最美味,智慧的寿命最长久。'解答之后,仍然张贴在国王的宫门上。天神看见后,心中十分欢喜,国王也十分欢喜。国王问长者儿子说:'是谁教你回答问题的?'回答说:'我父亲教我的。'国王说:'你父亲在哪里呢?'长者儿子说:'愿国王实施大赦,我父亲年事已高,有违国家活埋的法令,我把他藏在地下的房子。希望您听我说,大王,父母对于我们的恩情之重如同天地般广大,怀胎十月生下我们,一把屎一把尿地悉心照料,母亲用乳汁哺育我们,教给我们为人处世的道理。我们长大成人,都是父母抚养,披星戴月,辛苦劳作。父母的付出和心血,即使用左肩担着父亲,右肩担着母亲,并用各种财物供养一百年,也不能报答他们的恩情。'这时国王问他说:'你有什么要求呢?'回答说:'我一无所求,只希望大王废除活埋父母的邪恶做法。'国王答应了他的要

求,当下发布诏令:'如果有不孝敬父母的人,要从重治罪。'

"要知道那时的长者之子,就是我的前生。我在那时,为这个国家除去了邪恶的做法,建立了孝敬父母的法规,因此而成佛,所以今天,也同样赞同孝顺父母的法规。"

【辨析】

尊老敬老是我们民族世代相承的美德。"百善孝为先",强调的是孝道的重要性,的确,一个人如果对养育自己的父母不知善待和尽心奉养,很难想象他会真正关心他人,奉献社会。佛教所倡导之慈孝在本篇中得以充分体现。表达方式上,也有许多独特之处:

其一,排比铺陈,笔墨酣畅,表现出强烈的主观意愿和信仰色彩。故事一开篇,即由"倘若"设问,以"就"、"就会"对答,一连六个排比句凸显主旨,具有先声夺人、不容置疑的气势,收到了很好的表达效果。

其二,虚实交错,相互映衬。作者将"梵天"、"帝释天"、"一切天神"这些信仰世界中的主宰者,与"出家修行者"、"导师"、"贤者和佛陀"现实中的人相提并论,构成了信仰和现实交融统一,极大地增强了说服力。由此还可看出,佛教的慈孝是基于世间而又超越世间的。

其三,议论说理和描写叙述融为一体。将父母含辛茹苦哺育襁褓幼子的情景表现得极为生动具体、细腻逼真,尤其是"左肩担着父亲,右肩担着母亲,直到百年也难以报答父母之恩",如此真诚恳切、感人肺腑的话语,足以拨动每个读者的心弦,深深地触发子女报答父母恩泽的感恩之心。

此外,故事还反映了"少有所学,老有所用"的观点,也不乏现实意义。

十五

迦尸国王白香象养盲父母并和二国缘

【题解】

本篇故事既提出了广行布施的主张，又阐述了邻国之间应化干戈为玉帛，友好相处的义理。

【经文】

昔佛在舍卫国，告诸比丘言："有八种人，应决定施，不复生疑。父母以佛及弟子，远来之人，远去之人，病人，看病者。"诸比丘白佛言："如来世尊，甚奇甚特，于父母所，常赞叹恭敬。"

佛言："我非但今日，过去已来，恒尊重恭敬。"诸比丘问言："尊重赞叹，其事云何？"

佛言："过去久远，有二国王，一是迦尸国王，二是比提醯国王。比提醯王，有大香象，以香象力，摧伏迦尸王军。迦尸王作是念言：'我今云何当得香象，摧伏比提醯王军？'时有人言：'我见山中有一白香象。'王闻此已，即便募言：'谁能得彼香象者，我当重赏。'有人应募，多集军众，往取彼象。象思惟言：'若我远去，父母盲老，不如调顺往至王所。'尔时众人，便将香象，向于王边。王大欢喜，为作好屋，氍氀毾㲪[1]，敷着其下，与诸伎女，弹琴鼓瑟，以娱乐之。与象饮食，不肯食之。时守象人来白王言：'象不肯食。'王自向象所。上古畜生，皆能人语。王问象言：'汝何故不食？'象答言：'我有父母，年老眼盲，无与水草者。父母不食，我云何食？'象白王言：'我欲去者，王诸军众，无能遮我，但以父母盲老，顺王来耳。王今见听还去，供养终其年寿，自当还来。'王闻此语，极大欢喜。'我等便是人头之象，此象乃是象头之人。'先迦尸国人，恶贱父母，无恭敬心，因此象故，王即宣令一切国内：'若不孝养恭敬父母者，当与大罪。'寻即放象还父母所，供养父母，随寿长短，父母丧亡，还来王所。

"王得白象，甚大欢喜，即时庄严，欲伐彼国。象语王言：'莫与斗诤，凡斗诤法，多所伤害。'王言：'彼欺凌我。'象言：'听我使往，令彼怨敌不敢欺侮。'王言：'汝若去者，或能不还？'答言：'无能遮我使不还者。'象即于是往彼国中。比提醯王闻象来至，极大欢喜，自出往迎，既见象已，而语之言：'即住我国。'象白王言：'不得即住，我立身以来，不违言誓，先许彼王，当还其国。汝二国王，应除怨恶自安其国，岂不快乎？'即说偈言：

得胜增长怨，负则益忧苦。
不诤胜负者，其乐最第一。

"尔时此象，说此偈已，即还迦尸国。从是以后，二国和好。
"尔时迦尸国王，今波斯匿王[2]是；比提醯王，阿阇世王[3]是；尔时白象，今我身是也。由我尔时孝养父母故，令多众生亦孝养父母，尔时能使二国和好，今日亦尔。"

【注释】

[1] 氍毹毷氀（qú lú shū kě）：四种皆为毛织物。原文中后两个字为古今皆无的异体字，根据文义改为此字。

［2］波斯匿王：即憍萨罗国国王，国都为舍卫城。憍萨罗国与摩揭陀国同为佛陀时代的两个大国。波斯匿王后来皈依了佛陀，成为佛教的大护法。

［3］阿阇世王：摩揭陀国的太子，为频婆娑罗王和皇后韦提希所生，调达（即提婆达多）劝阿阇世篡位，阿阇世禁锢了他的父母，致使频婆娑罗王在牢中自杀。

【译文】

白象使两国和睦的故事

从前佛陀在摩揭陀国都舍卫城，告诉弟子们："有八种人，应当给予帮助，不用迟疑。父亲、母亲、佛、佛弟子、远方来的人、到远处去的人、病人、看视病人的人。"弟子们对佛陀说："受世人尊敬的佛陀，您来世间极为奇特，对于父母，常赞誉和恭敬。"

佛陀说："我并非只是今天，从过去以来，一直尊重和恭敬父母。"弟子们问："尊重父母，都是些怎样的事呢？"

佛陀说："很久以前，有两位国王，一位是迦尸国国王，另一位是比提醯国国王。比提醯国国王，有一头大香象，用这头香象的力量，可以摧毁迦尸国王的军队。迦尸国王心想：'我现在如何能得到一头大香象，摧毁比提醯国王的军队呢？'这时有人对他说：'我看见山中有一头白色香象。'迦尸国王听到后，便招募猎人说：'谁要能捕得香象，我将重赏。'有猎人应募后，就集合军队，前往捕象。白象得知后心想：'如果我逃到远处，但父母年老失明，不如顺从到国王那里。'这时猎人就将捕获的白象带到国王身边。国王十分高兴，为象建好屋子，用氍、毹、毾、㲪等各种毛织物铺在地上，让歌女们弹琴鼓瑟，使大象快乐。给大象饮水喂食，但大象却不肯吃。看守大象的人报告国王说：'大象不肯进食。'国王亲自来到大象的住所。远古时候，禽兽都能讲人的话语。于是国王问大象：'你为什么不进食？'大象回答：'我有父母，年纪大了，眼睛失明了，现在没有谁能供给他们水和草了。父母不能进食，我怎么能进食呢？'大象又对国王说：'我要离开，国王的军队不能阻挡我。就是因为父母年老失明，所以顺从了国王。国王今天让我回去，赡养父母，直到他们去世，然后，我一定会回来的。'国王听后，十分高兴。'我们只是长着人头的象，而这象是长着象头的人。'此前迦尸国人，不善待父母，没有恭敬心，因为这头大象供养父母的缘故，国王马上向国人宣告：'如果不孝敬和赡养父母，就是犯了大罪。'当即放了大象，让他回到父母身边，大象供养父母，以享天年，父母去世后，才又回到国王那里。

"迦尸国王得到白象，极为高兴，随即整军待发，准备讨伐比提醯国。大象对国王说：'不要与邻国争斗，凡是相互争斗，结果都会两败俱伤。'国王说：'他们欺凌我国。'大象说：'让我前去，使敌国不敢再欺凌我们。'国王说：'你如果去了，或许就不能回来了？'大象回答说：'没有谁能阻挡我，使我不能回来。'大象随即前往比提醯国。比提醯国国王听说大象来了，非常高兴，亲自出来迎接。见到大象后，对大象说：'就留在我国吧。'大象对国王说：'我不能留在您的国家。我有生以来，从不曾违背誓言，先前答应了迦尸国王，要回到迦尸国。你们两位国王，应当消除怨恨，各自治理好自己的国家，这难道不好吗？'随即用诗句说：

两国争胜生怨恨，败者更添忧患苦。
不争得失与胜负，和睦相处最欢乐。

"那时大象说完诗句后，就回到了迦尸国。从此以后，两个国家和平友好相处。

"那时的迦尸国王，就是今天憍萨罗国的波斯匿王；比提醯国王,就是摩揭陀国的阿阇世王;那时的白象,就是我的前身。那时由于我孝敬供养父母,使许多众生也都孝敬和供养父母,那时能让两国和睦友好,今天也同样如此。"

【辨析】

本篇故事中,佛陀首先告诫弟子要布施的八种人。其中有父母长辈,这是我们的至亲;有佛与佛弟子,他们可以给人以精神抚慰;还有出门在外者,所谓"在家千日好,出门一时难",不仅旅途劳顿,风尘仆仆,也会遇到许多难以预料的困难;"一人生病,全家日艰",所以需要提供帮助的还有病人以及照看病人的亲友。从所列举的八种人可以看出,佛陀体察世态人情的良苦用心。在对弟子的教诲中,自然地烘托出佛教理解人、关心人、爱护人的喻理。

接着以象喻人,阐明了佛教主张的国与国之间友好相处的义理。故事中国王和大象的对话,颇耐人回味,尤其是国王所说的"我等便是人头之象,此象乃是象头之人",道出了一个事实,即"人面兽心",这是我们现实生活中不时见到的丑恶现象。以动物尚且有亲情,反衬出世间的人们相互杀戮的冷酷残忍。故事中大象勇于担当的行为,诚信的处世原则,都演绎着佛家伦理的精神风范。

十六

波罗奈国弟微谏兄遂彻承相
劝王教化天下缘

【题解】

本篇故事叙述哥哥经弟弟劝谏而醒悟，其后两人共同努力，促使国王颁布诏令，摒弃了本国子女不善待老人的恶习，揭示出善待老人，就是珍爱自己的喻理。

【经文】

昔者世尊，语诸比丘："当知往昔波罗奈国，有不善法，流行于世。父年六十，与着敷屡[1]，使守门户。尔时有兄弟二人，兄语弟言：'汝与父敷屡，使令守门。'屋中唯一敷屡，小弟便截半与父，而白父言：'大兄与父，非我所与。大兄教父使守门。'兄语弟言：'何不尽与敷屡，截半与之？'弟答言：'适有一敷屡，不截半与，后更何处得？'兄问言：'更欲与谁？'弟言：'岂可得不留与兄耶？'兄言：'何以与我？'弟言：'汝当年老，汝子亦当安汝置于门中。'兄闻此语惊愕曰：'我亦当如是耶？'弟言：'谁当代兄？'便语兄言：'如此恶法，宜共除舍。'兄弟相将，共至辅相所，以此言论，向辅相说。辅相答言：'实尔，我等亦共有老。'辅相启王，王可此语。宣令国界，孝养父母，断先非法，不听更尔。"

【注释】

［1］敷屡（lǚ）：指裹着毛织品，如毛毡。

【译文】

弟弟劝哥哥孝敬父亲的故事

从前佛陀对弟子们说："大家应当知道，过去在波罗奈国，有不合理的法令在社会上通行。凡父亲年满六十，就裹上毛毡，让他看守家门。当时有兄弟两人，哥哥对弟弟说：'你给父亲一张毛毡，让他看守家门吧。'家里只有一张毛毡，弟弟就裁了半张给父亲，对父亲说：'这是哥哥给父亲的，不是我给的。哥哥让父亲去看守家门。'哥哥对弟弟说：'为什么不把毛毡都给父亲，而裁下半张给他呢？'弟弟回答说：'只有一张毛毡，不截下半张，以后再从哪里找毛毡呢？'哥哥不解地问：'还要给谁呢？'弟弟说：'怎么能不留给哥哥您呢？'哥哥说：'为什么要给我呢？'弟弟回答说：'当你年老的时候，你的儿子也要安置你看门。'哥哥听了惊愕地说：'我也会这样吗？'弟弟说：'谁能代替你呢？'便对哥哥说：'这样的法令应当予以废除。'于是兄弟两人一起来到宰相住所，向宰相表明了自己的看法。宰相回答说：'确实是这样，我们都会有老的时候。'宰相便启奏国王，得到了国王的同意。便诏令全国，要孝敬供养父母。废除了先前的法令，不再准许那样做。"

【辨析】

通过本篇开头的描绘，我们可以想象，当年波罗奈国家家户户的大门口，都有这样一幅凄凉悲苦的情景：一位老人，一张毛毡，孤零零地看守着大门。于是就在这样一个让人心酸不已的场景中引出了一个换位思考的故事。

积于旧习,哥哥自己不便将毛毡给老人,便让弟弟去做,其实这本身就隐含着一种于心不忍。实际上弟弟也有同样的感受,于是弟弟就有意将家中唯一的一张毛毡,裁成两截,只给了父亲一半。当哥哥对此大感不解时,弟弟以关心哥哥的婉转方式劝讽道:"汝当年老,汝子亦当安汝置于门中。"即我这是为你今后做准备啊,以设身处地为哥哥着想来启发哥哥,从而使哥哥由父亲的今天,推想到自己的明天,由此完成了换位思考的心理过程。

接着兄弟两人又进一步说服宰相乃至国王,最终达成了"我等亦共有老"的一致认知,改变旧习,从而诏令天下,孝敬老人。

细致的心理描述,以及由人推己,由一家到举国,逐层深入推进的表现手法,正是这一故事的显著特征。

此外,本篇故事短小,叙事简洁,然而内容却十分精粹而又意味深长,将佛教善待人生,敬老爱老的慈悲之心表现得真切充分,入情入理,从而启人心智,发人深省。

十七

梵摩达夫人妒忌伤子法护缘

【题解】

怨恨是一种十分危险的情绪,往往会使人丧失理智,酿成灾祸。本篇即以王后和国王杀害自己儿子的故事,阐发了佛门力戒"瞋恨"的喻理。

【经文】

佛在王舍城,语提婆达多言:"我恒深心慈念于汝,及身口意于汝无恶,今可共忏。"提婆达多,骂詈[1]而去。诸比丘言:"云何如来慈心若此,提婆达多,反更恶骂?"

佛言:"非但今日,于过去时,波罗奈国,有王名梵摩达,夫人名不善意,有子法护,聪明慈仁,就师教学。时梵摩王,将诸婇女,于园苑中而行,游戏安乐,以饮残酒,送与夫人。夫人瞋恚,而作是言:'我宁刺法护咽中,取血而饮,不饮此酒。'王闻是语,瞋恚而言:'学中唤法护来。'法护来已,欲割其咽。子白父言:'我无过罪,王唯有一子,何为杀我?'王言:'我不杀汝,汝母意耳。能白汝母忏悔,令彼欢喜,终不杀汝。'儿即向母忏悔,而作是言:'唯有我一子,亦无过罪,何为杀我?'母不受悔,便刺儿咽，与血使饮。"

佛言："尔时父王，拘迦离[2]是也；彼时母者，提婆达多是；彼时子者，我身是也。我于尔时，都无恶心，不受我悔，今日亦尔，不受我悔。我于尔时，虽为所杀，都无一念瞋恨之心，况于今日，而当忿恚[3]有恶心也？"

【注释】

[1] 骂詈（lì）：责骂，当面斥责为骂，旁敲侧击为詈。

[2] 拘迦离：为佛陀在世时一位持邪恶见解的出家人，曾参与分裂僧团的活动。

[3] 忿恚（fèn huì）：愤怒、怨恨。

【译文】

王后因怨怒杀子的故事

佛陀在摩揭陀国都王舍城时，对堂弟提婆达多说："我常常从内心深处慈悲地感念，于身、口、意都对你没有恶意，现在我们可以共同来忏悔自己。"提婆达多听后，口中骂骂咧咧地离去。佛弟子们问道："为什么佛陀以慈悲心对他，而提婆达多反而要骂人呢？"

佛陀说："不只是今天如此，在过去的时候也是这样。在波罗奈国，有一位国王名叫梵摩达，王后名叫不善意，他们有个儿子叫法护，法护聪明仁慈，跟随老师学习。当时梵摩达国王与一群侍女，在园林中游乐，他把喝剩的酒送给夫人，夫人大怒，说道：'我宁肯刺破儿子法护的咽喉，取他的血喝，也不喝此剩酒。'国王听了后，恼怒地说：'从学堂中把法护叫来。'法护来了以后，国王要割他的咽喉。儿子对父亲说：'我并无过错，国王只有我一个儿子,为什么要杀我呢?'国王说:'不是我要杀你,是你母亲的意思。你若能对你母亲表示忏悔,让她高兴,就不杀你了。'儿子随即向母亲忏悔,对她说:'你只有我一个儿子,我也没有过错,为什么要杀我呢?'母亲不接受儿子的忏悔,就刺破儿子的咽喉,喝下了他的血。"

佛陀说:"那时的父王,就是今天的拘迦离;那时的母亲,就是今天的提婆达多;那时的儿子,就是我的前身。我在当时全无恶念,母亲不接受我的忏悔,今天也一样,提婆达多也不接受我的忏悔。我在那时,虽然被杀死,却无一点瞋恨之心,更何况今日,怎么会有怨恨的恶念呢?"

【辨析】

这篇故事写得残忍血腥,令人触目惊心,其情节乍读起来觉得荒诞至极,但是仔细想来,又觉得冷峻而真实。

首先,这个故事所暴露的是古代印度社会王室的贪婪、凶残,及王室内部为争权夺利你死我活、肆意杀戮的残酷现实。佛陀生在王室,对此类事件应该既有所闻也有所见。

其次,宗教集团内部的斗争也同样是刀光剑影,充满了血腥味。当年婆罗门为了证明自己的预言灵验而杀死自己的亲生儿子。《百喻经》第十一篇"婆罗门杀子喻"即有所述。另外,佛陀的堂弟提婆达多也曾多次设计谋害佛陀,曾"布象阵"、"推巨石",企图让大象踏死佛陀,巨石砸死佛陀,无所不用其极。

故事所讲述的此类现象和事件,即使是今天也并没有完全消失。人一旦被欲望、妒恨等恶念所驱使,什么丑恶残暴的事做不出来呢?因此,律己、忍辱、善待一切人的佛教喻理也就在故事中自然地表现出来了。

十八

驼骠比丘被谤缘

【题解】

所谓敬人者,人皆敬之;打人者,人恒打之。本篇通过一位出家人因过去诽谤他人,今日遭人诽谤的故事,警示众僧:出家人必须慎言。

【经文】

昔有比丘,名曰驼骠,有大力士力。出家精勤,得阿罗汉,威德具足,恒营僧事,五指出光[1],而赋众僧种种敷具。由是佛说营事第一。弥多比丘,自薄福德。当次会处,饮食粗恶,乃反恚言:"若此驼骠,料理僧事,我终不得好食自活,当设方便。"弥多有姊,作比丘尼,往共相教谤于驼骠,乃至满三。驼骠厌恶,即升虚空,作十八变,入火光三昧[2],于虚空中,如火焰灭,无有尸骸。诽谤贪嫉,能使贤圣犹尚灭身,况复凡夫?是以智者,当慎诽谤,莫轻言说。时诸比丘即便问佛:"驼骠比丘有何因缘,而被诽谤?复以何因缘,得是大力?复以何因缘,逮得罗汉?"

佛言:"过去世时,人寿二万岁时,有佛名曰迦叶。尔时迦叶佛法中,有年少比丘,面目端正,颜色美妙。彼年少比丘,乞食未还，有一少妇，惑着是色，看此比丘，眼不舍离。驼骠比丘时为食监，会见此妇随逐比丘，目不暂舍，即便谤言：'此女必与彼比丘通。'由是因缘，堕三恶道，受苦无量，乃至今日，余殃不尽，犹被诽谤。又以过去迦叶佛时出家学道，今得罗汉；以其过去经营僧事，驴驮米面，溺于深泥，即能挽出，缘是之故，得力士力。"

【注释】

[1] 五指出光：五个手指可以发光。此为喻词，意为光明磊落，秉公办事。

[2] 三昧：梵文音译，又称"三摩地"，意译为"正定"，摈除杂念，专注一境，即心念定止的状态。

【译文】

一位出家人被诽谤的故事

从前有一位佛弟子，名叫驼骠，有大力士般的力量。出家修行，精勤勇进，证得了阿罗汉果位，具备了证悟者的威严品德，长期管理众僧事务。他办事公正，供给僧人们各种生活用具，因此佛陀称赞其为管理僧务第一。有一位名叫弥多的僧人，自己福德浅薄，每次聚会，都嫌饭食不好，从而埋怨说："如果这个驼骠管理僧务，我终究不能得到好食物，要过好日子就得另想方法。"弥多有一个姐姐，也出家修行，教唆他一起诽谤驼骠，这样一而再，再而三。驼骠心中厌恶，就腾升到空中，做出十八种变化，进入禅定，在虚空中，如火焰熄灭，连形骸都没有留下。诽谤和妒忌，尚且使得圣贤身心俱灭，更何况凡夫俗子呢？所以智慧的人，不诽谤他人，不随意说话。这时弟子们随即问佛陀说："驼骠修行者因为什么原因，被别人诽谤呢？又是什么原因，成为大力士呢？又是什么原因，证得罗汉果位？"

佛陀说："过去的时候，人的寿命有二万岁，有佛名叫迦叶。那时迦叶佛门下，有一个年轻的和尚，相貌端正，仪表堂堂。一次，这个年轻和尚外出乞食，有一位少妇贪恋和尚的容貌，目不转睛地看着这个和尚。驼骠当时是管理饭食的监院，恰巧见到少妇跟随着和尚，目不转睛，便诽谤说：'这女人肯定与那个和尚私通。'由于这个原因，死后堕入地狱、饿鬼、畜生三恶道，遭受了无尽的苦难，直到今天，灾祸未尽，还在被诽谤。因为驼骠在过去迦叶佛时出家修学佛理，今天才能证得罗汉果位；又由于过去管理僧务时，在驴驮米面陷入深坑时，驼骠当即救出，由于这个缘故，得到了大力士的力量。"

【辨析】

这篇故事采用了倒叙的手法，开头写的是得道高僧驼骠，热心为僧众们服务却受到刻意挑剔的出家人的诽谤，从而在读者的困惑与同情中引出驼骠的前世因缘，讲清了事情的来龙去脉，即其今生所受之苦乐为前世所造善恶之业而致。旨在说明前世善业，今得善果，前世恶业，后患无穷。

我们以为，在现实世界中并非所有的善行都能得到善的回报，善良的愿望也往往并不一定有好的结局。好比佛陀也曾苦口婆心地教化提婆达多，但得到的却是其更加疯狂的诽谤和伤害。但即使如此，我们仍要努力，正视当下，指出错误，坚持正确。正如追求幸福和美好、公平和正义的社会理想一样，承认局限性，恰恰是我们不懈追求的动力。

十九

离越被谤缘

【题解】

所谓业力不失，因果相续；善恶之报，如影随形。所有恶业，终究还以恶报。本文宣说的是佛教因果报应之义理。

【经文】

昔罽宾国[1]，有离越阿罗汉，山中坐禅。有一人失牛，追逐踪迹，径至其所。尔时离越煮草染衣，衣自然变作牛皮，染汁变成为血，所煮染草变成牛肉，所持钵盂变成牛头。牛主见已，即捉收缚，将诣于王。王即付狱中，经十二年，恒为狱监，饲马除粪。

离越弟子，得罗汉者，有五百人，观觅其师，不知所在，业缘欲尽。有一弟子，见师乃在罽宾狱中，即来告王："我师离越，在王狱中，愿为断理。"王即遣人，就狱检校。王人至狱，唯见有人，威色憔悴，须发极长，而为狱监，饲马除粪。还白王言："狱中都无沙门道士，唯有狱卒比丘。"弟子复白王言："愿但设教，诸有比丘，悉听出狱。"王即宣令诸有道人，悉皆出狱。尊者离越，于其狱中，须发自落，袈裟着身，踊在虚空，作十八变。王见是事，叹未曾有，五体投地，白尊者言："愿受我忏悔。"即时来下，受王忏悔。

王即问言："以何业缘,在于狱中,受苦经年?"尊者答言:"我于往昔,亦曾失牛,随逐踪迹,经一山中,见辟支佛独处坐禅,即便诬谤,至一日一夜。以是因缘,堕落三涂,苦毒无量,余殃不尽,至得罗汉,犹被诽谤。"

【注释】

[1] 罽（jì）宾国：汉魏时西域国名，又作劫宾国、羯宾国等。唐代玄奘在《大唐西域记》中称为"迦湿弥罗"国。即今之克什米尔一带。

【译文】

证悟者被诽谤的故事

从前在罽宾国，有一位叫离越的证悟者，在山中坐禅。有一个丢失了牛的人，沿着牛的踪迹寻找，不觉来到了离越的住所。这时离越正在煮草染僧衣，但僧衣却自然变成了牛皮，染汁变成了牛血，所煮的染衣草变成了牛肉，所持的钵盂变成了牛头。牛的主人看到这些，当即捉住离越，押送他去见国王。国王就把离越关进监狱。他在狱中度过十二年，打扫卫生饲养马匹。

离越的弟子们，证得罗汉果位的，就有五百人。他们四处寻找师父，却不知道他在哪里，此时离越的罪业即将消除。有一位弟子，知道了师父在罽宾国的狱中，立即告诉国王说："我的师父离越，在国王的监狱中，希望还他公道。"国王便派人到监狱检查。国王派的人来到监狱，只见有一个人，面色憔悴，头发胡须都很长，每天在狱中饲养马匹清理粪便。就回来对国王说："狱中没有得道高僧，只有一位在狱中服劳役的出家人。"离越的弟子又对国王说："希望您下令，将监狱的出家人，都释放出狱。"国王当即命令把所有的出家人，都释放出狱。这时证悟者离越，在监狱中，头发和胡须自然脱落，袈裟披身，升腾到空中，做出十八种变化。国王见到后，感叹这是未曾有过的事，于是五体投地，礼拜离越，对他说："希望您接受我的忏悔。"离越立刻从空中降下，接受了国王的忏悔。

国王随即问道："是什么缘故，您在监狱中受苦多年呢？"离越回答说："我在过去，也曾丢失过牛，沿着牛的足迹寻找，经过一座山时，看见缘觉乘的修行者独自坐禅，便诬谤他偷牛，持续了一天一夜。因此，堕入地狱、饿鬼、畜生三恶道中，受了无尽的苦难，灾祸仍然不断，乃至证得了罗汉果位，还被诽谤。"

【辨析】

本篇与前一篇内容相近，讲述的同样是前世作恶业，今生受诽谤的故事。其中既有生动鲜活的场景描绘，又有对人物肖像、行动和语言的刻画。故事短小精悍，情节离奇怪异，但却寄寓深刻。结尾以这位"祖师""至得罗汉，犹被诽谤"的结论，凸显了罪业给后世带来的巨大灾难，具有很强的警示作用。此外，还有两点值得我们注意：

其一，故事还从一个侧面反映出，在国王的监狱里，以莫须有的罪名关押着许多被冤枉的无辜者。这隐喻了国王的权力高于法律、胜过事实。可以说，一切不能在阳光下运作的权力，在本质上都是丑恶和残暴的。

其二，主人公在解释自己的恶业时，首先进行了自我反省，而不是一味指责他人的过失。使人认识到只有改变自己，才有可能去改变他人。这种态度反映了佛教严于律己的喻理。

二十

波斯匿王丑女赖提缘

【题解】

本篇讲述了一个超级丑女因为供佛而变为绝代佳人的故事,说明心存善念就会拥有美丽的容颜,从而揭示出"美丽由心而定"的喻理。

【经文】

昔波斯匿王有女,名曰赖提,有十八丑,都不似人,见皆恐怕。时波斯匿王募于国中,其有族姓长者之子穷寒孤独者,仰使将来。

尔时市边,有长者子,孤独单己,乞索自活。募人见之,将来诣王。王将此人,入于后园,而约敕言:"吾生一女,形貌丑恶,不中示人,今欲妻卿,可得尔不?"时长者子白王言:"王所约敕,假使是狗,犹尚不辞,何况王女而不可也?"王寻妻之,为立宫室,约敕长者子言:"此女形丑,慎莫示人,出则锁门,入则闭户,以为常则。"

有诸长者子,共为亲友,饮宴游戏,每于会日,诸长者子妇皆来集会,唯此王女,独自不来。于是诸人,共作要言:"后日更会,仰将妇来，有不来者，重谪财物。"遂复作会，贫长者子，犹故如前，不将妇来，诸人便共重加谪罚。贫长者子，敬受其罚。诸人已复共作要言："明日更会，不将妇来，复当重罚。"如是被罚，乃至二三，亦不将来诣于会所。贫长者子，后到家中，语其妇言："我数坐汝为人所罚。"妇言何故？夫言："诸人有要，饮会之日，尽仰将妇诣于会所。我被王敕，不听将汝以示外人，故数被罚。"妇闻此语，甚大惭愧，深自悼慨，昼夜念佛。于是后日，更设宴会，夫复独去。妇于室内，倍加恳恻，而发愿言："如来出世，多所利益，我今罪恶，独不蒙润。"佛感其心至，从地踊出，始见佛发，敬重欢喜，已发即异变成好发。次见佛额，渐睹眉、目、耳、鼻、身、口，随所见已，欢喜转深。其身即变，丑恶都尽，貌同诸天。

诸长者子，密共议言："王女所以不来会者，必当端正异于常人，或当绝丑，是故不来。我等今当劝其夫酒，令无觉知，解取钥匙，开门往看。"即饮使醉，解取钥匙，相将共往。开门看之，见此王女端正无双，便还闭门，诣于本处。尔时其夫，犹故未寤，还以钥匙，系着腰下。其夫觉已，寻还向家，开门见妇端正殊异，怪而问之："汝何天神女，处我屋宅？"妇言："我是君妇赖提。"夫怪而问之所以卒尔？妇时答言："我闻君数坐我被罚，心生惭愧，恳恻念佛，寻见如来从地踊出，见已欢喜，身体变好。"

贫长者子，极大欢喜，寻入白王："王女身体，自然变好，今求见王。"王闻欢喜，寻即唤看。见已欢喜，情甚疑怪，将诣佛所，而白佛言："世尊，此女何缘，生于深宫，身体丑恶，人见惊怪？复以何因，今卒变好？"

佛告王言："乃往过去，有辟支佛，日日乞食，到一长者门前，时长者女，持食施辟支佛，见辟支佛身体粗恶，而作是言：'此人丑恶，形如鱼皮，发如马尾。'尔时长者女者，今王女是。施食因缘，生于深宫；毁訾[1]辟支佛故，身体丑恶；生惭愧恳恻心故，而得见我；欢喜心故，身体变好。"

尔时众会闻佛所说，恭敬作礼，欢喜奉行。

【注释】

［1］毁訾（zǐ）：损害、诋毁。訾，古同"呰"，诋毁，所谓口毁曰呰。

【译文】

丑女赖提变美女的故事

从前憍萨罗国波斯匿王有个女儿，名叫赖提，有十八种丑相，全然不像人样，谁看见都害怕。当时波斯匿国王在国内为女儿征婚，只要是高贵的婆罗门种姓的未婚青年，哪怕家境贫穷，也可以来应征。

这时市场旁边，有一位长者的儿子，孤独一人，以乞讨为生。招募的人看见，便带他拜见国王。国王带他到后花园，与他约定说："我的一个女儿，相貌丑陋，无法见人，今天将她嫁给你，你愿意不？"当时长者儿子对国王说："国王您的约定，即使是狗，我都不会推辞，何况是国王的女儿，有什么不可以的呢？"不久国王将赖提嫁给他，为他们建了宫室，对长者儿子说："我女儿相貌丑陋，不要让外人看见，你外出锁门，回家闭户，这是规矩。"

当时长者儿子的一些亲戚朋友，常在一起吃饭和游玩，每次聚会时，亲友们的妻子都会参加，只有国王的女儿，从不到场。于是大家共同约定说："今后再聚会，一定要带上妻子，如果有不来的，要重罚钱财。"到再次聚会时，贫穷长者的儿子，和以前一样，没带妻子来，众人重罚了他，他恭敬地接受了处罚。而后这些亲友们又共同约定："明天再聚会，不带妻子来的，还要加重处罚。"就这样被罚了不止两三次，他还是不带妻子来参加聚会。贫穷长者的儿子，后来回到家中，对妻子说："我已经好几次因为你被人重罚了。"妻子问是什么原因？他回答说："大家有约定，聚会的日子，都要带妻子一起来。我因为国王的约定，不能让外人见到你，所以多次被罚。"妻子听后，心里很羞愧，深深地哀叹自责，昼夜念诵佛号。后来再有聚会赴宴，丈夫依然独自前往。妻子留在家里，心中更加不忍，诚恳发愿说："佛陀出世，利益众生，我现在受罪，唯独得不到救护。"佛陀为她的心意所感，便从地下出来，她开始见到佛陀的头发，恭敬欢喜，这时她自己的头发立刻就变成了秀发。又见到佛陀的额头，渐渐又看到眉毛、眼睛、耳朵、鼻子、身体、嘴巴，随着所看到的，越来越欢喜。她的身体也随之变化，一切丑陋都不复存在，相貌简直如同天界的仙女一般。

长者儿子的一些亲友，暗地里议论说："国王的女儿之所以不来聚会，一定是相貌端庄美好不同于常人，或者是极其丑陋，所以不来。我们今天一起给她丈夫劝酒，让他喝醉后，解下他身上的钥匙，开门去看。"随即把他灌醉，解下钥匙，一同前往。开门一看，见国王女儿的相貌端正美丽，天下无双，便关上门，回到了聚会的地方。这时国王女儿的丈夫，酒醉仍旧未醒，众人就把钥匙系在他的腰间。等丈夫酒醒后，回到家中，开门看见一女子相貌异常端庄美丽，就惊奇地问："你是天上的仙女，怎么会在我家呢？"妻子回答："我是你妻子赖提。"丈夫奇怪地问她为什么一下子就变了？这时妻子回答说："我听到你多次因为我被罚，深感羞愧，虔诚地念佛，马上看见佛陀从地下出来，见到佛相庄严，心生欢喜，我的相貌随之变好。"

贫穷长者的儿子异常高兴，马上进宫告诉国王："国王女儿的相貌，自然变好，现在求见国王。"国王听后极为高兴，立刻叫她来相见。见到后十分欢喜，但对此仍感疑惑，就一起来到佛陀住所，问佛陀说："世人之尊，我女儿是什么原因，生于宫中，相貌丑陋，令人见到害怕？又是因为什么，今天忽然变好了呢？"

佛陀告诉国王说："过去，有独觉乘的修行者，每天到一位长者门前乞食，当时长者的女儿，拿食物布施给这位修行者，见到修行者外貌丑陋，就说：'这个人丑陋，外貌如鱼皮，头发如马尾。'那时长者的女儿，就是今天国王您的女儿。她由于布施食物的原因，生于深宫；辱骂修行者，所以长得丑陋不堪；由于心生羞愧且诚心敬佛，所以得以见到我；由于心生欢喜的原因，所以变得美好。"

这时听到佛陀说法的人们，都恭敬地礼拜佛陀，欢喜地听从佛陀的教诲。

【辨析】

本篇故事构思新颖独特，行文跌宕多姿，尤其是通过强烈鲜明的对比，构成人、事、情等各个方面的巨大反差，不仅使故事读起来意趣盎然，引人入胜，而且使主题的表现更为突出、有力。

首先，是国王和穷青年在心理、地位上的巨大反差。国王要在全国为丑女招婿，虽然降低条件，可以是家境贫寒者，但却必须是高贵种姓之子，其骨子里仍透出傲慢与专权。而穷青年对国王的约法表现出的却是受宠若惊，从其语言完全可以看出他的奴颜婢膝。自然，强势的国王与弱势的青年形成了鲜明的对比。

其次，国王女婿和亲友们的对比。每次聚会，大家都偕同夫人，国王女婿却独自前往，由于不符合大家的约定和习惯，形成家庭正常与不正常之间的对比。在情节的发展上就巧妙地过渡到由亲友们的不满，到设局罚款，再到猜疑和好奇，最后采取行动，一探究竟。

此外，赖提原本的丑陋不堪与之后的美丽无比，以及带给丈夫、父亲视觉上的巨大冲击；亲友们对国王的女儿相貌的猜测与所见结果的对比；赖提因自己丑陋容颜的悲伤羞愧和见到佛陀庄严法相的喜悦恭敬对比。这一系列的反差和对比，将人们的关注集中到一点,即为什么会这样子呢?最终落脚在信佛这一点上,再由此引出过去的善缘、恶业和今天的善果和恶报的对比。从而昭示世人:信佛就是善缘,信佛会使人心灵美丽,而美丽的心灵则造就美丽的容颜。

二十一

波斯匿王女善光缘

【题解】

本篇讲述的是国王女儿善光的故事，旨在说明出身的高贵，是善缘，现实的成就，是善果。

【经文】

昔波斯匿王有一女，名曰善光，聪明端正，父母怜愍，举宫爱敬。父语女言："汝因我力，举宫爱敬。"女答父言："我有业力，不因父王。"如是三问，答亦如前。王时瞋忿，今当试汝有自业力，无自业力？约敕左右，于此城中，觅一最下贫穷乞人。时奉王教，寻便推觅，得一穷下，将来诣王。王即以女善光付与穷人。王语女言："若汝自有业力不假我者，从今以往，事验可知。"女犹答言："我有业力。"即共穷人，相将出去。

问其夫言："汝先有父母不？"穷人答言："我父先舍卫城中第一长者，父母居家，都以死尽，无所依怙，是以穷乏。"善光问言："汝今颇知故宅处不？"答言："知处，垣室毁坏，遂有空地。"善光便即与夫相将，往故舍所，周历按行，随其行处，其地自陷，地中伏藏，自然发出，即以珍宝，雇人作舍，未盈一月，宫室屋宅，都悉成就，宫人妓女，充满其中，奴婢仆使，不可称计。

王卒忆念："我女善光，云何生活？"有人答言："宫室钱财，不减于王。"王言："佛语真实，自作善恶，自受其报。"王女即日，遣其夫主，往请于王。王即受请，见其家内，甗甀甗甀，庄严舍宅，逾于王宫。王见此已，叹未曾有。此女自知语皆真实，而作是言："我自作此业，自受其报。"王往问佛："此女先世，作何福业，得生王家，身有光明？"

佛答王言："过去九十一劫，有佛名毗婆尸[1]。彼时有王名曰盘头，王有第一夫人。毗婆尸佛入涅盘后，盘头王以佛舍利起七宝塔。王第一夫人，以天冠拂饰，着毗婆尸佛像顶上，以天冠中如意珠，著于枨头[2]，光明照世，因发愿言：'使我将来身有光明，紫磨金色，尊荣豪贵，莫堕三恶、八难[3]之处。'

"尔时王第一夫人者，今善光是。迦叶佛时，复以肴膳，供养迦叶如来及四大声闻。夫主遮断，妇劝请言：'莫断绝我，我今以请，使得充足。'夫还听妇，供养得讫。尔时夫者，今日夫是；尔时妇者，今日妇是。夫以尔时遮妇之故，恒常贫穷，以还听故，要因其妇，得大富贵；无其妇时，后还贫贱。善恶业追，未曾违错。"

王闻佛所说，深达行业，不自矜大，深生信悟，欢喜而去。

【注释】

[1] 毗婆尸：梵文音译，为过去七佛的第一佛，又意译为胜观佛、净观佛等。

[2] 枨（chéng）头：古时门旁的木柱。

[3] 三恶、八难：三恶，即地狱、饿鬼、畜生三恶道。八难：佛教名词。指修行佛法的八种障碍。又叫做八难处、八不闻时节、八无暇、八不闲、八非时、八恶。即生于地狱（不得见佛闻法）、饿鬼（无暇求证佛法）、畜生（无法听闻正法）、长寿天（无法修行佛法）、北俱卢洲（不闻教化，不修圣道）、盲聋喑哑（虽值佛

世，却不能见佛闻法）、世智辩聪（排斥正法，信奉邪教）、生在佛前佛后（不得见佛闻法）。对此佛教还有不同的说法。

【译文】

国王女儿善光的故事

从前憍萨罗国波斯匿王有一个女儿，名叫善光，既聪明又美貌，父母疼爱，宫里的人也都喜欢她。一天父亲对女儿说："你因为我的权力，宫里的人都爱护你。"女儿回答说："我有善业之力，不是因为父王的权力。"这样问了三次，女儿回答都是如此。国王此时心生恼怒：今天就试试你有自己的善业之力，还是没有呢？于是命令左右随从，在舍卫城中，找一个最贫贱的乞丐。当时属下奉国王之命，四处寻找，找到一个贫穷卑贱之人，带来见国王。国王随即就把女儿善光许给了他。国王对女儿说："如果你自己有业力不需借助于我，从今以后，让事实来说明。"女儿仍然回答说："我有善业之力。"国王便让穷人把她领出宫去。

善光问她的丈夫说："你有父母吗?"穷人回答："我父亲从前是舍卫城中最受尊敬的长者，父母都已经去世了，我无依无靠，所以穷困潦倒。"善光问："你还知道过去的住处不？"回答说："知道，但房屋墙壁已经毁坏，只有一块空地。"善光就和丈夫一同前去，到了故居，在周围走了一圈，凡是她走过之处，地面自然塌陷，地里所藏珍宝都自然显露出来。于是他们用这些珍宝，雇人建造房屋，不到一个月，如宫室般的房屋建成了。宫女歌妓，奴婢仆役，充满其中，不可胜数。

一天国王忽然想起："我女儿善光，生活得怎样呢？"有人回答说："宫室钱财不少于您。"国王说："看来佛语是真的，自己做善恶，自己受果报。"国王女儿这天让她的丈夫请父王。国王便接受邀请，来到女儿家里，看到各种毛织品琳琅满目，房屋的庄严华丽超过了王宫。国王见此情景，感叹这是前所未有的事。女儿知道已验证了自己所说的，就说："我自己做的善业，自己受到善报。"国王到佛陀那里请教："我这个女儿前世做了什么福业，得以生在国王家，身上还有光明？"

佛陀回答说："在过去九十一个成、住、异、灭的漫长岁月，有一位佛名叫毗婆尸。那时有一位国王名叫盘头，国王的第一夫人为王后。在毗婆尸佛进入圆寂后，盘头王为佛舍利（火化后的灵骨）建起了一座七层宝塔。王后把天神所戴的冠饰，放在毗婆尸佛雕像的头顶上，以天神头冠中的如意宝珠，镶嵌在门楣上，光明照耀世间，并发愿说：'让我将来身有光明，如紫磨金色一般，荣华富贵，不要堕入地狱、饿鬼、畜生三恶道和八种艰难的处境中。'

"那时的王后，就是今天的善光。她还在过去迦叶佛时期，以美味佳肴供养迦叶佛和四位佛弟子。丈夫阻拦时，她劝说道：'不要拦我，请让我供佛，使他们有足够的供养。'丈夫听了妻子的话，供养前世佛。那时的丈夫，就是今天善光的丈夫；那时的妻子，就是今天的善光。丈夫因为那时阻拦妻子供佛的原因，致使后来贫穷，由于听从了妻子的话，因为妻子的福报，得到富贵；当他没有妻子之后，还会陷入贫贱。善缘恶业如影随形，从来不曾有错。"

国王听了佛陀的话，深刻领悟了业力果报的佛理，不再傲慢自大，深深地信从佛法，欢喜地离去了。

【辨析】

读完这篇故事，似乎给人"命定前缘"的感觉。在现实生活中，确实是有许许多多自己无法决定或选择的事，如同没有人愿意生得丑陋一样，没有人愿意遭受生、老、病、死之苦，等等。佛教对既定事实的回答是毫不含糊的，就是今生的荣华是前生的善缘，来世的富贵是现世的善果。本文即以宣扬佛教的因果报应为旨趣。

故事中的国王女儿坚持认为，"我有善业之力，不是因为父王的权力"，她的善业使她具有了"神力"，使自己和丈夫获得了令人羡慕的财宝房屋。佛陀对此的解释是前世供佛的原因，以彼善缘，结此善果。所谓"好人有好报，信佛有善报"，这符合善良人们的普遍愿望。

国王对女儿说的话："如果你自己有业力不需借助于我，从今以后，让事实来说明。"是理性而现实的，而后来的事实却完全出乎他的意料，从此深信佛理。故事通过这一形象，说明了现实要服从于信仰，王权要从属于神权。隐喻出佛陀时期，佛教与国家政权之间相互依靠的关系。

二十二

昔王子兄弟二人被驱出国缘

【题解】

本篇故事通过落难王子又遭妻子所害,不料却因祸得福的奇特经历,令世人看到佛教的忍辱和宽容是需要何等的心胸与气度。

【经文】

昔有王子兄弟二人,被驱出国,到旷路中,粮食都尽。弟即杀妇,分肉与其兄嫂使食。兄得此肉,藏弃不啖[1],自割脚肉,夫妇共食。弟妇肉尽,欲得杀嫂。兄言:"莫杀。"以先藏肉,还与弟食。既过旷野,到神仙住处,采取华果,以自供食。

弟后病亡,唯兄独在。是时王子,见一被刖[2]无手足人,生慈悲心,采取果实,活彼刖人。王子为人,少于欲事,采华果去,其妇在后,与刖人通,已有私情,深嫉其夫。于一日中,逐夫采华,至河岸边,而语夫言:"取树头华果。"夫语妇言:"下有深河,或当堕落。"妇言:"以索系腰,我当挽索。"小近岸边,妇排其夫,堕着河中。以慈善力,堕水漂去而不没死。于河下流,有国王崩,彼国相师,推求国中,谁应为王。遥见水上有黄云盖,相师占已:"黄云盖下,必有神人。"遣人水中而往迎接,立以为王。

王之旧妇,担彼刖人,展转乞索,到王子国。国人皆称,有一好妇,担一刖婿,恭承孝顺,乃闻于王。王闻是已,即遣人唤,来到殿前。王问妇言:"此刖人者,实是尔夫不?"答言:"实是。"王时语言:"识我不也?"答言:"不识。"王言:"汝识某甲不识?"向王看,然后惭愧。王故慈心,遣人养活。

佛言:"欲知王者,即我身是;尔时妇者,旃遮婆罗门女[3]带木杆谤我者是也;尔时刖手足者,提婆达多是。"

【注释】

[1] 啖(dàn):吃。

[2] 刖(yuè):断足,古代的一种酷刑。本文指断了手足的人。

[3] 旃遮婆罗门女:为一名叫旃遮的婆罗门女子。她曾把木盂放进衣服里,声称佛陀与她私通致使怀孕,以此来谤佛。是佛陀九难之一。可参见《大智度论》卷二,《大唐西域记》卷六。

【译文】

两位王子被驱逐出国的故事

从前有王子兄弟二人,被驱逐出国都。在旷野中,粮食吃完了,弟弟随即杀了自己的妻子,把肉分给兄嫂充饥。哥哥得到肉后藏了起来没吃,而割下自己脚上的肉,夫妻两人一同吃。弟弟把妻子的肉吃完后,就要杀嫂子。哥哥说:"不要杀。"就把先前藏的肉,拿给弟弟吃。走出了旷野,到了神仙居住的地方,他们采摘花果,用以供给自己食物。

弟弟后来病死后,只剩下哥哥了。这时王子看见一位被砍掉手足的人,心生慈悲,就采摘果实来养活他。王子这人平时不喜男女欢爱之事，他采果实时，妻子就背着他与被砍去手足的人私通，因有这样的私情，便深深嫉恨丈夫。一天中午，她跟随丈夫采野果，来到河边，对丈夫说："你去摘树顶上的果子。"丈夫对妻子说："下面有很深的河，稍不小心就会掉下去。"妻子说："你用绳索系住腰，我拉着绳子。"看着丈夫靠近河边，妻子松开绳索，使他掉到河里了。王子凭借自己慈善所积之业力，随水漂去而没被淹死。漂到河的下游时，有一位国王去世了，这个国家的占卜师正在国中寻找，看谁可以成为国王。远远看见水上有一朵金黄色的祥云，占卜师预言："金黄色的祥云之下，必有神明之人。"就派人到水中迎接王子，立他为国王。

国王过去的妻子，担着被砍去手足的人四处乞讨，辗转来到这个国家。国人纷纷相传，有一位好心的妻子，担着失去手足的丈夫，十分恭顺，并报告给国王。国王听到以后，当即派人把他们叫来到宫殿里来。国王问妇人："这位失去手足的人，真是你丈夫吗？"妇人回答："确实是。"国王这时又问："认识我不？"妇人答："不认识。"国王说："你认识一位王子不？"妇人仔细看了国王，十分羞愧。国王仍旧以慈悲之心派人养活他们。

佛陀说："要知道那个国王，就是我的前身；那个妇人，就是今天诽谤我的婆罗门女子㫋遮；那时被砍去手足的人，就是现在的提婆达多。"

【辨析】

这篇有着畸形情节的故事，读来既令人毛骨悚然，又令人感慨万端。我们看看故事中的三个主要人物：

一是哥哥。当两位兄弟和他们的妻子在走投无路、行将倒毙荒野之时，弟弟为了保住自己和哥嫂的生命，杀了妻子。在弟弟为了活命又要杀嫂时，哥哥制止了弟弟又一次的恶行，并把留下的弟媳的肉给了弟弟。哥哥没有杀人，也没有食人肉，还割下了自己的肉，给了妻子，他还养活过"刖人"。当背叛他又欲置他于死地的妻子和"刖人"与他再次相遇时，他宽恕了他们。但他在弟弟杀妻时，却没有制止弟弟这种杀人食肉的残酷兽行，终究是令人遗憾的。

二是弟弟。弟弟为了保全自己和哥哥，杀妻食肉，虽然暂时保住了性命，但最终也一定会在对妻子的愧疚、痛苦中孤独度过其余生，早早病死就是证明。所以他也是一个悲剧性的人物，他出场时是一个落难的王子，后来是一位绝望的杀妻者，结局是一位孤独悲怆的早夭者。

三是哥哥的妻子。这同样也是一位悲剧性的人物。她吃过丈夫的肉，即被丈夫救过命，但又背叛了丈夫，乃至于为了自己的"欲望"杀害丈夫。因此，她是一个毫无伦理道德、极其狠毒残忍的丑类。但同时，她又是一位"有情女子"，她可以挑着失去手足的"相好"四处乞讨，不离不弃，令国人称颂。其结果，是在过去的丈夫，现在的国王的收养下度过残生。因此，她的一生也会在羞愧中度过。

总之，故事通过这几个人物的塑造以及离奇的情节营构，不仅表现出佛教舍身为人、宽容一切的伦理思想，还揭示了"欲望"是一切恶行之根源的喻理。

二十三

须达长者妇供养佛获报缘

【题解】

这篇故事讲的是贫穷夫妻以自己仅有的饭食布施僧人和佛陀，最后得到了谷物满仓的回报，表明了供养佛陀和弟子可以消恶积福的喻理。

【经文】

昔佛在世，须达长者，最后贫苦，财物都尽，客作佣力，得三斗米，炊作饮食。时炊已讫，值阿那律[1]来从乞食。须达之妇，即取其钵，盛满饭与。后须菩提、摩诃迦叶、大目揵连、舍利弗等次第来乞，其妇悉亦各取其钵，盛饭施与。末后世尊，自来乞食，亦与满钵。

于是须达，在外行还，从妇索食，妇答夫言："其若尊者阿那律来，汝当自食施于尊者？"答言："宁自不食，当施尊者。""若复迦叶大目揵连、须菩提、舍利弗等，乃至佛来，汝当云何？"答言："宁自不食，尽以施与。"妇语夫言："朝来诸圣，尽来索食，所有之食，尽用施之。"夫语妇言："我等罪尽，福德应生。"即发库中，谷帛饮食，悉皆充满，用尽复生。

【注释】

[1] 阿那律：佛陀十大弟子之一，称为"天眼第一"。其余的依次为："智慧第一"的舍利弗、"多闻第一"的阿难、"说法第一"的富楼那、"解空第一"的须菩提、"密行第一"的罗睺罗、"持戒第一"的优婆离、"头陀第一"的大迦叶、"神通第一"的目犍连、"议论第一"的迦旃延。

【译文】

夫妇两人供养佛陀和弟子的故事

从前佛陀在世的时候，有一位名叫须达的长者，后来因为生活贫困，财物都耗尽了，就为别人做短工。他得到了三斗米，用以养家糊口。一天饭刚做好，正巧碰上佛弟子阿那律来乞食。须达的妻子就拿来阿那律的钵盂盛满饭给了他。后来佛弟子须菩提、摩诃迦叶、大目犍连、舍利弗等依次来乞食，须达的妻子就给每人的钵盂盛满饭布施给他们。最后佛陀亲自来乞食，须达的妻子也盛了满满一钵饭给他。

这时须达从外面回来，问妻子要饭吃，妻子回答说："如果受尊敬的佛弟子阿那律来，你会不会把自己的饭食布施给他呢？"须达回答说："我宁可自己不吃，也要布施给受尊敬的佛弟子。"又问："如果又有迦叶、大目犍连、须菩提、舍利弗等人，甚至佛陀来了，你会怎么做呢？"回答说："我宁可自己不吃，也要尽力地布施给他们。"妻子对丈夫说："刚才这些圣僧们都来乞食，我把所有的饭食，全都布施给他们了。"丈夫对妻子说："我们的罪业除尽了，福报应该产生了。"便打开仓库，发现里边满是稻谷、棉布、食物，而且用完之后马上就又生了出来。

【辨析】

读了这篇故事的前半部分，会让人觉得佛陀和弟子们都有些不近人情。一对老年夫妻，生活本来就很艰难，可他们还要挨个前去乞食，这不是难为他们吗？其实，我们应该知道，早期佛教并不积累财富。"六度"作为修行的重要内容，第一条就是布施，布施对象当然就是需要帮助的人和虔诚的信众。从本故事的情节中我们可以合理推想：生活困顿的老夫妻，是佛陀救济的对象，但佛陀和弟子们想试探他们是否有慈悲之心，所以先后前来乞食。而这对老夫妻宁可自己没有饭吃，也要尽力布施，而且是倾其所有。当确信老夫妻是可亲可信、慈悲喜舍之人，应当得到帮助时，于是佛陀和弟子们就把所得到的财物再布施给老夫妻。所谓"种一生十，种十生百"，这就可以解释为什么老夫妻会谷米满仓，取之不尽，用之不竭了。

本篇故事尽显了佛教所倡导的布施利济贫苦，以及虔诚供佛即得福报的喻理，也给人留下一份感动和对信仰者的尊重。

二十四

娑罗那比丘为恶生王所苦恼缘

【题解】

贪、瞋、痴为佛门的"意三毒",是一切烦恼之本,它毒害人心,纷争躁动,令人迷惑不觉,而不得解脱。"瞋"是因不满而产生的怨恨、嫉妒之心,是一种损害他人的仇恨心理。心有瞋恨,则恶念遂生。本篇故事旨在阐明佛弟子要想断除瞋恨,则须修行忍辱的喻理。

【经文】

昔优填王子,名曰娑罗那,心乐佛法,出家学道,头陀苦行,山林树下,坐禅系念。时恶生王,将诸婇女,巡行游观,至于此林,顿驾憩息,即便睡眠。诸婇女等,以王眠故,即共游戏。于一树下,见有比丘坐禅念定,往至其所,礼敬问讯。尔时比丘为其说法。王后寻觉,求觅婇女,遥见树下,有一比丘,颜貌端正,其年壮美,诸婇女等,在前听法,即往问言:"汝得阿罗汉不?"答言:"不得。""得阿那含不?"答言:"不得。""得斯陀含不?"答言:"不得。""得须陀洹不?"答言:"不得。""得不净观不?"答言:"不得。"王便大瞋,作是言曰:"汝都无所得,云何以此生死凡夫，与诸婇女，共一处坐。"即捉挝打，遍身伤坏。诸婇女言："此比丘无过。"王转增瞋恚，又见被打，皆啼哭懊恼，王倍瞋剧。

是时比丘，心自念言："过去诸佛，能忍辱故，获无上道；又复过去忍辱仙人，被他刖耳、鼻、手、足，犹尚能忍；况我今日，身形固完而当不忍？"如此思惟，默然忍受。受打已竟，举体疼痛，转转增剧，不堪其苦，复作是念："我若在俗，是国王子，当绍王位，兵众势力，不减彼王。今日以我出家单独，便见欺打。"深生懊恼，即欲罢道还归于家，即向和上迦旃延[1]所，辞欲还俗。和上答言："汝今身体新打疼痛，且待明日，小住止息，然后乃去。"时娑罗那，受教即宿。

于其夜半，尊者迦旃延便为现梦，使娑罗那自见己身，罢道归家，父王已崩，即绍王位，大集四兵，伐恶生王。既至彼国，列阵共战，为彼所败，兵众破丧，身被囚执。时恶生王得娑罗那已，遣人持刀，将欲杀去。时娑罗那极大怖畏，即生心念："愿见和上，虽为他杀，不以为恨。"其时和上，应念知心，执锡[2]持钵，欲行乞食，于其前现，而语之言："子我常种种为汝说法，斗诤求胜，终不可得。不用我教，知可如何。"答和上言："今若救济弟子之命，更不敢。"尔时迦旃延，为娑罗那语王人言："愿小停住，听我启王救其生命。"作是语已，便向王所。其后王人，不肯待住，遂将杀去。临欲下刀，心中惊怖，失声而觉。觉即具以所梦见事，往白和上。

和上答言："生死斗战，都无有胜。所以者何？夫斗战法，以残他为胜，残害之道，现在愚情，用快其意，将来之世，堕于三涂，受苦无量。若其不如为他所害，丧失己身，殃延众庶，增他重罪，令陷地狱，更相残杀，冤家不息，轮转五道，无有终竟，反覆寻之，何补身疮拷楚之痛？汝今欲离生死怖惧鞭打痛者，当自观身以息怨谤。所以者何？是身者众苦之本，饥渴寒热，生老病死，蚊虻毒兽之所侵害。如是诸怨，众多无量，汝不能报，何独欲报恶生王也？欲灭怨者，当灭烦恼。烦恼之怨，害无量身；世怨虽重，正害一身。烦恼之怨，害善法身；世怨虽酷，正害有漏[3]臭秽之身。由是观之，怨害之起，烦恼为根。汝今不伐烦恼之贼，云何乃欲伐恶生王也？"如是种种为其说法。

时娑罗那闻此语已，心开意解，获须陀洹；深乐大法，倍加精进，未久行道，得阿罗汉。

【注释】

[1] 迦旃延：佛陀十大弟子之一，有"论议第一"的称誉。

[2] 锡：即锡杖，僧人用具，上有四股十二环，表示佛陀的四谛学说和十二因缘教义。在乞食时用此杖击地出声，请人出来，故又名声杖。早期此杖还有驱兽、保护自己的作用。

[3] 有漏：即有烦恼。

【译文】

出家人娑罗那忍辱修行的故事

从前优填国的王子，名叫娑罗那，心向佛法，于是出家修学，独修苦行，在山中的树下，坐禅修定。这时恶生王，领着一群侍女出行游乐，来到山中的这片树林，停下车驾休息，随即便睡着了。侍女们因为国王睡着了，就一起嬉戏玩乐。她们在一棵树下，看见一位出家人坐禅修定，就前去施礼问候。出家人娑罗那就为她们说法。国王睡醒后就去寻找侍女，远远看见树下有一位出家人，容貌端正，少壮俊美，侍女们都坐在他面前听他说法。于是前往问他说："你证得阿罗汉果位了吗？"娑罗那回答："没证得。"又问："证得阿那含三果了吗？"回答说："没证得。"再问："证得斯陀含二果没？"回答说："也没证得。"接着问："那么证得须陀洹初果没？"回答说："还是没证得。"又再问："证悟身心不净观了吗？"回答说："没有证悟。"国王听后十分气愤，对他说："你什么都没有证悟，为什么以一个凡夫俗子的身份和这些侍女们坐在一起呢？"当即抓住娑罗那痛打，打得遍体鳞伤。侍女们说："这位佛弟子没有过错。"国王反而更加愤怒，又痛打一顿，侍女们都伤心地哭泣，国王越发气愤。

这时出家人娑罗那心想："过去七佛，因为能够忍辱，才获得无上道果；还有过去忍辱仙人，被人砍去耳、鼻、手、足，尚且还能忍受；何况我今天身体还完整，为什么就不能忍受呢？"这样想着，就默默忍受。遭受毒打以后，全身疼痛，动一下疼得更剧烈，实在不堪忍受，又想："如果我在世俗，是一国的王子，应当继承王位，兵力和权势都不比这个国王差。今天我独自出家修行，却遭到他人的欺辱和殴打。"心中懊丧，于是就想还俗回家，当即到佛弟子迦旃延的住所，要辞别还俗。迦旃延和尚对他说："你今天身体刚被打过，还很疼痛，先住在这里休息休息，等到明天再回去也不迟。"娑罗那就接受建议住了下来。

到半夜，证悟者迦旃延便为他托梦，让娑罗那看见自己还俗回到家中的情景。此时父王已经去世，于是他继承王位，招集象、马、车、步四种兵阵，去讨伐恶生王。到了对方国家，列阵交战，被恶生王的军队打败，兵阵被击破逃散，自己也被俘虏。恶生王抓到娑罗那以后，派人拿着刀来杀他。娑罗那十分恐惧，心生一念："我希望见到证悟者迦旃延，即使被恶生王杀了，也不悔恨。"迦旃延此时知道了他的心思，一手执锡杖，一手持钵盂，好像乞食的样子，出现在他面前，对他说："徒弟，我常为你解说佛法，以争斗求得胜利，最终是不可得的。不听我的教导，现在知道结果了。"娑罗那回答迦旃延说："今天若救弟子一命，以后再也不敢了。"这时迦旃延，为了救娑罗那，对国王派来的刽子手说："先等一下，让我奏启国王，救我弟子的生命。"说完，便向国王的住所走去。

国王派来的刽子手，却不肯等待，就要杀掉娑罗那。当刽子手挥起刀时，娑罗那心中惊慌恐怖，失声大叫，结果惊醒了。随后就将梦里所见的事，都向迦旃延一一诉说。

迦旃延回答说："生死战斗是没有胜利者的。这是为什么呢？战斗的法则，以残杀对方为胜者，残害生命的方法，实在是愚昧。虽满足了一时的心意，将来之世则会堕入地狱、饿鬼、畜生三恶道，遭受无尽的苦难。如打不过别人被杀害，则丧失了自己的性命，殃及亲人，还增加了别人的罪过，使他们死后堕入地狱，相互残杀，冤冤相报，在地狱、饿鬼、畜生、阿修罗、人五道中轮回，没有终结。这样对减轻你身体的各种痛楚有何益处呢？你现在要摆脱死亡的恐惧和鞭打的痛苦，应当自己观想自己的身心以息止怨恨。为什么呢？身心是产生各种苦难的根源，饥渴寒热，生老病死，蚊虻毒兽伤害的对象。像这些烦恼和怨怒，多得无法计量，你报复不了这些，何苦一心要只报复恶生王呢？要灭除怨怒，就要灭除烦恼。烦恼所带来的怨怒，能够害无数的来生；世俗的怨怒虽然重，也只害一生。烦恼产生的怨怒，伤害修善行的身心；世俗的怨怒虽然严酷，只伤害有烦恼的污秽之身。由此看来，怨怒伤害之心，以烦恼为根源。你今天为什么不讨伐产生烦恼的心贼，却要讨伐恶生王呢？"迦旃延就这样为娑罗那解说了佛法的种种教义。

这时娑罗那听了这番话语，心开意解，证悟了须陀洹果位；更加信服佛法，加倍精进修行，不久就证得道果，成就了阿罗汉果位。

【辨析】

故事中娑罗那的被打，源自于国王的嫉恨。在他看来，一位没有什么道行的出家人，居然招引了一群侍女，这是国王所不能容忍的。但国王的殴打行为反而更引发了侍女们的同情。出家人的和蔼可亲与国王的刻薄、狭隘、偏执和狠毒形成了鲜明的对照。

出家人由于无辜遭打，痛不堪言，遂而决心还俗，以伺机复仇。证悟者迦旃延通过梦境开示娑罗那，使其醒悟：人世间的你争我斗、暴力征伐，永远都不会有胜利者。因为胜利者因杀人而下地狱，被杀者想着报复又要杀人，从而冤冤相报，生生世世，永无休止。以此说明世间的不公和心中的仇恨是争斗、杀伐的根源。强调佛弟子要有宽容心、忍辱心，通过自我反省，去除恶念恶意，则能化解冤仇，转祸为福。

二十五

内官赎所犍牛得男根缘

【题解】

故事以太监救牛而获福报之事，以牛喻人，喻证了善行有善报的义理。

【经文】

昔乾陀卫国，有一屠儿，将五百头小牛，尽欲刑犍。时有内官，以金钱赎牛，作群放去。以是因缘，现身即得男根具足。还到王家，遣人通白："某甲在外。"王言："是我家人，自恣而行，未曾通白，今何故尔？"王时即唤问其所以。答王言曰："向见屠儿，将五百头小牛而欲刑治，臣即赎放。以是因缘，身体得具，故不敢入。"

王闻喜愕，深于佛法，生信敬心。夫以华报，所感如此，况其果报，岂可量也？

【译文】

宦官救公牛恢复男身的故事

从前在乾陀卫国,有一位屠夫,准备将五百头小牛都阉割了。这时有一位宦官,就用钱赎回了牛,把牛群放回去了。因为这个缘故,当即就恢复了男人的身体。回到王宫后,就派人通报国王说:"我在外面。"国王说:"你是我内宫的人,自行进出,不需要通报,今天为什么这样做呢?"国王随即叫他来问原因。宦官回答国王说:"由于看见屠夫,要将五百头小牛阉割了,我就赎回牛群放走了。因为这个原因,当即就恢复了男人的身体,所以不敢擅入王宫。"

国王听后又高兴又惊愕,于是对佛法产生了信奉恭敬之心。行善的现报,都能这样,更何况果报,又怎么可以估量呢?

【辨析】

这篇故事虽然简短,却能引发人的追思和联想。故事中的阉人也令我们想到中国古代宫廷的"太监",从中可以让人感受到封建社会对人肉体和精神的摧残。

我们从故事中的宦官看见一群小牛将要被阉割,而施手相救的情景中,可以推想他的心理感受,他自然会想起自己年幼时被送进宫中所经历过的那一幕,屈辱、无奈、悲怆之情油然而生。这种推己及人的方式,体现了佛教提倡的大悲心。善待众生也是善待我们人类自身;伤害他人,无异于伤害自己。所谓己所不欲,勿施于人,不仅值得我们思考,更要落实在具体的行动中。

二十六

二内官诤道理缘

【题解】

业力果报为佛教的基本教义,用以揭示世界的一切关系。所谓"已作不失,未作不得",即只要造业,造业主便无法逃避果报的追逐。有业必有报,这是铁律。

【经文】

昔波斯匿王,于卧眠中,闻二内官共诤道理,一作是言:"我依王活。"一人答言:"我无所依,自业力活。"王闻此已,情可于彼依王活者,而欲赏之。即遣直人,语夫人言:"我今当使一人往者,重与钱财、衣服、璎珞。"于是寻遣依王活者,持己所饮余残之酒,以与夫人。尔时此人,持酒出户,鼻中血出,不得前进。会复值彼自业活者,即倩持酒,往与夫人。夫人见已,忆王之言,赐其钱财衣服璎珞,还于王前。

王见此人,深生怪惑,即便唤彼依王活者,而问之言:"我使汝去,云何不去?"答言:"我出户外,卒得衄鼻[1],竟不堪任,即便倩彼,持王残酒,以与夫人。"王时叹言:"我今乃知佛语为实,自作其业,自受其报,不可夺也。"由是观之,善恶报应,行业所致，非天非王之所能与。

杂宝藏经卷第二

【注释】

[1] 衄（nù）鼻：鼻子出血。

【译文】

太监争论依靠谁的故事

从前憍萨罗国波斯匿王，在卧室中睡觉，听到两个太监在争论，一个说："我依靠国王生活。"另一个回答说："我什么也不靠，靠自己的业力而生活。"国王听了以后，认可那个说依靠国王生活的人，想赏赐他。于是派随从去对王后说："我今天要派一个人前去，你重重赏给钱财、衣服和珍宝璎珞。"于是就派说依靠国王生活的这个人，拿上自己喝过的酒，送给王后。这个人拿着酒刚出门，鼻子就流出血来，无法前去。正好碰到那个说靠自己业力生活的人，便请他将酒送给王后。王后见了以后，按照国王的嘱咐，就赏赐给他钱财、衣服和珍宝璎珞，这个人就又回到国王那里。

国王见到他，感到奇怪和疑惑，便叫那个说依靠国王生活的人来，问他说："我让你去，为什么不去呢？"回答说："我出门时，忽然鼻子出血，实在不能去，便请那个人赶快拿着国王的酒，给王后送去。"国王这时感叹地说："我现在才知道佛陀的话是真实的，自己做善业，自己受福报，不可改变。"由此可见，善恶报应都是自己所造的业导致的，不是上天也不是国王所能给予的。

《杂宝藏经》第二卷结束。

【辨析】

本篇故事中的国王无意之中听到了两位太监的对话，因而想用恩赐来证明自己权力的作用，可是当他安排好了一切，却忽然出现了异常的情况，最终使其体会和认识到因果之理，的确丝毫不爽。故事由此阐明了一切事物皆由因果法则来支配的喻理。

虽然文中的这种论理方式，只是一种或然的推理，并不能得出必然的结论。但是，作者借助了国王的认识，这就使故事的结论具有了一定的权威性，即所谓的"君无戏言"、"一言九鼎"。

二十七

兄弟二人俱出家缘

【题解】

本篇讲述的是原本一同出家修行的兄弟，因为弟弟的妒忌而最终分道扬镳的故事，阐发了诽谤是佛门大忌的喻理。

【经文】

往昔之世，有兄弟二人，心乐佛法，出家学道。其兄精勤，集众善法，修阿练行，未久之顷，得罗汉道；其弟聪明，学问博识，诵三藏经，后为辅相请作门师，多与财钱，委使营造僧房塔寺。时三藏法师，受其财物，将人经地，为造塔寺，基刹端严，堂宇莹丽，制作之意，妙绝工匠。辅相见已，倍生信敬，供养供给，触事无乏。三藏比丘，见其心好，即作是念："寺庙讫成，俱须众僧安置寺上，当语辅相使请我兄。"作是念已，语辅相言："我有一兄，在于彼处，舍家入道，勤心精进，修阿练行[1]，檀越今可请着寺上。"辅相答言："师所约敕，但是比丘，不敢违逆，况复师兄，是阿练也。"即便遣人殷勤往请。既来到已，辅相见其精勤用行，倍加供养。

其后辅相以一妙氎[2]价直千万，以与于彼阿练比丘。阿练比丘，不肯受之，殷勤强与，然后乃受，而作是念："我弟营事，当须财物。"即以与之。辅相后时，以一粗㲲，用与三藏。三藏得已，深生瞋恚。又于后日，辅相更以一张妙㲲直千万钱，与兄阿练，其兄既得，复以与弟。其弟见已，倍怀嫉妒，即持此㲲，往至辅相爱敬女所，而语之言："汝父辅相，先看我厚，今彼比丘至止已来，不知以何幻惑汝父，今于我薄，与汝此㲲，汝可持向辅相之前，缝以为衣。若其问者，汝可答言：'父所爱重，阿练若者，捉以与我。'辅相必定瞋不共语。"女语三藏言："我父今厚敬彼比丘，如爱眼睛，亦如明珠，云何卒当而到谤毁？"三藏复言："汝若不尔，与汝永断。"女人又答："何故太卒当更方宜？"情不能已，便受此㲲。于其父前，裁以为衣。尔时辅相，见㲲即识，而作念言："彼比丘者，甚大恶人，得我之㲲，不自供给，反以诳惑小儿妇女。"于是后日阿练若来，不复出迎，颜色变异。

时此比丘，见辅相尔，心自思惟："必有异人，毁谤于我，使彼尔耳。"即升空中，作十八变。辅相见已，深怀敬服，即与其妇，礼足忏悔，恭敬情浓，倍于常日，即驱三藏及其己女，悉令出国。

佛言："尔时三藏，我身是。以谤他故，于无量劫，受大苦恼，乃至今日，为孙他利[3]之所毁谤。尔时此女，由谤圣故，现被驱出，穷困乞活。是以世人，于一切事，应当明察，莫轻诽谤用招咎罚。"

【注释】

[1] 阿练行：又作阿兰若，原意是森林、旷野，指出家人修习止、观、禅的僻静处所。

[2] 㲲（dié）：细毛布或细棉布。

[3] 孙他利：原为风尘女子，出家后在婆罗门的挑唆下以伪装怀孕诽谤佛陀，事情败露后被婆罗门杀死，而婆罗门诬陷说是被佛弟子所杀，一时哗然。后来查清之后，还了僧众的清白。

【译文】

兄弟都是出家人的故事

从前,有兄弟两人,都一心修行佛法,于是出家学佛。哥哥勤奋精进,以各种善法在僻静处修行,不久证得了罗汉果位。弟弟很聪明,博学多识,诵念经、律、论三藏经典,后来被宰相请去拜为师傅,给了他许多钱财,让他建造佛塔寺院。这时这位成了三藏法师的弟弟,接受财物后,便带人选址,建造了佛塔寺院。所建宝刹庄严,殿堂华丽,建造工艺十分精绝。宰相见到以后,对他更加信任恭敬,各种供养供给,不曾匮乏。三藏法师看见宰相喜好佛法,就想:"寺庙建成,应当安置众僧,请宰相让我哥哥来主持。"想好以后,就对宰相说:"我有一位兄长,出家修行,精勤勇进,在僻静处修习禅观,施主今天可以请他来寺院住持。"宰相回答说:"法师所推荐的,只要是出家人,我都不敢违背,何况还是法师的兄长,是一位禅师。"当即派人前去恭敬邀请。兄长到了之后,宰相见其精勤修行,就加倍供养他。

后来宰相把一块价值千万的精美细棉布送给为禅师的哥哥。禅师不肯接受,宰相再三坚持给他,然后才接受了。于是心想:"我弟弟经营的事,需要财物。"随即就给弟弟三藏法师送去。宰相后来把一块粗劣的棉布送给三藏法师。三藏法师得到以后,心生怨怒。又过了几天,宰相又以一块价值千万的精美细棉布送给他的哥哥,哥哥得到后,又给了弟弟。弟弟见到后,心里更加嫉妒,随即拿上细棉布,来到宰相所喜爱的女儿的住所,对她说:"你的宰相父亲先前很看重我,现在禅师来了以后,不知用什么迷惑了你的父亲,现在他对我很轻视。给你这张细棉布,你可拿到宰相面前,缝制成衣服。如果他问,你可回答说:'这是父亲所敬重的禅师送给我的。'宰相一定生气不再理他了。"女儿回答三藏法师说:"我父亲现在很敬重这位出家人，如同爱护自己的眼睛，又视同明月宝珠，为什么忽然要诽谤他呢？"三藏法师说："你若不这样做，我就和你永远断绝往来。"宰相女儿又回答："为什么这么急？没有更好的方法吗？"迫不得已，便接受了细棉布，就在父亲面前，剪裁做衣。这时宰相看见衣料就认出来了，心想："这禅师太可恶了，得到了我送的布料，不给自己用，反而用来迷惑我的小女儿。"以后禅师再来，便不再出门迎接，脸色也变了。

这时禅师见到宰相这样，心想："一定有人暗地里毁谤我，使他改变了态度。"随即升到空中，做出十八种变化。宰相看见以后深感敬佩，当即和妻子一起，礼拜禅师表示忏悔，恭敬之心超过往日，并立即驱逐三藏法师和自己的女儿，让他们离开这个国家。

佛陀说："那时的三藏法师，就是我的前身。由于诽谤他人，在无数的岁月中，遭受大苦大难，直到今天，还要被孙他利所诽谤。当时的宰相女儿，就是由于诽谤圣贤的禅师被驱逐出国，穷困潦倒，靠乞讨为生。所以世上的人对于一切事，都应当明察，切不可诽谤他人而招致惩罚。"

【辨析】

故事中佛陀将怀有妒忌心的弟弟，即精通三藏的法师，明喻为是自己的前身，这在佛教故事中并不多见，由此可以看到早期佛教反观内照、自省自律，以及度人先度己的思想特征。本篇还通过故事情节揭示了人物不同的心理状态：

首先，三藏法师的妒忌心表现得最为突出。法师对自己的哥哥原本是敬重的，但宰相对自己的两度冷落，使他心生恶意，便不顾亲情，利用宰相的自尊心，以怨报德，而且还煞费心机，将哥哥送给他的东西当作打击哥哥的武器，其用心何其险恶也。其次，是宰相女儿的纵容心。对于朋友的要求，她明知不对，却碍于情面，最终参与了作恶。另外，还表现了宰相的狭隘和傲慢。如果宰相心胸大度，则不会被人所利用，而三藏法师正是看到了宰相的弱点，才从中下手。故事也表现了禅师的警觉之心，所谓"害人之心不可有，防人之心不可无"。尽管禅师最后洗清了自己，但这是靠了神通的作用。

在这篇故事中，我们不仅可以看出佛教对于出家修行者个人品行的严格要求，而且还表现出了佛陀勇于自我批评的可贵精神。

二十八

仇伽离谤舍利弗等缘

【题解】

这篇故事意在告诉世人，诽谤具有三世缘，切莫小觑其恶业的道理。

【经文】

昔有尊者舍利弗、目连，游诸聚落，到瓦师所，值天大雨，即于中宿。会值窑中先时有一牧牛之女，在后深处。而声闻人，不入定时，无异凡夫，故不知见。彼牧牛女，见舍利弗、目连其容端政，心中惑着，便失不净。尊者舍利弗、目连，从瓦窑出。仇伽离善于形相，观人颜色，知作欲相不作欲相，见牧牛女在后而出，其女颜色，有成欲相，不知彼女自生惑着而失不净，即便谤言："尊者舍利弗、目连，淫牧牛女。"向诸比丘，广说是事。时诸比丘，即便三谏："莫谤尊者舍利弗、目连。"时仇伽离心生瞋嫉，倍更忿盛。

有一长者，名曰婆伽，尊者舍利弗、目连，为说法要，得阿那含，命终生梵天上，即称名为婆伽梵。时婆伽梵，遥于天上，知仇伽离谤尊者舍利弗、目连，即便来下，至仇伽离房中。仇伽离问言:"汝是阿谁?"答言:"我是婆伽梵。""为何事来?"梵言:"我以天耳,闻汝谤尊者舍利弗、目连,汝莫说尊者等有如此事。"如是三谏。谏之不止,反作是言:"汝婆伽梵,言得阿那含。阿那含者,名为不还,何以来至我边?若如是者,佛语亦虚。"梵言:"不还者,谓不还欲界受生。"

时仇伽离,于其身上,即生恶疮,从头至足,大小如豆。往至佛所,而白佛言:"云何舍利弗、目连,淫牧牛女?"佛复谏言:"汝莫说是舍利弗、目连是事。"闻佛此语,倍生瞋恚,时恶疱疮转大如柰[1]。第二又以此事,而白于佛,佛复谏言:"莫说此事。"疱疮转大如拳。第三不止,其疱转大如瓠[2],身体壮热,入冷池中,能令冰池甚大沸热,疱疮尽溃,即时命终,堕摩诃优波地狱[3]。尔时比丘白佛言:"世尊,以何因缘,尊者舍利弗、目连等,为他重谤?"

佛言:"过去劫时,舍利弗、目连等,曾为凡夫。见辟支佛出瓦师窑中,亦有牧牛女,从后而出,即便谤言:'彼比丘者,必与此女,共为交通。'由是业缘,堕三恶道中,受无量苦;今虽得圣,先缘不尽,犹被诽谤。当知声闻人,不能为众生作大善知识。所以者何?若舍利弗、目连,为仇伽离,现少神足,仇伽离必免地狱;不为现故,使仇伽离堕于地狱,如此之事。"

佛作是说:"是菩萨人,如鸠留孙佛[4]时,有一仙人,名曰定光,共五百仙人,在于山林中草窟里住。时有妇人,偶行在此,值天降雨风寒理极,无避雨处,即向定光仙所,寄宿一夜。明日出去,诸仙人见之,即便谤言:'此定光仙,必共彼女,行不净行。'尔时定光,知彼心念,恐其诽谤,堕于地狱,即升虚空,高七多罗树[5],作十八变。诸仙人见已,而作是言:'身能离地四指,无有淫欲。何况定光,升虚空中,有大神变,而有欲事?我等云何,于清净人,而起诽谤?'时五百仙人,即五体投地,曲躬忏悔。缘是之故,得免重罪。当知菩萨有大方便,真是众生善知识。"

佛言："尔时定光仙人者，今弥勒[6]是也。尔时五百仙人者，今长老等五百比丘是也。"

【注释】

[1] 柰：沙果，也叫花红。

[2] 瓠（hù）：也称葫芦、瓠瓜，草本植物，果实长圆形，可食。

[3] 摩诃优波地狱：八大根本地狱中的大热地狱。

[4] 鸠留孙佛：指过去七佛中的第四位佛。

[5] 多罗树：棕榈科乔木，树叶呈扇形，称贝叶、贝多罗叶，最早的佛经写于贝叶上，称贝叶经。

[6] 弥勒：梵文音译，意译为慈氏。弥勒出生于古印度波罗奈国婆罗门家，随佛陀出家，先行入灭。按佛教的说法，弥勒现在兜率天内院与诸天演说佛法，直到佛陀灭度后五十七亿六千万年时，从兜率天宫下生人间。届时将像佛陀一样在华林园龙华树下说法，化度无量众生，故称为"候补佛"。

【译文】

仇伽离诽谤佛弟子的故事

从前佛弟子舍利弗、目犍连在村落游历，到一个瓦匠家，遇上大雨，就在那里借宿。恰巧瓦窑中先前住下的一位牧牛女子，住在瓦窑深处。两位弟子都是听佛陀传法证悟的声闻乘中人，在不入禅定时与一般人没有差别，所以不知道里面有人。牧牛女看见舍利弗、目犍连容貌端正，心中产生迷惑，便想勾引他们。当佛弟子舍利弗、目犍连从瓦窑出来，一个叫仇伽离的人善于相面，通过观察人的脸色，就能知道是否心有淫欲。他看见牧牛女跟在两位后面出来，其脸色有淫欲之相，但他并不知道女子是因自己产生迷惑而想勾引僧人，于是诽谤说："佛弟子舍利弗、目犍连和牧牛女子有染。"并向佛弟子们广泛传播这事。当时众弟子就再三劝谏说："不要诽谤证悟者舍利弗、目犍连。"当时仇伽离心生瞋恨和妒忌，反而更加气愤。

有一位长者名叫婆伽，证悟者舍利弗、目犍连为他解说佛法要义，证得了三果阿那含，死后往生到梵天，名为婆伽梵。这时他在遥远的色界天上知道了仇伽离诽谤证悟者舍利弗、目犍连，随即下到人间，到仇伽离的房里。仇伽离问："你是谁呢？"回答说："我是婆伽梵。"又问"为什么事来？"婆伽梵说："我用天耳通听到你诽谤证悟者舍利弗、目犍连，你不要说他们有这样的事。"这样反复劝说，仇伽离非但不听，反而说："你这个婆伽梵，说自己证得了阿那含果位，阿那含的意思就是'不还'，怎么还来到我身边呢？若是这样，佛陀的话也是虚假的。"婆伽梵说："所谓'不还'，是指不再转生到欲界。"

这时仇伽离的全身上下，随即生出恶疮，从头到脚，如豆子般大小。他又到佛陀那里，对佛陀说："为什么舍利弗、目犍连和牧牛女行淫事呢？"佛又劝他："你不要说舍利弗、目犍连没有做的事。"仇伽离听佛陀这样讲，更加愤怒，当时他身上的恶疮变得如沙果般大小。他再次对佛陀说这事，佛陀再次劝他："不要说这事了。"这时他的恶疮变得如拳头般大了。他第三次说时，恶疮变得如葫芦般大了，身体发热，跳入冷水池中，冰冷的池水都沸腾了，恶疮溃烂，当时死去，坠入大热地狱中。这时弟子们问佛陀："世人之尊，证悟者舍利弗、目犍连是什么原因遭到他一再地诽谤呢？"

佛陀说："很久以前，舍利弗、目犍连的前身，还是凡夫俗子。看见独自修行的证悟者从瓦匠的窑中出来，身后也有一位牧牛女，于是诽谤说：'这个出家人一定和牧牛女私通。'由于这个恶业的缘故，坠入地狱、饿鬼、畜生三恶道中，遭受了无尽的苦难；今天他们虽然证得果位，但从前的业缘未尽，仍然被人诽谤。应当知道，听闻佛法证悟的人，对众生来说还不愿像佛一样显现神通。为什么呢？如果舍利弗、目犍连为仇伽离用一点神通，就可以使他免除地狱之苦；由于不为他显现神通，使他下了地狱，事情就是这样。"

佛陀说："如果是菩萨，像过去佛时的一位仙人，名叫定光，和五百仙人一起在山林的草屋里住。那时有一位妇女，外出路过这里，遇上天降大雨，寒冷至极，没有避雨之处，于是在定光仙人的住所寄宿了一夜。第二天离开时，其他仙人见到，随即诽谤说：'定光仙人一定和这妇女做了不干净的事。'这时定光心里知道他们的想法，担心他们因为诽谤而堕入地狱，当即升到空中，在七棵多罗树那么高的地方，呈现出十八种变化。仙人们见到后，纷纷说道：'身体能离地面四指高的人就没有淫欲，何况定光升到空中，有大神通，怎么会有淫欲之事呢？我们为什么要对清净的出家人进行诽谤呢？'这时五百仙人，随即五体投地，礼拜定光表示忏悔。由于这个缘故，得以免除重罪。应当知道菩萨有广大的慈悲心，是真正解脱众生苦难的引路人。"

佛陀说："那时的定光仙人，就是今天的弥勒菩萨；当时的五百仙人，就是今天年长的五百佛弟子。"

【辨析】

本篇故事塑造的人物形象可圈可点，别有新意。

首先是舍利弗和目犍连。故事中写他们在异地避雨时，在不知情的情况下与一位牧牛女同处一室，从而遭到相师的诽谤，而他们从始至终却未置一词，没有一句辩白。这样描写的高明之处在于揭示"谣言止于智者"的喻理。然而他们之所以遭诽谤，却又是前生所种的诽谤恶业所致，最终自食苦果。

其次是相师仇伽离。他由于擅长相面，看见牧牛女的脸色之"淫欲相"，便诽谤说："佛弟子舍利弗、目犍连，和牧牛女子有染。"他坚定地相信自己的眼睛所看到的,而且固执己见,不畏天神,不听佛劝。然而他最大的错误就在于只看其一,不看其二,他没有看舍利弗和目犍连的"无淫欲相",由其局限而显现佛家审视现象形态的周全和透析本质的深刻。

还有过去的定光仙人,即今天的弥勒菩萨。当年定光仙人以自己的神力及时挽救了五百仙人,使他们免受地狱之苦。

故事通过诸多的人物形象,表现菩萨心和三乘佛果的差异性:声闻乘的证悟者舍利弗和目犍连;缘觉乘的辟支佛;菩萨乘的弥勒菩萨。展示三乘中人的不同境界:声闻乘平时与常人无异,他们还不能被称为大善知识,不能引导众生渡脱苦海;缘觉乘也只能自我解脱,不能度脱他人;只有菩萨乘才能救度一切众生包括诽谤者脱离苦海。从而使人能够在品味故事的同时,多一分思考。

二十九

龙王偈缘

【题解】

本篇故事以诗句的形式，借龙王之口，从戒瞋怒、除傲慢、知恩、正信、财富、忍辱、舍己等方面比较全面地阐发了佛教的基本思想。

【经文】

佛在王舍城，揵婆达多，往至佛所，恶口骂詈。阿难闻已，极生瞋恚，驱提婆达多令出去，而语之曰："汝若更来，我能使汝得大苦恼。"诸比丘见已，白佛言："希有世尊，如来常于提婆达多生慈愍心，而提婆达多于如来所恒怀恶心。阿难瞋恚，即驱使去。"

佛言："非但今日，于过去世，亦曾如此。昔于迦尸国，时有龙王兄弟二人，一名大达，二名优婆大达，恒雨甘雨，使其国内，草木滋长，五谷成熟，畜生饮水，皆得肥壮，牛羊蕃息。时彼国王，多杀牛羊，至于龙所，而祠于龙。龙即现身，而语王言：'我既不食，何用杀生而祠我为？'数语不改，兄弟相将，遂避此处，更到一小龙住处，名屯度脾。屯度脾龙，昼夜瞋恚，恶口骂詈。大达语言：'汝莫瞋恚，比尔还去。'优婆大达，极大忿怒，而语之言：'唯汝小龙，常食虾蟆。我若吐气，吹汝眷属，皆使消灭。'大达语弟：'莫作瞋恚，我等今当还向本处，迦尸国王，渴仰我等。'迦尸国王，作是言曰：'二龙若来，随其所须，以乳酪祀，更不杀生。'龙王闻已，即还本处。

"于是大达，而作是偈言：

尽共合和至心听，极善清净心数法。
菩萨本缘所说事，今佛显现故昔偈。
天中之天三佛陀[1]，如来在世诸比丘。
更出恶言相讥毁，大悲见闻如此言。
集比丘僧作是说，诸比丘依我出家。
非法之事不应作，汝等各各作粗语。
更相诽谤自毁害，汝不闻知求菩提。
修集慈忍难苦行，汝等若欲依佛法。
应当奉行六和敬[2]，智者善听学佛道。
为欲利益安众生，普于一切不恼害。
修行若闻应远恶，出家之人起怨诤。
犹如冰水出于火，我于过去作龙王。
兄弟有二同处住，若欲随顺出家法。
应断瞋诤合道行，第一兄名为大达。
第二者名优婆达，俱不杀生持净戒。
有大威德厌龙形，恒向善趣求作人。
若见沙门婆罗门，修持净戒又多闻。
变形供养常亲近，八日十四十五日。
受持八戒捡心意，舍己住处诣他方。
有龙名曰屯度脾，见我二龙大威德。
知己不如生嫉恚，恒以恶口而骂詈。
膖领[3]肿口气粗出，瞋怒心盛身胀大。

出是恶声而谤言，幻惑谄伪见侵逼。
闻此下贱恶龙骂，优波大达极瞋恚。
请求其兄大达言，以此恶语而见毁。
恒食虾蟆水际住，如此贱物敢见骂。
若在水中恼水性，若在陆地恼害人。
闻恶欲忍难可堪，今当除灭身眷属。
一切皆毁还本处，大力龙王闻弟言。
所说妙偈智者赞，若于一宿住止处。
少得供给而安眠，不应于彼生恶念。
知恩报恩圣所赞，若息树下少荫凉。
不毁枝叶及花果，若于亲厚少作恶。
是人终始不见乐，一餐之惠以恶报。
是不知恩行恶人，善果不生复消灭。
如林被烧而燋兀，后还生长复如故。
背恩之人善不生，若养恶人百种供。
终不念恩必报怨，譬如仙人象依住。
生子即死仙养活，长大狂逸杀仙人。
树木屋宇尽蹋坏，恶人背恩亦如是。
心意轻躁不暂停，譬如洄澓[4]中有树。
不修亲友无返复，如似白氀甄叔[5]染。
若欲报怨应加善，不应以恶而毁害。
智者报怨皆以慈，担负天地及山海。
此担乃轻背恩重，一切众生平等慈。
是为第一最胜乐，如渡河津安隐过。
慈等二乐亦如是，不害亲友是快乐。
灭除憍慢亦是乐，内无德行外憍逸。
实无有知生憍慢，好与强诤亲恶友。
名称损减得恶声，孤小老者及病人。

新失富贵羸劣者，贫穷无财失国主。
单己苦厄无所依，于上种种困厄者。
不生怜愍不名仁，若至他国无眷属。
得众恶骂忍为快，能遮众恶斗诤息。
宁在他国人不识，不在己邦众所轻。
若于异国得恭敬，皆来亲附不瞋诤。
即是己国亲眷属，世间富贵乐甚少。
衰灭苦恼甚众多，若见众生皆退失。
制不由己默然乐，怨敌力胜自羸弱。
亲友既少无所怙，自察如是默然乐。
非法人所贪且悭，不信无惭不受言。
于彼恶所默然乐，瞋恚甚多残害恶。
好加苦毒于众生，如此人边默然乐。
不信强梁喜自高，得逆谄伪诈幻惑。
于如此人默然乐，破戒凶恶无虑忍。
恒作非法无信行，于此人所默然乐。
妄语无愧好两舌，邪见恶口或绮语。
傲慢自高深计我，极大悭贪怀嫉妒。
于此人所默然乐，若于他处不知己。
亦无识别种性行，不应自高生憍慢。
至余国界而停住，衣食仰人不自在。
若得毁骂皆应忍，他界寄住仰衣食。
若为基业欲快乐，亦应如上生忍辱。
若住他界仰衣食，乃至下贱来轻己。
诸是智者宜忍受，在他界住恶知友。
愚小同处下贱人，智者自隐如覆火。
犹如炽火猛风吹，炎着林野皆焚烧。
瞋恚如火烧自他，此名极恶之毁害。

瞋恚欲心智者除，若修慈等瞋渐灭。
未曾共住辄亲善，恒近恶者是痴人。
不察其过辄弃舍，作如上事非智者。
若无愚小智不显，如鸟折翅不能飞。
智者无愚亦如是，以多愚小及无智。
不能觉了智有力，以是义故诸贤哲。
博识多闻得乐住，智者得利心不高。
失利不下无愚痴，所解义理称实说。
诸有所言为遮恶，安乐利益故宣辩。
为令必解说是语，智者闻事不卒行。
思惟筹量论其实，明了其理而后行。
是名自利亦利他，智者终不为身命，
造作恶业无理事，不以苦乐违正法。
终不为己舍正行，智者不悭无嫉恚。
亦不严恶无愚痴，危害垂至不恐怖。
终不为利谗构人，亦不威猛不怯弱。
又不下劣正处中，如此诸事智者相。
威猛生嫌懦他轻，去其两边处中行。
或时默然如哑者，或时言教如王者。
或时作寒犹如雪，或时现热如炽火。
或现高大如须弥，或时现卑如卧草。
或时显现猛如王，或时寂灭如解脱。
或时能忍饥渴苦，或时堪忍苦乐事。
于诸财宝如粪秽，自在能调诸瞋恚。
或时安乐纵伎乐，或时恐怖犹如鹿。
或时威猛如虎狼，观时非时力无力。
能观富贵及衰灭，忍不可忍是真忍。
忍者应忍是常忍，于羸弱者亦应忍。

富贵强盛常谦忍，不可忍忍是名忍。
嫌恨者所不嫌恨，于瞋人中常心净。
见人为恶自不作，忍胜己者名怖忍。
忍等己者畏斗诤，忍下劣者名盛忍。
恶骂诽谤愚不忍，如似两石着眼中。
能受恶骂重诽谤，智者能忍花雨象。
若于恶骂重诽谤，明智能忍有慧眼。
犹如降雨于大石，石无损坏不消灭。
恶言善语苦乐事，智者能忍亦如石。
若以实事见骂辱，此人实语不足瞋。
若以虚事而骂辱，彼自欺诳如狂言。
智者解了俱不瞋，若为财宝及诸利。
忍受苦乐恶骂谤，若能不为财宝利。
设得百千诸珍宝，犹应速疾离恶人。
树枝被斫不应拔，人心已离不可亲。
便从异道远避去，可亲友者满世间。
先敬后慢而轻毁，亦无恭敬不赞叹。
如似白鹄轻飞去，智者远愚速应离。
好乐斗诤怀谄曲，喜见他过作两舌。
妄言恶口亦绮语，轻贱毁辱诸众生。
更出痛言入心髓，不护身业口与意。
智者远离至他方，嫉妒恶人无善心。
见他利乐及名称，心生热恼大苦毒。
言语善濡意极恶，唯智能远至他方。
人乐恶欲贪利养，谄曲要取无惭愧。
内不清净外亦然，智者速远至他方。
若人无有恭恪心，憍慢所怀无教法。
自谓智者实愚痴，慧者远离至他方。

此处饮食得卧具，并诸衣被凭活路。
应当拥护念其恩，犹如慈母救一子。
爱能生长一切苦，先当断爱而离瞋。
悉能将人至恶趣，自高憍慢亦应舍。
富贵亲友贫贱离，如此之友当速远。
若为一家舍一人，若为一村舍一家。
若为一国舍一村，若为己身舍天下。
若为正法舍己身，若为一指舍现财。
若为身命舍四支，若为正法舍一切。
正法如盖能遮雨，修行法者法拥护。
行法力故断恶趣，如春盛热得荫凉。
修行法者亦复然，与诸贤智趣向俱。
多得财利不为喜，若失重宝不为忧。
不常勤苦求乞索，是名坚实大丈夫。
施他财宝甚欢喜，世间过恶速舍离。
安立己身深于海，是名雄健胜丈夫。
若解义理众事巧，为人柔软共行乐。
诸人叹说善丈夫，优波大达作是言。
我今于兄倍信敬，假使遭苦极困厄。
终不复作诸恶事，若死若活得财产。
及失财产不造恶，兄今当知我奉事。
愿以持戒而取死，不以犯戒而取生。
何故应当为一生，而可放逸作恶行。
生死之中莫放逸，我于生死作不善。
遭值恶友造非法，得遇善友以断除。
佛入宿命知了说，告诸比丘是本偈。
尔时大达是我身，优波大达是阿难。
当知尔时屯度脾，即是提婆达多身。

比丘当知作是学，是名集法总摄说。

宜广慎行应恭敬，诸比丘僧修是法。

【注释】

[1] 三佛陀：即三菩提，指正遍觉。即佛法无差言正；智无不周言遍；出生死言觉。

[2] 六和敬：僧人同修佛法、和睦相处的原则：即身和同住、口和无诤、意和同悦、见和同解、利和同均、戒和同修。

[3] 膀颔（hàn）：膀，肩膀，此字为根据文义所改，原字为古今皆无的异体字。颔，下巴。

[4] 洄澓（huí fú）：湍急回旋的流水。

[5] 甄叔：这里指污渍。

【译文】

龙王以诗说法的故事

佛陀在摩揭陀国都王舍城时，提婆达多到佛陀的住所，恶言辱骂。弟子阿难听到后，极为气愤，就把提婆达多赶了出去，并对他说："你如果再来，我就能使你遭受大痛苦。"佛弟子们见后，就对佛陀说："世间少有的佛陀啊，您对提婆达多总是生慈悯之心，而提婆达多对您却怀有恶心。阿难发怒，把提婆达多赶了出去。"

佛陀说："不只是现在，在过去的时候也曾如此。从前在迦尸国有龙王兄弟二人，一个叫大达，一个叫优婆大达，他们常降雨水，使得国内草木繁茂，五谷丰登，牲畜饮水充足，长得膘肥体壮，牛羊繁衍生长。当时国王就杀了许多牛羊到龙王的住所，祭祀龙王。龙王就现身对国王说：'我又不食用，何必要杀生祭祀我呢？'这样讲了几次，国王都不改。龙王兄弟就躲避到别处，到一

二十九　龙王偈缘 / 145

个名叫屯度脾的小龙的住处，小龙屯度脾日夜怨怒，口出恶言辱骂龙王。大达说：'你不要怨怒，我们这就离开。'优婆大达十分愤怒，对他说：'你这条小龙，不过常吃蛤蟆。我如果吐口气一吹，你们全家就会消灭。'大达对弟弟说：'不要生气，我们今天就回去，迦尸国王还盼望我们呢！'迦尸国王知道后说：'龙王兄弟如果回来，就会按他们的要求，用乳酪来祭祀，不再杀生。'龙王兄弟听后，就回到原来的地方。

"于是龙王大达，用诗句说：

和睦相处用心听，清净心是最善法。
所说菩萨因缘事，今日说佛昔日诗。
天外有天三菩提，佛陀在世众弟子。
口出恶言相诋毁，听闻如此心大悲。
召集弟子说法理，众僧随我来出家。
非法之事不应做，各自竞相出恶语。
相互诽谤自损害，你们不知求菩提。
修行慈悲和苦行，僧人若要依佛法。
应当遵守六和敬，智者善学悟佛道。
为了利益众生灵，对于一切不伤害。
修行应当远离恶，出家之人勿忿诤。
犹如冰水出于火，我为过去龙王时。
兄弟两个同处住，随顺出家修佛法。
断除瞋怒同道行，哥哥名字叫大达。
弟弟名叫优婆达，皆不杀生持净戒。
怀有威德厌龙身，常向善行求作人。
遇见出家婆罗门，持受净戒又多闻。
各种供养常亲近，八日十四十五日。
受持斋戒净心意，搬离住处去他方。

有龙名叫屯度脾，见我二龙有威德。
知己不如生妒忌，口出恶语常叫骂。
身口肿胀恶气出，忿怒心生身胀大。
恶言出口来诽谤，愚痴迷惑来相逼。
闻此下贱恶龙骂，优婆大达极愤怒。
请求哥哥大达道，如此恶语不需忍。
常吃蛤蟆水里住，这种贱龙敢相骂。
若在水中坏水性，若在陆地会害人。
听到恶语实难忍，今天灭除这一族。
然后再回原住处，哥哥龙王听弟言。
大达说诗智者赞，倘若只住一日处。
虽少供给能安眠，不应于此生恶念。
知恩报恩圣贤赞，如住树下少荫凉。
不毁枝叶和花果，就能亲近不作恶。
人若始终不快乐，一餐恩惠以恶报。
不知恩德做恶人，消灭善果不生福。
如林被烧成焦土，还会生长又如故。
背叛恩人善不生，百种供养给恶人。
终不念恩以怨报，如同仙人和象住。
小象从小仙人养，长大疯狂杀仙人。
树木房屋都损坏，恶对恩人也如此。
心意轻浮又狂躁，如同水中漂浮树。
不敬亲友不回报，就像白毡被污染。
倘若报怨应制止，不应以恶来损害。
智者报怨以慈悲，担负天地与山海。
不负恩义重如山，众生平等大慈心。
仁慈世间最快乐，犹如渡河安然过。
慈悲二乐也如此，不害亲友是快乐。

二十九　龙王偈缘

灭除傲慢也是乐，无德行为才放逸。
没有智慧生傲慢，好与人诤亲恶友。
名誉损害得恶声，欺负孤老病弱者。
失去地位与权势，命运悲苦又贫困。
孤苦伶仃无依靠，种种困难厄运人。
不生怜悯不仁慈，如到异地无亲属。
恶语相骂忍为乐，能除众恶斗诤息。
宁在异地人不识，不在家乡众所轻。
若在异国得恭敬，都来亲近不怨怒。
犹如自家亲属好，世间富贵快乐少。
人生苦恼本自多，若见众生皆退散。
事不由己随缘过，怨敌力强自必弱。
亲友缺少无依靠，自我明察坦然过。
贪婪吝啬非正法，不信不听不接受。
恶行之处悄然过，瞋怒残害世间恶。
好加苦难于众生，如此人便能识破。
不信佛法自高大，谄媚伪诈欺骗人。
如此人边默然过，破戒凶恶无忍辱。
常行非法无信义，如此人边默然过。
妄语常说挑是非，邪恶见解虚妄语。
傲慢自大算计人，极为贪欲心妒忌。
在此人处能辨别，若遇不能为知己。
没有分别种姓心，不应自我生傲慢。
至此国界要停住，衣食靠人不自在。
若遇诋毁皆应忍，客寄他乡为衣食。
若为善业应快乐，也应修行忍辱心。
若住他乡为衣食，遇到下贱轻视人。
智慧之人应忍受，他乡遇到邪恶见。

同处下贱愚昧人，智者自隐如灭火。
犹如猛风吹烈火，所及山野皆焚烧。
瞋恨如火烧自身，称为极恶害人事。
怨怒之心智者除，若修慈悲怒火灭。
相逢共住要亲善，常近恶者是痴人。
不察人过就舍弃，如此做事非智者。
若无顽愚智不显，如鸟折翅不能飞。
智者不昧亦同理，愚痴小人无智慧。
不能觉悟智慧力，应当效法诸贤哲。
博识多闻得自在，智者见利心不贪。
丧失利益不懊丧，所解佛理如实说。
所有言说为除恶，利益众生有辩才。
为求真谛必解说，智者处事不妄行。
禅定思维论其实，明了义理而后行。
称为自利和利他，智者终不为自身。
不做恶业无理事，不以妄心违正法。
不为私欲舍正行，智者不贪无瞋恨。
严于律己无愚痴，危难将至不恐惧。
终不为利陷害人，亦不狂妄不怯弱。
不分高下处中道，如此做事智者行。
威猛刚强与懦弱，去其两边中道行。
有时默然如哑者，有时言教如王者。
有时面寒犹如雪，有时内热如烈火。
有时高大如山峰，有时卑微如卧草。
有时正信猛如王，有时寂灭如解脱。
有时能忍饥渴苦，有时能耐苦乐事。
面对财宝如粪土，自在调心不怨怒。
有时安乐赏歌舞，有时谨慎犹如鹿。

二十九　龙王偈缘

有时威猛如虎狼，观想一切时与力。
能观富贵与幻灭，忍不可忍是真忍。
忍者应忍是常忍，弱者欺辱也应忍。
富贵强者常谦忍，不可忍处称为忍。
人嫌怨恨我不恨，人瞋之中常心净。
见人为恶己不做，忍胜己者叫怖忍。
忍同己者避斗诤，忍低劣者称盛忍。
恶骂诽谤若不忍，犹如两石在眼中。
能受恶骂加诽谤，智者能忍是吉祥。
如若恶骂又诽谤，明智能忍有慧眼。
犹如降雨落大石，石无损坏不消失。
恶言善语苦乐事，智者能忍亦如石。
若以事实见辱骂，此人实话不足瞋。
若以虚事见辱骂，彼人自欺如狂言。
智者了知皆不怒，若为财富及利益。
忍受苦难和诽谤，不为财宝不为利。
若得珍宝百千万，不如迅速离恶人。
树枝砍断难接上，人心已离不可亲。
大路朝天远避去，亲朋好友满世间。
先前恭敬后傲慢，即无恭敬不赞叹。
如似白鹄轻飞去，智者应速远离愚。
好乐斗诤怀谄媚，见人过失挑是非。
妄言恶语不真实，轻视侮辱众生灵。
恶语伤人入心髓，不护身口意三业。
智者远离如此人，恶人嫉妒无善心。
见人有名又得利，心生苦恼是恶毒。
口蜜腹剑是极恶，智者明了要远离。
人喜贪欲和利益，曲意奉承不惭愧。

内不清净外亦污，智者迅速要远离。
若人没有恭敬心，心中傲慢无法理。
自称智者实愚痴，智慧之人要远离。
得到饮食和住宿，供给衣被留生路。
应当爱护知感恩，犹如慈母救孩子。
贪欲能生一切苦，当断贪欲远离瞋。
欲望能使人作恶，傲慢自大应去除。
嫌贫爱富势利者，如此之友当速离。
若为一家舍一人，若为一村舍一家。
若为一国舍一村，若为己身舍天下。
若为正法舍自身，若为一指舍浮财。
若为身命舍四肢，若为正法舍一切。
正法如伞能遮雨，修行法理要弘扬。
修行法义除邪恶，犹如酷热得荫凉。
践行法理也如此，见贤思齐意趣同。
得财得利不足喜，失去财宝不为忧。
不去殷勤乞求利，才是真正大丈夫。
布施财物心欢喜，世间恶行速远离。
安立己身深于海，就是雄健伟丈夫。
若解义理办事巧，为人柔和共处乐。
人们称赞善男子，皆称优婆大达言。
我对兄长信且敬，即使遭遇苦与难。
终不去做种种恶，不论财产得与失。
宁失财产不造恶，兄长知我能奉行。
即使持戒而死去，不以犯戒而求生。
一生应当有作为，不可放逸作恶行。
生命之中不放逸，此生不做不善事。
遭遇恶人做非法，友善劝阻以断恶。

佛知命运说因缘，告诫弟子说此诗。
那时大达佛前身，优婆大达是阿难。
应知那时屯度脾，就是提婆达多身。
弟子应知来修学，称为佛法总宣说。
广泛恭奉谨慎行，佛弟子们修此法。

【辨析】

偈语是佛经中的唱词，往往具有归纳义理的作用。本篇中的偈句共三百五十六句，是佛教比喻经典中最长的一首。内容不仅概括了佛陀与堂弟阿难前生忍辱修行的情事，而且佛陀还从为人处世、同修法理等方面向弟子们提出了很好的规劝和告诫。所涉极其广泛，喻理十分透辟。表现手法独具匠心，无论叙事还是说理，皆不惜笔墨，铺排层叠，委屈尽情。

先从概括龙王兄弟的故事发端，继而陈述了知恩、感恩、报恩的为人品质，接着又论说"仁慈世间最快乐，犹如渡河安然过"的处世原则，再到出家人独有的"默然乐"（这里的"乐"不是对于恶行的无所作为，而是通过止、观、禅之后的觉悟和认知），再到灭除瞋怒以及"不落二边"的中道哲理，再提出"忍辱"的教义和"恶语伤人恨不消"的喻理，最后强调"得财得利不足喜，失去财宝不为忧"的财富观。从内容上看如同佛陀为人处世的格言大全。

本篇在行文中运用了大量的设问句式，如"若见"、"若欲"、"若于"、"若得"、"若人"，凡三十六处。这种先设问，再回答的方法，层层深入，气势夺人，给人以滔滔不绝、义正词严的感受。同时，各种比喻、比拟，纷至沓来，令人目不暇接。作者以龙王大达比喻佛陀，优婆大达比喻阿难，恶龙屯度脾比喻提婆达多。其中论述佛教思想的各种精彩的比喻句，如"犹如冰水出于火"、"譬如仙人象依住"、"譬如洄澓中有树"、"如似白氍甄叔染"、"智者自隐如覆火"、"如鸟折翅不能飞"、"恶骂诽谤愚不忍，如似两石着眼中"、"犹如降雨于大石，石无损坏不消灭"、"应当拥护念其恩，犹如慈母救一子"，等等，不一而足，丰富多彩、贴切生动，极富表现力和感染力。

此外，在偈句部分还充分地运用了连环对比的方式，如"若为一家舍一人，若为一村舍一家；若为一国舍一村，若为己身舍天下；若为正法舍己身，若为一指舍现财；若为身命舍四支，若为正法舍一切"，等等，句句连环，承转贯通，淋漓尽致地体现了佛家的人生价值观。

三十

提婆达多欲毁伤佛因缘

【题解】

本篇通过佛陀前世因缘的故事，既表现提婆达多凶暴狠毒，罪恶深重，也展现佛陀悲心广大，威德庄严。

【经文】

佛在王舍城，告提婆达多言："汝莫于如来生过患心，自取减损，得不安事，自受其苦。"

诸比丘言："希有世尊，提婆达多于如来所，常生恶心；世尊长夜，慈心怜愍，柔软共语。"

佛言："不但今日，乃往过去，迦尸之国波罗奈城，有大龙王，名为瞻卜。常降时雨，使谷成熟，十四日、十五日时，化作人形，受持五戒，布施听法。时南天竺国，有咒师来，竖箭结咒，取瞻卜龙王。时天神语迦尸王言：'有咒师将瞻卜龙王去迦尸国。'王即出军众而往逐之，彼婆罗门，便复结咒，使王军众都不能动。王大出钱财，赎取龙王。婆罗门，第二更来咒取龙王，诸龙眷属兴云降雨，雷电霹雳，欲杀婆罗门。龙王慈心语诸龙众：'莫害彼命，善好慰喻，令彼还去。'第三复来，时诸龙等即欲杀之。龙王遮护，不听令杀，即放使去。

"尔时龙王，今我身是也；尔时咒师者，提婆达多是也。我为龙时，尚能慈心，数数救济，况于今日，而当不慈。"

【译文】

提婆达多伤害佛陀的故事

佛陀在摩揭陀国都王舍城时，告诫提婆达多说："你不要对我有怨恨心，那样会自取其辱，不得安宁，自受其苦。"佛弟子们说："世间少有的佛陀，提婆达多对您总怀恶意，而您却长期以来对他慈悲怜悯，循循善诱。"

佛陀说："不只是今天这样，在过去之时，迦尸国的都城波罗奈，有一位大龙王叫瞻卜，他常降及时雨，使谷物成熟丰收。每月十四、十五日，就变化成人，持守五戒（不杀生、不偷盗、不邪淫、不妄语、不饮酒），布施钱财，听僧人说法。当时从南天竺来了一位神咒师，竖起箭，发咒语要捕捉龙王瞻卜。这时天神对迦尸国王说：'有一位咒师要将龙王瞻卜带出迦尸国。'国王立即率领军队驱逐咒师。这位婆罗门咒师就念咒语，使国王的军队都动弹不得。国王用许多钱财才将龙王赎回。婆罗门咒师第二次又来用咒劫取龙王，龙王的亲友见状便腾云降雨，电闪雷鸣，要用雷电劈杀婆罗门。龙王心怀慈悲地对亲友说：'不要伤害他的性命，好言劝说让他回去。'咒师第三次来时，龙王的亲友立即就要杀他，龙王阻拦保护，不让这样做，于是放他回去。

"那时的龙王，就是我的前身；当时的咒师，就是提婆达多。我为龙王时都能心怀慈悲，多次救他，更何况今天，对提婆达多能不慈悲怜悯吗？"

【辨析】

故事以龙王比喻佛陀，咒师比喻提婆达多；以龙王降雨比喻佛陀教化人间，以咒师捕捉龙王比喻婆罗门对佛陀的迫害；再以咒师三次劫取龙王未果，隐喻提婆达多用石砸、用象踩和下毒三次害佛的恶行都没能如愿；最后以龙王多次劝导和宽恕咒师，比喻佛陀始终如一的慈悲之心。故事情节虽然简单，但喻理丰富，耐人寻味。

三十一

共命鸟缘

【题解】

"共命鸟"为人首鸟身,一身双头,共生共存的雪山神鸟,出现在许多佛教经典中。本篇以"共命鸟"之一头因嫉妒食毒而导致两头俱死的悲剧,喻指提婆达多损人终害己。

【经文】

佛在王舍城,诸比丘白佛言:"世尊,提婆达多,是如来弟,云何常欲怨害于佛?"

佛言:"不但今日,昔雪山中,有鸟名为共命,一身二头。一头常食美果,欲使身得安隐,一头便生嫉妒之心,而作是言:'彼常云何食好美果,我不曾得?'即取毒果食之,使二头俱死。

"欲知尔时食甘果者,我身是也;尔时食毒果者,提婆达多是。昔时与我共有一身,犹生恶心,今作我弟,亦复如是。"

【译文】

共命鸟的故事

佛陀在摩揭陀国都王舍城时,弟子们对佛陀说:"世人之尊,提婆达多是如来您的弟弟,为什么总是怨恨和加害于您呢?"

佛陀说:"不仅是今天这样。从前在雪山中有一只鸟叫'共命',有一个身子两个头。一头常吃鲜美的果食,使身体健康安好,另一头因此产生了嫉妒之心,说道:'为什么他常吃鲜美的果食,而我却得不到呢?'就吃下了有毒的果实,结果两个头都死了。

"要知道那时吃鲜果实的,就是我的前身;那时吃下有毒果实的,就是提婆达多。从前他与我共有一身,仍然生恶心,今天是我弟弟,也同样如此。"

【辨析】

佛经中有关"共命鸟"、"妙音鸟"、"比翼鸟"的比喻故事,读后都给人留下了难以忘怀的记忆。本篇"共命鸟"故事喻指提婆达多伤害佛陀和分裂僧团,也同样十分形象地揭示了那些本是相扶相助,互荣互损的共同体,却因一方的妒忌使得两败俱伤的生活现象。

其实,古往今来,当人们面对名利,即使是亲兄弟,产生矛盾、发生纷争的情况也屡见不鲜。如我们熟知的曹植七步诗中的"本是同根生,相煎何太急",手足之逼迫与相残,不能不令人唏嘘感慨。

需要指出的是,本故事情节在逻辑上有所欠缺,因为如果另一头可以吃下毒果,为什么不能吃到鲜果呢?如果情节改为一头可以发出婉转的妙音,另一头则不能,因妒食毒,结果两头皆死,这样似乎更合乎情理。

三十二

白鹅王缘

【题解】

这篇故事揭露和谴责了提婆达多两面三刀,口是心非的伪善和多次蓄谋杀害佛陀的阴险凶残。

【经文】

佛在王舍城,提婆达多,推山压佛,放护财象,欲踢于佛,恶名流布。提婆达多,于众人前,向佛忏悔,呜如来足;无众人时,于比丘中,恶口骂佛。诸人皆言:"提婆达多,向佛忏悔,心极调顺,无故得此恶名流布。"诸比丘言:"希有世尊,提婆达多,甚能谄伪,于众人前,调顺向佛;于屏处时,恶心骂佛。"

佛言:"不但今日,乃往过去时,有莲花池,多有水鸟在中而住。时有鹳雀[1],在于池中,徐步举脚,诸鸟皆言:'此鸟善行,威仪庠序[2],不恼水性。'时有白鹅,而说偈言:

举脚而徐步,音声极柔软。
欺诳于世间,谁不知谄诡?

"鹳雀语言：'何为作此语？来共作亲善。'白鹅答言：'我知汝谄诡，终不亲善。'

"汝欲知尔时鹅王，即我身是也；尔时鹳雀，提婆达多是。"

【注释】

[1] 鹳（guàn）雀：水鸟名。羽毛灰白色或黑色，嘴长而直，捕食鱼虾。

[2] 庠（xiáng）序：古时的教育机构，泛指学校。这里指有教养的样子。

【译文】

白鹅王和水鸟的故事

佛陀在摩揭陀国都王舍城时，提婆达多在山顶推巨石要压死佛陀，后来又放出灌醉的大象想踏死佛陀，从而恶名昭彰。提婆达多在众人面前向佛陀忏悔，亲吻佛足；私下里在僧人中却恶言骂佛。世人都说："提婆达多向佛忏悔，心意极为诚恳，不应该有如此恶名。"佛弟子们说："世间少有的佛陀啊，提婆达多为人虚伪，在人们面前向佛陀忏悔，在私下时恶言骂佛。"

佛陀说："不仅是今天这样。在过去，有一座莲花池，其中有许多水鸟。有一只水鸟在莲花池中缓缓漫步，众鸟都说：'这只水鸟真好，举止高雅，不扰乱宁静的水面。'这时有一只白天鹅用诗句说：

抬脚而漫步，声音极柔和。
欺骗在世间，谁不知伪善？

"这只水鸟说道：'为什么这样说呢？我来与大家亲近友善。'白天鹅回答说：'我知你诡诈，终究不能亲密相处。'

"你们要知道那时的白天鹅王，就是我的前身；当时的水鸟，就是提婆达多。"

【辨析】

有关提婆达多迫害佛陀、背叛僧团种种恶行的记载出现在多篇佛经故事中。提婆达多是佛陀的堂弟，随佛陀出家修行。他聪明而有才干，但却一直怀有野心和很强的嫉妒心，想要取代佛陀，于是绞尽脑汁多次设计谋害佛陀，如本篇中所列举的从山上推下巨石想砸死佛陀，放出灌醉的狂象想踩死佛陀，佛陀悲心广大，一再宽赦他。

本篇还通过提婆达多在人前、人后对待佛陀的不同态度和行为突出表现了他伪善卑鄙的一面，旨在告诫人们不要被表面现象所迷惑。

故事的后半部分以白天鹅王和水鸟寄托喻理。以高贵善良、亭亭玉立的天鹅喻佛陀，以矮小卑贱的水鸟喻提婆达多，莲花池隐喻佛教僧团，以莲花池里天鹅群中的水鸟比喻在清静的寺院和出家修行者中，还有一个欺世盗名的恶僧。

三十三

大龟因缘

【题解】

本篇通过恩将仇报的商人因杀死救了自己性命的大龟而最终遭到恶报的故事,明示提婆达多恶心不改,屡屡加害佛陀和伤害整个僧团的利益,也终将堕入地狱。

【经文】

佛在王舍城,提婆达多,心常怀恶,欲害世尊。乃雇五百善射婆罗门,使持弓箭,诣世尊所,挽弓射佛。所射之箭,变成拘物头华,分陀利华,波头摩华,优钵罗华[1]。五百婆罗门,见是神变,皆大怖畏,即舍弓箭,礼佛忏悔,在一面坐。佛为说法,皆得须陀洹道。复白佛言:"愿听我等出家学道。"

佛言:"善来比丘。"须发自落,法服着体,重为说法,得阿罗汉道。诸比丘白佛言:"世尊神力,甚为希有,提婆达多常欲害佛,然佛恒生大慈。"

佛言:"非但今日,于过去时,波罗奈国,有一商主,名不识恩,共五百贾客,入海采宝。得宝还返,到回渊处,遇水罗刹[2]而捉其船,不能得前。众商人等,极大惊怖,皆共唱言:'天神地神,日月诸神，谁能慈愍济我厄也？'有一大龟，背广一里，心生悲愍，来向船所，负载众人，即得渡海。时龟小睡，不识恩者，欲以大石打龟头杀。诸商人言：'我等蒙龟济难活命，杀之不祥，不识恩也。'不识恩曰：'我停饥急，谁问尔恩？'辄便杀龟，而食其肉。即日夜中，有大群象，蹋杀众人。

"尔时大龟，我身是也；尔时不识恩者，提婆达多是；五百商人者，五百婆罗门出家学得道者是。我于往昔，济彼厄难，今复拔其生死之患。"

【注释】

[1] 拘物头华，分陀利华，波头摩华，优钵罗华：指黄、白、红、青四色莲花。

[2] 水罗刹：水中的食人鬼。

【译文】

大海龟的故事

佛陀在摩揭陀国都王舍城时，提婆达多常心怀恶念，想加害佛陀。他雇了五百名善于射箭的婆罗门教徒，带着弓箭来到佛陀住所，放箭射向佛陀。但射出之箭却都变成了黄、白、红、青四色莲花。五百位婆罗门信徒看见这不可思议的情景，都非常害怕，立即放下弓箭，礼拜佛陀表示忏悔，在佛陀对面坐下。佛陀为他们解说佛法，都证得佛教初果。他们又对佛陀说："希望让我们出家修学佛理。"

佛陀说："好吧，弟子们。"他们的头发和胡须便自行脱落，袈裟自然着身。佛陀又为他们解说佛法，令他们证得阿罗汉果位。弟子们对佛陀说："世尊的神通之力真是极为稀有，提婆达多常想加害佛陀，然而佛陀一直以大慈悲心对他。"

佛陀说："不只是今天如此。在过去之时，波罗奈国有一个商队的主人叫不识恩，带领五百位商客，到海中寻找珍宝。得到珍宝返回时，在海水的漩涡处，遇到水鬼抓住了商船，不能前行。这时商人们都十分害怕，一起祈祷：'天神地神，日神月神，谁能慈悲救度我们脱离危难啊！'这时有一只大龟，它的背有一里宽，心生悲悯，游向海船，用背载着商人们渡到了岸上。当时大龟累得睡着了，商主不识恩要用大石头打乌龟的头，想要杀死它。商人们说：'我们承蒙大龟救命，才活了下来，杀它不吉祥，太不知恩了。'不识恩说：'我饥饿难挨，谁还管什么恩德？'便杀了大龟，吃了它的肉。然而就在当夜，一群大象踩死了商人们。

那时的大龟，就是我的前身；当时的不识恩，就是提婆达多；那五百位商人，就是今天五百位婆罗门出家修学佛理得道的人。我在过去救济危难，今天还要教化他们解脱生死轮回的苦难。"

【辨析】

本篇列举了提婆达多的又一恶行，即雇了五百名神箭手射杀佛陀，同时，描绘了佛陀不可思议的威德神力。佛陀不仅没有受到丝毫伤害，而且射向佛陀的弓箭全都变作了四色莲花。在佛陀精神力量的巨大感召下，五百射手全都皈依了佛陀。

故事后半部分借大龟于危难中救了商人性命却被无情地杀害，比喻佛陀被忘恩负义的提婆达多所害，表现出佛陀的忍辱负重。又通过佛陀"今天还要教化他们解脱生死轮回的苦难"，将佛陀的不计前嫌，以及宽恕和包容之心，在看似不经意的叙述中和盘托出。

三十四

二辅相诡谲缘

【题解】

这篇故事尤为集中地表现了提婆达多的多次行恶以及佛陀对他的一再宽恕。

【经文】

佛在王舍城,提婆达多,作种种因缘,欲得杀佛,然不能得。时南天竺国,有婆罗门来,善知咒术,和合毒药。提婆达多,于婆罗门所,即合毒药,以散佛上。风吹此药,反堕己头上,即便闷绝,躄[1]地欲死,医不能治。阿难白佛言:"世尊,提婆达多,被毒欲死。"佛怜愍故,为说实语:"我从菩萨成佛已来,于提婆达多,常生慈悲,无恶心者,提婆达多,毒自当灭。"作是语已,毒即消灭。诸比丘言:"希有世尊,提婆达多,恒起恶心于如来所,如来云何犹故活之?"

佛言:"非但今日,恶心向我,过去亦尔。"时问佛言:"恶心于佛,其事云何?"

佛言:"过去之世,迦尸国中,有波罗奈城。有二辅相,一名斯那,二名恶意。斯那常顺法行,恶意恒作恶事,好为诡谲[2]。而语王言：'斯那欲作逆事。'王即收闭。诸天善神，于虚空中，出声而言：'如此贤人，实无过罪，云何拘系？'诸龙尔时亦作是语，群臣人民亦作是语，王便放之。第二恶意，劫王库藏，着斯那舍。王亦不信，而语之言：'汝憎嫉于彼，横作此事。'王言：'捉此恶意，付与斯那，仰使断之。'斯那即教恶意，向王忏悔。恶意自知有罪，便走向毗提醯王[3]所，作一宝箧，盛二恶蛇，见毒具足，令毗提醯王，遣使送与彼国国王并及斯那：'二人共看，莫示余人。'王见宝箧，极以严饰，心大欢喜，即唤斯那，欲共发看。斯那答言：'远来之物，不得自看；远来果食，不得即食。何以故？彼有恶人，或能以恶来见中伤。'王言：'我必欲看。'殷勤三谏，王不用语。复白王言：'不用臣语，王自看之，臣不能看。'王即发看，两眼盲冥，不见于物。斯那忧苦，愁悴欲死，遣人四出，遍历诸国，远觅良药。既得好药，以治王眼，平复如故。

"尔时王者，舍利弗是也；尔时斯那，我身是也；尔时恶意，提婆达多是。"

【注释】

[1] 躃（bì）：跛脚。躃地，本处指倒在地上。

[2] 诡媾（gòu）：指谗害构陷。

[3] 毗提醯（xī）：古代印度与迦尸罗国相邻的一个国家。

【译文】

两位大臣较量的故事

佛陀在摩揭陀国都王舍城时，提婆达多通过各种方法，企图杀害佛陀，但终未得逞。当时南天竺国来了一位婆罗门，擅长咒术和配制毒药。提婆达多就到这位婆罗门处，配好毒药，撒在佛陀身上。结果风吹毒药，反落在他自己头上，提婆达多立刻窒息晕厥，倒在地上快要死了，医生也救不过来。阿难对佛陀说："世人之尊，提婆达多被毒所伤，快要死了。"由于佛陀怜惜悲悯他，为此说："我从菩萨成就佛果以来，对提婆达多一直慈悲为怀，从无恶意，提婆达多身上的毒应当自然消失。"话一说完，毒随即消失了。弟子们说："世间少有的佛陀，提婆达多总是怀有恶念而来，您为何依然要救活他呢？"

佛陀说："他不只是今日恶毒地对待我，过去也是如此。"这时弟子们问佛陀说："提婆达多恶毒地对待佛陀，是怎样的事呢？"

佛陀说："在前世的时候，迦尸国的波罗奈城中有两位辅相，一位名叫斯那，一位名叫恶意。斯那总是依法行事，恶意则常做坏事，喜欢谗害构陷他人。一次恶意对国王说：'斯那要做谋反的事。'国王就关押了斯那。这时诸天神在空中，高声地说：'这样贤明的人，确实没有罪过，为什么要拘押他呢？'天龙们也这样说，大臣和人民也这样说，国王便放了斯那。第二次，恶意抢劫了国王储库中的宝藏，却放在斯那家中。国王不信斯那会这样做，就对恶意说：'你憎恨斯那，做这样的事栽赃他。'国王说：'逮捕恶意，交给斯那，让他处置。'斯那就教导恶意，让他向王忏悔。恶意自知有罪，便逃往毗提醯国王那里。他制作了一个宝匣，盛了两条毒蛇，等到毒性大发之时，请毗提醯王派遣使者送给伽尸国王和辅相斯那，并叮咛说：'让两人一起看，不要让其他人见到。'伽尸国王见到宝匣装饰华美，心里很高兴，便叫来斯那，想要一起看。斯那回答说：'远方送来之物，国王不得自己先看；远方送来的水果食物，也不能马上食用。为什么呢？如果有恶人，可能会以此来伤害您。'国王说：'我一定要看。'斯那再三劝阻，国王仍然不听。斯那又对国王说：'不听臣的话，国王自己看吧，臣不能看。'国王打开一看，两眼失明，看不见东西了。斯那忧愁苦恼，简直痛不欲生。他派人四出打听，走访各国寻找良药。最后得到好药，医治好了国王的眼睛，恢复了原来的样子。

"那时的国王，就是今天的佛弟子舍利弗；当时的辅相斯那，就是我的前身；那时的辅相恶意，就是今天的提婆达多。"

【辨析】

本篇讲述的是提婆达多试图伤害佛陀的故事，由现在和过去两个部分、四个事件构成。

一是"配制毒药"。提婆达多原想把毒撒到佛陀身上，不想反被风吹到自己身上，当场倒地，最终被佛陀救了一命，正所谓"机关算尽太聪明，反误了卿卿性命"。其结果让人哑然失笑。

二是"造谣中伤"。前生的提婆达多即辅相恶意，诬陷斯那谋反，国王抓捕了斯那。而天神、龙王、大臣和百姓都为之鸣冤叫屈，最后放了斯那，使得恶意的阴谋未能得逞。

三是"恶意栽赃"。辅相恶意打劫了国王的仓库，把赃物藏在斯那家中。但这次国王不再相信恶意了，反而逮捕了他，并交由斯那处置，此真可谓是"搬起石头砸自己的脚"。

四是"宝匣奇毒"。狠毒的恶意，送来毒蛇虽然没有让国王和斯那同时中毒，但也使得国王双目失明。不仅如此，还说明提婆达多在前生就曾破坏国家间的友好关系。

这篇故事以出人意表的想象，曲折离奇的情节，将提婆达多处心积虑、费尽心机谋害佛陀的阴险歹毒和佛陀对他的宽容和忍耐刻画得入木三分。既表现出佛陀对世态人心的深刻感悟，又烘托了佛教慈悲为怀的喻理。

此外，人物的称呼很有新意，"恶意"命名恰好体现了人物的本质特征，也表明恶念遂起，则恶行相随。

三十五

山鸡王缘

【题解】

这个故事以山鸡与猫比喻佛陀与提婆达多,通过山鸡与猫生动有趣的对话,形象地揭示了佛陀的善良、机敏和提婆达多的险恶、狡诈。

【经文】

佛在王舍城,提婆达多,往至佛所,而作是言:"如来今者,可闲静住,以此大众,付嘱于我。"佛言:"食唾[1]痴人,我尚不以诸大众等,付嘱舍利弗、目犍连,云何乃当付嘱于汝?"提婆达多,瞋骂而去。诸比丘言:"世尊,提婆达多,欲作种种苦恼于佛,又多方便欺诳如来。"

佛言:"不但今日,于过去世,雪山之侧,有山鸡王,多将鸡众,而随从之。鸡冠极赤,身体甚白,语诸鸡言:'汝等远离城邑聚落,莫为人民之所啖食,我等多诸怨嫉,好自慎护。'时聚落中,有一猫子,闻彼有鸡,便往趣之。在于树下,徐行低视,而语鸡言:'我为汝妇,汝为我夫,而汝身形,端正可爱,头上冠赤,身体俱白,我相承事,安隐快乐。'鸡说偈言:

猫子黄眼愚小物，触事怀害欲唼食。

不见有畜如此妇，而得寿命安隐者。

"尔时鸡者，我身是也；尔时猫者，提婆达多是。昔于过去欲诱诳我，今日亦复欲诱诳我。"

【注释】

[1] 食唾（tuò）：口水，表示反感。

【译文】

山鸡王的故事

佛陀在摩揭陀国都王舍城时，提婆达多来到佛陀住所，对佛陀说："如来，您现在可以清闲安静地修养，把僧团的事情都托付给我吧。"佛陀说："真是一个口流涎水的愚痴之人，我尚且不将僧众托付给弟子舍利弗、目犍连，怎么会托付给你呢？"提婆达多听后，骂骂咧咧地走了。佛弟子们说："佛陀，提婆达多总是百般地烦扰您，又想方设法欺骗您。"

佛陀说："不只是在今天这样。在过去之世，雪山旁有一只山鸡王，有许多山鸡都跟随着它。山鸡王鸡冠火红，羽毛洁白，它对山鸡们说：'你们要远离城镇和村庄，不要让人们杀死吃掉，我们有许多的嫉恨者，要保护好自己。'当时在村子里有一只猫，听到有一群山鸡，便溜过去。在树下慢慢地行走，低头顺目，对山鸡说：'我做你的妻子，你做我的丈夫，你的身形美丽可爱，红红的鸡冠，雪白的羽毛，我们生活在一起，安宁快乐。'山鸡用诗句回答说：

猫儿黄眼低贱物，心怀伤害而觅食。
不见山鸡有此妻，却能长命与安宁？

"那时的山鸡，就是我的前身；当时的猫，就是提婆达多。他在过去就想诱骗我，今天一样也还想诱骗我。"

【辨析】

故事以山鸡王喻佛陀，以众山鸡喻众僧，以猫喻提婆达多，以山鸡王与猫的对话来编织故事，构想新奇，画面生动，读来意趣盎然。尤其是对猫的刻画，从动作、神态到语言，寥寥数语就表现得神情毕现，如在眼前。我们仿佛看到了一只馋涎欲滴的饿猫，正盯着树上的一群山鸡，对山鸡百般赞美："你的身形美丽可爱，红红的鸡冠，雪白的羽毛，我们生活在一起，安宁快乐。"然而甜言蜜语的背后，用心何其明了！正所谓"黄鼠狼给鸡拜年，没安好心"。美妙的语言，凶残的内心，把提婆达多阴险狡诈的用意昭示无遗。

三十六

吉利鸟缘

【题解】

吉利鸟，又称天堂鸟、比翼鸟，是佛教传说中的吉祥鸟。本篇故事通过爱护生灵的佛陀与残害生灵的提婆达多之对比，旨在告诉人们：佛陀不仅悲心广大，而且智慧无边，能够引导世人透过迷雾看到事物的善恶本质。

【经文】

佛在王舍城，尔时提婆达多，作是念言："佛有五百青衣[1]鬼神恒常侍卫，佛有十力，百千那罗延，所不能及，我今不能得害。当还奉事，观其要脉而伤害之，乃可得杀。"便于比丘、比丘尼、优婆塞、优婆夷大众之中，向佛忏悔。而作是念："受我忏悔，得作方便；不受我悔，足使如来恶名流布。"便白佛言："世尊，受我忏悔，我欲于彼闲静之处自修其志。"

佛言："法无谄诳[2]，诸谄诳者，无有法也。"外道六师[3]皆言："提婆达多，好向佛忏悔，佛不受忏悔。"诸比丘言："提婆达多，谄曲向佛。"

佛言："非但今日，过去久远，波罗奈国，有王名梵摩达，作制断杀。时有猎师,着仙人衣服,杀诸鹿鸟,人无知者。有吉利鸟,语诸人言:'此大恶人,虽着仙人衣,实是猎师,常行杀害,而人不知。'众人皆信吉利鸟,实如其言。

"尔时吉利鸟者,我身是也;尔时猎师者,提婆达多是;尔时王者,舍利弗是也。"

【注释】

[1] 青衣:京剧把正旦称"青衣",因所演的角色常穿青色褶子得名,主要扮演举止庄重的青年或中年妇女。这里指神情端庄的神灵。

[2] 谄诳(chǎn kuáng):指曲意奉承和欺骗。

[3] 外道六师:泛指当时佛教之外的六派哲学思想。

【译文】

吉利鸟的故事

佛陀在摩揭陀国都王舍城,当时提婆达多心想:"佛陀有五百神灵侍卫,还有十种神力,成百上千的金刚力士也比不过他,我现在害不了他,应当奉承他,看准他的要害之处再下手,这样才能杀死他。"于是他在僧人、信众面前向佛陀忏悔。心想:"如果佛陀接受我的忏悔,我就有机会下手;如果不接受我的忏悔,足以使佛陀恶名流传。"于是他对佛陀说:"世人之尊,请接受我的忏悔吧,我要在一个僻静之处自己修行。"

佛陀说:"佛法不容谄媚和欺骗,谄媚欺骗者就是不守佛法。"六种其他佛教之外的人都说:"提婆达多好意向佛陀忏悔,但佛陀却不接受忏悔。"而佛弟子们则说:"提婆达多在谄媚欺骗佛祖。"

佛陀说:"不仅今天如此。在很久的过去,波罗奈国有个国王名叫梵摩达,制定法律禁止杀生。当时有一个猎人,身披仙人的衣服,捕杀鹿和鸟类,没有人知道。有一只吉利鸟,告诉众人说:'这是大恶人,虽然穿着仙人的衣服,其实是猎人,常常猎杀动物,人们却不知道。'大家都相信吉利鸟说的话,事实正如它所说。

"那时的吉利鸟,就是我的前身;那时的猎人,就是提婆达多;当时的国王,就是佛弟子舍利弗。"

【辨析】

本篇通过佛陀对提婆达多前生恶行的揭露,引导人们持守佛教不杀生、不妄语的基本戒律。其中以穿着出家修道者衣服的猎人比喻表面伪善、实际却干着杀害生灵勾当的提婆达多,以说实话的吉利鸟比喻能够识破狡诈伪善、揭示事实真相的佛陀。在表现方法上,以佛弟子和六师外道对提婆达多的不同态度,隐喻出其他思想派别和佛教教义的对立。

三十七

老仙缘

【题解】

在这个故事中，佛陀进一步揭露了提婆达多的贪婪本性和诽谤恶行，并告诫弟子：不要贪图供养和各种利益，以免招致恶果。

【经文】

佛在王舍城，尔时阿阇世王，为提婆达多日送五百釜饭，多得利养。诸比丘皆白世尊言："阿阇世王，日为提婆达多送五百釜饭。"佛言："比丘，莫羡提婆达多得利养事。"即说偈言：

芭蕉生实枯，芦竹苇亦然。
駏驉[1]怀妊死，骡驴[2]亦复然。
愚贪利养害，智者所嗤笑。

说是偈已，告诸比丘言："提婆达多，非但今日，为利养所害，诽谤于我，过去亦尔。"，比丘问佛言："过去之事，其义云何？"

佛言："往昔波罗奈国，仙山之中，有二仙人：其一老者，获五神通；其一壮者，竟无所得。时老仙人，即以神力，往郁单越[3]，取成熟粳米，而来共食之；复至阎浮树，取阎浮提果，亦来共食；到忉利天，取天须陀味[4]，来共食之。少仙人，见是已，心生悕仰，白老者言：'愿教授我修五神通。'老仙人言：'若有好心，得五神通，必有利益；若无好心，反为恶害。'犹勤启请：'唯愿教我。'时老仙人，便教五通，寻即获得。既得五神通，于众人前，现种种神足，于是已后大得名称利养，乃于老者生嫉妒心，处处诽谤，即退失神足。诸人闻已，作是言曰：'老仙人者，宿旧有德；是壮仙人，横生诽谤。'便皆瞋之，城门下遮，不听使入，便失利养。

"欲知尔时老仙人者，我身是也；尔时壮仙人者，提婆达多是也。"

【注释】

［１］駏驉（jùxū）：古代传说中的一种形似骡子，可以乘骑的兽。

［２］骡驴：兽名，俗称四不象。驴，该字原为古今皆无的异体字，根据文义改为此字。又指马和驴相交生的骡子。

［３］郁单越：佛教世界中的须弥山北面称郁单越洲，是东南西北四大洲之一。

［４］天须陀味：意为天神所食佳味或天神所饮甘露。

【译文】

老仙人的故事

佛陀在摩揭陀国都王舍城，当时的国王阿阇世给提婆达多每天送五百锅饭，提婆达多得到很多供养。弟子们对佛陀说："国王阿阇世每天给提婆达多送五百锅饭。"佛陀说："弟子们，不要羡慕提婆达多得到很多供养之事。"并诵诗句道：

芭蕉结果树枯死，芦苇毛竹腹本空。
骡驴怀胎随即死，骡子不能生下驴。
愚昧之人贪利养，终为智者所耻笑。

佛陀诵完后，告诉弟子们说："提婆达多不仅在今天为贪图利益诽谤我，过去也是如此。"弟子们问佛陀说："过去的事是怎样的呢？"

佛陀说："从前在波罗奈国的大山之中，有两位仙人，其中一位老者，修行获得了宿命通、天眼通、天耳通、他心通、身如意通五种神通；而年少的一位，却一无所得。当时老仙人以神通之力，到须弥山北的郁单越洲取来成熟的大米，和年轻的出家人分享；又到须弥山南的阎浮洲取来阎浮提树上的果实一起吃；到忉利天取来天界的美味一起吃。年轻的出家人见此情形，心生羡慕，就对老者说：'希望您教我修行五神通。'老者说：'如果有善心，证得五神通，必有利益；如果没有善心，反而会为其所害。'年轻仙人再三请求：'非常希望您能教我。'于是老仙人便教他五神通，随即获得。年轻仙人得到五神通后，便在众人面前现出种种本领，随后赢得了很高的声誉、许多的利益和供养。随即对老者产生了嫉妒心，处处诽谤他，于是失去了神通。人们知道后，都说：'老仙人向来有德，年轻仙人却肆意诽谤。'便都反感怨恨他，把他拦在城门外，不让他进入，便失去了利益和供养。

"要知道那时的老仙人，就是我的前身；那时的年轻仙人，就是提婆达多。"

【辨析】

从这篇比喻故事中我们可以看到，当时提婆达多的身边也有一大批追随者，摩揭陀国阿阇世王也给了提婆达多很高的地位，由于国王每天用"五百锅饭"供养他及其信众，许多信奉佛陀的僧人心中产生了疑惑，所以才有了佛陀对弟子们的开示。可见，佛陀在创教之时，不仅要应对来自于传统的婆罗门教信徒的非议，还要面对佛教僧团组织中的分裂势力的挑唆，同时，也要处理来自王权的压力。

佛陀还告诫弟子们：如果没有善心、善行，即使具备超人的神通也终将会失去。学佛之人不应舍本求末，重神通而轻德行。其喻理在于：只有具备慈悲善行和觉悟智慧，才能将神通导入正途，否则就如同邪魔一般，虽神通广大，但最终会堕入罪恶深渊。

三十八

二估客因缘

【题解】

本篇故事以两位商人的不同选择和不同命运,比喻跟随佛陀与跟随提婆达多所导致的迥异结果。

【经文】

佛在王舍城,尔时诸比丘等,用佛语者,皆得涅槃天人之道,用提婆达多语者,悉堕地狱,受大苦恼。

佛言:"非但今日奉我教者,得大利益;用提婆达多语,获于大苦。往昔亦尔。过去之世,有二贾客,俱将五百商人,到旷野中。有夜叉鬼,化作年少,着好衣服,头戴花鬘[1],弹琴而行,语贾客言:'不疲极也,载是水草,竟何用为?近在前头,有好水草,从我去来,当示汝道。'一贾客主,寻用其言:'我等今弃所载水草。'便即轻行,在前而去。一贾客言:'我等今者,不见水草,慎莫掷弃。'前弃水草者,渴旱死尽;不弃之者,达到所在。

"尔时不弃水草者,我身是;弃水草者,提婆达多是也。"

【注释】

［1］花鬘（mán）：鬘，美好的头发。花鬘，指花冠。也指戴在身上作装饰的花环。

【译文】

两位商客的故事

佛陀在摩揭陀国都王舍城时，佛弟子中听从佛陀话的人，都证得涅槃境界或往生到天、人之善道，听从提婆达多的人，都堕入地狱，遭受极大的苦难。

佛说："不只是今天奉持我所教的佛法的人得到了大利益，听提婆达多话的人遭受痛苦，过去也是如此。过去的时候，有两位商客各自带领着五百位商人，走到旷野之中，有个夜叉鬼变成一位少年，穿着美好的衣服，头戴花冠，边走边弹着琴，对商客说：'你们不疲惫吗？带着水和草料，有什么用呢？在前头就有很好的水和草，跟我来，我来当你们的向导。'一位商主听了他的话，说道：'我们丢弃所带的水和草。'随即轻装继续前行。另一位商主说：'我们现在没看见水和草，不要把所载的东西丢了。'前一队丢掉水和草的人，都渴死在路上；没有丢掉水和草的人，都到达了目的地。

"那时没丢弃水草的人，就是我的前身；丢弃水草的，就是提婆达多。"

【辨析】

夜叉鬼，为佛教传说中吃人的恶鬼，也称"捷疾鬼"、"能咬鬼"，这一"空概念"既具有人的特征，又有神的能力，是人想象力的产物。这篇比喻故事对夜叉鬼的描写十分精彩，令人耳目一新：青春年少，衣着华美，头戴花冠，一路琴声，给人一种轻盈和浪漫的感受。但夜叉鬼害人的方式及其本质的可憎，也给人留下了深刻印象。他诱使商人们丢弃了水和草，使他们倒毙于荒原。因此，本篇中的夜叉鬼也比喻现实生活中，在那些华美外表下，包藏着祸心的恶人。

三十九

八天次第问法缘

【题解】

这篇故事通过诸天神逐一到佛陀处请益,自说不足,阐发了只有善待一切,并要依佛法修行,才有美妙来生的喻理。

【经文】

昔佛在世,于夜分中,忽有八天次第而来,至世尊所。其初来者,容貌端政,光照一里,有十天女,以为眷属,来诣佛所,至心顶礼,却在一面。佛告天曰:"汝以修福得受天身,五欲[1]自娱,快获安乐。"于时此天,即白佛言:"世尊,我虽生处天上,心常忧苦。所以者何?以我先身修行之时,于父母师长,沙门婆罗门,虽为忠孝,心生恭敬,然于其所,不能殷勤恭敬礼拜,迎来送去。以是业缘,果报实少,不如余天。以不如故,自责修行不能满足。"

复有一天,容貌身光及其眷属,十倍胜前,来至佛所,头面礼足,却在一面。佛告天曰:"汝生天上,快得安乐。"天白佛言:"世尊,我虽生处天上,亦常忧苦。所以者何?以我前世修行之时,虽于父母师长所,沙门婆罗门,生忠孝心,恭敬礼拜,然而不能为施床坐榻[2]敷具。以是业缘,今获果报,不如余天。以不如故,自责修因不能满足。"

复有一天，形貌光明及以眷属，十倍胜前，来至佛所，头面礼足，却在一面。佛告天曰："汝受天身，快得安乐。"天白佛言："我虽生处天宫，常怀忧恼。所以者何？以我前身，虽复善于父母师长，沙门婆罗门，忠孝恭敬礼拜，为施床敷，然于其所，不能广设肴膳饮食以用供养。以是业缘，今得果报，不如余天，以不如故，心自悔责修因不具，是故忧恼。"

复有一天，容貌光明及其眷属，十倍胜前，来至佛所，头面礼足，却在一面。佛告天曰："汝受天身，快得安乐。"天白佛言："我虽生天，心常忧恼。所以者何？以我过去，虽于父母师长，沙门婆罗门，忠孝恭敬礼拜，为施敷具及以饮食，然不听法。以是因缘，今获果报，不如余天。以不如故，常自克责，修因不满，是故忧恼。"

次复一天，身色光明及其眷属，十倍胜前，来至佛所，头面礼足，却在一面。佛告天曰："汝受天身，快得安乐。"天白佛言："我虽生天，心常忧恼。所以者何？以我前世，虽复于君、父母、师长，沙门婆罗门，能忠孝恭敬礼拜，敷具饮食，而听于法，而不解义。以不解故，今获果报，不如余天。以不如故，心常悔责，修因不满，是故忧恼。"

次有一天，身色光明及其眷属，十倍胜前，来至佛所，头面礼足，却在一面。佛告天曰："汝受天身，快得安乐。"天白佛言："我虽生处天堂，心常忧恼。所以者何？以我前世修行之时，虽能于君、父母、师长，沙门婆罗门，忠孝恭敬礼拜，敷具饮食，听法解义，然复不能如说修行。以是业缘，今获果报，不如余天。以不如故，深自悔责，修因不满，是故忧恼。"

次有一天，容貌光明及其眷属，十倍胜前，来至佛所，头面礼足，却在一面。佛告天曰："汝受天身，快得安乐。"天白佛言："我于今日，得生天宫，五欲自娱，所须之物，应念辄至，真实快乐，无诸忧恼。所以者何？以我前世修因之时，于父母、师长，沙门婆罗门，忠孝恭敬礼拜，敷具饮食，听法能解其义，如说修行。以是因缘，受天果报，身形端正，光明殊妙，眷属众多，胜余诸天。以修此行故，得果满足；以满足故，得最胜果报；胜果报故，一切诸天，无有及者；以无及者，心得快乐也。"

杂宝藏经卷第三

【注释】

［1］五欲：指为色、声、香、味、触五境所起的五种欲望。

［2］坐煴（yūn）：指给坐卧之处保温。煴：煴火，微火。

【译文】

八位天神依次请教佛陀的故事

佛陀在世的时候，夜半时分，忽然有八位天神依次来到了他的居所。来的第一位天神，容貌端正，光照四方，有十位天女作为随行的眷属，一起来见佛陀，顶礼膜拜后，退到一边。佛陀告诉天神："你已因为修福得以生欲界天成为天人之身，享受满足色、声、香、味、触五欲，平安快乐。"这时天神对佛陀说："世人之尊，我虽然生在天上，心里却常忧愁。为什么呢？我前身修行之时，对于父母、师长、出家修行者、婆罗门信众，虽然忠孝恭敬，然而在他们面前，还不够殷勤礼拜，迎接恭送。由于这样的业缘，得到的果报少，不如其他天神。因此不如的缘故，自责而修行不能圆满。"

又有一位天神，容貌、光明以及随行眷属，胜过前者十倍，来见佛陀，顶礼膜拜后，退到一边。佛陀告诉天神："你往生天上，获得了平安和快乐。"天神对佛陀说："世人之尊，我虽然生在天上，却常忧愁。为什么呢？我前身修行之时，对于父母、师长、出家修行者、婆罗门信众，虽然忠孝恭敬，然而不能为他们布施温暖的卧具。由于这样的业缘，今天获得的果报少，不如其他天神。因此不如的缘故，自责而修行不能圆满。"

又有一位天神，容貌、光明以及随行眷属，胜过前者十倍，来见佛陀，顶礼膜拜后，退到一边。佛陀告诉天神："你往生天上，获得了平安和快乐。"天神对佛陀说："我虽然生在天上，却常忧愁。为什么呢？我的前身，对于父母、师长、出家修行者、婆罗门信众，虽然忠孝恭敬，为他们布施温暖的卧具。然而不能为他们设置美味佳肴来供养。由于这样的缘故，今天获得的果报少，不如其他天神。所以，心中忏悔，自责修行不能圆满，所以苦恼。"

又有一位天神，容貌、光明以及随行眷属，胜过前者十倍，来见佛陀，顶礼膜拜后，退到一边。佛陀告诉天神："你往生天上，获得了平安和快乐。"天神对佛陀说："世人之尊，我虽然生在天上，却常忧愁。为什么呢？我的前身，对于父母、师长、出家修行者、婆罗门信众，虽然忠孝恭敬，为他们铺设温暖的卧具和供养饮食，然而不听佛法。由于这样的缘故，今天获得的果报，不如其他天神。所以，常常自责，修行不能圆满，所以苦恼。"

又有一位天神，容貌、光明以及随行眷属，胜过前者十倍，来见佛陀，顶礼膜拜后，退到一边。佛陀告诉天神："你往生天上，获得了平安和快乐。"天神对佛陀说："我虽然生在天上，却常忧愁。为什么呢？我的前身，对于父母、师长、出家修行者、婆罗门信众，虽然忠孝恭敬，为他们铺设卧具和供养饮食，也听讲佛法。然而不能理解其中的义理。由于不理解佛法的缘故，今天获得的果报，不如其他天神。所以，心中常常忏悔自责，修行不能圆满，所以苦恼。"

接着又有一位天神，容貌、光明以及随行眷属，胜过前者十倍，来见佛陀，顶礼膜拜后，退到一边。佛陀告诉天神："你往生天上，获得了平安和快乐。"天神对佛陀说："世人之尊，我虽然生在天上，却常忧愁。为什么呢？我的前身，对于父母、师长、出家修行者、婆罗门信众，虽然忠孝恭敬，为他们铺设卧具和供养饮食，也听闻佛法并明白其中的含义，但是却不能依着教导去修行。由于这样的缘故，今天获得的果报，不如其他的天神。所以，深深自责，修行不能圆满，所以苦恼。"

接着又有一位天神，容貌、光明以及随行眷属，胜过前者十倍，来见佛陀，顶礼膜拜后，退到一边。佛陀告诉天神："你往生天上，获得了平安和快乐。"天神对佛陀说："我今天在天上，享受满足色、声、香、味、触五欲，所需要的物品，随心所想而至，真的很快乐，无忧无虑。为什么呢？我前身之时，对于父母、师长、出家修行者、婆罗门信众，忠孝且恭敬礼拜，布施卧具和饮食，听讲佛法，理解义理，如法修行。由于这样的缘故，受到往生天界的果报，相貌端正，光明美妙，眷属众多，胜过其他的天神。因为修行的缘故，得到的果报圆满；因为圆满的缘故，得到了最殊胜的果报；因为最殊胜果报的缘故，一切天神没有赶得上我的；因为没有赶得上我的天神，所以内心得到了快乐。"

《杂宝藏经》第三卷完。

【辨析】

这篇比喻故事以铺叙推衍的手法，把七位天神所述说的天界生活的美妙及心中的苦恼连续七次重复地表现出来，给读者留下了深深的印象。同时，以前六位天神的反省和自责衬托第七位天神的心满意足，体现佛教业缘不失的教义。

在此，认真的读者都会发现一个"疏漏"，即本故事的标题分明是"八位天神"，但逐一读下来，却只有"七位"，这颇让人疑惑，但又耐人寻味。

我们以为，从故事的内容和佛教教义看，应该是与佛陀对话的第八位"天人"才应获得圆满和快乐，现在的第七位"天人"还应有缺憾、自责和苦恼。为什么呢？因为这一位天神满足的理由是"我前身之时，对于父母、师长、出家修行者、婆罗门信众，忠孝且恭敬礼拜，布施卧具和饮食，听讲佛法，理解义理，如法修行。"那么，仅仅是"如法修行"就可以功德圆满了吗？回答显然是不行的。因为这只满足了个人的福报，自己获得圆满，只能证得"罗汉果位"，只是小乘佛教的境界。在三乘"声闻、缘觉、菩萨"中，菩萨乘和佛乘是要度脱众生苦难的，即不仅自己"如法修行"，还要"弘法修行"，担如来家业。否则，欲界天人的福报已尽之时，还会轮回到人间。所以我们按情理推测，第七位"天人"的苦恼应是"因未弘法"，即由于没有向父母、师长及一切众生宣讲佛法，使他们在六道轮回后，自己也终会从天界下到人间，因而自责和忏悔不已。你以为如何呢？

四十

贫人以糗团施现获报缘

【题解】

本篇以穷人布施出家人而得到现实福报的故事,启示人们:莫因善小而不为。

【经文】

昔有一人,居家贫穷,为人肆力,得糗[1]六升,赍持归家,养育妻息。会于中路,见一道人,执钵捉锡,行求乞食,即生心念:"彼沙门者,形貌端政,威仪庠序,甚可恭敬,得施一食,不亦快乎?"尔时道人,知其心念,随逐贫人,至一水边,贫人即便语道人言:"我今有糗,意欲相施,颇能食不?"道人答言:"唯得而已。"即于水边,为其敷衣,令道人坐,和一升糗,用为一团,而以与之,作是念言:"若此道人,是净持戒得道人,使我现作一小国王。"道人得糗,语贫人言:"何以极少,何以极小?"此人谓此道人大食,复和一升,用作一团,与而愿言:"若此道人,是净持戒得道之人,使我得作二小国王。"道人复言:"何以极少,何以极小?"贫人念言:"唯是道人,极似多食,与如许糗,犹嫌少小,然我已请,事须供给。"复和二升糗,用为一团,而以与之,又作念言："若此道人，是净持戒得道人者，使我现得领四小国王。"道人复言："何以极少，何以极小？"余有二升，尽和作团，以与道人，又作愿言："今此道人，若是清净持戒人者，使我得作波罗奈国王，领四小国，获见谛道。"道人得糗，故嫌少小。贫人白言："唯愿且食，若不足者，当脱衣裳，贸取饮食，共相供给。"道人即食，唯尽一升，余还归主。贫人问言："尊者先嫌糗极少小，如今云何食不令尽？"道人答言："汝初与我一团糗时，正求作一小国王故，是以我言汝心愿少；第二团糗，正愿得作二小国王，是以我言汝愿少小；第三团糗，正求得作四小国王，是以我言汝心愿小；第四团糗，正求作波罗奈国王，领四小国，使我后得见谛道果，是以我言汝愿少小。不以不足，而慊[2]少小。"

尔时贫人，自生疑念："使我现得王五国者，此事不小，恐无实耳。"又复思惟："能知我心，必是圣人，是大福田，不应诳我。"道人知已，即掷其钵，着虚空中，随后飞去，化作大身，满于虚空；又化作小，犹如微尘；以一身作无量身，以无量身合为一身；身上出水，身下出火；履水如地，履地如水，作十八变。语贫人言："好发大愿，莫有疑虑。"即隐身去。

时此贫人，向波罗奈城，而于道中，见一辅相。辅相见已，谛视形相，而语之言："汝非某甲子耶？"答言："我是。"问言："何以褴褛乃至尔也？"答言："少失怙恃，居家丧尽，无人见看，是以困苦，褴褛如此。"辅相即启波罗奈王："王之所亲某甲之子，今在门外，极为穷悴。"王寻有敕："令使将前。"问其委曲，知是所亲，王即告言："好亲近我，慎莫远离。"却后七日，王病命终，诸臣谋言："王无继嗣，唯此穷子，是王所亲，宜共推举作波罗奈王。"统领四国，然后虐暴。先彼道人，于虚空中，当王殿前，结加趺坐，而语之言："汝昔发愿，求得见谛。今日云何乃造众恶，与本乖违？"又复为王说种种法。王闻法已，悔先作恶，改过惭愧，精专行道，得须陀洹。

【注释】

[1] 糗（qiǔ）：炒熟的米粉或炒面。

[2] 慊（qiàn）：不满，怨恨。

【译文】

穷人布施炒面得现报的故事

从前有一个人，家里很穷，以替人干力气活得到六升炒面，准备拿回家去，养活妻子儿女。恰巧在回家的路上，见到一位修行者，托钵持杖，在路上乞求，他随即心想："这位出家人，相貌端正，仪表威严，令人恭敬，布施给他一顿饭，不是一件快乐的事吗？"这时出家人知道了他的心意，就跟着这个穷人来到河边，穷人便对出家人说："我有炒熟的面粉，想布施给你，你愿意吃吗？"出家人回答说："只要有吃的就行。"于是在河边铺好衣服，请出家人坐下，用水和了一升炒面，做成了一个饭团给了出家人，心想："如果这位出家人是持守戒律得到清净道果的僧人，使我能成为一个小国的国王。"出家人得到饭团，对穷人说："为什么这么少，为什么这么小？"穷人听后，想着这位出家人饭量大，又和了一升炒面，做了一个饭团给他，心想："如果这位出家人，是持守戒律得到清净道果的僧人，使我能成为两个小国的国王。"出家人又说："为什么这么少，为什么这么小？"穷人心想："看来这人饭量很大，给了他两升炒面还嫌少。既然我已经请了他，就要让他吃饱。"就又和了二升炒面，做了一个饭团给了他，又心想："如果这位出家人，是持守戒律得到清净道果的僧人，使我能成为四个小国的国王。"出家人又说："为什么这么少，为什么这么小？"穷人就把最后二升炒面，都做成饭团给了出家人，又心想："今天这位出家人，如果是持守戒律得到清净道果的僧人，使我成为波罗奈国的国王，统领四个小国，认识人生的真谛，获得道果。"出家人得到炒面后，仍然嫌饭团又少又小。穷人对他说："希望你先吃着，如果不够，我把衣服拿到市场卖了，买来饭食，再供给你。"出家人又吃了起来，只吃了一升，剩下的还给了这个穷人。穷人问道："您先前嫌炒面很少饭团很小，可现在为什么不吃完呢？"出家人回答说："你先给我第一团炒面时，只求做一个小国的国王，所以我说你的心愿很少；给我第二个饭团时，只愿做两个小国的国王，所以我说你心愿很少且小；给第三个饭团时，只求做四个小国的国王，所以我说你心愿很小；给第四个饭团时，只求做波罗奈国的国王，统领四个小国，并认识人生的真谛，获得道果，所以我说你心愿很少很小。不是你给我的饭不足，而是嫌你的心愿既少又小。"

这时穷人心里疑惑地想："使我成为五个国家的国王，这事不小了，恐怕这是虚假不实的吧。"又想："能明白我心意的，一定是圣人，有广大的福田，不应该欺骗我。"出家人知道他心中所想后，随即把钵盆抛到空中，随后飞去，化作高大的身形，布满了天空；又变成极小的身形，犹如微小的飞尘。又以一个身变成无数个身，以无数身合成为一身；身体上面出水，下面出火，飞行水面如履平地，履平地如飞行水上，做出了十八种变化。对穷人说："发大志愿，不要怀疑顾虑。"随后隐身而去。

这时穷人向波罗奈城走去，在半路上，看见一位宰相。宰相看见他后，仔细看了看，对他说："你不就是长者的儿子吗？"回答说："我就是。"又问："你为什么衣衫褴褛成这个样子呢？"回答说："因为从小失去依靠，家财耗尽，没有人帮助，所以潦倒贫困，衣衫褴褛到如此地步。"宰相立即启奏波罗奈国国王说："国王的亲属、长者的儿子，现在宫门外，极为贫穷。"国王当即下令："让他前来觐见。"问了事情的原委后，知道是自己的亲属，国王随即告诉他说："你亲近在我身边，千万不要离开。"七天之后，国王病逝了，大臣们商议说："国王没有继承的子嗣，只有这位穷人是国王的亲属，推举他当波罗奈国王。"他统领这四个小国。后来暴虐无道，原先那位出家人，从空中来到国王的宫殿前，结金刚坐，对国王说："你过去发愿，要求得到人生真谛。今天为什么造这么多恶业，与本来的愿望相违背呢？"又为国王解说各种法理。国王听了佛法智慧，对先前的恶行表示忏悔，改过自新，专心修行佛理，证得了佛教的初果。

【辨析】

这篇比喻故事表现手法十分新颖独特，以出家人的话语对应穷人的心中所愿，由于穷人的误解，而在行为上"加倍供僧"，这种问答的"错位"使穷人得以达成心愿。这既反映了供养出家人现世得福报的喻理，也凸显出佛教的"法力无边"。同时，布局精巧，富有创意，使情节的发展既出人意料、新人耳目，又合乎情理、顺理成章。

此外，本文在数字的运用上也匠心独运，依次对应、逐层递进，即给僧人一个饭团，做一个小国的国王；给第二个饭团，做两个小国的国王；给第三个饭团时，做四个小国的国王；给四个饭团，做波罗奈国的国王，统领四个小国。如此就事说理，增强了行文的气势和表现力。

四十一

贫女以两钱布施即获报缘

【题解】

这是一篇讲述布施得福报的比喻故事,阐发了佛教众生平等的基本教义。

【经文】

昔昼闇山[1]中,多诸贤圣隐居众僧。诸方国土,闻彼山名,供养者众。有一长者,将诸眷属,往送供养。有一贫穷乞索女人,作是念言:"今诸长者,送供诣山,必欲作会,我当往乞。"便向山中。既到山已,见向长者,设种种馔,供养众僧,私自思惟:"彼人先世修福,今日富贵,今复重作功德将胜;我先世不作,今世贫苦,今若不作,未来转剧。"思惟此已,啼哭不乐,又自念言:"我曾粪中,拾得两钱,恒常宝惜,以俟[2]乞索不如意时,当贸饮食用自存活。今当持以布施众僧,分一二日不得饮食,终不能死。"伺僧食讫,捉此两钱即便布施。

彼山僧法,人有施者,维那僧[3]前立为咒愿。当于尔时,上座[4]不听维那咒愿,自为咒愿。诸下坐[5]等,深生慊心,而作此念:"得彼乞女两枚小钱,上座自轻,为其咒愿,如常见钱,何以不尔？"上座寻时，留半分食，与此女人。诸人见上座多与，人人多与。此女时得重担饮食，极大欢喜："我适布施，今以得报。"即担饮食还出山去，到一树下，眠卧止息。

会值王大夫人亡来七日，王遣使者，按行国界，谁有福德？应为夫人。相师占言："此黄云盖下，必有贤人。"即共相将，至彼树下。见彼女人，颜色润泽，有福德相，树为曲荫，光影不移，相师言："此女人福德，堪为夫人。"即以香汤沐浴，与夫人衣服，不大不小与身相称，千乘万骑，左右导从，将来至宫。王见欢喜，心生敬重。如是数时，私自念言："我所以得是富福缘，以施钱故。今彼众僧，便为于我有大重恩。"即白王言："我先斯贱，王见拔擢[6]，得为人次，听我报彼众僧之恩。"王言："随意。"夫人即时，车载饮食及以珍宝，往到彼山施僧食讫，以宝布施。上座不起，遣维那咒愿，不自咒愿。王夫人言："我昔两钱，为我咒愿；今车载珍宝，不为我咒愿？"诸年少比丘，皆慊上坐，先贫女人，以两钱布施，为其咒愿，今王夫人，车载珍宝，不为咒愿，为老耄[7]耶？

尔时上座，即为王夫人，演说正法语言："夫人，心念慊我：'先以两钱施时，为我咒愿，今车载珍宝，不为咒愿。'我佛法中，不贵珍宝，唯贵善心。夫人先施两钱之时，善心极胜，后施珍宝，吾我贡高，是以我今不与咒愿。年少道人，亦莫慊我，汝当深解出家之心。"

诸年少道人，各自惭愧，皆得须陀洹道。王夫人听法，惭愧欢喜，亦得须陀洹道。听法已讫，作礼而去。

【注释】

［1］昼闇（àn）山：也称为耆阇崛山，即摩揭陀国都舍卫城外的灵鹫峰。

［2］俟（sì）：等待。

[3] 维那僧：为寺中统理僧众杂事之职僧，即管理人员。

[4] 上座：指主持或德高望重的僧人。

[5] 下坐：一般指出家不久的僧人。

[6] 拔擢（zhuó）：提拔。

[7] 老耄（mào）：七八十岁的老人。本文指衰老糊涂。

【译文】

穷女子布施两枚钱得福报的故事

从前在昼闇山中，有许多隐居的贤圣和出家修行的佛弟子。各个国家的人们都知道这座名山，来供养的人很多。有一位长者领着亲属，前来送供养。有一位贫穷以乞讨为生的女子，心想："现在这些长者，送供养到灵山，一定举行法会，我可前去乞讨。"于是就来到山中。到了山中，看见长者备办了各种饭食，供养众僧，她心想："这人前世修福，今日富贵，今天又做功德将来会更好；我前世不修福，今世贫穷，今天如果不做功德，未来更为贫穷。"想到这里，心里愁闷悲泣不止。又想："我曾在粪土中捡到两枚钱，非常珍惜，以备在乞讨不到饭时，买食物以活命。今天应当布施给众僧，即使一两日没吃的，也不会饿死。"待僧人们吃完后，拿这两枚钱上前布施。

按山上僧人的规定，有人布施，维那僧就要前来为施者诵咒祈福。当时，上座不让维那僧诵咒祈福，自己亲自为贫穷的女子祝福。年资浅的僧人们心生不快，心想："得了这乞讨女人两枚小钱，上座就轻贱自己为她诵咒祈福，平常有人给钱，为什么不这样呢？"上座这时留下一半食物，给了这位女子。众人看见上座多给了她，也都多给了她一些。这女子得了满满一担食物，十分欢喜地想："我刚一布施，今天就得到回报。"随即担着食物下山，到一棵树下躺着休息。

这天恰巧国王的大夫人去世七天，国王派遣使者，按规矩巡视国内，看谁有福德就选为王后。相师预言说："这个黄色祥云之下，必有贤人。"随即一起到女子休息的树下。看见这个女人，面色润泽光亮，有福德之相，大树为她遮阴，光影不移。相师说："这女人有福德，可以成为夫人。"随即以鲜花热水沐浴，换上王后的衣服，不大不小正合适，众多人马，护佑左右，一起来到王宫。国王看到后十分欢喜，心生敬重。过了一段时间，王后心想："我之所以得到富贵，是布施两枚钱的缘故。那些僧人们对于我有大恩。"于是对国王说："我原先卑贱，蒙国王恩宠，成为王后，请允许我报答众僧之恩。"国王说："随你的心意。"王后随即用车马满载着食物和珍宝，来到灵山布施僧人饭食，并布施珍宝给他们。但上座没有从座位上起来，让维那僧为布施的王后诵咒祈福，自己并不诵咒祈福。王后说："我过去布施两枚钱，你为我祈福；今天我用车满载珍宝布施，你为什么不为我祈福呢？"年轻的僧人，都抱怨上座，原先贫穷的女人，以两枚钱布施，亲自为她祈福，今天的王后，用车满载珍宝布施，却不为她祝福，真是老糊涂了

这时上座，当即为王后解说佛法道："王后，你在心里抱怨我：'原先以两枚钱布施时，为我祈福，今天用车满载珍宝布施，却不为我祈福。'佛法向来不看重珍宝，只看重善心。王后先前布施两枚钱时，心意极为真诚，后面布施珍宝，心中傲慢，所以我今天不为你诵咒祈福。年轻的出家人，也不要抱怨我，你们应当深入地了解出家人的心。"

年轻的出家人都心生惭愧，证得了佛法的初果。王后听了法理后，心中悲喜交加，也证得了初果。听高僧解说佛法后，施礼离开了。

【辨析】

这篇比喻故事最突出的特征是充分地运用了对比的手法，取得了佛教导化世俗人心的良好效果。

一是女子贫穷时布施和富贵时布施的不同心态的对比。前者虔诚，后者傲慢。

二是从前布施两枚钱和现在布施满车珍宝所形成的不同数量的对比。

三是上座对于女子前后两次布施时的迥异态度的对比。布施两枚钱时，上座亲自为女子祈福，并且以自己留下一半食物，另一半给女子的行动，引起信众的效仿，从这一细节中可以看出他的良苦用心和对女子的关怀备至，寄寓了佛家慈悲为怀的喻理。女子成为王后，布施了满车珍宝，上座却视若不见，不再亲自祈福。在对比中揭示了佛法重人心、轻财物的喻理。

四是年轻出家人前后心理感受和认识的对比。年轻出家人对上座前后的行为，表现出极大的困惑和不解。他认为女子布施两枚钱时，上座亲自祈福是"自轻"，王后布施满车珍宝，而不再亲自祈福是"老耄"。可见他人虽出家，心却同俗，尚未去除嫌贫爱富的世俗通病。以此表明修行应先修心的喻义。

五是女子认识上的对比。贫穷时，以为得不到上座的祝福；一朝发达，又以为会得到特殊的对待。以佛门的"平常心"衬托了人们的"势利心"。

四十二

乾陀卫国画师罽那设食获报缘

【题解】

本篇通过画师倾其所有,拿出自己三年的辛苦所得举办佛教法会的故事,阐明了弘扬佛法终得福报的喻理。

【经文】

昔乾陀卫国[1],有一画师,名曰罽那,三年客作,得三十两金,欲还归家,而见他作般遮于瑟[2],问维那言:"一日作会,可用几许?"维那答言:"用三十两金,得一日会。"即自念言:"由我先身不种福业,故受此报,佣力自活,今遭福田,云何不作?"即语维那:"请为弟子,鸣椎[3]集僧,我欲设会。"设会已讫,踊跃欢喜,即便归家。

既到家已,其妇问言:"三年客作,钱财所在?"其夫答言:"我所得财,今已举着坚牢藏中。"妇时问言:"坚牢之藏,今在何许?"夫言:"乃在僧中。"妇时嫌责,即集亲里,缚其夫主,诣断事人,而作是言:"我之母子,贫穷辛苦,无衣无食,而我夫主,得财余用,不担来归,请诘所以。"时断事人,问其夫言:"何以尔也?"答言:"我身如电光,不久照曜;亦如朝露,须臾则灭。由是恐惧，深自念言：'缘我前身不作福业，今遭穷苦，衣食困乏。'故因见彼弗迦罗城[4]中，作般遮会，众僧清净，心生欢喜，敬信内发，即问维那：'得几许物，供一日食？'维那答言：'得三十两金，可得供一日。'我三年中，作所得物，即与维那，使为众僧作一日食。"

时断事人，闻是语已，心生欢喜，怜愍其人，脱己衣服、璎珞，及以鞍马并诸乘具，悉施罽那，即分一村落而赏封之。华报如此，其果在后。

【注释】

[1] 乾陀卫国：北印度古国。
[2] 般遮于瑟：即古代印度每五年举行一次的不分道俗、贵贱，平等施财讲法的大法会。
[3] 鸣椎（chuí）：用木椎敲打法器。
[4] 弗迦罗城：西域古国名。

【译文】

画师供僧得福报的故事

从前在乾陀卫国，有一位画师名叫罽那，三年在外面为别人做工，挣了三十两黄金，正准备回家时，看到有个地方要举办大法会，于是就问负责的僧人说："做一天法会，需要多少费用？"僧人回答说："三十两黄金可以办一天法会。"画师心想："由于我的前身不种福业，所以才受到这样的果报，以出卖苦力为生。现在遇到修造佛法福田的机会，为什么不做呢？"当即对负责的僧人说："请替弟子我敲钟集合僧人，我要设置法会。"设置法会布施之后，画师欢喜雀跃，然后返回家乡。

回到家后，妻子问他说："你三年在外做工，挣的钱在哪儿？"丈夫回答说："我所得的财物，今天已经存在牢固的地方。"妻子这时问："那个牢固的地方，现在哪里呢？"丈夫说："在出家人那里。"妻子这时指责抱怨他，随即召集亲属，捆起她的丈夫，带到官吏处，说："我们母子非常辛苦，非常贫穷，无衣无食，而我丈夫却把钱财用在别处，不拿回来，请评个理。"这时官吏问她的丈夫："你为什么这样？"回答说："我的身体如电光石火，不能长久照耀；犹如朝露，很快就会消失，我因此而恐惧，深深地感到：'由于我的前身不作福业，今天遭受贫穷，衣食不足。'因为看见弗迦罗城中，举行大法会，僧人们内心清净，所以心生欢喜，产生恭敬，随即问执事僧：'需要多少费用供给法会一天的饭食？'执事僧回答说：'三十两金子就可以供给一天。'我就把三年中所得的财物，当即给了执事僧，以给僧人们提供一天的食物。"

这位官吏听了画师的话，心里高兴，十分怜悯同情他，立刻脱下了自己的衣服，以及佩戴的璎珞、乘坐的马和用具，全都送给了画师罽那，当即封赏给他一个村子。今世之报如此，更有未来之果报。

【辨析】

故事的主人公画师罽那，相信前生、现世和来生三世因果，即今天种下供僧的福田，来日一定会有丰硕的果报。只有理解和体会这位辛勤劳作画师的内心期盼，才能理解他的行为。

妻子无法理解丈夫的行为，就和亲属把他捆起来送到官府评理。乍一看，似乎妻子有些不近情理。但仔细想来，由于生活贫苦，丈夫出外做工，一去三年，妻子含辛茹苦养育子女、操持家务，指望丈夫挣一些钱回来能够改善生活。可是，眼巴巴地等了三年，不料丈夫却把钱全部给僧人办了法会，妻子抱怨继而生恨也就情有可原了。

然而官吏却十分理解和同情画师，将自己所有的衣物用品和属下的一个村子封赏给了他。这个结局真是皆大欢喜，昭示出一切追求善果者，都会有一个满意的回报。"华报如此，其果在后"，这也正是人们期望的美好未来。

四十三

罽夷罗夫妇自卖设会现获报缘

【题解】

本篇讲述了一对贫穷夫妻以卖给他人为奴所得的十枚钱，举办法会修福德的故事，反映了底层人们改变自己命运的强烈愿望，表达了佛门能够带给人们希望和美好未来的喻理。

【经文】

昔有一人，名罽夷罗，夫妇二人，贫穷理极，佣赁[1]自活。见他长者悉往寺中，作大施会，来归家中，共妇止宿，头枕妇臂，自思惟言："由我前身不作福故，今日贫穷。如彼长者，先身作福，今亦作福；我今无福，将来之世，唯转苦剧。"作是念已，涕泣不乐，泪堕妇臂。妇问夫言："何以落泪？"答言："见他修福常得快乐，自鄙贫贱，无以修福，是以落泪。"妇言："落泪何益？可以我身卖与他人取财作福。"夫言："若当相卖，我身如何得自存活？"妇言："若恐不活不见出者，我今与君俱共自卖，而修功德。"于是夫妇，便共相将，至一富家，而语之言："今我夫妇，以此贱身，请贸金钱。"主人问言："欲得几钱？"答言："欲得十金钱。"主人言："今与汝钱，却后七日，不得偿我，以汝夫妇，即为奴婢。"言契以定，赍[2]钱往诣，至彼塔寺，施设作会。

夫妇二人，自共捣米，相劝励言："今日我等得自出力而造福业，后属他家，岂从意也？"于是昼夜，勤办会具，到六日头，垂欲作会，值彼国主亦欲作会，来共诤日，众僧皆言："以受穷者，终不得移。"国主闻已，作是言曰："彼何小人，敢能与我共诤会日？"即遣人语罽罗："汝避我日。"罽罗答言："实不相避。"如是三反，执辞如初。王怪所以，自至僧坊，语彼人言："汝今何以不后日作，共我诤日？"答言："唯一日自在，后属他家，不复得作。"王即问言："何以不得？"自卖者言："自惟先身不作福业，今日穷苦，今若不作，恐后转苦。感念此事，唯自卖身，以贸金钱，用作功德，欲断此苦。至七日后，无财偿他，即作奴婢。今以六日，明日便满，以是之故，分死诤日。"王闻是语，深生怜愍，叹未曾有："汝真解悟贫穷之苦，能以不坚之身，易于坚身，不坚之财，易于坚财，不坚之命，易于坚命。"即听设会，王以己身并及夫人衣服璎珞，脱与罽罗夫妇，割十聚落，与作福封。

夫能至心，修福德者，现得华报，犹尚如是，况其将来获果报也。由此观之，一切世人，欲得免苦，当勤修福，何足纵情懈怠放逸？

【注释】

[1] 佣赁（lìn）：受雇于人。

[2] 赍（jī）：把东西送给别人。

【译文】

夫妻卖身办法会的故事

从前有一个人，名叫罽夷罗，夫妻二人极为贫穷，靠给人家做短工为生。见到有年长者到寺院举办布施大法会，回到家中后，夫妻躺下休息，丈夫头枕着妻子的手臂，心想："因为我前世不做善事积福，今天才如此贫穷。而那些年长者，前世修福，今生也修福；我今天无福，将来转世还会更苦。"想到这里，悲泣落泪，眼泪落在妻子的手臂上。妻子问丈夫："为什么落泪呢？"回答说："见到他人修福长久得到快乐，自己贫贱，无法修福，所以落泪。"妻子说："流泪有什么用呢？你可以把我卖了换取财富来修福。"丈夫说："如果卖了你，我独自怎么生活？"妻子说："假如担心无法生活不愿卖我，我就和你一起卖身给人家来修功德。"于是夫妻两人便一起来到一户富裕人家，对主人说："现在我们夫妻想以低贱之身换取金钱。"主人问："想要多少钱？"回答说："想要十枚金币。"主人说："今天把钱给你们，七天之后，如果不能还我，你们夫妻就要成为我的奴仆。"讲定之后，夫妻两人拿了钱，来到佛寺筹办布施法会。

夫妻两人一起捣米，相互鼓励说："今天我们可以自己出力而修福业，以后给人家当奴仆，怎么能随自己的心意呢？"于是不分昼夜，辛劳操办法会之事。到第六天，就要举行法会了，恰巧国王也要来做法会，并定在了同一天，僧人们说："已经接受了穷人罽夷罗的布施，不能把他的时间往后移了。"国王听了后，就说："那个小人物，还敢跟我争日子？"随即派人对罽夷罗夫妻说："你们避开我选的日子。"罽夷罗回答："实在无法避让。"这样反复再三，仍然不改初衷。国王感到很奇怪，亲自来到僧房，对夫妻两人说："你们现在为什么不能往后推一天做法会，要和我争这日子呢？"回答说："我们只有这一天是自由的，以后就成为别人家的奴仆，不能再做法会了。"国王便问："为什么呢？"卖身的夫妻说："我们前世不修福业，今天穷苦，如果今天不修福业，恐怕来生更苦。想想只有卖身换些钱来做功德，来断除穷苦。七天后，没有钱还，就要成为奴仆。今天已经是第六天，明天就到期限，所以不能改日子。"国王听了后,深深地怜悯他们,感叹这是从未有的事:"你们真正理解了贫穷所带来的苦难,能以脆弱之身换取坚固之身;以不长久的财富换取长久的财富;以转瞬即逝的生命,换取永恒的生命。"随即允许夫妻二人做法会,并将自己和夫人身上穿的衣服以及佩戴的璎珞,都脱下来送给羼夷罗夫妇,把十个村庄封赏给他们。

那些能以至诚之心修福积德的人,现世就得到如此丰硕的果报,更何况将来?由此看来,一切世人要想免除苦难,就应当勤修福德,怎么能懈怠而恣情逸乐呢?

【辨析】

这篇比喻故事读来令人心酸,所谓"贫贱夫妻百事哀",一对恩爱相守、情深意笃的夫妻为无钱做法会而犯愁,故事将丈夫难以入睡的情景作了极为细致的描写,如头枕妻子的手臂,眼泪落在上面。妻子见此情景,不得已提出将自己卖给别人以满足丈夫的心愿,这个想法理所当然地被丈夫否定了。于是,这一对苦难的夫妻只好决定一起卖身为奴以求来生了。但故事情节的发展却波澜起伏,最后是一个令人欣慰的圆满结局,夫妻俩不仅没有沦为奴仆,而且意外地得到了国王赏赐的服饰和十个村庄。由此引出了故事的喻理,即只有虔诚信奉佛教,才是贫困者唯一的出路和希望。当然我们需要指出的是:在艰难中生活的人们,想要改变自身的命运,如果指望所谓国王的怜悯、权贵的恩赐的话,那恐怕就是永远不可能实现的"海市蜃楼"。

四十四

沙弥救蚁子水灾得长命报缘

【题解】

这篇故事讲述的是小和尚以惜生、护生的慈悲心,尽力救护了小蚂蚁因而为自己增添了寿命,借此阐发了救生得生的喻理。

【经文】

昔者有一罗汉道人,畜一沙弥[1]。知此沙弥却后七日,必当命终,与假归家,至七日头,敕使还来。

沙弥辞师,即便归去,于其道中,见众蚁子,随水漂流,命将欲绝,生慈悲心,自脱袈裟,盛土堰水,而取蚁子,置高燥处,遂悉得活。至七日头,还归师所。师甚怪之,寻即入定,以天眼观,知其更无余福得尔,以救蚁子因缘之故,七日不死,得延命长。

【注释】

[1] 沙弥:指未满二十岁,未受具足戒的男性出家人,女性称沙弥尼。

【译文】

出家人救小蚂蚁得寿命的故事

从前有一位证得罗汉果位的出家人，收养了一位小和尚。他知道小和尚七天以后就会去世，就放假让他回家，嘱咐他到第七天早晨一定要回来。

小和尚辞别了师父，便回家去了。走在路上看见有许多小蚂蚁，随水漂流，就要淹死了，便心生慈悲，脱下身上的袈裟，盛上土挡住水流，把小蚂蚁放置到高处干燥的地方，救活了它们。到第七天早晨，就回到师父那里。师父见到他后感到很奇怪，便入禅定，以天眼观察，知道他并没有别的福德，只是由于救小蚂蚁的缘故，七天后不死，得以延长了生命。

【辨析】

故事虽短，读来却使人犹开"天眼"，得以清晰地看到当年小和尚救小蚂蚁的情景：一位七天之后寿命将尽的小和尚，在师父的安排下，最后回家探望一下自己的父母、兄妹和儿时同伴，以走完短暂人生的最后一程。在路上，他救下了一群要被淹死的小蚂蚁，而正是这一小小的善举居然挽救了他的性命，七天之后，他又平安地回到了师父身边。这个故事启迪人们：懂得善待和呵护一切生灵，人类自己的生命也会得以护佑，从而使生命绚烂美好。

四十五

乾陀卫国王治故塔寺得延命缘

【题解】

本篇借国王修佛塔得以益寿延年的故事,表达礼佛者得长寿的喻义。

【经文】

昔乾陀卫国,有一国主,有一明相师,占王,却后七日,必当命终。出游猎行,见一故塔,毁败崩坏,即令群臣共修治之,修治已讫,欢喜还宫,七日安隐。相师见过七日,怪其所以,问王言:"作何功德?"答言:"更无所作,唯有一破塔,以泥补治。"由治塔故,功德如是。

【译文】

国王修佛塔得以延年益寿的故事

从前乾陀卫国有一位国王,身边有一位高明的相师,预测国王七天之内就会死去。国王外出游猎,看见一座年久失修的佛塔,颓败毁坏，于是命群臣一起修整，修好之后高高兴兴地还宫，七天内安然无恙。相师看到七天已过，感到奇怪，就问国王说："你做了什么功德了？"回答："没有做什么，只是外出时看见一座破塔，用泥修补了。"由于修塔的缘故，就有延年益寿的功德。

【辨析】

修补佛塔，结下善缘。正如人们常说：苦海本无路，佛渡有缘人。佛塔一直是佛教法脉延续的重要标志，而且佛家素有盛世建塔的传统，如古城西安建于唐代的大、小雁塔，至今双塔高耸，遥遥相望，仿佛向往来的游人诉说着大唐盛世的辉煌。

四十六

比丘补寺壁孔获延命报缘

【题解】

这是一篇写出家人因修补僧房而使自己命续寿延的小故事，寄寓了小善举可得大福报的喻理。

【经文】

昔有比丘，死时将至，会有外道婆罗门见，相是比丘，知七日后必当命终。时此比丘，因入僧坊，见壁有孔，即便团泥，而补塞之。缘此福故，增其寿命，得过七日。婆罗门见，怪其所以，而问之言："汝修何福？"比丘答言："我无所修，唯于昨日，入僧房中，见壁有孔，补治而已。"婆罗门叹言："是僧福田，最为深重，能使应死比丘续命延寿。"

【译文】

出家人修补寺院得以延年益寿的故事

从前有一位佛弟子，死期将至。恰好一位外道婆罗门相师看出这位佛弟子七天后一定会死。当时这位佛弟子，来到僧人们住的地方，看见墙壁破损，有了一个洞，随即和泥填补好了。因这一福德，延长了寿命。过了七天，婆罗门看见他，感到很奇怪，就问他："你修了什么福德？"佛弟子回答说："我没有修什么，只是在昨天，看见僧房墙壁有洞，修补好了而已。"婆罗门听后感叹地说："这是修了僧福田，福报最大，能够使将要死去的出家人得以延续寿命。"

【辨析】

所谓爱寺如同爱家。这篇故事通过以小见大的手法，以一位死期将至的佛弟子，补上了寺院中许多僧人们视而不见的小洞，比喻修行佛法要落到实处，从补上生活中的缺漏做起；继而表达出人一心向善，就能补上生命中的缺漏，以及修造僧福田，得到最大福报的喻理。

四十七

长者子见佛求长命缘

【题解】

这篇比喻故事讲述的是佛陀的"正法"不仅能够降伏鬼神,而且也能使人们获得鬼神祝福与护佑。

【经文】

昔佛在世,有一长者子,年五六岁。相师占之:"福德具足,唯有短寿命。"将至外道六师所,望求长寿,瞋彼六师都无有能与长寿法。将至佛所,白佛言:"此子短寿,唯愿世尊与其长寿。"

佛言:"无有是法能与长寿。"重白佛言:"愿示方便。"佛时教言:"汝到城门下,见人出者,为之作礼,入者亦礼。"时有一鬼神,化作婆罗门身,欲来入城,小儿向礼,鬼咒愿言:"使汝长寿。"此鬼乃是杀小儿鬼,但鬼神之法,不得二语,以许长寿,更不得杀。以其如是谦忍恭敬,得延寿命。

【译文】

孩子见佛陀得寿命的故事

从前佛陀在世的时候，有一个长者的儿子，才五六岁。相师给他看相后预言："孩子有福德，只是寿命短。"长者把孩子带到外道六师那里，祈望求得儿子长寿，外道六师都没有能使他长寿的办法。长者又带儿子来到佛陀的居所，对佛陀说："这孩子短命，期盼佛陀可以使他长寿。"

佛陀说："没有什么方法能使孩子长寿。"长者再三恳求说："愿您明示方便法门。"佛陀于是教孩子说："你到城门下，看见出城的人就向他行礼，看见进城的人也要行礼。"当时有一个鬼神，变成婆罗门修行者的样子，要进城去，小孩儿就向他施礼，鬼神就祝福说："愿你长寿。"而这个鬼正是来杀小孩的鬼，但按照鬼神的规矩，说一不二，许诺孩子长寿，就不能再杀他了。由于孩子的虔诚和恭敬，所以得以延长了寿命。

【辨析】

常言道："富贵易得，寿命难长"、"阎王让你三更死，绝不留你到天明"。故事首先推出了相师的预言，接着又以六派学说的大师皆无法改变预言的无奈，来衬托佛陀暗点玄机的高明，最后写孩子遵照佛陀之言，终于如愿以偿得到了长寿。隐喻只要真诚信奉佛法，就可以改变自己的命运；善念善行不仅能感化世人，即使夺命的无常鬼，也要避让三分。

四十八

长者子客作设会获现报缘

【题解】

本篇通过一位穷人以自己三年的工钱供养佛陀和僧人得到福报的故事,启示人们供养佛僧,福德无量。

【经文】

昔佛在世时,有长者子,早丧父母,孤穷伶俜[1],客作自活。闻有人说忉利天上,极为快乐,又闻他说供养佛僧,必得往生,即问他言:"用几许物,可得供佛及以众僧?"时人语言:"用三十两金,可得作会。"便来向市,求客作处。市边有一大富长者,雇其客作,长者问言:"汝今能作何事?"答言:"是作皆能。""三年客作,索几许物?"答言:"索三十两金。"长者闻其事事皆能,即雇使作。为人端直,金银铜铁,种种肆上,得利倍常。日月以满,从彼长者,索作价金。长者问言:"汝今得金,用作何事?"答言:"我欲供养佛僧。"长者语言:"我今佐汝,及以种种盆器米面,与汝作食,汝但请佛及以众僧。"即诣僧房,请佛及僧。

佛使众僧皆受其请,佛住自房,众僧皆受彼长者子请。正值节日,众人皆送种种饮食,往与众僧。众僧食饱,到长者舍。时长者子，手自行食，上座言："少着。"次第皆言少着，至讫下行。时长者子，啼哭懊恼："辛苦三年，设此饮食，望众僧食，僧不为食，我求生天，必不得生。"往至佛边，白佛言："众僧不食我供，而我所愿，必当不得。"佛言："少食以不？"答言："皆悉少食。"佛言："假使不食汝愿必成，况复少食而不成也？"童子欢喜，还来饮食。彼时众僧食讫即还。

时有五百贾客，入海来还，入城募索饮食。时世饥馑[2]，无有与者。有人语言："彼长者子，今日设会，必有饮食。"时长者子，闻有贾客，欢喜与食，五百贾客，皆得充足，一切将从，悉亦饱满。最下贾客，解一珠与，直万两金；最上头者，解一珠与，直十万两金。五百贾客，人与一珠，与一铜盔，与此长者子，而不敢取。往走问佛，佛言："此是华报，但取无苦，后必生天，不足恐惧。"主人长者，更无男儿，唯有一女，即与童子。如是家业，遂大炽盛，舍卫城中，最为第一。长者命终，波斯匿王，闻其聪明智见，以其家业，悉乞与之。华报如是，其果在后。

【注释】

[1] 伶俜（pīng）：孤独。
[2] 饥馑（jǐn）：饥荒。

【译文】

男儿做工设斋供佛僧的故事

从前佛陀在世时，有一位长者的儿子，父母早丧，孤苦伶仃，外出打工谋生。听人说忉利天（欲界第二重天）上非常快乐，又听说供养佛陀和僧人，就可以往生到天界，于是问别人说："要用多少财物，才可以供佛以及众僧？"人们告诉他说："需要用三十两金子来办法会。"年轻人便来到市场，希求有人雇他帮工。市场的旁边有一位富有的长者准备雇人，于是问他："你能做什么活？"回答说："什么活都能做。"长者又问"做三年工，你要多少工钱？"回答说："要三十两金子。"富有长者听他事事能做，就雇用了他。年轻人为人正直，金银铜铁各种器物拿到市场上买卖，所得到利润是平常的几倍。三年期满，年轻人从富有长者那里要他的工钱。富有长者问他："你拿到工钱用来做什么事呢？"回答说："我要用来供养佛僧。"富有长者对他说："那我也来帮你，给你各种器皿和米面，用来做食物，你去请佛陀以及众僧。"于是年轻人来到僧人住的地方，恭请佛陀和僧众。

佛陀让众僧都接受邀请，佛陀留在自己的房间，众僧都接受了年轻人的邀请。那天正好是节日，人们送来各种饭食给众僧，众僧已经吃饱了，才来到富有长者家。这时年轻人亲手给僧人们盛上饭，高僧说："少一些。"其他的僧人也都接着说："少盛一点。"结束后，这时年轻人懊丧地哭泣说："我辛苦了三年，才置办好了食物，希望众僧享用，可僧人们不吃，我想要往生天界，就不能如愿了。"他又来到佛陀身边，对佛陀说："众僧不享用我的供奉，我的愿望一定不能实现了。"佛陀说："多少吃了一点吗？"回答说："都吃了一点。"佛陀说："即使没有吃，你的愿望也一定能实现，更何况都多少吃了点，怎么能不让你如愿呢？"这位年轻人听了以后十分欢喜，就回来吃饭了。这时众僧用完饭也都回去了。

当时正好有五百位商人，从大海中寻宝回来，到城里寻找食物。正值荒年，没有人给他们。有人对他们说："有位年轻人今天设置法会，那里会有饭食。"这时年轻人听到有商客来，就高兴地给了他们饭食。五百位商客都吃得饱饱的，他们的随从，也都吃饱了。最不富有的那个商客，给了年轻人一颗宝珠，价值一万两金子；最富有的商客，给了年轻人一颗宝珠，价值十万两金子。五百位商人，每个人都给了一颗宝珠，盛了一铜盆。年轻人不敢拿这些东西。就去问佛陀，佛陀说："这是你今生的福报，只管拿，没有后患。死后会往生天界，不要担心。"雇主，即那个富有长者，没有儿子，只有一个女儿，就将女儿嫁给了年轻人。这样家业愈来愈昌盛，成为憍萨罗国都舍卫城中最富有的。后来富有长者去世，国王波斯匿听说年轻人聪明有智慧，就把富有长者的家业全部让他继承了。这就是现世所报，未来更有丰硕的果报。

【辨析】

这篇的内容并不复杂。一位贫穷的年轻人，将自己三年辛劳所得的工钱，全都布施给了佛陀和僧人们。又将多余的饭菜供给了买不到食物的商客，五百商客每人回报给他一颗宝珠，因而变得富有。他的雇主又把女儿嫁给了他，后来又继承了家产，成为国中最富有的人。故事所要表达的是诚心奉佛，就会得到福报的喻理。

在构思上，故事巧妙地设计了三次似乎不经意的"巧合"：一是贫穷的年轻人准备了丰盛的食物，但僧人吃过饭了所以所食不多，剩下了许多；二是国中遭遇饥荒，五百商人虽有珍宝却买不到食物；三是商人拥有宝珠可以换取食物，贫穷的年轻人因此而得到了珍宝。结尾以"华报如是，其果在后"，直接点明现在供奉众僧，现世就得福报的主旨。

四十九

弗那施佛钵食获现报缘

【题解】

本篇讲述的是弟弟与四位兄长因供佛而皆得福报的故事,其中以佛陀对四兄弟的教谕,阐发了佛教的基本教义"三法印",即"诸行无常"、"诸法无我"、"涅槃寂静"。

【经文】

昔佛在世,有梵志兄弟五人。一名耶奢,二名无垢,三名憍梵波提,四名苏驮夷;四兄入山学道,得五神通。其最小弟,名曰弗那,见佛乞食,盛好白净饭,满钵施佛。尔时弗那,恒以耕种为业,时耕种讫,还归于家。后于一日,出到田中,见其田中,所生苗稼,变成金禾,皆长数尺,收刈[1]已尽,还生如初。国王闻之,亦来收刈,不能得尽。如是一切,诸来取者,皆不能尽。

兄等念言:"我弟弗那,为得生活,为贫苦耶?"寻共来看,见弟福业逾于国王,便语弟言:"汝先贫穷,云何卒富?"答言:"我见瞿昙[2],施一钵饭,得如是报。"四兄闻已,欢喜踊跃,又语弟言:"尔今为我,作欢喜团[3],我等四人,各持一团,供养瞿昙,愿求生天,不听其法,不用解脱。"于是各担欢喜团,往至佛所,大兄捉一团,着佛钵中,佛言:"诸行无常。"[4]第二复以欢喜团,着佛钵中,佛作是语:"是生灭法。"第三复以欢喜之团,着佛钵里,佛作是语:"生灭灭已。"第四复以欢喜之团,着佛钵中,佛作是语:"寂灭为乐。"

即还归家,至寂静处,共相问言:"汝闻何语?"第一兄言:"我闻诸行无常。"次者复闻:"是生灭法",又次者闻:"生灭灭已",第四者闻:"寂灭为乐"。兄弟四人,各思此偈,得阿那含,皆来佛所,求为出家,得阿罗汉道。

【注释】

[1] 收刈(yì):收割。

[2] 瞿昙:即乔达摩,为佛陀的姓,旧译为瞿昙,指佛陀。

[3] 欢喜团:饼名,又叫喜团。由核桃、芝麻、葡萄、米面等糅合制成。

[4] 诸行无常:指世间万物皆在生灭变化之中,是佛教"三法印"之一。此外还有"诸法无我"(一切现象皆由因缘和合,时刻变化,没有恒定不变的本性和独立的实体)、"涅槃寂静"(灭除烦恼、摆脱生死轮回的境界)。佛教"三法印"是揭示宇宙和人生的三个真理,也是印证佛法的一种方法。

【译文】

兄弟五人奉佛得福报的故事

从前佛陀在世时,有信奉婆罗门教的兄弟五人。老大叫耶奢,老二叫无垢,老三叫憍梵波提,老四叫苏驮夷。四个哥哥都入山修学道果,证得了宿命通、天眼通、天耳通、他心通、身如意通五种神通。他们最小的弟弟,名叫弗那,看见佛陀乞食,就盛上最好的白米饭，把满满一钵饭施给了佛陀。那时弗那，以种地为生，那天他种完地就回家了。后来有一天，他来到田里，发现田中所生长的禾苗都变成了金禾，长得有几尺高，收割以后，又生长出来。国王听到后，也来收割，仍然收割不完。就像这样，所有来收割的人，都不能将金禾割完。

哥哥们念叨说："我们的弟弟弗那，以种田为生，生活是不是很贫苦呢？"就一起来看他，结果看到弟弟的家业超过了国王，便问弟弟说："你原先很贫穷，为什么突然富有了呢？"弟弟回答："我见到佛陀，布施给了他一钵饭，就得到了这样的福报。"四位哥哥听了以后，欢喜雀跃，又对弟弟说："你今天为我们做好什锦饼，我们四个每人拿一个，去供养佛陀，祈愿来生往生到天界，不用再听婆罗门法典，也不用谈解脱苦难了。"于是就各自带上什锦饼，来到佛陀的居所，老大捧上一个什锦饼放到佛陀的钵中，佛陀说："一切无常。"老二紧接着捧上什锦饼放到佛陀的钵中，佛陀说："有生就有死。"老三又捧上什锦饼放到佛陀的钵中，佛陀说："解脱生死。"老四也捧上什锦饼放到佛陀的钵中，佛陀说："涅槃寂静。"

兄弟四人回到家，在一僻静的地方相互问道："你听佛陀说了什么？"老大说："我听到是一切无常。"老二听到："有生就有死。"老三听到："解脱生死。"老四听到："涅槃寂静。"兄弟四人，各自思考这首偈，都证得了声闻四果中的第二果，又一起来到佛陀的住所，请求跟佛陀出家修行，最后都证得了阿罗汉果位。

【辨析】

这篇故事主要是针对婆罗门修行者而阐发的佛教的基本教义。四位兄长因供奉佛陀而得到佛陀的开示：人生无常，有生必有死，要想脱离生死轮回之苦，就要通过证悟佛理，到达涅槃寂静的境界。由此表明出家人只有领悟佛理，才能了悟不来不去、不生不死之真谛，达至清澄寂灭境界的喻理。

　　故事以丰富的想象，描绘了小弟弗那供佛得到的福报：田里长出一片取之不尽、用之不竭的金禾。这一场景，充满了对未来的美好憧憬，隐喻只要人们信奉佛理，都会得到的殊胜的福报。另外，割而复生的"金禾"，也蕴含着只有辛勤的劳动，才能真正换来"诸来取者，皆不能尽"的无穷财富。

五十

大爱道施佛金缕织成衣并穿珠师缘

【题解】

本篇先以佛陀与弥勒两人传法之不同,即一者不穿金缕衣,一者穿着金缕衣;一者"无相",一者"着相",表明佛法圆融的喻理。再以"穿珠匠听经"和"打柴人布施"的故事,阐发了听闻佛法和布施僧人得无量福报的喻理。

【经文】

昔佛在世,大爱道[1]为佛作金缕织成衣,赍来上佛。佛即语言:"用施众僧。"大爱道言:"我以乳哺长养世尊,自作此衣,故来奉佛,必望如来为我受之。云何方言与众僧也?"佛言:"欲使姨母得大功德。所以者何?众僧福田,广大无边,是故劝尔。若随我语,已供养佛。"

时大爱道,即持此衣,往到僧中,从上座行,无敢取者。次到弥勒,弥勒受衣,即着入城乞食。弥勒身有三十二相,紫磨金色,既到城里,众人竞看,无与食者。有一穿珠师,见诸人等无与食者,即前跪请,将至家中,与弥勒食。弥勒食讫,时穿珠师,以一小座,敷弥勒前,求欲听法。弥勒有四辩才[2]力,即便为说种种妙法。时穿珠师,愿乐听闻,无有厌足。

先有长者,将欲嫁女,雇穿珠师,穿一宝珠,与钱十万。当此之时,彼嫁女家,遣人索珠。时穿珠师,听法情浓,不暇为穿,即答之言:"且可小待须臾之顷。"已复来索,乃至三返犹故不得。彼长者瞋,合其珠钱还来夺去。穿珠师妇,瞋其夫言:"更无业也,须臾穿珠,得十万利,云何听此道人美说?"其夫闻已,意中恨恨。尔时弥勒,知其恨恨,即问之言:"汝能随我,至寺以不?"答言:"我能。"即随弥勒,往僧坊中,问上座言:"有人得金满十万斤,何如欢喜听人说法?"憍陈如[3]言:"假使有人得金十万,不如有人以一钵食施持戒者,况能信心须臾听法,复胜于彼百千万倍。"于是又问第二上座,上座答言:"设复有人得十万车金,亦不如以一钵之食施持戒者,况复听法欢喜,经于时节。"又复问于第三上座,上座答言:"若有人得十万舍金,亦复不如施持戒人一钵之食,况复听法?"又问第四上座,上座答言:"若其有得十万国金,亦复不如施持戒人一钵之食,况复听法,百千万倍。"如是次问乃至阿那律[4],阿那律言:"有人得满四天下金,犹故不如施持戒人一钵之食,况复听法?"

弥勒答言:"尊者说言有施比丘一钵之食,乃至胜得满四天下金,云何如是?"

尊者答言:"以自身为证,忆念往昔九十亿劫[5],有一长者,有其二子,一名利吒,二名阿利吒,恒告之言:'高者亦堕,常者亦尽,夫生有死,合会有离。'长者得病,临命终时,约敕儿子:'慎莫分居。譬如一丝不能系象,多集诸丝,象不能绝。兄弟并立,亦如多丝。'时彼长者,嘱诫子竟,气绝命终。以父敕故,兄弟共活,极相敬念。后为弟娶妇,生活未几,而此弟妇语其夫言:'汝如彼奴。所以者何?钱财用度,应当人客,皆由汝兄,汝今唯得衣食而已,非奴如何?'数作此语。

尔时夫妇,心生变异,求兄分居。兄语弟言:'汝不忆父临终之言？'犹不自改，数求分居。兄见弟意，正便与分居，一切所有，皆中半分。弟之夫妇，年少游逸，用度奢侈，未经几时，贫穷困匮，来从兄乞。其兄尔时，与钱十万，得去未久，以复用尽，而更来索。如是六返，皆与十万。至第七返，兄便责数：'汝不念父临终之言，求于分异，不能乃心生活，数来索物；今更与汝十万之钱，从今已往，不好生活，重复来索，更不与汝。'得是苦语，夫妇二人，用心生活，以渐得富。兄钱财丧失，以渐贫穷，来从弟乞，其弟乃至不让兄食，而作是言：'谓兄常富，亦复贫耶？我昔从汝，有所乞索，苦切见责，今日何故，来从我索？'兄闻此已，极生忧恼，自作念言：'同生兄弟，犹尚如此，况于外人？'厌恶生死，遂不还家，入山学道，精勤苦行，得辟支佛。其弟后亦以渐贫穷，遭世饥馑，卖薪自活。

"时辟支佛，入城乞食，竟无所得，空钵还出。时卖薪人，见辟支佛空钵出城，即以卖薪所得稊粆，而欲与之，语辟支佛言：'尊者能食粗恶食不？'答言：'不问好恶，趣得支身。'时卖薪人，即便授与。辟支佛受而食之，食讫之后，飞腾虚空，作十八变，即还所止。时卖薪人，后更取薪，道见一兔，以杖撩之，变成死人，卒起而来，抱取薪人项，彼取薪人，种种方便，欲推令去，不能得离。脱衣雇人，使挽却之，亦不得离；展转至闇，负来向家。既到家中，死人自解，堕在于地，作真金人。

"时卖薪人，即便截却金人之头，头寻还生，却其手脚，手脚还生，须臾之间，金头金手满其屋里，积为大堆[6]。邻比告官：'此贫穷人，屋里自然有此金堆。'王闻遣使，往覆捡之。即到屋里，纯见烂臭死人手头。其人自捉金头，来以上王，便是真金。王大欢喜：'此是福人。'即封聚落。从是命终，生第二天，为天帝释；下生人中，为转轮圣王。天王，人王，九十一劫，不曾断绝。今最后身，生于释种，初生之日，四十里中，伏藏珍宝，自然踊出。后渐长大，兄释摩男，父母偏爱，阿那律母，欲试诸儿，时遣语：'无食。'阿那律言：'但担无食来。'即与空器，时空器中，百味饭食，自然盈满。设以四天下金，用为乳哺，不足一劫，况九十一劫，常受快乐。所以我今得此自然饮食，适由先身施此一钵之食，今得此报，上至诸佛，下至梵天，净持戒者，皆名持戒。"时穿珠师，闻是语已，心大欢喜。

杂宝藏经卷第四

【注释】

［1］大爱道：佛陀生母摩耶夫人的小妹摩诃波阇波提，佛陀的姨母，佛陀母亲因难产去世后，由她抚育佛陀长大。她也是最早出家修行的比丘尼。

［2］四辩才：指佛、菩萨等所具有的四种自在无碍的辩才，及法无碍辩、义无碍辩、辞无碍辩、乐说无碍辩。又称四无碍智、四无碍解。

［3］憍陈如：是佛陀为太子时的五位侍从之一，后跟随佛陀出家，为第一位证得罗汉果的阿罗汉，居五百罗汉之首。

［4］阿那律：佛陀十大弟子之一。有"天眼第一"称誉。

［5］劫：劫是印度古代最长的计时单位，又译为劫波。指世界从形成、发展到灭亡过程的年数。佛教将劫分为大劫、中劫、小劫。人寿由最初的八万四千岁起，每过一百年减一岁，减至十岁止，再由十岁起每过一百年增一岁，增至原来的八万四千岁，这样一减一增，各为一小劫。一中劫由一增、一减两个小劫构成。一大劫要经过"成"、"住"、"坏"、"灭"四个时期，每个时期各包括二十个中劫，即一大劫为八十中劫。

［6］堆：原字为古今皆无的异体字，此据文意改为此字。

【译文】

佛陀谢辞金缕衣的故事

从前佛陀在世的时候，姨妈大爱道为佛陀制作了一件金缕衣，带来献给佛陀。佛陀却说："把它布施给僧人。"大爱道说："我用乳汁哺养您长大，亲自做了这件衣服，特地供奉给您，希望您务必接受，为什么说要给僧人呢？"佛陀说："这是想让姨妈获得大功德。为什么这样说呢？众僧的福田，广大无边，所以才劝你。如果按我的话做，就是供养了佛。"

这时大爱道就拿着金缕衣来到僧人中，先到德高望重的僧人居住的地方，但没有人敢接受。按顺序来到未来佛弥勒那里，弥勒接受了金缕衣，随即穿上到城中乞食。弥勒有三十二种美好的形象，身上呈现金色。到了城中，人们争相观看，却没有人给他施食。有一位穿珍珠的师傅，见没有人给他施食，便上前跪下请弥勒到他家中，给弥勒饭食。弥勒用完饭后，这时穿珠师拿了一个小垫子，座到弥勒面前，请求给他讲佛法。弥勒具有四无碍辩才，便为他解说美妙的佛法。当时穿珠师听得十分入神，丝毫不知满足。

之前有一位长者，女儿即将出嫁，雇了这位师傅穿一串宝珠，付十万工钱。此时，这户人家正好派人来取宝珠。当时穿珠师聆听佛法兴致正浓，无暇为她穿珠，就说："你等一会再来取。"过了一会又来要取，然而，先后三次还没取到。长者一气之下，就把宝珠和工钱都要了回去。穿珠师的妻子生气地对丈夫说："你不务正业，很快穿好珍珠，可以得十万钱，为什么要听这出家人说法呢？"丈夫听了之后，心中不快。此时弥勒知道他心情郁闷，随即问他："你能随我一起到寺院不？"回答说："我能去。"当即跟随弥勒来到寺院。问高僧说："假使有人得金十万，能比得上欢喜听人说佛法吗？"憍陈如回答说："假使有人得金十万，不如有人以一钵饭食布施给持戒的佛弟子，何况能诚心听一会儿佛法，就更胜于得金的人百千万倍了。"于是又问第二位高僧，高僧回答说："如果有人得十万车金，也不如以一钵饭食布施给持戒的佛弟子，何况听佛法心里欢喜，持续了一段时间。"又再问第三位高僧，回答说："如果有人得十万座房子的金子，也不如布施给持戒人一钵饭食，何况听佛法？"又接着问第四位高僧，回答说："如果有人得十万国的金子，也不如布施持戒人一钵饭食，何况听佛法，要胜过百千万倍。"这样依次问到了阿那律，阿那律说："有人得到整个东西南北四方天下的金子，仍然不如布施给持戒人一钵饭食，何况听佛法？"弥勒说："尊贵的高僧说有人布施佛弟子一钵饭食，就胜过得到整个天下金子的人，为什么是这样呢？"

尊贵的阿那律回答："以我自己为证，回想在过去九十亿劫漫长的岁月前，一位长者有两个儿子，一个名叫利吒，一个名叫阿利吒，他常告诉儿子说：'高处的会落下，存在的会消失，有生必有死，有合必有离。'长者得了病，临终前，要求儿子：'你们千万不要分家。犹如一根丝线不能拴住大象，将许多根丝线并在一起，大象就拉不断了。兄弟在一起，就像许多根丝线在一起。'当时这位长者嘱咐完之后，就去世了。由于父亲的教诲，兄弟一起生活，相互尊重。后来弟弟娶了媳妇，没过多久，妻子就对丈夫说：'你就像你哥哥的奴仆。为什么呢？钱财的支配，客人的接待，都由你哥哥做主，你现在只得到衣食而已，不是奴仆是什么？'她多次这样说。

这时夫妇二人心里有了想法，要求和哥哥分家。哥哥对弟弟说：'你不记得父亲临终的嘱咐吗？'但弟弟心意不改，多次要求分家。哥哥见弟弟主意已定，便和弟弟分了家，将所有财物对半而分。弟弟夫妇年轻且好逸恶劳，生活奢侈浪费，没过多久，日子过得艰难了，就找哥哥要钱。哥哥就给了他十万钱。过了不久，钱用完了，又来找哥哥要。这样前后六次，每次都给了十万。第七次时，哥哥便责备说：'你不遵照父亲临终的嘱咐，要求分家，自己又不好好过日子，多次来索要财物，今天再给你十万钱，从今以后，不好好生活，再来要钱，我就不会给你了。'听了这样的话，夫妻二人用心生活，日子渐渐富裕起来。哥哥后来钱财少了，渐渐变得贫穷，来向弟弟讨钱，弟弟甚至连饭也不留哥哥吃，对他说：'我还以为你会永远富有，怎么现在也穷了呢？我从前向你要钱，你还责备我，今天为什么来向我借钱？'哥哥听了以后，心里极为烦恼忧伤，心想：'亲生兄弟尚且如此，更何况对外人呢？'从此厌恶世俗生活，就不再回家，而进山修学去了。他精进勤苦修行，证得了缘觉乘佛果。弟弟后来也日渐贫穷，遭遇饥荒，靠卖柴火维持生活。

"一次证得缘觉乘佛果的哥哥，到城中乞食，一无所得。拿着空钵出城时，卖柴火的弟弟看见出家人托着空钵，就用卖柴火所得的炒面布施给他，对他说：'尊贵的出家人能吃粗粮吗？'出家人回答：'食物不论好坏，都可以充饥。'这时卖柴人就给了他炒面。出家人接受了炒面，吃完之后，腾飞到空中，作出十八般变化，然后回到山中。后来卖柴人进山砍柴时，半路上遇见一只兔子，用手杖一拨，兔子变成了死人，忽然跳起来抱住砍柴人的脖子，砍柴人用了各种方法都不能推开死人。只好脱下衣服雇了一个人，让这人使劲来拉，也拉不开。这样一直折腾到天黑，只好把死人带回家。一回到家中，死人就自己松开来倒在地上，变成了一个金人。

"这时卖柴人就截下金人的头，然而头随即又生出头来，截取金人手脚，手脚也同样又生出来，没过多久，金头和金手堆了满屋，积成了一大堆。邻居知道后就报告给官府：'这个穷人屋里自然生出金堆。'国王知道后派人到卖柴人家里巡查。一到屋里，只看见一堆腐烂发臭的死人手和头。卖柴人自己拿着金头，来献给国王，都是真正的金子。国王十分高兴地说：'这是有福报的人。'随即封赏给他村庄。他死了以后，往生到第二重天，为帝释天王；往生到人间，成为转轮圣王。在天为天王，在人间为国王，经历了九十一劫波的漫长岁月，从来不曾断绝。他就是今天的我，生于释迦族。出生的那天，方圆四十里内地下所埋藏的珍宝，自然涌出。长大后，哥哥悉达多和父母都对我都十分偏爱。我母亲想试一下我的神通，就说'没饭了'。我说：'送上没有饭的碗来。'就端上一只空碗，这时空碗中，食物自然盛满，百味俱全。如果以东西南北四方天下的金子来养育子女，还不够用一劫的岁月，更何况我历经九十一劫的漫长岁月，一直享受着快乐。所以我今天能自然得到饭食，就是由于在前世布施了一钵饭食，今天才得到这样的果报，上至诸佛，下至天神，持守戒律的出家人，都叫做持戒。"这时，穿珠师听到这样的话，心中十分欢喜。

《杂宝藏经》第四卷完。

【辨析】

这篇比喻故事篇幅较长，情节生动复杂、引人入胜。人物形象个性突出，鲜明丰满。

从内容结构来看，大体上可以分为缘起、转换、主体三部分：

缘起：大爱道恭奉佛陀金缕衣。佛陀姨母大爱道本想以金缕衣供奉佛陀，但佛陀没有接受，给出的理由是为了让姨妈获得更大的功德，并告诉她如何才能获得更大的功德，即布施僧人，广种福田。

转换：弥勒取衣布道。弥勒身着金缕衣乞食，穿珠师向其布施，引出弥勒为穿珠师讲经的情节。

主体：由两部分构成：第一部分，先由穿珠师听经入神以致不顾生计，招来妻子的埋怨和自己内心的矛盾，随后引出各位高僧逐一为穿珠师解说听经的功德，由此揭示本篇的主旨，即无论获得多少金钱也不如布施僧人、听闻佛法的功德大。第二部分，由最早跟随佛陀出家的阿那律现身说法，讲述兄弟二人曲折离奇的故事，借以说明布施众僧所得的福报是无法计量的。

本篇还采用逐层深入、步步推衍的手法，把量化倍增的抽象数字和形象具体的事物相对应，极大地渲染和描绘出供僧和听经带来的无量功德。诸如得"金子十万斤"、"十万车金"、"十万座房子的金子"、"十万国的金子"、"天下的金子"，也不如布施给持守戒律的众僧一钵饭的功德大。"五种金"不如"一钵饭"，其对比何其悬殊！接着以"何况听佛法，就更胜于得金的人百千万倍了"的递进方式，百倍、千倍、万倍的倍增和量化，一气贯注、滚滚而来，恢弘的气势使人倍感佛家的弘法情怀。

此外，"兔子变死人"、"死人抱活人"、"死人变金人"、"金头去复生"、"空碗百味全"的情节设计和场景画面，以及丰富的想象、离奇的色彩，读来都使人拍案叫绝。

五十一

天女本以华鬘供养迦叶佛塔缘

【题解】

这篇故事讲的是一位女子因前生以花供奉佛塔,后世得以成为容颜端正、光艳照人的天女,阐发了前生做功德,来生受福报的喻理。

【经文】

尔时释提桓因,从佛闻法,得须陀洹,即还天上,集诸天众,赞佛法僧。时有天女,头戴华鬘,华鬘光明,甚大晃曜,共诸天众,来集善法堂[1]上。诸天之众,见是天女,生希有心。释提桓因,即便说偈,问天女言:

> 汝作何福业,身如融真金?
> 光色如莲花,而有大威德?
> 身出妙光明,面若开敷华。
> 金色晃然照,以何业行得?
> 愿为我说之。

尔时天女，说偈答言：

> 我昔以华鬘，奉迦叶佛塔。
> 今生于天上，获是胜功德。
> 生在于天中，报得金色身。

释提桓因，重复说偈，而赞叹言：

> 甚奇功德田，耘除诸秽恶。
> 如是少种子，得天胜果报。
> 谁当不供养，恭敬真金聚。
> 谁不供养佛，上妙功德田。
> 其目甚修广，犹如青莲花。
> 汝能兴供养，无上第一尊。
> 作少功德业，而获如此容。

尔时天女，即从天下，执持华盖，来至佛所。佛为说法，得须陀洹，而还天上。诸比丘等，怪其所以，即问佛言："世尊，今此天女，作何功德，获此天身，端政殊特？"佛言："往古之时，以种种华鬘，供养迦叶佛塔，以是因缘，今获此果。"

【注释】

[1] 善法堂：为忉利天诸天神集会之所，位于须弥山顶善见城外之西南角，在此评判人间、天上之善恶。

【译文】

天女以花环供奉过去佛的故事

那个时候,帝释天王在佛陀那里听闻佛法,证得声闻初果,随即回到天宫,召集众天神,赞誉佛、法、僧三宝。这时有一位天女,头戴花环,光芒闪耀,极为灿烂夺目。她和天神们一起来到善法堂。众天神看到这位天女,都感到非常稀奇。此时帝释天王就以诗句问天女道:

你有何福业,身体如真金?
光彩如莲花,是何大福德?
身体放光明,面若鲜花开。
金色光朗照,是何缘故得?
请为我们说。

这时天女以诗句答道:

我曾用花环,供奉迦叶塔。
今生在天上,得殊胜功德。
生在天界中,福报得金身。

帝释天王,又以诗句由衷地赞叹道:

奇妙功德田,耕耘除诸恶。
种下善种子,升天得果报。
谁不愿供养,恭敬真金身。
谁不供养佛,种上功德田。

美目修且广，犹如青莲花。
你能去供养，无上前世佛。
一点功德业，获此美容颜。

此时天女随即从天界下到人间，手持花伞，来到佛陀的住所。佛陀为她解说佛法，天女证得了声闻初果，又回到天上。佛弟子们都感到很奇怪，就问佛陀说："世人之尊，今天这位天女做了什么功德，获得天女之形体，容貌光彩照人？"佛陀说："在很久以前，她以各种花环供奉迦叶佛塔，因为这个缘故，所以今天获此果报。"

【辨析】

本篇故事情节简单，结构精巧，语言简洁流畅，韵散结合，读来朗朗上口。人物形象的刻画，全无呆板、生涩之感。那款款而来、手捧精心编制的丝线花环供奉迦叶佛塔的女子形象，描绘得生动饱满，犹在眼前；对于光彩夺目的天女的描写，也给人光明灿烂、青莲盛开的审美感受。内容和形式完美结合，相得益彰，从而突出了故事的喻理：前生供佛种福田，美貌善果在来世。

五十二

天女本以莲华供养迦叶佛塔缘

【题解】

本篇为前一篇比喻故事的姐妹篇,内容相近,理趣相同。

【经文】

尔时复有一天女,头上华鬘,光明晃曜,共诸天众,来集善法堂上。时诸天众,见是天女,生希有心。时天帝释,以偈问曰:

> 汝昔作何福,身如真金聚?
> 光色如莲花,而有大威德?
> 身出微妙光,面如开敷花。
> 光明甚炜炜,以何业行得?
> 唯愿为我说。

天女即便,说偈答言:

> 我昔以莲花,供养迦叶塔。
> 今日值世尊,得是胜功德。

生处于天上，得是金色报。

释提桓因，重以偈赞：

甚奇功德田，灭除诸秽恶。
殖因者甚少，获得胜果报。
谁不乐供养，恭敬真金聚。
谁不供养佛，上妙胜福田。
目广修而长，其喻青莲华。
汝昔能兴供，第一最胜尊。
作妙福德业，获得如此报。

尔时天女，即从天下，执持华盖，来到佛所；听佛说法，得法眼净，还于天上。时诸比丘，即问佛言："此女往昔，作何行业，得报如是？"佛言："过去之时，以妙莲华，供养迦叶佛塔，故获胜果，今见道迹也。"

【译文】

天女以莲花供奉过去佛的故事

那时又有一位天女，头戴花环，光彩夺目，和天神们一起来到善法堂。这时，各位天神看见这位光明的天女，都感到十分稀奇。此时帝释天王就以诗句问天女道：

你有何福业，身体如真金？
光彩如莲花，是何大福德？
身放微妙光，面若鲜花开。

光明又灿烂，是何缘故得？
请为我们说。

天女随即以诗句答道：

我曾以莲花，供养迦叶塔。
今日遇世尊，得殊胜功德。
往生天界上，福报得金光。

帝释天王又以诗句赞叹道：

奇妙功德田，灭除种种恶。
植下善种少，获得果报多。
谁不乐供养，恭敬真金身。
谁不供养佛，美妙胜福田。
目广修而长，犹如青莲花。
你供过去佛，世间最尊贵。
造下福德业，获得如此报。

这时天女随即从天界下到人间，手持花伞，来到佛陀的住所，听佛陀解说法理，证得清净法眼后，回到天上。这时佛弟子们问佛陀说："这位女子过去有什么善业，使她得到了这样的果报呢？"佛陀说："在过去的岁月里，她用美好的莲花供养迦叶佛塔，所以获得了殊胜的果报，今天可以证得佛理。"

【辨析】

本篇与前篇内容基本一致，略有区别：对女子形象的描绘和对天女美貌的赞叹，更为简略。但对供奉迦叶佛塔的鲜花，由"华鬘"具体到了"莲花"。"莲花"是佛教中的圣物,更为圣洁美丽。细心的读者,会注意到经文中出现了"莲华"和"莲花"同时混用,表现出汉译时由"华"到"花"过渡时的端倪。同时,在果报上前者证得了"须陀洹",即"声闻四果"中的初果;后者证得了"法眼净",即认识佛法无碍之眼,要胜于初果,可以达到"声闻四果"中的四果即阿罗汉之果位了,因此,本篇教化的意味更为浓重一些。

五十三

天女受持八戒斋生天缘

【题解】

这是一篇通过女子生前持守佛律,死后往生天界的故事,阐发持守戒律则可证悟佛法的喻理。

【经文】

尔时复有一天女,受持八斋[1],生于天上,得端政报,光颜威相,与众超异。时共诸天,集善法堂上。诸天见已,生希有心。释提桓因,以偈而问:

汝昔作何业,身如真金山?
光颜甚炜炜,色如净莲花。
得是胜威德,身出大妙光。
以何业行获?愿为我说之。

天女尔时,说偈答言:

昔于迦叶佛,受持八戒斋。

今得生天中，获是端政报。

释提桓因，重以偈赞：

奇哉功德田，能生胜妙报。
昔少修微因，而得生天上。
如此胜福聚，谁当不供养。
如是最胜尊，谁当不恭敬。
诸有闻是者，宜应大欢喜。
欲求生天者，应当持净戒。

尔时此天，持好华盖，来至佛所。佛为说法，得见谛道。时诸比丘，即问佛言："此天往昔，作何福业，得生天中，而获圣果？"佛言："昔为人时，于迦叶佛所，受持八斋，由是善行生于天上，而见道迹。"

【注释】

[1] 八斋：佛教的八条戒律，即不杀、不盗、不淫、不妄语、不饮酒、不饰身观歌舞、不卧高广大床、过午不食。对此还有不同说法。

【译文】

女子守斋戒往生天界的故事

那时，还有一位天女，持受佛教戒律，往生到天界，容貌端庄，仪表威严，与世俗迥异。当时她和天神们一起来到集善法堂。各位天神看见这位天女，都感到十分稀奇。此时帝释天王就以诗句问天女道：

> 你昔有何业，身如真金山？
> 容颜如光照，色如白莲花。
> 得殊胜威德，发出美妙光。
> 以何善业缘？请为众神说。

天女这时以诗句答道：

> 曾于迦叶佛，受持八关斋。
> 今生在天界，获得此福报。

帝释天王又以诗句赞叹道：

> 奇妙功德田，能生殊胜报。
> 虽少修善因，得生天上果。
> 如此福德聚，谁不来供养。
> 此为最尊贵，谁能不恭敬。
> 所有知此者，心皆生欢喜。
> 祈求生天者，应当持戒律。

这时天女手持美好的花伞，来到佛陀的住所，佛陀为她解说佛法，使她认识了佛法真谛。这时佛弟子们问佛陀说："这位天女在过去有什么善业得以生到天界，获得善果呢？"佛陀说："她过去在人间时，在迦叶佛那里接受了戒律，由于这样的善行往生到天上，证悟了佛理。"

【辨析】

　　这篇比喻故事针对的是在家修行的女信众，旨在引导她们持守戒律。以女子生前持守八种戒律，死后得以往生天界，告诉女信众只要守戒，就如种下了福田，必定会收获美好的善果。佛教戒律虽然是对修行者提出的要求，但其许多内容，具有普世的伦理价值，也是世人应该遵守的道德规范。

　　故事将天女的容颜、仪表描述得光彩无比，身如金山，美若莲花，既有天仙的奇幻美丽，又有人间的烟火气息，读来都会使人产生强烈的视觉效果和充分的美感享受。

五十四

天女本以然灯供养生天缘

【题解】

以长明灯供佛是佛教信众特有的信仰方式之一。长明灯象征破除一切烦恼的佛教智慧，照耀芸芸众生从漫漫长夜走向清澄光明。

【经文】

尔时王舍城，频婆娑罗王，于佛法中得道，获不坏信，常以灯明，供养于佛。后提婆达多，与阿阇世王作恶知识，欲害佛法，是以国土怖畏，不复然灯供养。有一女人，以习常故，于僧自恣日，佛经行道头，然灯供养。阿阇世王，闻极大瞋恚，即以剑轮，斩腰而杀，命终得生三十三天摩尼焰[1]宫殿中，乘此宫殿，至善法堂。帝释以偈问曰：

汝昔作何业，身如聚真金？
而有大威德，容貌甚光明？

天女即时，以偈答言：

三界之真济，三有[2]之大灯。
至心眼观佛，相好庄严身。
法中之最胜，为之然明灯。
灯然以灭闇，佛灯灭众恶。
见灯如日光，真实生信心。
睹灯明炽盛，欢喜而礼佛。

说此偈已，来至佛所，佛为说法，得须陀洹，即还天上。比丘问佛："以何因缘，生于天宫？"佛言："昔在人间，于僧自恣日，佛经行道头，然灯供养，阿阇世王，斩其腰杀。以是善因，命终之后，得生天中，重于我边，闻法信解，得须陀洹道。"

【注释】

[1] 摩尼焰：指能够遍照天宫的如意宝珠之光。
[2] 三有：指欲界、色界、无色界。

【译文】

女子点长明灯供佛的故事

那时摩揭陀国都王舍城，国王频婆娑罗在佛法中悟得教理，虔诚信仰，一直以长明灯供佛。后来提婆达多和阿阇世密谋篡夺王位，破坏佛法，国人害怕，因此而不再点燃长明灯供佛了。有一位女子，仍然如过去一样，在僧人外出的时候，于佛陀经过的路口，点灯供养。国王阿阇世知道后极为震怒，当即用剑腰斩了女子。她死后往生到欲界三十三天摩尼宝珠光照的宫殿中，从这座宫殿来到善法堂。帝释天王以诗句问道：

你曾有何业，身如真金聚？
有何大威德，容貌放光明？

天女这时以诗句答道：

三界之真理，三有之明灯。
诚心眼观佛，相好身庄严。
法中最殊胜，为佛点明灯。
灯光除黑暗，佛灯除众恶。
见灯如日光，真正生信心。
看灯明又亮，欢喜礼敬佛。

诵完诗句，天女来到了佛陀的住所，佛陀为她解说佛法。天女证得了初果，随即回到天上。弟子们问佛陀："这个女子因为什么缘故得以生到天宫？"佛陀说："她过去在人间时，在僧人自行外出化缘的时候，于佛陀经过的路口，点燃明灯以供养佛陀，被阿阇世国王腰斩。她由于这样的善因，死后往生天界，又来到我身边，听闻佛法教义，证得声闻初果。"

【辨析】

点灯供佛，比喻佛法如灯，可以照亮人间的黑暗，祛除三界之阴霾。可谓：一灯照暗室，四面皆光明。佛法度众生，三界一片明。这个故事中的女子，在一片恐怖的血雨腥风中，仍然点亮照耀自己心灵的一盏明灯，不畏强暴，坚持信仰，即使是失去生命，也无怨无悔，以此讴歌了人们对光明与理想的追求精神。同时以女子的当众被腰斩，控诉了王权对佛教的迫害以及对信众的残酷杀戮。

此外，韵散并行、错落有致的行文方式也为本篇增添了艺术感染力。

五十五

天女本以乘车见佛欢喜避道缘

【题解】

女童仅仅是因为给佛陀让道而拥有了一个美好的来生。本篇故事旨在说明即使很小的善行也会有很大福报。

【经文】

尔时佛在舍卫国,入城乞食,有一童女,乘车游戏,欲向园中,道逢如来,回车避道,生欢喜心。其后命终,生三十三天,往集善法堂。释提桓因,以偈问言:

  汝昔作何行,身色如真金?
  光颜甚炜炜,犹若优钵罗。
  得是胜威德,而生于天中。
  愿今为我说,何由而得之?

天女即时,以偈答曰:

  我见佛入城,回车而避道。

欢喜生敬信，命终得生天。

　　说此偈已，来向佛所。佛为说法，得须陀洹，即还天宫。比丘问言："以何业缘，生此天中？"佛言："昔于人间，回车避我，今得生天，重于我所，闻法信受，证须陀洹果。"

【译文】

女童为佛陀让路的故事

　　那时，佛陀在憍萨罗国都舍卫城，到城里乞食。有一位小女孩，乘车外出游玩，正想到园林中去，路上遇到了佛陀，就掉转车头让开道路，并心生欢喜。后来她命终后，往生到欲界三十三天，来到善法堂。帝释天王以诗句问她道：

　　你曾作何行，身体如真金？
　　容颜如光照，好比青莲花。
　　得殊胜威德，生于天界中。
　　请你为我说，因何而得之？

天女这时以诗句答道：

　　我见佛进城，驾车让开路。
　　心生喜与敬，死后得生天。

　　天女诵完诗句后，从天而降来到了佛陀的住所。佛陀为她解说佛法，于是证得了初果，随即回到了天宫。佛弟子们问："这位女子因为什么缘故得以生到天界？"佛陀回答道："她过去在人间时，乘车为我让路,所以今天得以往生天界,又来这里听佛法教义,证得声闻乘初果。"

【辨析】

回车让路,只是人们生活中微不足道的小事。本篇以小女孩为佛陀让路,体现对佛法的恭敬之心,说明其事虽小,其心可嘉。

故事巧妙地运用了以小见大、大小对比的手法。以一个小女孩,一件小事,一片诚心,烘托出往生天界的一片光明,形成了前因与后果的对应,从而巧妙地将"敬佛小善因"得"升天大果报"的喻理寄寓其中。

五十六

天女本以华散佛化成华盖缘

【题解】

本篇讲述一位女子将采来的无忧树花敬献给佛陀,以此因缘而得生天界的故事,阐发了小善举得大福报的喻理。

【经文】

尔时舍卫国,有一女子,于节日中,采阿恕伽华[1],还入城来,遇值佛出,即以此华,散于佛上,化成华盖,欢喜踊跃,生敬信心。于是命终,生于三十三天,即乘宫殿,至善法堂。帝释以偈问言:

汝昔作何业,得来生天中?
身如真金色,威德甚光明。
以何业行获?愿为我说之。

天女即以偈答言:

昔于阎浮提,取阿恕伽花。

还值于如来，即以供养佛。
欢喜生敬重，命终得生天。

说是偈已，来向佛所；佛为说法，得须陀洹，便还天上。比丘问言："此天女者，以何因缘得受天身？"佛言："昔在人中，出城取阿恕伽花，还来值我，即以华供养，发欢喜心。乘此善业，命终生天，重于我所，闻法得悟，证须陀洹。"

【注释】

[1] 阿恕伽华：梵文音译，即无忧树花，相传佛陀生此树下。

【译文】

女子为佛散花成花伞的故事

那时憍萨罗国都舍卫城，有一位女子，在节日里到城外采摘无忧花，回到城中，正好遇到佛陀外出，随即把无忧花洒在佛陀身上，这些花朵变成了花伞，女子见此非常高兴，生起恭敬之心。这个女子死后，往生到欲界三十三天，住在天宫。她来到善法堂上，帝释天王以诗句问她道：

你曾作何业，往生天界中？
身如真金色，威仪放光明。
何业获此报？请为我来说。

天女随即以诗句答道：

曾在人世间，采摘无忧花。

路遇如来过，随即献与佛。
心中生恭敬，死后往生天。

天女诵完诗句后，从天界来到佛陀的住所。佛陀为天女解说佛法，使她证得初果后回到天上。弟子们问佛陀："这位天女因为什么缘故得受天女之身呢？"佛陀说："过去她在人间时，出城采摘无忧花，回来时遇见了我，便将这些花供奉给我，并生欢喜崇敬之心。由于这样的善业，死后得生天界，又来到我的身边，听闻佛法开悟，从而证得初果。"

【辨析】

绽放的鲜花，姹紫嫣红，芬香馥郁，是大自然最美的生命。在佛教中，花向来与香一样是最重要的供佛之品，献花、散花都象征着信仰的虔诚，以花供佛能得诸种福报和功德。本篇中的女子把无忧花献给佛陀，既见其善良淳朴和诚笃恭敬，也因此获得了往生天界的妙果，所谓种善因得善果。

另外，"无忧花"一词，象征着消除了烦恼与痛苦的清净境界，寄寓着美好的祝福与期许。启示人们：生活中不免有艰辛和泪水、阴霾和黑暗，但应该知道，更有欢笑，更有光明。愿每一位心存善念的人们，都能在心中盛开一朵永不凋谢的、美丽清香的无忧花。

五十七

舍利弗摩提供养佛塔缘

【题解】

本篇以好供奉佛塔而得生天界的故事，阐明了种善因则得善果的喻理。

【经文】

频婆娑罗王，已得见谛，数至佛所，礼拜问讯。时宫中妇女，不得日日来到佛边，王以佛发，宫中起塔，宫中之人，经常供养。频婆娑罗王崩，提婆达多共阿阇世王，同情相厚，生诽谤心，不听宫中供养此塔。有一宫人，名舍利弗摩提，以僧自恣日，忆本所习，即以香花供养此塔。时阿阇世王，嫌其供养佛塔，用钻钻杀。命终得生三十三天，乘天宫殿，集善法堂。帝释以偈而问：

汝昔作何福，而得生天中？
威德甚光明，犹如真金色。
何业获此报？请为我来说。

天女以偈，而答之曰：

> 我昔在人中，欢喜恭敬心。
> 以诸好香华，供养于佛塔。
> 而为阿阇世，以钻钻杀我。
> 命终得生天，受此极快乐。

说是偈已，来向佛所；佛为说法，得须陀洹，即还天宫。比丘问言："以何因缘生此天中？"佛言："本于人间，曾以华香，供养佛塔。由是善业，今得天身，重从我所，闻法而悟，证须陀洹。"

【译文】

舍利弗摩提供奉佛塔的故事

摩揭陀国王频婆娑罗，已经了解了佛教义理，几次到佛陀的住所问候和礼拜。那时宫中的妇女不能每天到佛寺，国王就在宫中建起佛塔，供养佛陀的头发，并让宫中人经常来这里供养。频婆娑罗国王去世后，提婆达多和阿阇世国王，臭味相投，生出诽谤佛陀之心，不准许宫中供养佛塔。有一位宫女，名叫舍利弗摩提，在僧人们外出的日子，按照往日的习惯，随即用香花供养佛塔。这时阿阇世国王，憎恨她供养佛塔，用钻子杀死了这位宫女。宫女死后得生欲界三十三天，居住在天上的宫殿，来到善法堂。帝释天王以诗句问她道：

> 你曾作何福，而生天界中？
> 威仪放光明，犹如纯金色。
> 因何得此报？请你为我说。

天女随即以诗句答道：

> 我曾在人间，生出恭敬心。
> 美好芳香花，供养我佛塔。
> 为此阿阇世，以钻杀死我。
> 死后生天界，享受极快乐。

天女诵完诗句后，就从天界来到佛陀的住所。佛陀为天女解说佛法，使她证得初果，又回到天上。弟子们问佛陀："这位天女因为什么缘故得生天界呢？"佛陀说："她过去在人间，曾以香花供养佛塔。由于这样的善业，死后往生天界，又来到我的住所，听闻佛法开悟，从而证得初果。"

【辨析】

本篇和"女子点长明灯供佛的故事"情节相仿，一个被"腰斩"，一个被"钻杀"，都揭露了王权的残酷黑暗，是对人间暴政的控诉。既借以比喻佛法至善，暴君至恶，也形成了天界与人间、善与恶的鲜明对比。同时，还隐喻虔诚的信仰是暴力干涉所无法改变的。

五十八

长者夫妇造作浮图生天缘

【题解】

本篇以夫妻共建佛塔的故事,阐明了行善不分先后,信佛不论早晚,只要诚心奉佛皆可结得善果的喻理。

【经文】

舍卫国,有一长者,作浮图[1]僧坊,长者得病,命终生三十三天。妇追忆夫,愁忧苦恼,以追忆故,修治浮图及与僧坊,如夫在时。夫在天上,自观察言:"我以何缘生此天上?"知以造作塔寺功德,是故得来。自见定是天身,心生欢喜,常念塔寺,以天眼观:"所作塔寺,今谁料理?"即见其妇,昼夜忆夫,忧愁苦恼,以其夫故,修治塔寺。

夫作念言:"我妇于我,大有功德,我今应当往至其所,问讯安慰。"从天上没,即到妇边,而语之言:"汝大忧愁,念于我也。"妇言:"汝为是谁,劝谏于我?"答言:"我是汝夫,以作僧坊塔寺因缘,得生天上三十三天,见汝精勤修治塔寺,故来汝所。"妇言:"来前与我交会。"夫言:"人身臭秽,不复可近,欲为我妻者,但勤供养佛及比丘僧,命终之后,生我天宫,以汝为妻。"妇用夫语，供养佛僧，作众功德，发愿生天。其后命终，即生彼天宫，夫妇相将，共至佛边，佛为说法，得须陀洹。

诸比丘等，惊怪所以，便问："何业缘故得生此天？"佛言："昔在人中，作浮图僧坊，供养佛僧，由是功德，今得生天。"

【注释】

［1］浮图：亦作浮屠，即佛陀之异译。后世称佛塔为浮屠。

【译文】

夫妻共建佛塔得福报的故事

在憍萨罗国都舍卫城，有一位长者，建造了佛塔寺院。后来他得病去世，往生到欲界三十三天。妻子怀念丈夫，忧愁痛苦，因为追忆故人，就整修佛塔和寺院，和丈夫生前一样。丈夫在天上，自我观想："我以什么缘故往生到天上呢？"知道了自己是由于建造佛塔和寺院的功德，所以生到天界。看到自己是天神，心中欢喜，一直想念着佛塔和寺院，就以天眼观察："我所建的佛塔寺院，不知今天是谁在维护呢？"随即看见妻子日夜思念丈夫，忧愁痛苦，因为丈夫的缘故，整修佛塔和寺院。

丈夫心想："妻子对我有大功德，我今天应当去家里劝慰她。"就从天上下来，到妻子的身边，对她说："你这样忧愁地怀念着我。"妻子问："你是谁，为什么来劝我呢？"天神回答说："我是你丈夫，因为建造僧塔和寺院的缘故，往生到欲界三十三天，看见你精心辛勤地整修佛塔，所以来到这里。"妻子说："前来和我相会。"丈夫说："人的身躯发臭污秽，不可以靠近，要成为我的妻子，只要辛勤供养佛陀以及僧人，生命结束后，往生到我在的天宫，我还是以你为妻。"妻子听了丈夫的话后，供养佛陀和僧人，做各种功德，祈愿死后往生天界。后来妻子去世，随即往生到丈夫所住的天宫，夫妇相会后，一起来到佛陀身边，佛陀为他们解说佛法，都证得了初果。

佛弟子们对此感到很奇怪，问佛陀说："是什么缘故使夫妻都往生到天界呢？"佛陀说："从前在人间，他们都修建了佛塔和寺院，供养佛陀和僧人，由于这样的功德，今天得生至天界。"

【辨析】

这篇故事中的这一对老夫妻，他们生前相互恩爱，后仙凡相隔，仍彼此牵挂，而且前赴后继地修建维护佛塔和寺院。佛教在汉地得以广泛传播和发展，也正是因为有着像这对夫妻一样虔诚的信众和他们的善行。

故事还通过天上和人间的互动呼应画面的描绘，以及丈夫和妻子互为因果的方式向世人昭示：礼佛善业所获的福报，即使天上人间，也终会相见。本篇故事短小精悍，语言质朴自然，读来给人从容亲切的感受。

五十九

长者夫妇信敬礼佛生天缘

【题解】

本篇通过一位妇女礼拜佛陀而往生天界的故事，阐发了只要真诚地表示皈依佛教，即能获得殊胜功德的喻理。

【经文】

王舍城中，有一长者，日日往至佛所。其妇生疑，而作念言："将不与他私通，日日恒去？"便问夫言："日日恒向何处来还？"夫答妇言："佛边去来。"问言："佛为好丑能胜汝也，而恒至边？"夫即为妇，叹说佛之种种功德。

尔时其妇，闻佛功德，心生欢喜，即乘车往。既至佛所，尔时佛边有诸王大臣，逼塞左右，不能得前，遥为佛作礼即还入城。其后舍寿，生三十三天，便自念言："得佛恩重，一礼功德，使我生天。"即从天下往至佛边，佛为说法，得须陀洹。

比丘问言："以何因缘，得生此天？"佛言："昔在人中，为我作礼，以一礼功德，命终生天。"

【译文】

夫妻礼佛得福报的故事

在摩揭陀国都王舍城,有一位长者,每天都要去佛陀那里礼拜。他的妻子起了疑心,心想:"丈夫不会是与相好私通从而天天都出去?"于是问丈夫:"你每天都到什么地方去呢?"丈夫回答说:"到佛陀那里。"妻子又问:"佛陀有什么能吸引你的地方,使你天天都去呢?"丈夫随即为妻子讲述和赞叹佛陀的各种功德。

这时,妻子听了佛陀的功德后,生欢喜心,随即乘车前往。她来到佛陀的住所,当时国王和大臣们围绕在佛陀的左右,十分拥挤,不能走向前去。于是只好远远地向佛行礼,然后返回到城中。妻子后来去世,往生到欲界三十三天,她心想:"我得到了佛陀深重的恩德,一次礼拜的功德,就使我往生到天界。"随即从天上来到佛陀身边,佛陀为她解说佛法,证得了初果。

佛弟子们问:"是什么缘故,使这位妇女能往生到天界呢?"佛陀回答说:"从前她在人间的时候,礼拜过我,因为一次礼拜的功德,死后往生到天界。"

【辨析】

故事中妻子的一次"遥拜",具有多重意蕴:

首先,既表达了对佛陀的敬意、对丈夫的歉意,同时也是对自己怀疑心、妒忌心的否定。比喻佛教对善的向往,对恶的扬弃。隐喻佛教具有各种功德,可以破除人的各种烦恼。

其次,启示人们:法眼观天,疏而不漏。一位心生疑惑的妇女,在遥远之处的一次诚心礼拜,佛陀都铭记于心,从而将佛法身、口、意,业力不失的教义也暗喻其中。妇女往生天界的叙述,也在告诉人们,佛法关注着每一个人,每一个心怀善念的信众,佛陀都以宽厚博大的胸襟祝福和护佑着他们。

另外，从中可以看出，佛教在当时的摩揭陀国都王舍城已经家喻户晓，深入人心。王公大臣竞相拜谒，庶民百姓无不敬仰。

六十

外道婆罗门女学佛弟子作斋生天缘

【题解】

这一篇故事以婆罗门女子的改弦更张，即弃婆罗门斋法而奉佛斋，喻指及时信奉佛教之善业可得往生天界之善果。

【经文】

尔时舍卫国，有佛诸弟子，女人作邑会，数数往至佛边。徒伴之中有一婆罗门女，邪见不信，不曾受斋持戒。见诸女人共聚斋食，问言："汝等今作何等吉会？与汝亲厚，而不命我？"诸女答言："我等作斋。"婆罗门女言："今非月六日，又非十二日，为谁法作斋？"诸女言："我作佛斋。"婆罗门女言："汝作佛斋，得何功德？"答言："得生天解脱。"婆罗门女贪饮食故，受水作斋食，后与好美浆。婆罗门斋法，不饮不食；佛斋之法，食好食饮美浆，此斋甚易，生信乐欢喜。却后寿尽，得生天上，来向佛边，佛为说法，得须陀洹。

比丘问言："以何因缘，生于天中？"佛言："昔在人间，见诸女等聚集作斋，随喜作斋，由是善业，得来生天。"

【译文】

婆罗门女子斋戒得福报的故事

那时在憍萨罗国都舍卫城,有许多佛教女信众做法会,络绎不绝地前往佛陀那里。同伴中有一位婆罗门女子,持有错误的认识而不信佛教,也不曾持守佛教的斋戒。她看见许多女子在一起聚会吃斋饭,就问:"你们今天做什么吉祥的聚会?我和你们很亲近,为什么不叫我?"女友们回答说:"我们举行斋戒。"婆罗门女子说:"今天不是每月的六号,也不是十二号,为什么斋戒呢?"女友们回答说:"我们举行的是佛斋。"婆罗门女子又问:"你们做佛斋,得到什么功德?"回答说:"得到的功德是后世往生天界,解脱人间的苦难。"婆罗门女子由于想得到饭食,就接受了净水和斋饭,随后又得到了美味的果羹。按照婆罗门的斋戒法,不吃不喝,而佛教斋戒法,吃素食喝果羹。婆罗门女子觉得佛斋简单自然,于是心生欢喜,信奉乐行。后来生命结束时,往生到天界。又来到佛陀身边,佛陀为她解说佛法,证得初果。

佛弟子们问:"是什么缘故使这位妇女能往生到天界呢?"佛陀回答说:"从前她在人间的时候,看见许多女子在一起聚会吃斋饭,就一同斋戒,因为这样的善业,死后往生到天界。"

【辨析】

故事以婆罗门女子跟随同伴一起参加"佛斋"的随喜功德,获得了往生天界的果报,比喻佛教的修行,体现在衣、食、住、行等人们的日常生活的各个方面,这也是汉地"生活禅"修持主张的思想基础。

在情节的安排上,将佛斋的简便易行与婆罗门教斋戒的刻意"绝食"进行了对比,以婆罗门信徒的感受和对"佛斋"的选择,隐喻出婆罗门的修行已被扬弃，而佛教的修行方法被人们广泛接受的事实。启示人们：佛教更加接近生活，信奉佛教是广大妇女解脱苦难最切实可行的正确选择。

六十一

贫女人以氎施须达生天缘

【题解】

本篇通过一位贫穷女子怀着恭敬之心,倾其所有布施一块毛布的故事,旨在阐明布施不论多少,只要心诚意笃就可以得到福报的喻理。

【经文】

尔时须达[1]长者,作是思惟:"生我家者,命终之后,无堕恶道,何以故?我尽教以净法故。贫穷困苦,信与不信,我今亦当教以善法,使供养佛僧。"于是具以上事,启波斯匿王,王便击鼓鸣铃:"却后七日,须达长者,欲劝化乞索供养三宝,一切人民,各各随喜,多少布施。"至七日头,须达长者,从诸人等,劝化乞索。

有一贫女,辛苦求价,唯得一氎,以覆身体,见须达乞,即便施与。须达得已,奇其所能,便以钱财谷帛衣食,恣意所欲供给。贫女其后寿尽命终,生于天上,来至佛边,佛为说法,得须陀洹。

比丘问言:"今此天女,以何因缘,生于天上?"佛言:"昔在人中,值须达长者教化乞索,心生欢喜,即以所著白氎,布施须达。由是善业,得生天上,重于我边,闻法信解,获须陀洹。"

【注释】

[1] 须达：即须达多，憍萨罗国富商，因乐善好施，又称"给孤独"。他也是波斯匿王的大臣，曾买下了太子的园林献给佛陀，故称给孤独园。

【译文】

贫穷女子布施细毛布得福报的故事

那时须达长者这样想："凡是出生在我家的人，生命终结后没有堕入地狱、饿鬼、畜生三恶道的，为什么呢？这是因为我总是尽力地教导他们信奉佛法的缘故。无论贫穷或困苦，信佛与不信佛的人，我今天都应当劝化他们信奉美好的佛法，使他们供养佛陀和僧人。"于是他把自己的这种想法禀报给波斯匿国王，国王便派人击鼓鸣铃，向天下宣布："以后七天，须达长者要教化劝说百姓化缘供养佛、法、僧三宝，一切人民都随喜自愿，多少布施一些。"到第七天，须达长者带着人们，进行劝说教化工作。

有一位贫穷的女子，辛苦换来的东西，只有一块细毛布，用来给自己御寒的，看见须达来化缘，便布施给了他。须达得到以后，被她的行为所感动，于是就以钱财、谷物、衣帛和食物供给贫穷女子，按她的需求提供。贫穷女子去世后往生天上，又来到佛陀的身边，佛陀为她解说佛法，因而证得初果。

佛弟子们问："是什么缘故使这位妇女能往生到天界呢？"佛陀回答说："从前她在人间时，遇上须达长者教化布施，她心生欢喜，随即把所用的细毛布布施给了须达。由于这样的善业，死后得以往生天上，又来到我的身边，听闻佛法义理，证得了初果。"

【辨析】

憍萨罗国波斯匿王和须达多长者同为佛陀时代的佛教大护法。本篇通过国王按照大臣须达多的建议为佛教化缘的故事,反映了佛教在社会下层人民心中的地位,也表现了佛教人人平等的教义。佛教认为布施之人不分贵贱贫富,布施之物不论大小多少,只要尽其所能,都有无量功德。正如涓涓溪流可以汇成大海,一沙一土可以聚为宝塔。故事中以一块细毛布,比喻信众一片纯洁、神圣之心,寄寓此善虽小,功德殊胜的理趣。

六十二

长者女不信三宝父以金钱雇令受持五戒生天缘

【题解】

这是一篇讲述父亲因势利导，巧用方便，教化不信佛教的女儿，最终使其成就道果的比喻故事。

【经文】

尔时舍卫国中，有一长者，名曰弗奢，生二女子。一者出家，精进用行，得阿罗汉；一者邪见，诽谤不信。父时语此不信之女："汝今归依于佛，我当雇汝千枚金钱，乃至归依法僧，受持五戒，当与八千金钱。"于是便受五戒。不久之顷，命终生天，来向佛所，佛为说法，得须陀洹。

比丘问言："此天女者，以何业行，得生于天？"佛言："本于人间，贪父金钱，归于三宝，受持五戒。由是因缘，今得生天，重于我所，闻法得道。"

【译文】

长者以利劝导女儿信佛得福报的故事

那时憍萨罗国都舍卫城有一位长者，名叫弗奢，他有两个女儿，一个出家修行佛法，精勤勇进，证得阿罗汉果位；另一个信邪见，诽谤而不信佛法。父亲这时对这个不信佛教的女儿说："你今天皈依佛陀，我就会给你一千个金币，如果还皈依法、僧，接受不杀生、不偷盗、不邪淫、不妄语、不饮酒五戒，就给你八千个金币。"于是女儿便接受了五戒。不久之后去世，得生天界。又来到佛陀的住所，佛陀为她解说佛法，证得声闻乘初果。

佛弟子们问："这位天女因为什么善业，往生到天界呢？"佛陀回答说："从前她在人间时，贪图父亲的金钱，皈依佛、法、僧三宝，持守五戒。由于这样的缘故，今天得以往生天界，又来到我的住所，听闻佛法而证得了初果。"

【辨析】

这篇比喻故事立意新颖，见解独特，旨在说明以智慧教育、化导顽痴，对不同的人应采取不同的方式。所谓知女莫如父，父亲知道信奉邪见的二女儿，贪图钱财，所以就用金钱来诱惑她信奉三宝，最终引导她走向信仰佛教的人生之路，以此喻指万法皆善缘，钱财只不过是善巧方便的法门而已。

六十三

女因扫地见佛生欢喜生天缘

【题解】

本篇故事以一女孩因前生见佛陀而生欢喜心,死后得生天界,借以说明有善心必有善果的喻理。

【经文】

南天竺法,家有童女,必使早起,净扫庭中门户左右。有长者女,早起扫地,会值如来于门前过,见生欢喜,注意看佛。寿命短促,即终生天。

夫生天者,法有三念,自思惟言:"本是何身?自知人身;今生何处?定知是天;昔作何业,来生于此?知由见佛欢喜善业,得此果报。"感佛重恩,来供养佛,佛为说法,得须陀洹。

诸比丘言:"以何因缘,令此女人生天得道?"佛言:"昔在人中,早起扫地,值佛过门,见生喜心。由是善业,生于天上,又于我所,闻法证道。"

【译文】

女子见佛欢喜得福报的故事

在古印度南部有一种习俗,凡是家里有女孩的人家,一定要让她早起,将庭院内外打扫干净。有一位长者的女儿,早上起来扫地,正好遇上佛陀从她家门前经过,她见到佛陀心生欢喜,并向佛行注目礼。这个女孩寿命很短,死后随即往生天界。

往生天界的人,会有三种思考,即:"我原本是什么身?知道自己是人身;如今生在何处?知道是在天界;从前造了什么善业生到了这里?知道是由于看见佛陀后心中欢喜的善业,得到了往生天上的果报。"为了感谢佛陀的大恩,天女就来到人间供养佛陀,佛陀为她解说佛法,证得初果。

佛弟子们说:"因为什么缘故让这位女子往生天界,证得果位?"佛陀说:"从前她在人间的时候,早晨起来扫地,遇到佛陀从门口经过,见佛而生欢喜心。由于这样的善业,往生天上,又来到我的住所,听闻佛法而证得道果。"

【辨析】

我们常说:眼睛是心灵的窗户。佛家认为,眼见善而心生善,心生善则言语善、行为善。见佛欢喜,善随心起,即结善缘。积善成德,则可消除业障,成就圆满功德。佛教这种发善于微,业果殊胜的认识,表现出见微知著,以小见大的教化特点。在我们的现实生活中,待人友善、包容,怀抱感恩之心,会使人变得快乐美丽,使生活变得光明美好。

六十四

长者造舍请佛供养以舍布施生天缘

【题解】

本篇以建造房屋献给佛陀而得生天界者的故事,说明福德从布施而来的喻理。

【经文】

王舍城有大长者,新造屋舍,请佛供养,即以布施,而白佛言:"世尊,自今已后,入城之时,洗手洗钵,恒常来此。"其后寿尽,生于天上,乘天宫殿。来诣佛所,佛为说法,得须陀洹。

比丘白言:"以何因缘,得生于天?"佛言:"昔在人中,造新屋舍,请佛布施。由是善业,上生天宫,遂于我边,闻法得道。"

【译文】

建房献佛得福报的故事

摩揭陀国都王舍城有一位德高望重的长者,他新建了一间屋舍,请佛来居住,将它布施给佛陀。对佛陀说:"世人之尊,从今以后，您进城的时候，要洗手、洗钵，就请常到这里来。"后来长者去世得生天上，在天宫中享受福报。他又来到佛陀的居所，佛陀为他解说佛法，证得初果。

佛弟子们说："是什么缘故使他得生天界？"佛陀说："从前他在人间的时候，把新建造好的房屋布施给佛陀。由于这样的善业，才得生天上，而且来到我的住所，听闻佛法，因而证得道果。"

【辨析】

这篇比喻故事中的主人公是一位"大长者"，即有身份和地位的人。在等级森严的古代印度社会里，他们始终高高在上，拥有一定的特权，因而他们对佛教所持的态度，会对佛教的发展产生一定的影响。从这则短小的故事中我们可以看到，"大长者"出手果然不同一般，给佛陀的布施，是一座新建的房屋。佛教认为世间一切皆无常，财富也不例外，有聚积就有消散。对于富有者来说，最有意义的事莫过于广行布施，这样，既为他人和社会造福，又为自己种下福田，从而发挥财富应有的价值。

六十五

妇以甘蔗施罗汉生天缘

【题解】

本篇故事通过媳妇被婆婆打死的不幸事件,以及婆媳两人善恶之对比,反映了善有善报的喻理。

【经文】

昔舍卫国,有罗汉比丘,入城乞食,次到压甘蔗家。其家儿妇,以一粗大甘蔗,着比丘钵中。姑见瞋之,便捉杖打,遇着腰脉,即时命终。得生忉利天,而作女身,所处宫殿纯是甘蔗。诸天之众集善法堂,时彼天女亦集此堂,帝释以偈而问言:

汝昔作何业,而得妙色身?
光明色无比,犹如镕金聚。

天女以偈答言:

我昔在人中,以少甘蔗施。
今得大果报,于诸天众中。

光明甚晖赫。

【译文】

女子布施甘蔗得福报的故事

从前在憍萨罗国都舍卫城,有一位高僧到城中乞讨饭食,依次来到一户压甘蔗糖的人家。这家的儿媳妇把一根粗大的甘蔗,放到出家人的饭钵中。婆婆看见后很生气,就举起棍子打媳妇,打中了腰部要害处,媳妇当即死去。死后往生到欲界天,成为天女,所住宫殿的四周甘蔗环绕。天神们一起来到善法堂,这时这位天女也来到这里,帝释天王以诗句问道:

你曾作何福,得此美好身?
光明无人比,犹如纯金色。

天女随即以诗句答道:

我曾在人间,布施一甘蔗。
今得大果报,往生天界中。
光明又灿烂。

【辨析】

人们常说:多年的媳妇熬成婆。但本篇故事中的这位熬成婆的老年妇女,的确是一位可憎的"恶婆子",仅仅因为媳妇给了僧人一根甘蔗就把媳妇打死。她自己也许曾受压迫,一旦获得了相对的自由,就又迫害比自己更为可怜者。婆婆打媳妇,这既是佛教对人性丑恶一面的揭露,也反映了封建家庭等级观念对媳妇的束缚和对婆婆的毒害。因此，两代女子实际上都是受害者，这是女性的悲哀，也是社会的悲剧。

六十六

女人以香涂佛足生天缘

【题解】

本篇用以香敬佛的故事,旨在告诉人们,敬佛只要尽其所能,真诚恭敬,就可以得到善果。

【经文】

昔舍卫城中,有一女人,坐地磨香,值佛入城,女见佛身,生欢喜心,以所磨香,涂佛脚上。其后命终,得生天中,身香远闻,彻四千里,便往集于善法堂上。帝释以偈而问言:

汝昔作何福?身出微妙香。
生在于天中,光色如镕金。

天女即以偈答言:

我以上妙香,供养最胜尊。
得无等威德,生三十三天。
而受大快乐,身出众妙香。

闻于百由旬[1]，诸得闻香者，
悉得大利益。

即时天女，向世尊所，佛为说法，得须陀洹道而还天上。

诸比丘问言："昔作何福，得生天中，身若此香？"佛言："由此天女，昔在人间，以香涂我足，以是因缘，命终生天受此果报。"

【注释】

[1] 由旬：古代印度的长度单位。原指公牛拉车行走一天的路程，大约相当于三十里。《大唐西域记》载，一由旬为四十里，故文中有四千里和百由旬相对应。但对此还有不同的说法。

【译文】

女子用香料供佛得福报的故事

从前在憍萨罗国都舍卫城，有一位女子，坐在地上研磨香料，正好遇到佛陀进城，女子见到佛陀后，生出欢喜之心，就把磨好的香料涂在佛陀的脚面上。后来这位女子去世，得生天上，她身上的香味在四千里外都能闻到，她来到善法堂，帝释天王以诗句问道：

你曾作何福，身有美妙香？
生在天界中，光色如纯金。

天女随即以诗句答道：

我用美妙香，来供养佛陀。
得无上恩德，往生欲界天。

享受大快乐，身有美妙香。
香飘四千里，所有闻香者，
皆得大利益。

这时，天女来到佛陀的住所，佛陀为她解说佛法，证得初果后回到天上。

佛弟子们说："因为什么福德，使她往生天界，身上发出清香？"佛陀说："从前这位天女在人间的时候，把香料涂在我的脚面上，因为这样的缘故，死后往生天界，享受这样的果报。"

【辨析】

这篇比喻故事篇幅虽短，立意不俗，通过想象着力描写了人的嗅觉感受。以香味传播千里，比喻佛法飘香，泽被众生，善缘无碍，永驻世间。读完之后，令人感到轻松惬意，暗香扑鼻。可谓：涂佛脚面一点香，往生天界得福报。身香飘散四千里，所有闻者皆得利。

六十七

须达长者婢归依三宝生天缘

【题解】

本篇通过女仆在重金的诱惑下皈依佛法得到福报的故事，显示了佛教教化方式的多样性。

【经文】

尔时舍卫国，须达长者，以十万两金，雇人使归依佛。时有一婢，闻长者语，即归依佛。命终之后，生三十三天，于是往集善法堂上。帝释以偈而问言：

汝宿有何福，得生于天中？
光明色微妙，今为我说之。

天女以偈答言：

三界之坚胜，能拔生死苦。
三界之真济，断除三垢结[1]。
我昔归依佛，并及于法僧。

以是因缘故，而获此果报。

说是偈已，来至佛所，佛为说法，得须陀洹道。
比丘问言："以何业缘，受是果报？"佛言："昔于人中，归依佛故，今得生天，值我说法，得须陀洹。"

【注释】

［1］三垢结：即贪、瞋、痴三毒带来的烦恼。

【译文】

女仆信佛得福报的故事

那时在憍萨罗国都舍卫城，须达这位德高望重的长者，用十万两黄金化导人们皈依佛陀。当时有一位女仆，听了须达长者的话，随即皈依了佛教。这位女仆去世后，得生至欲界三十三天，于是前往善法堂。帝释天王以诗句问她道：

你曾有何福，得生天界中？
光明之色妙，今请为我说。

天女以诗句答道：

三界最殊胜，解脱生死苦。
三界之真谛，断除贪瞋痴。
我曾皈依佛，供奉法与僧。
以此善因缘，获得佛果报。

天女诵完诗句后，来到佛陀的居所，佛陀为她解说佛法，因而证得了初果。

弟子们问佛陀："天女因为什么善缘，得到往生天界的果报？"佛陀回答说："她过去在人间时，由于皈依了佛法，今天得以往生天界，又来听我解说佛法，因而证得了初果。"

【辨析】

这是一篇以金钱化导女仆信佛的故事。大商人出身的须达多深谙金钱在世俗人们心中的诱惑力量，所谓"重赏之下，必有勇夫"，于是不惜重金促使人们皈依佛陀。的确"重金之下必有信众"，最终他如愿以偿。

从这个故事中我们可以看出：第一，佛家度化众生，往往根据众生的根基而施以不同的教法，讲究善巧方便，即无论通过何种方式，旨在以最适当的方法帮助一切众生。第二，体现了佛教的财富观，即在善的引导下，财富可以发挥积极的社会功能，帮助人们树立正确的价值观、世界观。

六十八

贫女从佛乞食生天缘

【题解】

这篇讲述的是一位向佛陀乞讨的女子,因心怀欢喜和感恩而得到福报的故事。其喻理在于:佛渡一切有缘人,无论贵贱与贫富。

【经文】

昔舍卫国城中,有一女人,贫穷困苦,常于道头,乞索自活。转转经久,一切人民,无看视者。佛遇行见,往到其所,从佛乞食。怜愍贫女,困饿欲死,即敕阿难,使与其食。时此贫女,得食欢喜。后便命终,生于天上。感佛往恩,来供养佛。佛为说法,得须陀洹。

诸比丘问佛言:"今此天女,以何因缘,得生天上?"佛言:"此天女者,昔在人间,困饿垂死,佛使阿难与食,既得食已,心生欢喜。乘是善根,命终生此天宫,重于我所,闻法得道。"

【译文】

讨饭女向佛陀乞讨得福报的故事

从前在憍萨罗国都舍卫城中,有一位女子,非常贫穷,常在街边靠乞讨生活。这天她在街上转了很久,所有路过的人,都视若不见。佛陀经过时遇见了她,她跟着来到佛陀的住所,向佛陀乞讨食物。佛陀怜悯这位贫穷而将饿死的女子,便让弟子阿难取来食物给她。贫穷女子得到食物后十分欢喜。后来这位女子死了往生到天上。她感谢佛陀当年的恩德,来到人间供养佛陀。佛陀为她解说佛法,于是证得了初果。

弟子们问佛陀:"这位天女因为什么善缘,得到往生天界的果报?"佛陀回答说:"这位天女过去在人间时,因贫困而将要饿死,我叫弟子阿难给她食物,她得到食物后,心生欢喜。由于有了善根,死后往生到天界,现在又来这里,听我解说佛法而证得了道果。"

【辨析】

一个饥饿待毙的讨饭女子,在满街的人们视其为无物的情况下,她不得不向出家人求助。读到这里,不由得让人感觉十分凄凉。在佛陀时期,由于出家人也往往接受他人布施,以乞食为生,所以佛陀能够感受和体会她的可怜处境,将心比心,同情她,给她食物施以救助。在路人的冷漠态度与佛陀的怜悯救助的鲜明对比中,烘托出佛家大慈大悲,度一切众生的情怀,也把佛陀众生平等的喻理自然体现出来。

六十九

长者婢为主送食值佛即施获报生天缘

【题解】

这篇故事通过女仆将饭食先奉佛陀、再奉僧人、最后奉主人的行为,表现了佛教对劳苦大众的感召力。

【经文】

舍卫国中,有长者子,共诸长者子,游戏园中。欲去之时,语其家内:"为我送食。"其家于后,遣婢送食。婢到门外,遇见于佛,即以其食,供养如来。还复归家,取食更送,亦于路中,见舍利弗、目犍连等,即复与之。第三取食,与长者子。长者子食竟,自来还归,语其妇言:"今日送食何为极晚?"妇答之言:"今日三过,为君送食,何故迟晚?"便唤婢问:"汝朝三过,取食与谁?"婢时答言:"第一送食,值佛即施;第二送食,见舍利弗、目连等,复以与之;第三取食,始与大家。"大家闻已,极大瞋恚,以杖而打,即时命终,生于天上。

初生天时,具作三念:"一者自念,我今生在何处?自知生天;二者自念,从何处终?而来生天,知从人道中生于天上;三者自念，乘何等业缘而得生天？知由施食获此果报。"便来佛所，供养恭敬。佛为说法，得须陀洹。

比丘问佛："今此天女，以何因缘，生于天上？"佛言："本于人中，作长者婢，为长者子送食，值佛如来，即以施佛，大家瞋恚，以杖打杀。乘是业缘，命终生天，又于我所，闻法证道。"

【译文】

女仆遇佛布施得福报的故事

憍萨罗国都舍卫城中，有一位长者的儿子，和其他长者的儿子们一起到园中游玩。出门前对家人说："给我把饭送来。"他的家人之后派了一个女仆去送饭。女仆一出门刚好遇见佛陀，随即把饭食供养给了佛陀。女仆回到家中，又取了饭再送去，在半路上遇见了佛弟子舍利弗、目犍连等人，随即又把饭布施给了他们。女仆第三次取来饭，才给长者儿子送去。长者儿子吃完饭回到家里，对妻子说："今天饭送得为什么这么晚？"妻子回答说："今天为你送了三次饭，为什么说晚呢？"于是叫来女仆，问道："你今天三次送饭，把饭给了谁？"女仆回答说："第一次送饭，正好遇上佛陀，随即布施给了他；第二次送饭，又遇见佛弟子舍利弗、目犍连等人，又把饭给了他们；第三次送饭，才给了主人。"主人一听，极为愤怒，便拿棍子来打女仆，女仆当即被打死，往生到天上。

刚生到天界时，她在想三个问题："一是，我今天往生在何处？知道自己往生到天界；二是，我的生命在何处终结往生到了天界？知道自己是从人间往生到天上的；三是，我是因为什么缘故得以往生天上？知道自己是由于布施食物获得果报的。"于是她又来到佛陀的住所，恭敬地供养佛陀。佛陀为天女解说佛法，使她证得了初果。

弟子们问佛陀："今天这位天女，因为什么缘故往生到天上？"佛陀回答说："她原本在人间时，为长者家的女仆，为长者的儿子送饭时遇到佛陀，随即把饭布施给了佛陀，主人因此愤恨，用棍子将她打死。由于布施的善缘，死后往生天界，又来到我的住所，听闻佛法而证得了道果。"

【辨析】

本篇故事以女仆送饭为线索，以一波三折之笔，描绘出了古代印度社会及家庭状况。从中可以看出，当时印度仍处于奴隶社会的晚期，家奴毫无人身自由，主人视其生命如草芥，可以任意处置。这种森严的等级制度至今仍然对印度社会产生着影响。故事以女仆死后的福报，隐喻人们信仰佛教的诚笃之心，即使剥夺生命也不能被扼杀。

七十

长者为佛造讲堂获报生天缘

【题解】

这篇故事旨在阐明修建佛堂以助法音广传，定有殊胜功德。

【经文】

尔时王舍城，频婆娑罗王，为佛造作浮图僧房。有一长者，亦欲为佛作好房屋，不能得地，便于如来经行之处，造一讲堂，堂开四门。后时命终，生于天上，乘天宫殿。来供养佛，佛为说法，得须陀洹。

比丘问言："今此天子，以何业缘，得生天宫？"佛言："本在人中，造佛讲堂，由是善因，命终生天。来至我所，感恩供养，重闻说法，获须陀洹。"

【译文】

长者修建佛堂得福报的故事

那时在摩揭陀国都王舍城，国王频婆娑罗为佛陀建造了佛塔和寺院。有一位长者，也想为佛陀修建一座好房屋，但因为没有土地，于是就在佛陀经过的地方，建了一座讲经堂，开了东、西、南、北四个门。这位长者死后往生天上，在天宫享乐。他又来供养佛陀，佛陀为他解说佛法，因而证得了初果。

佛弟子们问："今天这位天神，因为什么善缘，得以往生天宫呢？"佛陀回答说："他原本在人间时，为佛建了一座讲堂，由于这样的善因，死后得生天界。又来到我的住所，感恩和供养佛陀，再次听我解说佛法，获得声闻初果。"

【辨析】

弘法传教，历来为佛家所重视。本篇故事中的长者为佛陀修建了一座开有东、南、西、北四个大门的讲经堂，这"四门"别有寓意：其一，象征佛教向四面八方广泛传播。其二，比喻佛教欢迎来自四方的信众，佛陀为他们打开了四通八达的大门，不分男女老少，不论尊卑贵贱，广泛接纳。其三，喻指人的生、老、病、死，进入四门，就能了知生、老、病、死之苦，才能找到解脱人生苦难的真谛。其四，皆通涅槃，圆融无碍。

七十一

长者见王造塔亦复造塔获报生天缘

【题解】

佛塔与寺院皆为佛教的标志,所谓"上有所好,下必甚焉",国王建塔,长者仿效。本篇故事以宣扬建造佛塔可获福德为旨趣。

【经文】

尔时耆阇崛山[1]南天竺,有一长者,见频婆娑罗王为佛作好浮图僧坊,亦请如来,为造浮图,僧房住处。其后命终生于天上,来至佛所,报恩供养。佛为说法,得须陀洹。

比丘问言:"此天子往日,以何因缘,得生天宫?"佛言:"昔在人中,见王起塔,心生随喜,便请如来,造立浮图。由此善业,得生天上。又于我所,闻法信悟,证须陀洹。"

【注释】

[1]耆阇崛山:耆阇崛,梵文音译,意译为灵鹫山、灵山,位于中印度摩揭陀国首都王舍城东北侧,为著名的佛陀说法之地。

【译文】

长者建造佛塔得福报的故事

那时在灵鹫山以南的印度,有一位长者,他见摩揭陀国王频婆娑罗为佛陀建造了很好的佛塔和寺院,于是他也请来佛陀,为佛陀建造佛塔和僧房。后来长者去世往生到天上,又来到佛陀的住所,报答恩德供养佛陀。佛陀为他解说佛法,因而证得初果。

佛弟子们问:"今天这位天神,因为什么善缘,得以往生天宫呢?"佛陀回答说:"从前他在人间时,见国王建造了佛塔,心中也产生了修建佛塔的随喜功德,就请佛陀来到南印度,为佛陀建造佛塔。由于这样的善业,死后生天。又来到我的住所,听我解说佛法,证得声闻乘初果。"

【辨析】

从本篇故事中可以看出,北印建塔,南印仿效,表明在当时,佛教开始广泛传播,佛陀弘法的足迹已经到了古代印度的最南端。大凡一种思想学说或宗教,要想落地生根,首先要有立足之处。对佛教来说,也是如此。人体上,佛教流传到哪里,哪里就有标志性的建筑——寺庙或佛塔。汉地最早的佛寺,是建于东汉永平十一年(68年)河南洛阳的白马寺,至今已有一千九百多年的历史了。

七十二

贾客造舍供养佛获报生天缘

【题解】

本篇借商人之子的故事,阐发了建造房屋供养佛陀也有殊胜功德,同样能够获得福报的喻理。

【经文】

尔时舍卫国,有一贾客,远行商贾,身死不还。母养其子,其子长大,复欲远去。祖母语言:"汝父远去,身死不还,汝莫远去,当于近处,在市坐肆。"即奉其敕,便于市中,作于估肆,而作念言:"此城人民,悉皆请佛,我今新造舍已,亦当请于如来。"便往请佛。佛来至已,而白佛言:"我以此舍,供养如来,自今已后,入城之时,洗手洗钵,恒向我舍。"其后命终,便生天上。来至佛所,佛为说法,得须陀洹。

比丘问言:"此天昔日,以何业因缘,得生天上?"佛言:"本为人时,新作肆舍,请佛着中。乘此善业,今生于天。又于我所,闻法获报。"

杂宝藏经卷第五

【译文】

商人建房供佛得福报的故事

那时憍萨罗国都舍卫城,有一位商客,到远处经商,最后客死他乡。祖母抚养着商客的儿子,儿子长大以后,也想到远方去经商。祖母对他说:"你父亲远去后,客死他乡,你不要再到远处去了,就在近处城里的集市上做生意。"孙子于是听从祖母的劝告,便在城中开了一个商铺做起生意。心想:"这城里的人们都邀请佛陀,我现在建好了新的房子,也应当请佛陀前来。"便前往寺院恭请佛陀。佛陀来了以后,就对佛陀说:"我用这房子供养佛陀,从今以后,您来城里的时候,洗手用斋和清洗饭钵,就都到我的房子来。"他死了以后,便往生到天上。又来佛陀的住所,佛陀为他解说佛法,即证得了初果。

佛弟子们问:"这位天神,因为什么善缘得以往生到天宫呢?"佛陀回答说:"他在人间时,建造好新房屋后,就请佛陀到房里。由于这样的善业,今天往生到天界。又来到我的住所,听我解说佛法而获得善果。"

《杂宝藏经》第五卷完。

【辨析】

老妇人的儿子因外出经商,客死异地,其心中的恨憾可想而知,所以她不让孙子到远方经商,就是怕孙子再步其父后尘。孙子听从了她的劝告,就在家乡做生意。这一方面反映出老人"儿行千里母担忧"的心情,另一方面也表现了孙子的体恤和慈孝之心。最后孙子又因建屋供奉佛陀的功德而得享天福。

从本故事中所述"此城人民,悉皆请佛"这一细节来看,不仅当时佛教在舍卫城已经深得民心,而且佛陀和商家的关系密切。同时，佛教对于人心的稳定，社会的繁荣，也起着积极的促进作用。

七十三

帝释问事缘

【题解】

这篇故事通过欲界帝释天王和佛陀的对话，集中阐发了佛教的基本教义。

【经文】

如是我闻：

一时佛在摩竭提国，王舍城南，有婆罗门聚落，名庵婆罗林，此聚落北，毗提醯山[1]石窟之中。尔时帝释闻佛在彼，即告槃阇识企揵闼婆王子[2]言："摩竭提国，婆罗门聚落，名庵婆罗林，此聚落北，有毗提醯山，世尊在中，今与汝等可共诣彼。"槃阇识企揵闼婆王子，答言："唯然，此事最善。"欢喜乐闻，即挟琉璃琴，从于帝释，往于佛所。尔时诸天，闻帝释共揵闼婆王子等，欲往佛所，各自庄严，随从帝释，于天上没，即至毗提醯山。

尔时山中，光明照曜，近彼仙人，皆谓火光。帝释即告揵闼婆王子言："此处清净，远离诸恶，阿练若[3]处，安隐坐禅，当今佛边，多饶尊胜诸天侧塞，满其左右。我等今者，云何而得奉见世尊？"帝释即告揵闼婆王子："汝可为我往向佛所通我等意，欲得觐

问。"犍闼婆王子,受教即往,不远不近,瞻仰尊颜,援琴而弹,使佛得闻,作偈颂曰:

一

欲心生恋着,如象没淤泥。
亦如象醉狂,非钩之所制。
譬如阿罗汉,恋慕于妙法。
亦如我贪色,恭敬礼其父。
由生贵胜处,情倍生爱乐。

二

极能生长我之爱,如似热汗遇凉风。
亦如极渴得冷饮,汝之容体甚可嬉。
犹如罗汉爱乐法,亦如病者得好药。
如彼饥者得美食,疾以清凉灭我热。
今我贪尚欲驰弁,如捉我心不得去。

佛言:"善哉,般阇识企。今作此声,弦管相谐,汝于近远而造歌颂。"即白佛言:"我于往时,遇一贤女,名修利婆折斯,是犍闼婆王珍浮楼女[4]。摩多罗天子[5],名识骞稚,先求彼女,我时悦爱,即于其所而说斯偈,我今佛前,重说本偈。"帝释念言:"佛以从定觉,今与槃阇识企言说。"帝释复语企言:"汝今称我名,顶礼佛足,问讯世尊:少病少恼,起居轻利,饮食调适,气力安乐,无诸恶不?安乐住不?"即报言语。受帝释教,重诣佛所,称帝释名,即礼佛足,以帝释语,问讯世尊。佛言:"帝释及诸天,皆安乐不?"重白佛言:"世尊,帝释及三十三天,欲得见佛,听来见不?"佛言:"今正是时。"

帝释及三十三天,闻佛教已,即至佛所,顶礼佛足,在一面立，白佛言："世尊，当何处坐？"佛言："坐此座上。"白佛言："此窟极小，天众极多。"作是语已，见石窟广博，佛威神力，多所容受。帝释即礼佛足，在前而坐，白佛言："我于长夜，常欲见佛，欲得闻法。我于往时佛在舍卫国，入火光三昧，当于尔时，有毗沙门[6]侍女，名步阇拔提，步阇拔提，合掌向佛，我时语彼毗沙门侍女言：'佛今在定，我不敢乱，为我顶礼世尊之足，称我问讯。'彼女以帝释语，礼拜问讯。"佛语帝释言："我于尔时，闻汝辈声，不久从定而起。"

帝释白佛言："我昔从宿旧所闻，如来、阿罗诃[7]、三藐三佛陀[8]出现世间，诸天众增长，阿须伦[9]众减少。今日我亲自生天，诸天众增长，阿须伦减少。我今见佛弟子得生天上者，三事胜于诸天，寿命胜，光色胜，名胜。时具毗耶宝女[10]，生忉利天，先是佛弟子，为帝释作子，名渠或天子。复有三比丘，于佛前修行梵行，心未离欲，身坏命终，生乾闼婆家，日日三时，为诸天作使。渠或天子见是三人而作给使。即言：'我心不憘不忍，我昔先在于人中时，而彼三人，恒至我家，受我供养，今日为诸天给使。我不忍见。此三天者，本是佛之声闻弟子，我本为人时，受我恭敬供养饮食衣服，今日下贱，汝等从佛口闻法，为佛所开解，云何生此鄙陋之处？我先奉事供养于汝，而我从佛，闻法修施，我信因缘，故今为帝释子，有大威德，势力自在，诸天皆名我为渠或。汝得佛胜法，云何不能勤心修行，生此贱处？我今不忍见此恶事，如是之事，我不喜见。云何同一法中，生此下贱？是佛弟子，所不应生处。'渠或天子，作是讥论。此三人等，深自惭愧，生厌恶心，合掌语渠或言：'如天子所说，实是我过，今当除断如此欲恶。'即勤精进，修于定慧。三人念瞿昙之法，见欲过患，即断欲结，譬如大象绝于羁绊，断其贪欲，亦复如是。帝释并一商那天[11]，及余诸天众，护世四天王，皆来就此座，此三断欲者，即于诸天前，飞腾虚空中。"帝释白佛言："此三人为得何法，能作此种种神变？来见世尊，欲问彼所得。"

佛言："此三人，既舍彼处，得生于梵世。""唯愿世尊，为我说彼生梵天法。""善哉，贤帝释，分别问所疑。"时佛作是念："帝释无谄伪，真实问所疑，不为恼乱我，若汝之所问，我当分别说。"帝释问佛："是何结使，能系缚人、天、龙、夜叉、乾闼婆、阿修、罗迦楼罗、摩睺罗伽？"[12]

佛时答曰："贪嫉二结使，系缚人、天、阿修罗、乾闼婆等。并与一切类，皆为贪嫉自缚。""此事实尔，天中天。贪嫉因缘，能缚一切，我今从佛闻解此义，疑网即除。"深生欢喜，更问余义："贪嫉因何而生？何因何缘，得生贪嫉？何因缘生？何因缘灭？""憍尸迦[13]，贪嫉因憎爱生，憎爱为缘，有憎爱必有贪嫉，无憎爱贪嫉则灭。""实尔，天中天。我今从佛闻解此义，疑网即除。"深生欢喜，更问余义："爱憎何因缘生？何因缘灭？"答言："爱憎从欲而生，无欲则灭。""实尔，天中天。我从佛闻信解此义，疑网即除。"深生欢喜，更问余义："欲从何因生？何缘增长？云何得灭？"

佛言："欲因觉生，缘觉观增长，有觉观则有欲，无觉观欲则灭。""实尔，天中天。我今从佛闻解此义，疑网即除。"深生欢喜，更问余义："觉观因何而生？何缘增长？云何而灭？""觉观从调戏生，缘调戏增长，无调戏觉观则灭。""实尔，天中天。我今从佛闻解此义，疑网即除。"深生欢喜，更问余义："调戏因何生长？云何而灭调戏？"

佛告憍尸迦："欲灭调戏，当修八正道，正见、正业、正语、正命、正方便、正思惟、正念、正定。"帝释闻已，白佛言："实尔，天中天。调戏实由八正道而灭，我今从佛得闻此义，疑网即除。"帝释欢喜，复问余义："欲灭调戏，能修八正道，此八正道，比丘复因何法而得增长？"

佛言："复有三法：一者欲，二者正勤，三者多习摄心。"帝释言："实尔，天中天。我等闻此义，疑网即除。比丘能修行正道分，实自因此三事增长。"闻已欢喜，帝释复问："比丘欲灭调戏，当学几法？"

佛言："当学三法。当学增盛戒心，当学增盛定心，当学增盛智慧心。"帝释闻已："实尔，天中天。我闻此义，疑网得除。"踊跃欢喜，复问余义："欲灭调戏，当解几义我闻？"

佛言："当解六义，一眼识色，二耳识声，三鼻识香，四舌识味，五身识细滑，六意识诸法。"帝释闻已："实尔，天中天。我闻此义，疑网得除。"欢喜踊跃，复问余义："一切众生，皆同一贪一欲一向一趣？"

佛言："帝释，一切众生，亦不一贪一欲一向一趣，众生无量，世界无量，意欲趣向，殊别不同，各执所见。"帝释闻已："实尔，天中天。我闻此义，疑网得除。"欢喜踊跃，更问余义："一切沙门婆罗门，尽得一究竟不？得一无垢不？得一究竟梵行不？"

佛言："一切沙门婆罗门，不能尽得一究竟一无垢，亦不得一究竟梵行。若有沙门婆罗门，得无上断灭爱结解脱，得政解脱者，此乃尽得一究竟一无垢一究竟梵行。""如佛所说，无上断灭爱结解脱，得正解脱者，此乃尽得一究竟一无垢一究竟梵行。今从佛闻便解此义，得了此法，得度疑彼岸，得拔诸见毒箭，已除我见，心不退转。"说是经时，帝释及八万四千诸天，远尘离垢，得法眼净。

佛言："憍尸迦，汝颇曾以此问，问沙门婆罗门不？""世尊，我忆昔时，曾共诸天，集善法堂，问于诸天有佛出世未？诸天各言：'未有佛出。'诸天闻佛未出于世，各自罢散，诸大威德天，福尽命终。我时恐怖，见有沙门婆罗门在闲静处，便到其所，彼沙门婆罗门，问我是谁？我言：'是帝释。'我不礼彼，彼逆礼我。我亦未问彼，彼问于我。知其无智，是故我不归依于彼。我今从此归依于佛，为佛弟子。"即说偈言：

> 我先常怀疑，意想不满足。
> 长夜求智者，分别如是疑。
> 推觅于如来，见诸闲静处。
> 沙门婆罗门，意谓是世尊。
> 即往到其所，礼敬而问讯。
> 我作是问言，云何修正道？
> 彼诸沙门等，不解道非道。
> 我今睹世尊，疑网悉皆断。
> 今日便有佛，世间大论师。
> 破坏降魔怨，尽烦恼最胜。
> 世尊出于世，希有无与等。
> 于诸天梵众，无有如佛者。

"世尊，我得须陀洹；婆伽婆[14]，我得须陀洹。"

世尊告言："善哉，善哉。憍尸迦，若汝不放逸，当得斯陀含。"佛语帝释："汝于何处得是不坏信？"帝释白言："我于是处世尊边得，我即于此更得天寿命，唯愿觉了忆持此事。"帝释言："世尊，我今作是念：'得生人中豪贵之处，众事备足。即于其中，舍俗出家趣向圣道，若得涅槃，甚为大好；若不得者，生净居天。'"尔时帝释，集诸天众，寻即告言："我于三时，供养梵天，自今已后，止不为此，当于三时，供养世尊。"尔时帝释告般阇识企乾闼婆子言："汝今于我，其恩甚重，汝能觉悟佛世尊故，使我得见闻于深法。我还天上，当以珍浮楼女贤修利婆折斯，为汝作妻，复当使卿代其父处，作乾闼婆王。"尔时帝释，将诸天众，绕佛三匝，却行而去，至于静处，皆三称言南无佛陀，便还天上。

帝释去不久，梵天王[15]作是念言："帝释已去，我今当往至佛所。"如似壮士屈申臂顷，即至佛所，礼佛足已，在一面坐，梵天光明遍照毗提醯山。尔时梵天，即说偈言：

多所利益，显现此义。
舍脂彼地，磨伽婆[16]。
周匝皆贤，能作问难，
娑莎婆[17]。

重说帝释所问，即还天上。

佛于晨朝，告诸比丘言："梵天王，昨日来至我所，说上偈已，即还天上。"佛说是语已，诸比丘欢喜，敬礼佛足而去。

【注释】

[1] 毗提醯山：北印摩揭陀国境内的山名。

[2] 槃阇识企犍闼婆王子：犍闼婆，也称乾闼婆，为佛教的乐神。槃阇识企，琴神，为乐神之子，故称其为槃阇识企犍闼婆王子。

[3] 阿练若：清静处，指出家人静修之处。

[4] 犍闼婆王珍浮楼女：指乐神之王珍浮楼的女儿，名叫修利婆折斯。

[5] 摩多罗天子：守护正念的天神。

[6] 毗沙门：须弥山东、南、西、北四天王之一，毗沙门为北天王。

[7] 阿罗诃：即阿罗汉。

[8] 三藐三佛陀：即无上三菩提，指正遍觉。佛法无差言正；智无不周言遍；出生死言觉。谓至高无上的正确、周遍、灵觉。

[9] 阿须伦：即阿修罗，为斗神、恶神。

[10] 具毗耶宝女：本文指守护佛教的人。具毗耶，意为守护大地。

[11] 商那天：天神。欲界三十三天无此天，应指第一天善法堂天。

[12] 天、龙、夜叉、乾闼婆、阿修、罗迦楼罗、摩睺罗伽：天，即梵天；龙，龙神；夜叉，即勇健的神；乾闼婆，因吸香气为食，是香神或乐神；阿修，即阿修罗，斗神；罗迦楼罗，取龙为食的金翅鸟神；摩睺罗迦，蟒神，也叫地龙。皆为佛教的护法神。

[13] 憍尸迦：帝释天王的姓。

[14] 婆伽婆：佛陀的尊称之一，意为妙吉祥。

[15] 梵天王：指欲界六重天之上的色界四重天中的初禅天王。

[16] 磨伽婆：佛陀的尊称之一，即世尊。

[17] 娑莎婆："莎"原字为古今皆无的异体字，根据文意改为此字。本句意为功德圆满。

【译文】

帝释天王请教佛陀的故事

我听到佛陀是这样说的：

那时佛陀在摩揭陀国都王舍城的南边，有一个婆罗门村落，名叫庵婆罗林，这个村落的北边，是佛所居住的毗提醯山石窟。此时帝释天王听说佛陀在那里，就告诉乐神之子琴神说："摩揭陀国，有一个婆罗门村落，叫庵婆罗林，它的北边是毗提醯山，佛陀就在山中，现在我可以与你们一起去拜访。"琴神答道："好的，这是最好的事了。"听到这件高兴的事，随即带上琉璃宝琴，跟随帝释天王前往佛陀的住所。当时各位天神听说帝释天王和琴神要到佛陀那里，也都各自准备好，跟随帝释天王从天上下来，到毗提醯山。

当时毗提醯山中，一片光明，附近的修行得道者都以为是火光。帝释天王就告诉乐神王子说："这里清净，远离各种邪恶，僻静的地方，正好安心坐禅。现在许多尊贵的天神们坐在佛陀的左右，我们今天怎么才能见到世尊呢？"帝释天王又告诉琴神说："你可以为我前往佛陀住所，通报我们的意思：我们想觐见佛陀。"琴神随即前往，在不远不近之处，瞻仰佛陀，抚琴弹弦，使佛陀可以听到，用诗句歌颂说：

一

内心生贪欲，如象陷泥潭。
又如象疯狂，铁钩难制服。
比如阿罗汉，爱慕于妙法。
又如我贪色，恭敬礼乐神。
出生尊贵处，情浓生爱乐。

二

仰慕之心不断生，好似热汗遇凉风。
又如极渴得冷饮，您的尊容使人喜。
好比罗汉爱乐法，又如病者得好药。
亦如饥饿得美食，清凉灭我身热疾。
我今贪欲如奔驰，捉住我心不得去。

佛陀说："很好，琴神。你今天的琴声，管弦和谐，你在不远不近处唱出颂歌。"琴神随即对佛陀说："我在过去，遇到一位贤惠的女子，名叫修利婆折斯，是乐神王珍浮楼的女儿。但摩多罗天子，名叫识骞稚，在我之前已娶她为妻，我当时对她爱慕，就在她那里诵了这首诗，现在在佛陀的面前，我再诵一遍。"

帝释天王心想："佛陀已经禅定过了，现在正和琴神交谈。"帝释天王又对琴神说："你现在报上我的名字，礼拜佛陀，问候世尊：没有疾病没有烦恼吧？起居轻松，饮食调和，神安气定，心情还好吧？一切平安快乐吧？"琴神答应后，即按帝释天王的要求，又到佛陀的住所，报上帝释天王的名字，代表帝释天王，礼拜佛陀，用帝释天王的话语，问候佛陀。佛陀就说："帝释天王以及天神们，也都平安快乐吧？"琴神又对佛陀说："世人之尊，帝释天王以及三十三天神，想拜见佛，能让他们来见您吗？"佛陀说："今天正是时候。"

帝释天王及三十三天神听到后，就来到佛陀的住所，礼拜佛陀后，在一旁站立，对佛陀说："世人之尊，我们应当坐在哪里呢？"佛陀说："就坐在这里。"又对佛陀说："这洞窟极小，天神极多。"话刚一说完，就见石窟就变得广阔了，佛陀的神威之力，使石窟能够容纳很多的天神。帝释天王礼拜佛陀后，在对面坐下，对佛陀说："我长久以来常想拜见佛陀，来听闻佛法。佛陀住舍卫国时我曾前来，您正入于火光交加的禅定中，当时有北天王的侍女，名叫步阇拔提，她正合什礼拜佛陀，我就对她说：'佛陀正在禅定，我不敢打搅，请为我顶礼世尊之足，代我问候。'侍女以帝释天王的话语，礼拜问候。"佛陀对帝释天王说："我在那时听到了你的问候声，不久就从禅定中回转过来了。"

帝释天王对佛陀说："我曾从故人那里听说，如来、阿罗汉、三藐三佛陀出现世间，天神增加，鬼神减少。今天我自己身为天王，天神增加，鬼神减少。我看见佛弟子往生天上，有三件事胜过天神，寿命更长，光色更亮，名声更好。当时有守护佛法的人往生到天界，他原先是在家修行的佛弟子，现在是我的儿子，名叫渠或天子。还有三位出家的佛弟子，随我修行禅定，但没有去除心中贪欲，死了以后投生到乐神家，每天早、中、晚三时，为天神们做差使。渠或天子看见这三位被天神使唤，就说：'我心里不高兴也不忍心，我先前在人世时，那三个人常常到我家接受我供养，现在给诸天做差使，我不忍心看见。这三位天神的侍者，原本是佛陀门下声闻乘的弟子，我原来在人间时，恭敬地供养他们饮食和衣服，今天却地位低贱，你们听佛传法，佛陀为你们解说，为什么转生到如此低贱的境地呢？我原先恭敬和供养过你们，而我从佛陀那里，听闻佛法后修行布施,坚信因缘果报,所以今天成为帝释天王的王子,有大威德和自在神力,天神都称我为渠或天子。你们也得到了殊胜的佛法,为什么不能勤奋修行,却转生到这低贱之处?我今天不忍见到这不愉快的事,这样的事,我不喜欢见到。为什么同样修学佛法,却转生到低贱之处?这是佛弟子所不应生的地方。'渠或天子这样讥刺和议论一番。此时这三位深感惭愧,生出厌恶尘俗之心,合什行礼后说:'诚如天子所说,确实是我们的过错,今天就应当除断贪欲和邪恶。'于是勤奋精进,修行禅定智慧。三人忆念佛陀的法义,认识到贪欲之灾祸,当即断除贪欲和烦恼,犹如大象除去羁绊一样,断除了贪欲。帝释天王和第一天善法堂天神,以及其余各天神、护世四大天王都来就座,这三位断除贪欲的人,随即在欲界天神面前腾飞到空中。"帝释天王对佛陀说:"这三个人得到什么佛法,能有这样的各种神通和变化?我来拜见佛陀,想问他们何以得的果报。"

佛陀说:"这三位天神已经离开欲界天,往生到色界四重天之梵天。"帝释天王说"愿佛陀为我解说往生梵天的佛法。"佛陀说:"很好,贤明的帝释天王,我来分别解答你的疑问。"这时佛陀心想:"帝释天王没有虚伪,如实提出心里的疑问,不想打扰我,如果他要问,我就应当解说。"帝释天王问佛:"是什么烦恼能束缚住人、天、龙、夜叉、乾闼婆、阿修罗、罗迦楼罗、摩睺罗伽天龙八部神呢?"

佛陀这时回答说:"贪欲和嫉恨两种烦恼束缚了人、天、阿修罗、乾闼婆等。一切生灵,都为贪欲和嫉恨自我束缚。"帝释天王说:"确实如此,佛陀。贪欲和嫉恨束缚一切生灵呢,我今天从佛陀这里了解其义理,消除了疑惑之网。"他心中欢喜,于是进一步问道:"贪欲和嫉恨因为什么而产生?是什么因什么缘,产生了贪欲和嫉恨?因为什么原因产生?因为什么原因灭除?"佛陀说:"天王,贪欲和嫉恨因为爱欲和憎恨产生,爱欲和憎恨为缘,有爱欲和憎恨就有贪欲和嫉恨，没有爱欲和憎恨，那么贪欲和嫉恨则灭除。"帝释天王说："确实如此，佛陀。我今天从佛陀这里了解其义理，疑惑之网随即灭除。"他心中欢喜，进一步问道："爱欲和憎恨为什么而产生？是什么原因灭除？"回答说："爱和憎都是从欲望而生，无欲望则灭除。"帝释天王说："确实如此，佛陀。我今天从佛陀这里了解其义理，疑惑之网随即灭除。"他心中欢喜，进一步问佛教义理道："欲望因为什么而产生？因为什么缘故增长？又怎么灭除呢？"

佛陀说："欲望因为感觉而产生，由于感觉和观想而增长，有感觉和观想则有欲望，无感觉观想欲望则灭除。"帝释天王说："确实如此，佛陀。我今天从佛陀这里了解其义理，疑惑之网随即灭除。"他心中欢喜，进一步问道："感觉和观想因为什么而产生？因为什么缘故增长？又怎么灭除呢？"佛陀回答："感觉和观想从恣情纵意中产生，由于恣情纵意而增长，没有恣情纵意感觉和观想则灭除。"帝释天王说："确实如此，佛陀。我今天从佛陀这里了解其义理，疑惑之网随即灭除。"他心中欢喜，进一步问道："恣情纵意因为什么而生长？又怎么灭除恣情纵意呢？"

佛陀告诉帝释天王说："要灭除恣情纵意，就应当修行八正道：即正见、正业、正语、正命、正方便、正思惟、正念、正定。"帝释天王听了以后，对佛陀说："确实如此，佛陀。恣情纵意确实由修行八正道而灭除，我今天从佛陀这里了解其义理，疑惑之网随即灭除。"帝释天王听后心中欢喜，又进一步问道："要灭除恣情纵意，就应当修行八正道。这八正道，佛弟子如何才能使之增长呢？"

佛陀说："还有三种方法：一是信仰，二是勤奋，三是学习修心。"帝释天王说："确实如此，佛陀。我们今天从这里了解其义理，疑惑之网随即灭除。佛弟子修行八正道，确实要自己做好这三件事。"帝释天王听后心中欢喜，又进一步问道："佛弟子要灭除恣情纵意，应当修学几种方法？"

佛陀说："应当修学三种方法。应当修学增强戒心，应当修学增强定心，应当修学增强智慧心。"帝释天王听了以后说："确实如此，佛陀。我今天听了佛理，疑惑之网得以灭除。"心中欢喜雀跃，又进一步问道："要灭除恣情纵意，我们应当理解几种义理呢？"

佛陀说："应当理解六种义理，一是眼的认识来源于现象形态，二是耳的认识来源于声音，三是鼻的认识来源于香味，四是舌的认识来源于触味，五是身体的认识来源于细滑的感觉，六是意的认识来源于各种自然现象和社会规律。"帝释天王听了以后说："确实如此，佛陀。我今天听了佛理，疑惑之网得以灭除。"心中欢喜雀跃，又进一步问道："一切众生，是否具有同样的贪婪、欲望、向往和兴趣呢？"

佛陀说："帝释天王，一切众生，并不是具有相同的贪婪、欲望、向往和兴趣，众生无法计数，世界无法估量，意念、欲望、兴趣、向往，都有很大的区别和不同，往往各执所见。"帝释天王听了以后说："确实如此，佛陀。我今天听了义理，疑惑之网得以灭除。"心中欢喜雀跃，又进一步问佛理说："一切出家修行的婆罗门，都能证悟真谛吗？证得无垢吗？证得清净吗？"

佛陀说："并不是一切出家修行的婆罗门，都能证悟真谛，证得无垢，证得清净。如果有出家修行的婆罗门，只有证得无上智慧灭除爱欲的烦恼，证得生死解脱，才能证悟真谛，证得无垢，证得清净。"帝释天王听了以后说："如佛陀所说，证得无上智慧灭除爱欲的烦恼，证得生死解脱，才能证悟真谛，证得无垢，证得清净。今天从佛陀这里听了义理，得到了佛法，得以度脱到彼岸，得以拔除毒箭般的各种邪恶见解，得以消除我妄有的邪见，使净心不再退转。"佛陀解说本经的义理时，帝释天王以及八万四千天神，都远离妄有尘垢，证得清净法眼。

佛陀说："帝释天王，你曾经把这样的问题，问过出家修行的婆罗门吗？"帝释天王回答说"世人之尊，我在过去的时候，曾经和天神们，一起来到善法堂，询问天神们有佛出世没有？天神们说：'没有佛出世间。'天神们听到佛还没有出于世间，就各自散去，各位有大威德的天神们，福报尽时会死去。我心中时常恐惧，看见出家修行的婆罗门在僻静之处，就到那里向他们请教，他们问我是谁？我回答说：'我是帝释天王。'我没礼敬他们，他们反而礼敬我。我也没问他们，他们反而问我。我知道他们没有智慧，所以我没有皈依婆罗门。我今天从此皈依佛陀，成为佛弟子。"于是诵诗道：

> 我曾常怀疑，心意不满足。
> 长期求智者，解答心中疑。
> 寻觅到佛陀，修行僻静处。
> 出家婆罗门，自称世之尊。
> 随即到其所，礼敬而发问。
> 我问婆罗门，如何修正道？
> 这些出家人，不解称之道。
> 我今见佛陀，疑网都断除。
> 今天佛出世，人间大论师。
> 降魔除怨恨，最能祛烦恼。
> 如来出于世，无人与伦比。
> 天上众天神，没有如佛者。

帝释天王诵完诗句后又说："世人之尊，我证得了声闻初果；佛陀，我证得了须陀洹果位。"

佛陀告诉帝释天王说："很好，很好。帝释天王，如果你不放纵逸乐，应当证得斯陀含。"佛陀对帝释天王说："你在哪里得到了对佛教坚定的信仰？"帝释天王回答说："我在这里，在佛陀的身边得到的，我在这里又得到天神的寿命，愿觉悟了的我永远记住这件事。"帝释天王说："世人之尊，我现在想：希望往生到人间富贵之家，万事俱备，然后在世间，舍弃世俗生活出家修行佛理，如果证得涅槃境界，就是最好的事；如果不能证得，就往生到色界四禅天。"这时帝释天王，召集天神，随即宣告："我过去早、中、晚三时，供养色界梵天，从今以后，不这样做了，在早、中、晚三时，供养佛陀。"这时帝释天王对琴神说："你今天对我，恩德厚重，由于你能觉悟佛教是世人之尊，使我得以听到深刻的佛法义理。我回到天上后，会让乐神之王珍浮楼贤惠的女儿修利婆折斯做你的妻子，还会使你代替她的父亲，做乐神之王。"这时帝释天王带领天神们，围绕佛陀转了三周礼敬后就离开了，到僻静处，还连着三次口诵皈依佛陀，然后回到天上。

帝释天王离去不久，色界天梵天王心想："欲界帝释天王已经离开，我应当前往佛陀的住所。"在犹如壮士屈伸手臂的顷刻之间，就来到了佛陀的住所，礼拜佛陀后，在对面坐下来，梵天的光明照遍了毗提醯山。这时梵天王，即诵诗句道：

众多利益，显现法义。
在此佛地，有妙真谛。
周天圣贤，解其疑难。
功德具足。

梵天王又重新问了帝释天王所问的话，然后回到色界天上。

佛陀在早晨，告诉弟子们说："梵天王昨日来到我的住所，念诵了上述诗句后，就回到色界天上。"佛陀说完话后，弟子们心中欢喜，敬拜佛陀后离开。

【辨析】

这是《杂宝藏经》中最长的一篇比喻故事，给我们展现了一个无比庞大，内涵丰富的佛教的世界。故事除了佛陀之外，还重点描写了三位神灵的形象，每一形象都体现了佛教信仰的特点。

首先是帝释天王。他是欲界三十三天的统领，在佛教的世界，欲界天的神灵尽管能够尽享荣华富贵，但仍有福尽命终之时，他们是一群有情而善良的天神，是前世做了善事，死后得到福报的生灵，同时又具备人的特征。因此从某种意义上说，他们是佛教理想人格的代表。帝释天王作为其中的代表，他的愿望是能够继续他理想的生活，希望往生到富贵人家，因缘具足，成就菩提，这是他闻法的目的。于是，他和琴神及众神一起来到了佛陀的修行处，佛陀分别以"渠或天子和三位差使的故事"教喻出家人要去除世间贪欲，指出天神间的差异是由于在人间时的不同作为造成的。通过佛弟子身份的转换，即当年的居士，今日的王子；当年的和尚，今日天上的差使；当年的供奉者，今天的被供奉者，以错位和反差，形成了鲜明对比，在具体的事例中体现深刻的喻理。帝释天王和佛陀有关佛教基本教义的一系列对话，彰显了佛陀深邃的思想体系。因此，帝释天王的形象是一个理性、现实的天神形象。

其次是琴神王子。他弹奏出的两首歌曲，情感炽热、奔放，一连用了十个喻词，从"如象陷泥潭"，乃至"欲如奔，捉我心"等，给人留下深刻的印象和想象的空间，和谐的琴声，仿佛使读者听到了来自远方的天籁之音。

最后是梵天王。梵天王的形象在本故事中只是一个衬托，是论证方式上的"佐证"，起到了佛法人天共仰，佛说不虚的证明作用，体现出"天外有天，人上有人"、"世间虽有婆罗门，更有佛法通天神"的喻理。

七十四

度阿若憍陈如等说往日缘

【题解】

本篇以佛陀本生故事，阐发了佛陀救度一切苦难众生的教义。

【经文】

佛在王舍城，说法度阿若憍陈如[1]。释提桓因，频婆娑罗王[2]，各将八万四千众，而悉得道。诸比丘疑怪，各有尔许人，拔三恶道。佛言："非但今日，于往昔时，亦曾济拔。"诸比丘言："过去济拔，其事云何？"

佛言："过去世时，有诸商贾人，入海采宝，还来中路，于大旷野，值一蟒蛇，其身举高六拘楼舍[3]，绕诸商贾，四边周匝，无出入处。时诸商人，极怀惊怖，各皆唱言：'天神地神，有慈悲者，拔济我等。'时有白象共师子为伴，师子跳往坏蟒蛇脑，令诸商人得脱大难。尔时蟒蛇，便以口中毒气，害于师子及以白象。命犹未断，贾客语言：'汝济拔我，欲求何愿？'答言：'唯求作佛，度一切人。'诸商人言：'汝若得佛，愿我等辈，最在初会，闻法得道。'师子、白象即便命终，商人烧之，以骨起塔。"

佛言："欲知尔时师子者，我身是也；尔时白象者，舍利弗是也；尔时商主，憍陈如、帝释、频婆莎罗王是；尔时诸商众者，今得道诸天人是也。"

【注释】

[1] 阿若憍陈如：即憍陈如，是佛陀为太子时的五位侍从之一，后跟随佛陀出家。阿若是他的名字，意为尊者，觉知佛理的出家人。

[2] 频婆莎罗王：即佛陀时代摩揭陀国的国王，皈依了佛教，是佛教最初的护持者。

[3] 拘楼舍：古代印度的长度单位。二尺为一肘，四肘为一弓，五百弓为一拘楼舍。

【译文】

佛陀教化憍陈如的故事

佛陀在摩揭陀国都王舍城，说法度化了弟子憍陈如。帝释天王，频婆娑罗国王，各自带领八万四千信众，都证得佛理。弟子们觉得很奇怪，怎么有这么多人脱离了地狱、恶鬼、畜生三恶道。佛陀说："不仅今天如此，在过去也曾救度过他们。"弟子们说："过去救度他们，是怎么回事呢？"

佛陀说："过去的时候，有许多商人，到海中寻找珍宝，在返回的途中，经过一片旷野，遇到了一条大蟒蛇，身长达六拘楼舍，将商人们围在中间，四周严密，无法出入。这时商人们非常害怕，都祈祷说：'天神啊地神，谁发发慈悲来解救我们啊！'这时有一头白象和一只狮子结伴而来，狮子跳过去咬住蟒蛇的头，使商人们得以逃脱险境。此时蟒蛇就以口中的毒气，毒害了狮子和白象。在它们弥留之际，商人们说：'是你们救了我们，你们还有什么遗愿？'

狮子和白象回答说：'只愿能够成佛，救度一切人。'商人们说：'你们如果成佛，祈愿我们能在你们最初成佛的说法会上，听闻佛法，证得佛理。'狮子和白象随即死去，商人将它们火化，起塔将遗骨安置。"

佛陀说："要知道那时的狮子，就是我的前身；那时的白象，就是佛弟子舍利弗；那时的商主，就是憍陈如、帝释天王、频婆娑罗国王；当时的商人们，就是今天证得佛理的天神们。"

【辨析】

本故事中将狮子比作佛陀，将白象比作舍利弗，将商人首领比作随佛陀一起出家的憍陈如，以及信奉佛教的天王、国王，把遇难的商人比作得到福报的人们，以狮子救商人比喻佛陀救众生，展现了佛陀救度众生脱离苦难的慈悲情怀。并将信仰与现实巧妙地结合在一起，表达出佛教为人神所共仰的理趣。

在许多的佛典中，佛陀常常以因缘故事阐释佛法要义，教化世人信奉佛法，早日度脱。这类故事题材丰富多彩，形象生动饱满，感情真切，表达极具感召力。

七十五

差摩子患目归依三宝得眼净缘

【题解】

本篇通过盲人皈依佛法而证得清亮法眼的故事,借以说明佛咒所具有的不可思议的神力。

【经文】

如是我闻:

一时佛在释氏园。尔时车头城中有释种,名曰差摩,净信于佛,净信于法,净信于僧;归依于佛,归依于法,归依于僧;一向于佛,一向于法,一向于僧;于佛无疑,于法无疑,于僧无疑;于苦谛无疑,于集谛无疑,于灭谛无疑,于道谛无疑;以得见谛,获得道果。如须陀洹,所知见事,悉得知见。于三菩提,不过期限,必定得之。差摩释子以患眼故,有种种色,不得见之。差摩释子,即念世尊:"南无与眼者,南无与明者,南无除闇者,南无执炬者,南无婆伽婆[1],南无善逝[2]。"

佛以净天耳[3]过于人耳,闻其音声,语阿难言:"汝去,今以章句,拥护差摩释,为作救、作守、作牧,灭除灾患,为四众[4],作利作益,作安乐住。"

尔时世尊，为差摩释说净眼修多罗："多折他施利弥利弃利醯醯多[5]。以此净眼咒，使差摩释眼得清净，眼膜得除。若是风翳[6]，若是热翳，若是冷翳，若是等分翳，莫烧，莫煮，莫肿，莫痛，莫痒，莫流泪，戒实，苦行实，仙实，天实，药实，咒句实，因缘实，苦实，习实，灭实，道实，阿罗汉实，辟支佛实，菩萨实。如是称差摩释名，余人亦如是称名，便得眼净。得眼净已，使闇除，使膜除。若是风翳，若热翳，若是冷翳，若等分翳，莫烧，莫煮，莫肿，莫痛，莫痒，莫流泪。阿难，如是章句，如是六佛世尊，我今第七，亦作是说，四天王亦说是咒，帝释亦说，梵王并诸梵众，亦随欢喜。

阿难，我不见若天，若人，若魔，若梵，若沙门众，若婆罗门众。若人，若天，三说是章句，若翳，若闇，若膜，若肿，若眼青，若眼中瑕出。若是天作，若是龙作，若夜叉作，若阿修罗作，若究槃茶[7]作，或饿鬼作，或毗舍[8]作，或毒所作，或恶咒作，或蛊道作，或毗陀罗[9]咒作，或是恶星作，或诸宿作。"

阿难即到，为差摩释，三说是咒，眼净如本，得见诸色。以此咒随称人名字，如差摩释，皆得除闇、除膜、风、热、冷及等分，莫烧、莫煮、莫肿、莫痛、莫痒、莫流泪。南无婆伽婆，南无多陀阿伽陀阿罗呵三藐三佛陀。菩萨以此神咒章句，一切皆得吉成，诸梵随喜，娑呵[10]。

【注释】

［1］婆伽婆：梵文音译，佛陀之名号，有自在、炽盛、端严、名称、吉祥、尊贵六种含义。

［2］善逝：梵文意译，又译"好去"。佛陀的名号之一，有如实去彼岸，不再退没生死海之义

［3］净天耳：即六神通中的天耳通。

［4］四众：佛教信众，包括出家男女二众、在家男女二众。

［5］多折他施利弥利弃利醯醯多：佛咒，意为遇难呈祥。

［6］翳（yì）：遮蔽，这里指眼疾，眼睛好像被遮挡而看不见。

［7］究槃茶：夜叉、鬼魅。

［8］毗舍：即吠舍，古代印度四种姓之一，指从事农牧业、手工业和商业的自由人。本文指人祸。

［9］毗陀罗：恶鬼，又称迷怛罗鬼、起尸鬼等。

［10］娑呵：意为世间、慧眼等。

【译文】

盲人信佛复明的故事

我听到佛陀是这样说的：

那时佛陀在释迦族的园林，当时车头城中有一位释迦族人，名叫差摩，他笃信佛，笃信法，笃信僧；皈依佛，皈依法，皈依僧；一心奉佛，一心奉法，一心奉僧；对佛无疑，对法无疑，对僧无疑；对于苦谛无疑，对于集谛无疑，对于灭谛无疑，对于道谛无疑；所以证得真谛，获得果位，获须陀洹初果者所能认知的事，他都能认知。对于认知一切真理的无上正等正觉，不久就一定能证得。释迦子弟差摩因为患有眼疾病的缘故，各种事物他都不能看见。差摩于是诵念佛号祈求佛陀："皈依给与眼睛的人，皈依给与光明的人，皈依除去黑暗的人，皈依手持火炬照亮前程的人，皈依佛陀，皈依佛陀。"

佛陀以超过人耳的天耳通，听到了他的声音，就对阿难说："你前去那里，以经文护持释迦子弟差摩，救助他、守护他、照管他，为他灭除灾难，为四众弟子，求利益，求福德，使他们安乐。"

这时佛陀为释迦子弟差摩解说净眼经咒："遇难呈祥吧。以此清净眼咒语祈福，使差摩的眼睛得到清净，眼膜得除。如果是因风而得的眼病，如果是因热而得的眼病，如果是因冷而得的眼病，如果是其他各种原因而得的眼病，不再发烧，不再煎熬，不再肿，不再痛，不再痒，不再流泪。认知戒真实，苦行真实，出家得道者真实，天真实，药真实，咒句真实，因缘真实，苦谛真实，集谛真实，灭谛真实，道谛真实，阿罗汉真实，独觉辟支佛真实，证悟者菩萨真实。这样称差摩的名字，别人也这样称呼，就能得到眼睛清净。得到眼睛清净以后，使黑暗消除，使隔膜消除。如果是因风而得的眼病，如果是因热而得的眼病，如果是因冷而得的眼病，如果是其他各种原因而得的眼病，不再发烧，不再煎熬，不再肿，不再痛，不再痒，不再流泪。阿难，经咒就是这样，过去的六佛，现今第七佛的我，也是这样说，四位天王也说这样的咒语，帝释天王也这样说，梵天王以及各位梵天，也随之欢喜。

阿难，我不愿见到无论是天神，或者人、魔、修行者、出家人、婆罗门有眼疾。无论是人或天，三次念此佛咒，那么眼的疾病，如黑暗、隔膜、肿痛、散光、眼中疵斑，都能使之消除。无论是天造成的，或者是龙、夜叉鬼、阿修罗斗神、鬼魅、饿鬼、人祸、中毒、恶毒诅咒、邪术、尸咒、邪恶流星、各种业缘造成的眼疾都会消除。"

阿难立即去为释迦子弟差摩三次念此咒语，使其眼睛清净如初，得以看见各种事物。如果以此佛陀咒语称呼人的名字，就像差摩一样，都可以消除黑暗、隔膜以及因风、热、冷等各种原因造成的眼疾，不再发烧、煎熬、肿、痛、痒、流泪。皈依佛陀，皈依吉祥和无上的智慧和真谛。证悟者菩萨以此佛陀咒语，使一切生灵得到吉祥圆满，各种清净随喜功德，给世间慧眼。

【辨析】

这篇比喻故事的中心题旨在于强调佛咒的奇特功效。佛咒不译，是唐代玄奘法师提出的佛典翻译的原则之一，因为咒语，本身的神秘性和神圣性，不为外人所知，但其所表达的意蕴大致都是期盼祝福、逢凶化吉、遇难呈祥。因而佛咒不仅是佛教慈悲情怀的体现，同时也具有通过心理暗示使人静心等心理抚慰作用。

本篇不仅内容独特，表现形式也自有妙处。

第一，不断重复和叠加的手法。如连续三次罗列眼疾的各种表现症状和人的痛苦感受，强化了病魔对人的折磨，凸显了佛教"苦谛"中之"病苦"，让人心理感受沉重，同时也强化了佛法的效力以及对信众的护佑和救赎。

第二，细致周全的描绘。对各种眼病的具体而微的描述，一方面可以看出佛陀对医术的精通，另一方面表现了佛陀对人生痛苦的深刻体察，本篇中尤其对失去光明的盲者给予了极大体恤和关怀。

另外，故事以释迦子弟差摩重见光明，比喻只有真诚专一、心地清净的人，才能真正拥有一双清澈明亮之眼，也比喻只有佛陀，才会给每一位在人生道路上探索的人，指出一条洞彻黑暗，走向光明的道路。

七十六

七种施因缘

【题解】

本篇以直接说理的形式，宣说七种善施所获得的七种善果。

【经文】

佛说有七种施，不损财物，获大果报。

一名眼施，常以好眼，视父母、师长、沙门、婆罗门，不以恶眼，名为眼施。舍身受身，得清净眼，未来成佛，得天眼、佛眼。是名第一果报。

二和颜悦色施，于父母、师长、沙门婆罗门，不颦蹙[1]恶色，舍身受身，得端正色，未来成佛，得真金色。是名第二果报。

三名言辞施，于父母、师长、沙门婆罗门，出柔软语，非粗恶言。舍身受身，得言语辩了，所可言说，为人信受，未来成佛，得四辩才。是名第三果报。

四名身施，于父母、师长、沙门婆罗门，起迎礼拜，是名身施。舍身受身，得端政身，长大之身，人所敬身，未来成佛，身如尼拘陀树[2]，无见顶者。是名第四果报。

五名心施，虽以上事供养，心不和善，不名为施；善心和善，深生供养，是名心施。舍身受身，得明了心，不痴狂心，未来成佛，得一切种智心。是名心施第五果报。

六名床座施，若见父母、师长、沙门婆罗门，为敷床座令坐，乃至自以己所自坐，请使令坐。舍身受身，常得尊贵七宝床座，未来成佛，得师子法座。是名第六果报。

七名房舍施，前父母、师长、沙门婆罗门，使屋舍之中得行来坐卧，即名房舍施。舍身受身，得自然宫殿舍宅，未来成佛，得诸禅屋宅。是名第七果报。

是名七施，虽不损财物，获大果报。

【注释】

[1] 颦蹙（pín cù）：皱着眉头，不悦的样子。

[2] 尼拘陀树：印度等地生长的类似榕树的桑科植物。在此意为高大。

【译文】

七种布施的喻理

佛陀说有七种布施，不损耗财物，可以获得大福报。

第一是眼布施，始终以好眼色，对待父母、师长、出家修行者、婆罗门，不以恶眼色相视，就称为眼布施。死后往生，得到清澈明净之眼，未来成就佛果，得天眼通、法眼。这是第一种果报。

第二是和颜悦色布施，对待父母、师长、出家修行者、婆罗门，没有厌恶不悦的脸色，死后往生，容貌端正，未来成就佛果，会得到金子般的美色。这是第二种果报。

第三是言语布施，对待父母、师长、出家修行者、婆罗门，说话和悦有礼，不说粗言恶语。死后往生，辩才无碍，所说的话语令人相信并接受，未来成就佛果，得法无碍、义无碍、说无碍、辩无碍四种辩才。这是第三种果报。

第四是身布施，对待父母、师长、出家修行者、婆罗门，起身礼拜迎送，就称为身布施。死后往生，容貌端正，身体高大健美，受人尊敬，未来成就佛果，身如高大茂盛的树，看不见顶。这是第四种果报。

第五是心布施，虽然能做到以上四种供养，但内心不和善，就不能称为布施。心存善念，发自内心供养尊长，称为心布施。死后往生，得明了之心，没有迷狂愚痴之心，未来成就佛果，得一切智慧之心。这是第五种果报。

第六是床座布施，如果见到父母、师长、出家修行者、婆罗门，为他们铺好床座，或者让出自己的座位，请他们坐下。死后往生，得到尊贵的七宝床座，未来成就佛果，得狮子法宝座。这是第六种果报。

第七是房布施，父母、师长、出家修行者、婆罗门，请他们到屋里来坐卧休息，就叫做房布施。死后往生，自然而有宫殿住宅，未来成就佛果，得到各种修行的禅房。这是第七种果报。

这就是七种布施。虽然不损耗财物，但可以获得大福报。

【辨析】

本篇所讲的七种布施属于佛教"行舍"，即言行举止的善行，其所体现的佛教伦理既具有宗教的超越性，同时又是与现实紧密结合在一起的。所谓的超越性是指佛教把行善的心理预期直接引渡到彼岸世界，而所谓来生的彼岸世界是既无法证实也无法证伪的，其前提是信仰，只要诚笃地信仰，那么这种心理预期就永远具有感召力，这实际上代表的是人对理想境界的向往和追寻。所谓现实是因为这七种布施是从七个方面规劝人们多行善事，分别为眼神、表情、语言、行动、心理、坐卧、入室。列出了人的具体的日常生活内容，涵盖了行为举止和心理活动的各个方面。不仅提出了十分细致的要求，乃至一颦一笑、一举手一投足，而且还有细腻的心理和行为分析，充分反映出佛家布施贵在心诚，贵在践行的喻理。

七十七

迦步王国天旱浴佛得雨缘

【题解】

本篇故事以浴佛得善报为喻,说明善事虽小,福报殊巨,告诫人们莫以善小而不为。

【经文】

若种少善于良福田,后必获报。如往古昔无量无边阿僧祇劫[1],尔时有王,名曰迦步,统领阎浮提内八万四千国土。王有二万夫人,然无子息,祷祀神祇,经历多年,最大夫人,而生太子,字曰栴檀,为转轮王,领四天下。厌恶出家,得成正觉。

时彼国中,诸相师等咸言:"大旱应十二年,作何方计,攘[2]却此灾?"寻共议言:"我等今者,应造金盎[3],置于市上,盛满香水,以用浴佛,分布香水,而起塔庙,可得除灾。"即请如来,香水澡浴,分取世尊洗浴之余,作八万四千宝瓶,分与八万四千诸国,仰造塔庙,供养作福。以造塔庙作福因缘,天即大雨,五谷丰熟,人民安乐。时有一人,见是塔庙,心生欢喜,即以一把华,散于塔上,获大善报。

佛言:"我以佛眼,观彼久远,栴檀[4]如来,香水塔庙,受彼化者，皆久成佛，入于涅槃。一把华施者，我身是也。以我往日有是因缘，今于末后，自致成佛。是故行者，应当勤心作诸功德，莫于小善生下劣想。"

【注释】

［1］阿僧祇劫：梵文音译，指极为漫长的岁月。阿僧祇，意为"无数"或"无央数"。

［2］攘（rǎng）：排斥、消除。

［3］盎（àng）：原字为古今皆无的异体字，根据文义改为此字。盎，古代一种腹大口小的盆。

［4］栴檀（zhān tán）：檀香。

【译文】

天旱浴佛得甘露的故事

即使在福田中种下极小的善因，日后也必然获得果报。就如过去很久很久以前的一位国王，名叫迦步，统领着人间八万四千里的属国。国王有二万个夫人，却都没有儿子，于是祈祷祭祀神灵，多年之后，大夫人生下了一位太子，名叫栴檀，后来成为转轮圣王，统领四方天下。但他厌恶世俗生活而出家修道，证得了无上智慧。

当时国内许多相师都预测说："将有十二年的大旱。该用什么方法来免除这一灾祸呢？"他们共同商议说："如今我们应当制作一个金盆，放在街市上，盛满香水，以供佛洗浴，再分布香水、建造佛塔寺庙以供奉，就可以消除灾难。"于是恭请佛来，以香水沐浴，又将洗浴之后的香水，分装在八万四千个宝瓶中，分别送给八万四千个属国，建造佛塔寺庙，供养修福。因为建造佛塔寺庙以求福报的缘故，天降大雨，五谷丰登，百姓安乐。当时有一个人，看见佛塔寺庙，心中欢喜，就将一把鲜花撒在塔上，后来，获得了极大的善报。

佛陀说："我以佛的天眼，看到很久以前，用檀香供佛，用香水供于佛塔寺庙，受此感化者，之后都成就了佛果，进入涅槃境地。那时用一把鲜花布施的人，就是我的前身。由于我过去有这样的善缘，因而到今天自己证悟成佛。所以人们的行为，应当勤苦用心做各种功德，不要对小的善行产生不以为然的错误想法。"

【辨析】

浴佛为佛经故事常见的题材。本篇从八万四千宝瓶，分别送给八万四千国，建造八万四千佛塔的记叙来看，大约成文在阿育王（公元前273至前236年）之后。《过去现在因果经》有摩耶夫人在无忧树下生下太子，龙王吐清净水，灌浴太子身的记载。在印度鹿野苑出土的雕刻上，也有反映这一内容的构图。后来在我国，浴佛仪式成为一种佛教文化活动，称为"浴佛节"，一般是在四月八日佛陀诞生之日举行。但关于浴佛的日期，也有许多不同的记载。本故事以浴佛之事，喻礼佛得福报之意。

七十八

长者请舍利弗摩诃罗缘

【题解】

这篇故事通过"智慧第一"的舍利弗与罗汉摩诃罗行事处世方法的对比,使读者在摩诃罗各种令人忍俊不禁的遭遇中,领悟佛教"对机"、"适时"的喻理。

【经文】

昔舍卫城中,有大长者,其家巨富,财宝无量,常于僧次,而请沙门,就家供养。尔时僧次,次舍利弗及摩诃罗[1],至长者家。长者见已,甚大欢喜。当于时日,入海估客,大获珍宝,安隐归家;时彼国王,分赐聚落,封与长者;其妻怀妊,复生男儿,诸欢庆事,同时集会。舍利弗等,既入其家,受长者供。饭食已讫,长者行水,在尊者前,敷小床座。舍利弗咒愿而言:"今日良时得好报,财利乐事一切集,踊跃欢喜心悦乐,信心踊发念十力,如似今日后常然。"长者尔时,闻咒愿已,心大欢喜,即以上妙好㲲二张,施舍利弗,然摩诃罗独不施与。

时摩诃罗,还寺惆怅,作是念言:"今舍利弗,所以得者,正由咒愿适长者意,故获是施。我今应当求是咒愿。"即语舍利弗言:

"向者咒愿，愿授与我。"即答之言："此咒愿者，不可常用，有可用时，有不可用时。"摩诃罗，殷勤求请："愿必授我。"舍利弗不免其意，即授咒愿。既蒙教授，寻即读诵，极令通利，作是思惟："我当何时，次第及我，得为上座，用此咒愿。"

时因僧次，到长者家，得作上座。时彼长者估客入海，亡失珍宝；长者之妇，遭罗官事，儿复死丧。而摩诃罗说本咒愿，言："后常然。"尔时长者，既闻是语，心怀忿恚，寻即驱打，推令出门。被瞋打已，情甚懊恼，即入王田胡麻地中，蹋践胡麻，苗稼摧折。守胡麻者，瞋其如是，复加鞭打，极令劳辱。时摩诃罗，重被打已，过问打者言："我有何愆[2]，见打乃尔？"时守麻者，具说践蹋胡麻之状，示其道处。涉路前进，未经几里，值他刈麦，积而为垛[3]。时彼俗法，绕垛右旋，施设饮食，以求丰壤，若左旋者，以为不吉。时摩诃罗，绕垛左旋，麦主忿之，复加打棒。时摩诃罗，复问之言："我有何罪，横加打棒？"麦主答言："汝绕麦垛，何不右旋咒言多入？违我法故，是以打汝。"即示其道。小复前行，逢有葬埋，绕他冢圹，如向麦垛，咒愿之言："多入多入。"丧主忿之，复捉挃[4]打，而语之言："汝见死者，应当愍之，言自今已后，更莫如是，云何返言：'多入多入？'"摩诃罗言："自今已后，当如汝语。"又复前行，见他嫁娶，如送葬者之所教言："自今已后，莫复如是。"时嫁娶者，瞋其如是，复加笞打，乃至头破。遂复前进，被打狂走，值他捕雁，惊怖惝恍，触他罗网，由是之故，惊散他雁，猎师瞋恚，复捉搒打。时摩诃罗，被打困熟，语猎师言："我从直道行，数被踬顿，精神失错，行步躁疾，触君罗网，愿见宽放，令我前进。"猎师答言："汝极粗疏，俛张[5]乃尔，何不安徐匍匐而行？"即前着道，如猎师语，匍匐而行。复于道中，遇浣衣者，见其肘行，谓欲偷衣，即时徵捉，复加打棒。时摩诃罗，既遭困急，具陈上事，得蒙放舍。至于祇桓，语诸比丘："我于先日，诵舍利弗咒愿，得大苦恼。"自说被打肤体毁破，几失身命。诸比丘将摩诃罗，诣于佛边，具说其人被打因由。

佛言："此摩诃罗，不但今日有是因缘。乃至昔时，有国王女，遭遇疾患，太史占之，须诣冢间为其解除。时国王女，即将导从，往诣冢间。于时道行，有二估客，见国王女，侍从严饰，心怀惧畏，走至冢间。其一人者，即为王女侍从之人，割截耳鼻；其一人者，得急惊怖死尸中伏，诈现死相。尔时王女，将欲解除，选新死人肤未烂者，坐上澡浴，以疗所患。时遣人看，正值估客，以手触之，其体尚柔[6]，谓为新死，即以芥末涂身，在上洗浴，芥末辛气，入估客鼻，虽欲自持，不能禁制，即便大嚏[7]，欻然[8]而起。时侍从者，谓起尸鬼，或能为我作诸灾疫，闭门拒逆，王女得急急捉不放。于时估客，以实告言：'我实非鬼。'王女即时，与彼估客，俱往诣城，唤开城门，具陈情实。时女父国王，虽闻其言，犹怀不信，庄严兵仗，启门就看，方知非鬼。时父王言：'女人之体，形不再现。'即以其女，而用妻之。估客欢喜，庆遇无量。"

佛言："尔时估客得王女者，舍利弗是。割截耳鼻者，摩诃罗是。宿缘如此，非但今日。自今已后，诸比丘等！若欲说法咒愿，当解时宜，应修习布施、持戒、忍辱、精进、禅定、智慧。忧悲、喜乐，宜知是时及以非时，不得妄说。"

杂宝藏经卷第六

【注释】

[1] 摩诃罗：佛弟子，在五百罗汉中排在第四百六十三位。

[2] 愆（qiān）：过错。

[3] 跦：原字为古今皆无的异体字，根据文义改为此字。

[4] 挝（zhuā）：打。

[5] 侜（zhōu）张：欺诳。本文指荒唐。

[6] 柔：原字为古今皆无的异体字，根据文义据此。

[7] 嚏（tì）：古同"嚔"，打喷嚏。

[8] 欻（xū）然：忽然，迅速。

【译文】

舍利弗和摩诃罗不同际遇的故事

从前在憍萨罗国都舍卫城中，有一位德高望重的长者，家中极为富有，财宝无数。他常按僧人的座次顺序，请出家人到家中接受供养。那次，正好轮到舍利弗和摩诃罗，两人到了长者家。长者见到他们后，非常高兴。在那天，他派到大海寻宝的一批商人，获得无数珍宝后平安返家；当时国王又把村庄赏赐给了长者；他怀孕的妻子，又生下一个男孩儿，诸多喜庆的事，同时聚到了一起。舍利弗等人，到他家后，接受了长者供养。饭后，长者端来洗手水，在尊贵的僧人面前，铺设了一个座位坐下。这时舍利弗祝愿说："今天良辰得好报，财宝利益一起到。欢喜雀跃心中乐，信心迸发念十力。以后常像今日喜。"长者听了祝愿后，心里非常高兴，就把二张最好的细棉布布施给了舍利弗，却没有布施摩诃罗。

当时摩诃罗回到寺院，内心惆怅，心想："今天舍利弗所以得到布施，正是由于他的祝愿顺应了长者的心意，所以得到布施。我现在应当求得这祝福的话。"于是对舍利弗说："刚才你的祝词，希望能教给我。"舍利弗随即回答他说："祈愿之辞不可常用，有时适合用，有时不适合用。"摩诃罗一再请求说："你一定要教给我。"舍利弗难以回绝，就只好教给他祝词。摩诃罗得到传授后，立即背诵，背诵得极其流利，心想："我应当准备好，轮到我，能当主持人时，就能用上祝辞。"

后来，按次序轮到去长者家中，由摩诃罗为主持人。那时，长者派的商人在海中丢失了珍宝，长者妻子遭遇了官司，儿子又死了。摩诃罗依然背诵这个祝词，并说："今后一直像这样。"长者听到这样的话之后，气愤至极，随即驱赶殴打，将摩诃罗赶出门去。摩诃罗挨打后，情绪懊丧，随即走进国王的胡麻地，将胡麻踩坏，苗秆折断。看守胡麻的人，也气愤地又用鞭子抽他，使他备受其苦。摩诃罗接连被打后，责问打他的人说："我有什么过错，这样鞭打？"这时看守胡麻的人说他竟然如此踩踏了胡麻。为他指了路，让他继续前行。没走几里，遇到有人割麦子，堆成麦垛。按当地的习俗，右绕麦垛过去就会招待饭食，以祈求丰收；若从左绕过去，则以为不吉祥。当时摩诃罗从左绕了过去，主人生气，又用木棒打他。摩诃罗又问他说："我有什么罪过，蛮横地打我？"麦子主人回答说："你绕麦垛时，为什么不从右绕，并祝福说：'多多收入'，由于犯了我们规矩，所以打你。"随即给他指了路。摩诃罗又往前走了一会儿，遇到有人正要下葬，就绕着墓穴，像绕麦垛一样祝愿说："多多收入。"死者家属听到十分愤怒，抓住他殴打，对他说："你见到死人，应当怜悯，说：'从今以后，再不要这样。'为什么反说：'多多收入？'"摩诃罗说："从今以后，应当像你说的那样。"又往前走，看见人家举办婚礼，便按照送葬主人所教的话说：'从今以后，再不要这样。'这时办喜事的人，气愤他这样说，又用鞭子打他，把头都打破了。摩诃罗又向前走，由于接连被打而狂跑，遇到有人捕捉大雁，惊慌失措的他触碰到所设的罗网，因此，惊散了雁群。猎人很气愤，又捉住他用木棒痛打。这时摩诃罗深陷被打的困境，就对猎人说："我从大路走，因多次被打，精神恍惚，走得慌忙，碰到您的罗网，望你宽恕，放我走吧。"猎人回答说："你太鲁莽了，荒唐到如此地步，为什么不慢慢地爬行呢？"摩诃罗便沿着大路，按猎师的话，向前慢慢爬行。在路上遇到洗衣人，见他伏地爬行，以为他要偷衣服，随即上来捉住他，又用木棒打。这时摩诃罗，遭到如此困境，就急忙说了自己此前的经过，才得以被放行。摩诃罗回到舍卫城祇园寺院对佛弟子们说："我前几天背诵了舍利弗的祝词，今天吃了大苦头。"就说了自己被痛打得体无完肤，差点丧了命。佛弟子们带着摩诃罗，来到佛陀面前，详细述说了他被打的原因。

佛陀说："这个摩诃罗，不仅是今日如此。在过去，有一位国王的女儿得了病，巫师占卜后认为，需要到墓地才能为她解除灾难。这时国王的女儿，就带向导和随从，一起前往墓地。当时，路上有两位商人，看见国王的女儿，以及仪仗队十分威严，心里害怕，就跑到墓地躲避。其中一个人，当即被侍从抓住，割掉了耳朵和鼻子；另一个人情急之中，吓得躺在死尸堆中装死。当时国王的女儿要解除病患，就要选一个新死的皮肤没有腐烂的尸体，坐在上面洗澡，来治疗所患的疾病。于是派人寻找，正好找到装死的商人，用手摸他，身体还柔软，认为就是刚死的，于是用芥末涂抹身体，坐在他身上洗澡。芥末的辛辣气味，窜入商人的鼻子中，虽然他一再强忍，却最终忍不住，打了一个大喷嚏，忽然跳了起来。当时侍从们以为是起尸鬼，或许会给大家带来各种灾难，就跑进城将门关上不让他进来。国王女儿着急，然而被商人抓住不放。商人把实情告诉她说：'我真不是鬼。'国王的女儿于是和商人一起回到城门口，叫开城门，告诉了真情。这时国王听了女儿的话，依然不信，就带领军队开门察看，才知道真不是鬼。国王说：'女人的身体，不能让第二个男人看到。'随即把女儿许配给商人做妻子。商人十分欢喜，庆幸自己的奇遇。"

佛陀说："那时娶了国王女儿的商人，就是舍利弗；被割去耳朵和鼻子的商人就是摩诃罗。过去的业缘就是如此，不仅在今天这样。从今以后，佛弟子们，倘若要说佛法祝词，应当看看合不合时宜，应当修习布施、持戒、忍辱、精进、禅定、智慧。根据人的悲伤与喜悦，知道说话什么时候合时宜，什么时候不合时宜，不能乱说。"

《杂宝藏经》第六卷完。

【辨析】

故事读完，读者都会哑然失笑。因为摩诃罗简直就是一个"呆瓜"和"倒霉蛋"，从他祝愿倒霉的人"永远如此"被驱逐、误入胡麻地遭毒打、左绕麦垛违反风俗被鞭抽、遇到有人下葬却说"多多收入"再遭痛打，到惊散雁群又被猎人痛斥和暴打，最后因爬行而被误认为小偷再遭棒打，等等，种种"不幸"遭际几乎令他丧命。再加上他前世被人割了鼻子、耳朵，似乎这一连串的倒霉事都让他遇上了。故事旨在通过摩诃罗的"呆傻愚痴"和"以言取祸"，提出"慎言"之喻理，强调修行佛道要谨语慎言，否则就会伤人害己，自找苦吃。正如常言所道"良言一句三冬暖，恶语伤人六月寒"。

本篇故事不仅立意不俗，而且表现手法也极富特色。构思精巧，想象丰富，情节连环相套，一波三折，引人入胜。尤其是通过多种描写方式从语言、动作、神态甚至细节的直观呈现，塑造了摩诃罗这一鲜明可感、栩栩如生的人物形象，读之令人久久难忘。另外，巧妙地运用了语言表达上和行为上的"错位"，构成了各种巧合，反映了佛陀丰富的生活常识和对民俗风情的谙熟。同时，恰到好处地对两位佛弟子的言行和结果进行了对比，相映成趣，使人在诙谐幽默中，受到启发和教益。

七十九

婆罗门以如意珠施佛出家得道缘

【题解】

本篇以佛陀能识宝珠启示世人：佛陀具有了知一切的智慧。

【经文】

佛在舍卫国。尔时南天竺，有一婆罗门，善别如意珠，持一如意珠，从南天竺，至东天竺，遍诸国土，无能别者。如是次第，至舍卫国，到波斯匿王所，而作是言："谁能分别识此珠者？"波斯匿王，集诸群臣，一切智人，无有识者。波斯匿王，共至佛边，佛语婆罗门言："汝识珠名字不？知珠生出处不？知珠力耐不？"答言："不知。"

佛言："此珠磨竭大鱼[1]脑中出，鱼身长二十八万里，此珠名曰金刚坚也。有第一力耐，使一切被毒之人，见悉消灭，又见光触身，亦复消毒；第二力者，热病之人，见则除愈，光触其身，亦复得差；第三力者，人有无量百千怨家，捉此珠者，悉得亲善。"时婆罗门，闻此语已，甚用欢喜，如来真实一切智人，即以此珠，奉上于佛，而求出家。佛言："善来，比丘。"须发自落，法服着身，为说法要，即得罗汉。诸比丘言："如来善能分别此珠，复能说法，使得道证。"

佛言:"非但今日,过去亦尔。昔迦尸国,仙人山中,有五通仙。时有婆罗门,持一树叶,问仙人言:'此何树叶?'仙人答言:'此树名金顶,若人被毒,垂命欲死,此树下坐,即得消灭。热病之人,依此树者,亦复得除。以此树叶触人身者,所有毒气,及与热病,悉皆得除。'婆罗门欢喜,求与仙人而作弟子,修习其法,亦得五通。

"尔时五通仙人者,我身是也;尔时持树叶婆罗门者,今此婆罗门是也。我于尔时,教其使得具五神通,今亦免其生死之难,获阿罗汉。"

【注释】

[1] 磨竭大鱼:是古代印度传说中的神鱼。《一切经音义》卷四十云:"摩羯者,梵语也。海中大鱼,吞噬一切。"磨竭:又译"摩羯"。

【译文】

婆罗门布施宝珠给佛陀的故事

佛陀在憍萨罗国都舍卫城时,南印度有一位婆罗门,擅长辨别如意宝珠,他拿着一颗如意宝珠,从南印度来东印度,遍访各国,无人能够辨别。他又到了憍萨罗国都舍卫城,来到波斯匿王的住所,他说:"谁能辨别这颗宝珠呢?"波斯匿王召集大臣,以及国内所有智慧之人,都不能识别宝珠。波斯匿王就和婆罗门一起来到佛陀那里,佛陀对婆罗门说:"你知道宝珠的名称吗?知道宝珠生长的地方吗?知道宝珠的神力吗?"回答说:"不知道。"

佛陀说:"这宝珠是出自神鱼脑中,此鱼身长二十八万里,这宝珠叫金刚坚，有三种神力：一是，一切中毒的人见到此珠便能使其毒解，宝珠之光接触到身体也可以消毒；二是，发烧的病人，看见宝珠热病即除，宝珠之光接触到身体也可以痊愈；三是，如果有人有许多仇家，拿上这颗宝珠，就可以使人变得友善。"当时婆罗门听到佛陀的话后，十分欢喜，认为佛陀真是最有智慧的人，随即把宝珠献给佛陀，并请求跟佛陀出家修行。佛陀说："很好，佛弟子。"婆罗门的须发自行脱落，袈裟着身，佛陀为他解说佛法要义，便证得罗汉果位。佛弟子们说："佛陀善于辨别宝珠，又能解说佛法，使婆罗门证得佛理。"

佛陀说："不只是今天如此，过去也是这样。从前在迦尸国的一座仙山中，有一位有五种神通的仙人。当时，一位婆罗门拿着一片树叶问仙人：'这是什么树的叶子？'仙人回答说：'这树名叫金顶，如果有人中了毒，生命垂危，只要坐在树下，随即得以解毒。发烧的病人靠在树上，也可以除病。用这树的叶子触碰人的身体，所有的毒气和热病，都可以消除。'婆罗门听了以后，心里欢喜，请求做了仙人的徒弟，修行法理，也得到了五种神通。

"那时有五神通的仙人，就是我的前身；当时手拿树叶的婆罗门，就是今天的这位婆罗门。我在那时便教他具有五种神通，今天又让他脱离了生死轮回之苦，获得了阿罗汉果位。"

【辨析】

本文在叙述中，以"烘云托月"的手法，即先由擅长辨别宝珠之"一人"，拿着如意珠从"一国"，到走遍五竺"各国"，再到众人、国王和大臣无人能够知晓和辨别，这样由点到面进行描述，然后再由面到点，逐步过渡到对佛陀的集中刻画上，从而凸显佛陀的无上智慧。佛陀不仅能够告诉大家如意宝珠的来历，还十分详细地介绍了宝珠的神奇功效。令人知晓如意珠不是普通的宝珠，而是一颗"神珠"，是凡夫俗子不可辨别的"圣物"，所谓"圣物"归圣人。故事构思精巧,见解新颖,由物及人,巧妙升华,由圣物又进一步烘托出圣人,以珠喻人,揭示出佛陀是具有一切智慧的圣者的喻理。

八十

十力迦叶以实言止佛足血缘

【题解】

本篇借迦叶为佛陀止血的故事,阐明真言具有神奇功效的喻理。

【经文】

尔时如来,被迦陀罗[1]刺,刺其脚足,血出不止,以种种药涂,不能得差。诸阿罗汉,于香山中,取药涂治,亦复不降。十力迦叶[2],至世尊所,作是言曰:"若佛如来,于一切众生,有平等心,于罗睺罗[3]、提婆达多等无有异者,脚血应止。"即时血止,疮亦平复。比丘叹言:"种种妙药,涂治不止,迦叶实言,血则寻止。"

佛言:"非但今日,过去世时,亦复如是。昔有一婆罗门,生一子,名曰无害,而白父言:'田中行时,莫害众生。'父告子言:'汝欲作仙人也?生活之法,云何避虫?'子言:'我今望得现世安乐、后世安乐,不用我语,用是活为?'即向毒龙泉边而坐,欲求取死。世有毒龙,见之害人。时婆罗门子,即见毒龙,毒遍身体,命即欲断。父时忧恼,不知儿处,寻即求觅。见儿欲死,父到儿所，而作是言：'我子从来，无害心者，此毒应消。'作是语已，毒气即消，平复如故。

"尔时父者，十力迦叶是也；尔时子者，我身是也。于过去世中，能作实语，消除我病，于今现世，亦以实言而愈我病。"

【注释】

[1] 迦陀罗：植物名，疑为一种有毒带刺，但可配药的植物。

[2] 十力迦叶：迦叶是佛陀最早度化的五位弟子之一，也为十大弟子之一，有"头陀第一"称誉。十力，原指佛陀所具有的十种神力，这里指菩萨所具有的十种神力，即：深心力、增上深心力、方便力、智力、愿力、行力、乘力、神变力、菩提力、转法轮力等。

[3] 罗睺罗：佛陀的儿子，在佛陀的十大弟子中有"密行第一"的称誉。

【译文】

迦叶为佛陀止血的故事

那时候，佛陀被迦陀罗之刺划破了脚，血流不止，用各种药物涂抹都不能愈合。证得了阿罗汉果位的弟子们，在香山之中取了草药来涂治，也不能治好。佛弟子十力迦叶，来到佛陀的住所，对佛陀说："如果佛陀对于一切众生都有平等心，对罗睺罗和提婆达多一样而没有分别的话，脚上的血应当止住。"当即血就止住了，创伤也平复如初了。弟子们感叹地说："各种好药涂抹都没治好，迦叶真实的话语，使血立刻止住了。"

佛陀说："不仅是今日，在过去的时候也是如此。从前有一位婆罗门，生了一个儿子，名叫无害，儿子对父亲说：'您在田中行走时，不要伤害生灵。'父亲对儿子说：'你要修行当仙人吗？生产劳动的时候，怎能不伤害到小虫子呢？'儿子说：'我希望父亲今生平安快乐，来世也能平安快乐，不听我的话，活着还有什么用呢？'于是就到毒龙泉边坐下，想一死了事。那时世间有毒龙，见人就会伤害。这时婆罗门之子见到毒龙，所中之毒遍布全身，即将丧命。父亲不知道儿子的去处，十分担忧，便四处寻找。看见儿子中毒将死，父亲在儿子身边说：'我儿子从来没有伤害之心，这毒应当消去。'话一说完，毒气随即消失，儿子恢复如常。

"那时的父亲，就是今天的十力迦叶；那时的儿子，就是我的前身。在过去的时候，他能用真实的话语消除我的毒气，在今天又以真实的话语治愈了我的伤。"

【辨析】

故事通过迦叶以真实的话语治愈了佛陀流血不止的脚伤，揭示了世间的真谛，即说实话、用真心、珍惜爱护一切生灵的人，才能平安健康、百毒不侵，永远充满生命的活力。

人们也许会认为，如果话语能治病，哪还需要医生和药物呢？其实，故事旨在以不可思议的神异色彩突出主题。但从佛陀和迦叶的生活经历来看，他们两人本来就是医术高明的"圣僧"。迦叶年长于佛陀，受过完整的婆罗门"五明"教育，"五明"中的医方明就是医药学。加之他长期修习苦行，遍尝人间百草，大概也有"攻百毒"之术。迦叶能够为佛陀治病止血，也是很有可能的。

试想，迦叶来看佛陀，当然也会了解中毒的情况以及用药后的反应。而且之前佛陀的伤处已经涂上了药，经过了一段时间的治疗，此时迦叶的到来和一番关心慰问的亲切话语，当然会使佛陀心中感到宽慰和轻松，遂而病体痊愈也就并不是"不可思议"的事了。

八十一

佛在菩提树下魔王波旬欲来恼佛缘

【题解】

本篇故事通过佛陀与恶魔的较量,说明只要诚心守一,任何魔王的捣乱都会无济于事。其喻理在于:修行真正要战胜的是自己心中的"魔鬼"。

【经文】

昔如来在菩提树下,恶魔波旬[1],将八十亿众,欲来坏佛。至如来所,而作是言:"瞿昙,汝独一身,何能坐此?急可起去,若不去者,我捉汝脚,掷着海外。"

佛言:"我观世间,无能掷我着海外者。汝于前身,但曾作一寺,受一日八戒,施辟支佛一钵之食,故生六天,为大魔王。而我乃于三阿僧祇劫,广修功德,一阿僧祇劫,我曾供养无量诸佛,第二第三阿僧祇劫,亦复如是,供养声闻缘觉之人,不可计数,一切大地,无有针许非我身骨。"魔言:"瞿昙,汝道我昔,一日持戒,施辟支佛食,信有真实,我亦自知,汝亦知我;汝自道者,谁为证知?"佛以手指地言:"此地证我。"作是语时,一切大地,六种震动,地神即从金刚际出,合掌白佛言:"我为作证,有此地来,我恒在中。世尊所说，真实不虚。"佛语波旬："汝今先能动此澡瓶，然后可能掷我海外。"尔时波旬及八十亿众，不能令动，魔王军众，颠倒自堕，破坏星散。诸比丘言："波旬长夜，恼乱如来，而不得胜。"

佛言："非但今日，过去亦尔。昔迦尸国，仙人山中，有五通仙，教化波罗奈城中诸年少辈，皆度出家，使修仙道。尔时城神，极大瞋忿，语仙人言：'汝若入城，更度人者，我捉汝脚，掷于海外。'彼仙人捉一澡瓶，语城神言：'先动此瓶，然后掷我。'尽其神力，不能得动，惭愧归伏。

"尔时仙人，我身是也；尔时城神，波旬是也。"

【注释】

［1］波旬：意为杀者，为欲界第六重天的天王，是除人善根的恶魔。

【译文】

魔王想要破坏佛法却未能得逞的故事

从前，佛陀在菩提树下，恶魔波旬率领八十亿随从想来伤害佛陀。来到佛陀跟前，说："释迦族人，你独自一人，怎么能坐在这里呢？你马上起来离开，如果你不离开，我就抓住你的脚，把你扔到海里。"

佛陀说："我观察这世间，没有能把我扔到海里的人。你在前世，曾经主持过一个寺院，接受过一天八关戒律，布施独觉修行者一钵饭食，所以往生欲界六重天，成为大魔王。而我在三轮无法计数的漫长岁月里，广修功德。在第一轮中我曾供养了无数佛，第二轮和第三轮里也是如此，供养出家修行的声闻、缘觉之人，不可胜数。广大土地上，没有一点点不是我的身体骨肉。"魔王说："释迦族人，你知道我从前曾接受一天八关斋戒，布施独觉的修行者一钵饭食，确实是真的，我自己也知道，你也知道我；至于你自己所说的那些，谁能证明呢？"佛陀以手指地说："土地能证明我。"话一说完，广大的土地发出六种震动，地神随即从地里面出来，双手合什对佛陀说："我为你作证，有大地以来，我一直在其中。佛陀所说，真实不假。"佛陀对恶魔波旬说："你今天如果能先拿得动这水瓶，然后才可能把扔我到海里。"这时魔王波旬以及八十亿随从，都没能搬动水瓶，反倒都摔倒在地，于是四处逃散而去。佛弟子们说："恶魔长期以来想要扰乱佛陀，最终都未能得逞。"

佛陀说："不仅在今天，过去也是这样。从前在迦尸国，在一座仙山，有一位具有五种神通的仙人，教化波罗奈城中的许多年轻的人出家修行，让他们修行成仙之道。那时城神非常气愤，对仙人说：'你如果进城再来救度人们，我就抓住你的脚，把你扔到海里。'仙人这时手拿一个水瓶，对城神说：'你如果能先移动这水瓶，然后才有可能把我扔到海里。'城神用尽了全力也没能移动，十分惭愧地皈依了仙人。

"那时的仙人，就是我的前身；那时的城神，就是恶魔波旬。"

【辨析】

在本篇中，佛陀是善良正义的化身，恶魔是邪恶的化身。故事以极度的夸张、强烈的对比反差，描述了八十亿恶魔无法撼动佛陀一人的情景，凸显佛陀的无比伟力和神力，彰显出正义是神圣不可侵犯的，美好善良的事物是不可战胜的喻理。此外，本篇不仅通过对话营构情节，而且在对话中突出人物身份、个性特征，把魔的自以为是和佛的镇定自若形象逼真地表现出来。

八十二

佛为诸比丘说利养灾患缘

【题解】

这篇故事是佛陀对出家人的告诫,既指出了贪图利养的危害,又为其指明了修行的正确方法。

【经文】

尔时如来在舍卫国,厌患利养。有一深林,名贪庄严,逃避利养,往至林中。林中有寺,时一罗汉,名那弋迦,作此寺主。佛至彼林,到后日中,有诸人等,持衣供养,满于林中,作是言曰:"我不用利养,而此利养常逐我后。"有万二千比丘,亦至彼处。

佛语诸比丘:"利养者是大灾害,能作障难,乃至罗汉,亦为利养之所障难。"比丘问言:"能作何障?"佛言:"利养之害,破皮,破肉,破骨,破髓。云何为破?破持戒之皮,禅定之肉,智慧之骨,微妙善心之髓。"万二千比丘,齐畜三衣六物,作阿练若,不受余物。佛即赞叹:"善哉,善哉。能作阿练若法。我之此法:是少欲法,非是多欲;是知足法,非不知足;是乐静法,非乐愦闹;是精进法,非懈怠法;是正念法,非邪念法;是定心法,非乱心法;是智慧法,非愚痴法。"时诸比丘,闻说此语,皆得阿罗汉。

诸比丘白佛言："希有世尊。"

佛言："非适今日，过去亦尔。昔迦尸国有辅相，名曰夜叉。夜叉之子，名夜儿达多，深觉非常，出家学仙。诸仙多欲，皆诤果草。夜儿达多，为欲令彼少欲之故，舍其濡草[1]，取彼鞭草，舍此甘果，取彼酢果[2]，舍己新果，取他陈果，舍取果已，即得五通。万二千仙人，见其如此，便学少欲，不复多求，亦皆得五通。夜儿达多，渐作方便，教化诸仙。命终之后，生不用处。

"尔时达多，我身是也；尔时万二千仙人，今万二千比丘是也。"

【注释】

[1] 濡（rú）草：湿润、细软的草。
[2] 酢（cù）果：酸果。

【译文】

佛陀为弟子解说贪图供养是灾难的故事

那时佛陀在憍萨罗国都舍卫城，厌恶了各种供养。有一处幽深的树林，名叫贪庄严，为了逃避人们的供养，他来到树林中。林中有一座寺院，当时有一位证得罗汉果位的高僧，名叫那弋迦，在寺院做主持。佛陀到了林中的第二天，就有许多人们，拿着衣物前来供养，树林里挤满了人，佛陀说："我不需要这些供养，但它们总是追逐在我身后。"有一万二千个佛弟子也来到了这里。佛陀对他们说："利养是大祸患，会成为修行的障碍，甚至罗汉的修行，也会为利养所障碍。"弟子们问："能有什么障碍呢？"

佛陀说："利养之害，能够破坏人的皮、肉、骨、髓。为什么能够破坏呢？因为它破坏出家人的持戒之皮，禅定之肉，智慧之骨，微妙善心之髓。"一万二千个佛弟子，只留下袈裟、上衣、内衣三种僧衣以及钵盂、坐具、洗具等六种物品，就在僻静处禅修，不再接受其余的物品。佛陀随即赞叹说："很好，很好。能静心修习禅法了。我的禅法，是减少欲望的，而不是增加欲望的方法；是知足常乐的，而不是不知足的方法；是喜欢清静的，而不是喜欢喧闹的方法；是精勤勇进的，而不是懈怠松懈的方法；是培养正念的，而不是助长邪念的方法；是定念一心的，而不是扰乱内心的方法；是智慧的，而不是愚昧的方法。"这时弟子们听了佛陀的话，都证得了阿罗汉果位。弟子们对佛陀说："真是世间少有啊，世人之尊。"

佛陀说："不止在今天，过去也是这样。从前迦尸国有一位宰相，名叫夜叉。夜叉的儿子，名叫夜儿达多，他认识到世事无常，便出家修学仙道。诸位仙人有很多贪欲，都争抢各种果子和敷草。夜儿达多为了使他们减少欲望，舍弃自己新鲜的软草，取来粗硬的干草；舍去甜美的果子，取来酸涩的野果；舍弃自己新鲜的果子，换来别人陈旧的野果，取舍果实完毕之后，随即证得了五神通。一万二千位仙人见到这样的结果，便修学减少欲望的方法，不再追求多得，也都证得了五神通。夜儿达多逐渐以各种方法教化仙人，死后往生到寂静的境界。

"那时的夜儿达多，就是我的前身；那时的一万二千位仙人，就是今天的一万二千个佛弟子。"

【辨析】

故事先把利养之害，比喻为破皮、肉、骨、髓，继而又将出家人破持戒之皮、禅定之肉、智慧之骨、微妙善心之髓与人身体之皮、肉、骨、髓对应作比。由人的身体到"戒、定、慧"三学，不仅兼及人之身心两个方面，而且由表及里，形成了从物质现象到精神信仰的比较。通过这样的双重比喻、叠喻，把意蕴深邃的教义，形象生动、淋漓酣畅地揭示出来。

在叙述中，佛陀一口气历数了佛门"七法"，以"是"与"非"的肯定和否定句式，铺陈排比，将佛家清心寡欲、修心净行的特征和盘托出，读来使人感到理直气壮、毋庸置疑，具有很强的说服力。

此外，本篇还在"取"与"舍"的总体对比中，含有具体细致的对比，如草垫的"细软与粗硬"，果实的"甜与酸"、"新与旧"等。这样，就把出家人修苦行，求佛果的追求精神，自然地隐喻其中。

八十三

贼临被杀遥见佛欢喜而生天缘

【题解】

本篇通过一个即将被处死的小偷,见到佛陀生欢喜心,因而死后往生天界的故事,明示佛陀大慈大悲,宽容一切众生。

【经文】

尔时舍卫国,波斯匿王,击鼓唱令,而作是言:"若作贼者,捉得当杀。"时有一人,捉贼将来,王便遣人将出杀去。在于城外,会于道中,逢见如来,心生欢喜,至于杀处,即伏王法,寻得生天。具修三念[1],知已由是垂杀之时,见佛欢喜,命终生天。感佛恩德,来下供养。佛为说法,得须陀洹。比丘问言:"以何业缘,生于天宫?"

佛言:"昔在人中,为王所杀,临死之时,见佛欢喜。乘此善因,生彼天宫,重于我所,闻法解悟,证须陀洹。"

【注释】

[1] 具修三念:指往生至天界者思考的三个问题,即我原本是什么身?今天生在何处?从前做了什么善业往生到

这里？

【译文】

小偷死后往生天界的故事

那时在憍萨罗国都舍卫城，国王波斯匿，擂鼓发布命令，告示天下："如果今后有偷东西的人，抓住后一律处死。"当时有一个人，抓住小偷后送来，国王便派人将小偷拉出去处死。在押往城外的路上，小偷远远地看到了佛陀，心生欢喜。到了行刑之处，随即伏法，死后往生到了天界。他与诸天神一样回想前缘，知道自己是由于在将要被杀死之时，见到佛陀心中欢喜，所以死后往生到天上。他为了感谢佛陀的恩德，来到人间供养佛陀。佛陀为他解说佛法，证得声闻初果。弟子们问佛陀说："他因为什么缘故，往生到天宫呢？"

佛陀说："过去他在人间，被国王杀死，临死之时，看见佛陀产生了欢喜心。由于这样的善缘，死后往生到了天宫，又来到我这里，听闻佛法，理解悟道，证得果位。"

【辨析】

这个故事中的小偷，究竟偷了什么东西？文中并没有做交代，我们不得而知。但按照王法，他被送上了死路，无疑是悲惨的，但故事却又设计出一个遇佛生喜，往生天界，回向佛陀，成就善果的结局，从而引发人们对人生平等、珍爱生命的佛教教义的思考。

其实，死刑本身就是一种最无奈的选择，因为它的前提是否定了一个生命的存在价值，也在某种意义上否定了家庭教育、社会教育的功效。佛陀却有这种自信，相信佛法可以教化一切，可以宽容一切，乃至于可以"放下屠刀，立地成佛"。实际上，这就否定了杀戮，否定了以对人肉体上的消灭来解决复杂社会问题的方法。

八十四

刖手足人感念佛恩而得生天缘

【题解】

这篇写了一个因犯王法被砍去手脚的人，得到佛陀救度而往生天界的故事，表现了佛教慈悲喜舍、大度宽容的襟怀和风貌。

【经文】

昔舍卫国，有人犯于王法，截其手足，掷着道头。佛行见之，即往到边，而问言曰："汝于今日，以何为苦？"刖人答言："我最苦饿。"即敕阿难，使与彼食。其刖人命终生天，感佛厚恩，来下供养。佛为说法，得须陀洹。比丘问言："以何业行，生于天上？"

佛言："昔在人中，被刖手足掷于道头，佛到其所，敕与其食，心生欢喜，命终生天，重于我所，闻法得道。"

【译文】

犯人感恩佛陀得升天界的故事

从前在憍萨罗国都舍卫城，有一个人犯了王法，被砍去手脚后扔在了街头。佛陀路过看见后,就走到他身边问道:"从今以后,你最痛苦的是什么?"这个人回答说:"我最痛苦的是要挨饿。"佛陀就叫弟子阿难,送饭给他。这个人死后往生天界,感谢佛陀的大恩大德,来到人间供养佛陀。佛陀为他解说佛法,因而证得了初果。佛弟子们问:"这位天神因为什么善业,死后往生到天上呢?"

佛陀说:"过去他在人间,被砍掉手脚扔到了街边,佛陀来到他身边,给他食物,他心生欢喜,因此死后往生天界,又来到我这里,听闻佛法而证得果位。"

【辨析】

本则故事内容简单明了,但仍能引发人的思考。在被弃之街头的人犯面前,众人也许会躲之唯恐不及,而佛陀却来到他的身旁,没有指责,没有教训,而是问他最需要什么?满足他的需求,提供给他具体的帮助。这充分体现了佛陀对人的关心、爱护、包容和尊重,这就是普度众生的慈悲心肠,可贵可敬,更令人感动。

与佛陀慈悲和善心形成鲜明对照的是国王的残酷和狠心,他将犯人抛于街头,弃之不顾,目的是用强权来提醒和震慑那些敢于挑战王法的人,所谓"杀鸡给猴看",而并未对这位生活已不能自理的人给予应有的安排,这就把人间的残酷、被压迫者的痛苦真实地展示在读者面前。最后这位有前科的人,悉心向佛,真诚悔过,最终也得了正果,由此引出用自己的善行善举,努力去改变现实的寓意。

八十五

长者以好蜜浆供养行人得生天缘

【题解】

本篇以老者因布施路人蜜粥而死后上天的故事,表达了善行必成善果的佛教喻理。

【经文】

昔舍卫国,有一长者,于祇洹林,求空闲地,欲造房舍。须达长者,遍已作竟,无复空处。便于祇洹大门之中,以好净水,用种种蜜种种之糗作浆,供给一切行人。九十日后,佛亦受之。于是命终,生于天上,有大威德,乘天宫殿。来供养佛,佛为说法,得须陀洹。比丘问言:"以何业行,得生天上,威德如此?"

佛言:"本为人时,于祇洹门,作种种浆,施与一切,佛亦自受。以是因缘,生于天上,又于我所,闻法得道。"

【译文】

长者施粥得善果的故事

从前在憍萨罗国都舍卫城,有一位长者,想在祇树给孤独园林中找一块空地，建造房屋。须达多长者在园林各处都建了房舍，再没有空地了。于是这位长者就在大门口，用纯净的水，加上各种蜜糖和米面做成粥，供给所有来往的行人。九十天后，佛陀也接受甜粥的供奉。长者死后，往生到天上，威严和福德具足，住在天上的宫殿。他又来到人间供养佛陀，佛陀为他解说佛法，因而证得了初果。佛弟子问："老人因为什么善业，往生到天上，有如此的威严和福德呢？"

佛陀说："他在人间时，在祇树给孤独园林门口，做了各种甜粥，布施给所有行人，我自己也曾领受过。因为这样的缘故，往生到天上，又来到我这里，听闻佛法而证得果位。"

【辨析】

所谓好人有好报，善因结善果。施粥给路人，这种力所能及的善举，看似平凡，但慈心广大，契合佛门所倡导的慈悲喜舍精神。故事中长者往生天界的福报，证明了累积福慧资粮，利人也利己，而且善恶终有因果报，也真实表现了广大善良人们的普遍心愿。本篇揭示了人间有温情，佛门度众生的喻理。

八十六

波斯匿王遣人请佛由为王使生天缘

【题解】

这篇恭请佛陀乘车而得福报故事,其喻理在于:礼敬佛家,终有善果。

【经文】

昔舍卫国,波斯匿王、须达长者久不见佛,心生渴仰,于夏坐后,遣使请佛。使至佛所,恭敬白佛言:"王与长者,欲见如来,唯愿世尊,乘此车上,往到舍卫。"佛言:"我不用车,自有神足。"虽作是语,为其得福,当于车上空中而行。使便在前,而告于王及以长者。王与长者,躬自出迎,使亦与王,还来见佛。命终生于天上,即乘宝车,来至佛所,佛为说法,得须陀洹。比丘问言:"以何因缘,生于天宫,乘此宝车?"

佛言:"昔在人中,为王所使,到于佛所,奉车使乘。由是业缘,今得生天,恒驾宝车,重于我边,闻法得悟,证须陀洹。"

【译文】

使者请佛乘车得福报的故事

从前在憍萨罗国都舍卫城,波斯匿国王、须达多长者,很久没有看见佛陀了,心中渴望见到敬仰的人。于是在集中禅修三个月的夏日之后,派使者恭请佛陀讲法。使者来到佛的住所,恭敬地对佛陀说:"国王与须达多长者,想见佛陀,希望您现在乘坐外面的这辆车到舍卫城。"佛陀说:"我不用乘车,自有神足通到去处。"佛陀虽然这么说,但为了让使者得到福报,就在这辆车的上空中飞行。使者便走在前面,报告国王以及须达多长者。国王与须达多长者,亲自出来迎接,使者也和国王一起来拜见了佛陀。后来使者死后往生天上,他便乘坐宝车,来到佛陀住所,佛陀为他解说佛法,因而证得了初果。佛弟子们问:"他是因为什么缘故,往生到天宫,乘坐宝车呢?"

佛陀说:"他在人间时,被国王所派,来到我的住所,准备好车子让我乘坐。由于这一善缘,今天得以往生天界,一直乘坐宝车。现在又来到我这里,听闻佛法得以开悟,证得了果位。"

【辨析】

本篇中的使者,前生受人派遣供奉佛陀车驾,来生得到在天界乘坐宝车的福报,这正应了佛教所谓的种善因、结善缘、得善果。佛陀在长期的教化过程中,十分注重从信众的一言一行中,培育善心的种子,使之发芽、开花、结果。

八十七

波斯匿王劝化乞索时有贫人以
氎施王得生天缘

【题解】

这个穷人布施得到福报的故事，体现了佛教布施不在多少，维在诚心的喻理。

【经文】

昔舍卫国，波斯匿王，作是言曰："须达长者，尚能劝化一切人民，作诸福业，我今亦当为众生故，教导乞索，令其得福。"于是行化，处处乞索。时有一人，贫穷多乏，唯有一氎，即便持施波斯匿王。王得氎已，转以奉佛。其后贫人，命终生天，感佛大恩，而来供养。佛为说法，获须陀洹。比丘问言："昔作何业，生于彼天？"

佛言："在人中时，值王劝化，即以白氎，而布施之。乘此善因，今得生天，遂于我所，闻法证果。"

【译文】

穷人布施得福报的故事

从前在憍萨罗国都舍卫城，国王波斯匿心想："须达多长者，尚且能够教化人民，积善修福，我今天应当为了百姓，也教他们供奉，使他们得到福报。"于是就到各地进行教化，四处行乞化缘。这时有一个人，生活非常贫穷，家里只有一张白色的细毛布，他就将它布施给了国王波斯匿。国王又将得到的白毛布供奉给了佛陀。以后这位穷人，死后往生到天界，他感谢佛陀的大恩，又来到人间供养佛陀。佛陀为他解说佛法，而证得了初果。佛弟子们问："他过去做了什么善业，往生到天宫的呢？"

佛陀说："他在人间时，正遇国王劝化民众，他就将仅有的一张白毛布布施给了国王。由于这样的善因，今天得以往生天界。现在又来到我的住所，听闻佛法而证得了果位。"

【辨析】

这篇小故事中包含了一系列的因果关系。国王因为富商须达多为佛教化缘，得到人们的敬仰和福报，所以自己也仿而效之；穷人因为将家中唯一的一块白毛布给了国王，国王又转送给了佛陀，因而穷人死后得以升天界，得福报后回到人间来感恩供奉佛陀，感恩后又闻佛法而证得佛果。在这由因果善业构成的逻辑关系中，为信仰者建立起信佛得福报的殿堂。

本篇故事还反映出了古代印度佛教和王权互为支持依赖的历史轨迹。

八十八

兄常劝弟奉修三宝弟不敬
信兄得生天缘

【题解】

本篇故事中兄弟二人各自坚持不同的信仰,以哥哥信佛得福报而显扬佛教和贬抑其他教派。

【经文】

昔舍卫国,有兄弟二人。而第一者,奉修佛法;第二之者,事富兰那[1]。兄常劝弟,使事三宝,弟不随顺,恒共斗诤,情不和合,各便分活。第一者供养于佛,后遂命终,生于天上,即来佛所,报恩供养。佛为说法,得须陀洹。比丘问言:"昔为何业,生此天宫?"

佛言:"往在人中,心乐正法,奉修三宝。以是福因,今得生天,又于我所,闻法信解,而证道果。"

【注释】

[1] 富兰那:即富兰那迦叶,六师外道之一。知识渊博,是一代名医。其教义主张"无因无缘论",即否定善恶业报,否认一切

事物之间的相互联系，认为世界是自然产生的，为唯物主义哲学派别。

【译文】

哥哥信佛得福报的故事

从前在憍萨罗国都舍卫城，有兄弟二人。哥哥修行佛法，弟弟信奉富兰那学说。哥哥常常劝导弟弟信奉佛、法、僧三宝，弟弟不愿听从。两人意见不同而一直争论不休，便各自分开生活。哥哥供养佛陀，死后往生天上。他来到佛陀的住所，报答恩德供养佛陀。佛陀为他解说佛法，于是证得声闻乘初果。佛弟子们问："他过去做了什么善业，往生到天宫的呢？"

佛陀说："他过去在人间，正信佛法，奉行佛、法、僧三宝。以这样的福德因缘，今天得以往生天界，又来到我这里，听闻佛法理解了教义，而证得果位。"

【辨析】

这篇比喻故事中的兄弟两人，各自执守于自己的信仰，由于矛盾的不可调和，以至于分家，各取所信。而两人信仰的不同，导致了归宿的不同。在客观上形成了信仰的差异，以及结果的差异的对比。明确表达了信佛生天界，享受大福报的教义。此外，历史上佛教与古代印度其他哲学派别之间的尖锐矛盾，从中可窥一斑。

八十九

父闻子得道欢喜即得生天缘

【题解】

本篇所写父亲因为两个儿子皈依佛法心生欢喜而得生天界,一家三口皆得到善果的故事,阐发了信佛敬佛皆得福报的喻理。

【经文】

昔舍卫城,有兄弟二人,恒喜斗诤,更相怨恶,便共诣王,欲求断决。道中值佛,佛为说法,得阿罗汉道。父闻其子遇佛得道,心生欢喜。遂即命终,生于天上,来至佛所,佛为说法,得须陀洹。比丘问言:"往作何业,今得生天?"

佛言:"昔在人中,闻我为其子等说法得道,踊跃欢喜,命终生天,重于我所,闻法信解,而证道果。"

【译文】

父亲因儿子信佛欢喜得福报的故事

从前在憍萨罗国都舍卫城,有兄弟二人,总喜欢相互指责和争论，以致相互憎恨和厌恶。他们一同来到国王那里，请其判断是非。在半路上遇见了佛陀，佛陀为他们解说佛法，两人便都证得了阿罗汉果位。父亲听到两个儿子遇到佛陀闻法而得道后，心中欢喜。死后往生到天上，又来到佛陀的住所，佛陀为他解说佛法，证得了声闻乘初果。佛弟子问："他过去做了什么善业，往生到天上的呢？"

佛陀说："他过去在人间，听到我为他的两个儿子解说佛法证得果位后，心中十分高兴，死后往生天界，又来到我这里，听闻佛法，深信领悟，而证得果位。"

【辨析】

本篇以争论不休的两兄弟遇见佛陀喜闻佛法而共同得道，说明佛教是消除家庭矛盾的妙药良方。但故事却并不止于兄弟和好，还表现了父亲为他们皈依佛教而高兴。这样既隐喻佛陀的智慧和教化力量是无法比拟的，同时，还进一步喻证了由于父亲对佛陀的教化心存感恩，所以往生到天上。从而在不经意之间，将信佛可使家庭和睦的喻理表达出来。

九十

子为其父所逼出家生天缘

【题解】

本篇写的是父亲劝导和帮助儿子出家修行的故事。其喻理在于：出家修行，全在自身；修行佛理，福报无限。

【经文】

昔舍卫国，有人使子出家事佛。佛即度之，恒使扫地。不堪辛苦，罢道还俗。其父语言："汝但出家，从今已后，代汝扫地。"父即共子，往彼祇洹精舍[1]。儿见精舍，其中清净，心生欢喜，便作是言："我宁杀身，出家扫地，不复还俗。"其后命终，生于天上，即来佛所，佛为说法，得须陀洹。比丘问言："以何业缘，生于天上？"

佛言："往在人中，不堪辛苦，欲还于家。其父不听，代其使役，强驱出家，遂便欢喜。命终生天，又于我所，闻法得道。"

【注释】

[1] 祇洹精舍：即祇树给孤独园林，佛陀当年传法的一个重要场所。祇树，是舍卫国太子祇陀的林园，故简称为祇树或祇林。给

孤独,是舍卫国的一位富有的长者,因其乐善好施,哀恤孤独,扶危济困,故被人尊称为给孤独。后来他皈依了佛教,花重金买下了祇林,并建精舍献给了佛陀,因此称为舍卫国精舍或祇树给孤独园林。

【译文】

儿从父愿出家修行的故事

从前在憍萨罗国都舍卫城,有一个人让自己的儿子出家供奉佛陀。佛陀接受了父亲的请求,让他的儿子出家修行,在寺院扫地。儿子却因受不了辛苦,就还俗回家。他父亲对他说:"你只管出家修行,从今以后,我替你扫地。"父亲随即又领着儿子,一起来到祇洹精舍。儿子看见这里十分清净安逸,顿时心生欢喜,于是说道:"我宁可死了,也要出家扫地,不再还俗。"后来儿子死后往生到天上,然后来到佛陀的住所,报答恩德供养佛陀。佛陀为他解说佛法,随即证得声闻乘初果。佛弟子们问:"他过去做了什么善业,往生到天上的呢?"

佛陀说:"他过去在寺院,受不了辛苦,想要回家还俗。他的父亲不同意,答应代他劳动,硬要让他出家,后来他到寺院修行而心生欢喜,死后往生天界,又来到我这里,听闻佛法而证得果位。"

【辨析】

儿子按照父亲的意愿出家修行,毕竟不是个人的选择,因此,忍受不了寺院生活的艰苦,想还俗回家也是情理之中的事。可父亲坚持让其出家,这次他将儿子送到了佛陀修行的寺庙,这里清静脱俗的环境,使儿子顿感神清气爽,于是心向佛法,立刻做出了自己的选择，于此修行而终结善果。故事在儿子的一进、一出到再进寺院的过程中，表现了人因环境而产生的心理变化，以及由被动地修行和坚定地信仰所导致的截然不同的结果，阐发了信仰是在一步步的感受之中逐渐树立的喻理。

九十一

罗汉祇夜多驱恶龙入海缘

【题解】

本篇通过罗汉祇夜多驱赶恶龙的故事,强调了出家人遵从佛陀遗教"以戒为师",即佛教戒律的重要性。

【经文】

昔有尊者阿罗汉,字祇夜多,佛时去世,七百年后,出罽宾国。时罽宾国,有一恶龙王,名阿利那,数作灾害,恼诸贤圣。国土人民,悉皆患之。时有二千阿罗汉,各尽神力,驱遣此龙,令出国界。其中有五百罗汉,以神通动地;又有五百人,放大光明;复有五百人,入禅定经行。诸人各各尽其神力,不能使动。

时尊者祇夜多,最后往至到龙池所,三弹指[1]言:"龙,汝今出去,不得此住。"龙即出去,不敢停住。尔时二千罗汉,语尊者言:"我与尊者,俱得漏尽,解脱法身,悉皆平等,而我等各各尽其神力,不能令动。尊者云何,以三弹指,令阿利那龙远入大海耶?"时尊者答言:"我凡夫已来,受持禁戒,至突吉罗[2],等心护持,如四重无异[3],今诸人等,所以不能动此龙者,神力不同,故不能动。"

时尊者祇夜多，与诸弟子，向北天竺，道中见一乌，仰而微笑。弟子白言："不审尊者何缘微笑？愿说其意。"尊者答言："时至当说。"于是前行，到石室城，既到城门，惨然变色。食时已至，入城乞食，既得食已，还出城门，复惨然变色。诸弟子等，长跪白言："不审向者何缘微笑？复惨然变色？"

时尊者祇夜多，答诸弟子言："我于往昔九十一劫，毗婆尸佛[4]入涅槃后，作长者子。尔时求欲出家，父母不听，而语子言：'我家业事重，汝若出家，谁继后嗣？吾当为汝取妇，产一子胤，听汝出家。'即便为娶。既娶妇已，复求出家，父母复言：'若生一息，听汝出家。'其后不久，生一男儿。儿已能语，复白父母言：'愿尊先许听我出家。'尔时父母，恐违前言，密教乳母语孙儿言：'汝父若欲出家去时，汝当在门，而捉父言："既生育我，今欲舍我出家去耶？若欲去者，愿父今杀我，然后当去。"'其父即时惨然情变，而语子言：'我今当住，不复更去。'由是之故，流浪生死。我以道眼，观察宿命，天上人中，及三恶道，相值甚难，相值甚难，今乃一见。向一乌者，即是彼时孙儿也。我向所以惨然变色者，我于城边，见饿鬼子，而语我言：'我在此城边，已七十年，我母为我，入城求食，未曾一得来。我今饥渴，甚大困厄，愿尊者入城，见我母者，愿为我语：速看我来。'时我入城，见饿鬼母，而语之言：'汝儿在外，饥渴甚危，思欲相见。'时饿鬼母，而报之言：'我来入城，七十余年，我自薄福，加我新产，饥羸无力，虽有脓血、涕洟、粪秽不净之食，诸大力者，于先持去，我不能得。最后得一口不净，欲持出门与子分食，门中复有诸大力鬼，复不听出。惟愿尊者，慈愍将我，使母子相见，食此不净。'

"时尊者，即将饿鬼母，得出城门，母子相见，分食不净。尔时尊者，问此鬼言：'汝于此住，为以几时？'时鬼答言：'我见此城七返成坏。'"

时尊者叹言："饿鬼寿长，甚为大苦。"时诸弟子，闻说此语，皆厌患生死,即得道迹。

【注释】

[1] 弹指:捻弹手指作声的动作,即打响指。也为佛教中的一个时间量词,比喻很短的时间。

[2] 突吉罗:指违反戒律的言行。

[3] 四重无异:指与违犯杀、盗、淫、妄语四重戒没有区别。

[4] 毗婆尸佛:梵文音译,意译为胜观,是过去七佛中的第一佛。

【译文】

罗汉驱龙入海的故事

从前有一位有成就的阿罗汉,名叫祇夜多,佛陀去世七百年后,出生于北印罽宾国。当时罽宾国有一个恶龙王,名叫阿利那,屡屡作恶,制造祸端,众贤恼怒,国之百姓深以为害。当时有两千位阿罗汉,各显神通,想要驱逐龙王。其中五百位罗汉,以神通之力震动大地;又有五百位罗汉,大放光明;还有五百位罗汉,进入禅定咒行。大家都竭尽神通之力,但却不能撼动龙王。

这时祇夜多,这位有成就的证悟者,来到龙王居住的水边,弹指三次,说:"龙,你今天就出去,不能在这里居住。"龙王当即出来,不敢居住。这时二千位罗汉,对祇夜多说:"我们与证悟者您都断尽一切烦恼,解脱生死轮回,全都平等,但我们各自竭尽神通之力,也不能使龙王移动。您为什么仅打了三次响指,就让阿利那龙王回到远方的大海呢?"这时祇夜多回答说:"我从出家以来,持受戒律,对于所有的寺院僧规,都以平等之心守护不犯,如同严守杀、盗、淫、妄语四重戒一样没有区别。今天你们所以不能驱动龙王，是你们的神通之力不同，所以不能撼动它。"

当时这位有成就的证悟者衹夜多就和他的弟子们一起到北印度去，在途中见到一只乌鸦，他仰头注视微笑，弟子们问他说："不知您为什么微笑？希望您解说其含义。"衹夜多回答说："到时候会说的。"于是就继续前行，来到了石室城，到了城门口，衹夜多脸色变得十分凄惨。这时到了吃饭的时候，就进城乞食，得到食物之后，等到出了城门，衹夜多的脸色又变得十分凄惨。这时弟子们跪拜着问他："不知您刚才为什么微笑？为什么又面色凄然呢？"

这时衹夜多回答弟子们说："我在过去九十一劫漫长的岁月中，毗婆尸佛证入涅槃后，生为长者之子，那时我要求出家修行，父母不同意，而对儿子说：'我们的家业事关重大，你如果出家，谁来继承家业？应当先为你娶妻，生个儿子继承家业，那时就同意你出家。'于是为儿子娶妻。儿子娶妻后又要求出家，父母又说：'如果你生了儿子，就同意你出家。'这以后不久，生了一个男孩。小男孩已经能说话了，儿子又对父母说：'请父母遵守承诺允许我出家。'这时父母恐怕承担违背承诺之名，暗中叫孙子的母亲对孙子说：'你父亲如果要出家时，你就挡在门口，抱住父亲说："既然已经生下和养育了我，今天又为什么抛舍我出家去呢？如果一定要去，希望父亲今天杀死我，然后再去吧。"'父亲当即脸色变得十分凄惨，对孩子说：'我现在留下来，不出家了。'由于这样的缘故，流转于生死轮回之中。我以法眼观察往昔的生命，知道无论轮回是在天上和人间，还是地狱、饿鬼、畜生三恶道，彼此相遇是极为困难的事，但今天却见了面。刚才那一只乌鸦，就是那时我的儿子。我刚才之所以脸色变得凄惨，是我在城边看见一个饿鬼的儿子，对我说：'我在城边，已经七十年了，我母亲为我到城中乞讨食物，一直没回来。我现在饥渴难耐，极为困苦，期望您进城看见我母亲，为我传话：快来看我。'当时我进入城中，看见饿鬼的母亲，对她说：'你儿子在城外，饥渴难耐，非常想见到你。'这时饿鬼母亲对我说：'我来到城中，已经七十多年，我自己福薄，加上我又刚生产，饥饿虚弱无力，即使见到脓血、涕液、粪便等肮脏不堪的食物，也被强壮的饿鬼，抢先拿去了，我也得不到。最后总算得到了一口不净的食物，想拿出城门和儿子分吃，但城门之中又有许多大力鬼，又不让我出去。只希望证悟者您能慈悲怜悯我，使我们母子相见，一起分吃这不净的食物。'

"证悟者祇夜多随即将饿鬼母亲领出了城门，饿鬼母子相见后，分吃了不净的食物。这时祇夜多问饿鬼：'你在这里住了多少时间呢？'这时饿鬼回答说：'我看到了这石室城七次建成和毁坏了。'"

这时证悟者祇夜多叹息说："饿鬼的寿命很长，受了极大的痛苦。"弟子们听了这话，都厌恶生死轮回，随即证得佛理。

【辨析】

本篇讲述了证悟者祇夜多前世今生的两个故事。

一是写祇夜多以其非凡无比的神异力量驱赶恶龙离开罽宾国的经过。故事通过瑰异神奇的想象和极尽渲染、夸张之手法，以两千位罗汉的神通之力，或震动大地，或大放光明，或入禅定咒行，都不能撼动驱走恶龙的结果，与祇夜多"三弹指"之功进行对比，衬托出严格持守佛教戒律的证悟者祇夜多所具有的比之两千位罗汉更为广大的神力。喻指严守戒法，功在自律。

二是讲述了祇夜多前生的故事。从内容上看，首先，表现了出家修行与人伦亲情之间的矛盾。通过对坚定的出家者与父母、妻子、儿子之间的冲突和日常家庭生活情景的描写，意在说明出家修行之不易，不仅要克服来自自我的种种欲念，也要战胜来自家庭的羁绊。其次，其中寄寓了佛家深邃的意蕴，即可谓：人鬼情未了，难消轮回苦，唯有证悟者，不在六道中。从而宣扬出家修行的合理性和正确性。

从表现手法来看，不仅有生动的细节描写，而且善于造设悬念，使得情节扣人心弦。如祇夜多"一笑"、"一悲"的表情，流露了与前世儿子相见的难得与欣慰，以及见到饿鬼母子的悲楚和怜悯。既形成了情节的辗转起伏，又见证了三恶道的悲惨凄凉。同时，出家人的大慈大悲之心，救度苦难人生的奉献之心也得以体现。

九十二

二比丘见祇夜多得生天缘

【题解】

本篇以证悟者祇夜多修习苦行的故事,告诫出家人要谨记戒律,去除妄念。

【经文】

时南天竺,有二比丘,闻祇夜多有大威德,来向罽宾,到其住处。道由树下,见一比丘,形体甚悴,灶前然火。彼二比丘,而问之言:"汝识尊者祇夜多不?"答言:"我识。"彼比丘言:"今在何处?"语言:"在上第三窟中。"彼二比丘,即便上山,往到窟所,见向然火比丘。时二比丘,疑怪所以,比丘言:"尚有如此名德,何忧不能于先来此?"时一比丘即求决疑,而问之言:"尊者有如此威德,自然火为?"尊者答言:"我念往昔生死之苦,若我头手脚可然之者,犹为众僧而用然火,况复然薪?"时二比丘,即便问言:"不审往昔生死之苦,其事云何?愿欲闻之。"

尊者答言:"我念往昔五百世中,生于狗中,常困饥渴,唯于二时,得自饱满。一值醉人酒吐在地,得安乐饱。二值夫妇二人共为生活,夫便向田,妇住后作食,时彼妇人,事缘小出,我时即入，盗彼饭食。值彼食器口小，初虽得入头，后难得出，虽得一饱，然受辛苦，夫从田还，即便剪头在于器中。"时二比丘，闻其说法，厌恶生死，得须陀洹。

【译文】

两位出家人见证悟者得福报的故事

当时在南印度，有两位佛弟子，听说祇夜多有大福德，就来到罽宾国，到祇夜多的住处去。路过一棵大树，看见一位出家人，形容枯槁，正在炉灶前烧火。这两位出家人便上前问道："你认识证悟者祇夜多吗？"回答说："我认识。"佛弟子又问："他现在在什么地方呢？"回答说："在上面的第三个石窟中。"这两位佛弟子于是上山来到石窟，却看见刚才烧火的出家人在那儿。两位佛弟子感到十分奇怪。这位出家人说："有着如此名声和福德，为什么不能在你们来之前到这里呢？"一位佛弟子请求解答疑惑，问道："您有如此的威仪和福德，为什么自己还要烧火呢？"证悟者祇夜多回答说："因为我回想前生所受的生死轮回之苦，如果我的头和手脚可以烧火的话，尚且会为众僧用来烧火，更何况烧柴火呢？"这时两位佛弟子便问："不知道您前生所受的生死轮回之苦，是怎么回事呢？希望您说给我们听听。"

证悟者祇夜多回答说："我回想前生五百世时，生为狗，总是饥渴困顿，只有两次得以吃饱。一次是喝醉酒的人把饭吐在地上，我吃了个饱。第二次遇到夫妻俩一起生活，丈夫到田里干活，妻子在家做饭，当时妻子有事出去一会儿，这时我立即进到屋里，偷吃做好的饭。不料放食物的器皿口很小，一开始头能钻进去，后来头却出不来了，虽然吃了一次饱饭，然而受尽了痛苦，丈夫从田里回家后，当即把我的头砍下来留在器皿之中。"这时两位佛弟子，听了衹夜多解说佛法，厌恶生死轮回，证得了初果。

【辨析】

佛陀灭度之后，佛教曾经在北印的罽宾国，即今天的克什米尔地区盛行一时。远在海边的南印度的佛弟子们不远千里，来北印度师从高僧衹夜多。但从本故事的情节来看，高僧衹夜多独自一人修习苦行，自己烧火做饭，这种"头陀行"强调的是个人的修行，与佛陀在世时大规模的僧团修行有所不同，全然没有当年的那种王公大臣环伺左右，供奉之人擦肩接踵的气势了。

故事中的衹夜多把自己的前身描绘成一只吃不饱的饿狗。有过两次吃饱的经历，一次是"醉汉所吐"，另一次是"死前饱食"，既滑稽可笑，又可怜可悲。

九十三

月氏国王见阿罗汉祇夜多缘

【题解】

本篇以国王拜见证悟者祇夜多的故事，阐发了"沙门不拜王者"的喻理。

【经文】

月氏国[1]有王，名栴檀罽尼吒。闻罽宾国，尊者阿罗汉字祇夜多，有大名称，思欲相见，即自躬驾，与诸臣从，往造彼国。于其中路，心窃生念："我今为王，王于天下，一切人民，靡不敬伏，自非有大德者，何能堪任受我供养？"作是念已，遂便前进，径诣彼国。有人告尊者祇夜多言："月氏国王，名栴檀罽尼吒，与诸臣从，远来相见。唯愿尊者，整其衣服，共相待接。"

时尊者答言："我闻佛语，出家之人，道尊俗表，唯德是务，岂以服饰出迎接乎？"遂便静默端坐不出。于是月氏国王，往其住处，见尊者祇夜多，睹其威德，倍生敬信，即前稽首，却住一面。时尊者欲唾，月氏国王，不觉前进授唾器。时尊者祇夜多，即语王言："贫道今者未堪为王作福田也，胡为躬自枉屈神驾。"时月氏王，深生惭愧，"我向者窃生微念，以知我心，自非神德，何能尔也？"于尊者所,重生恭敬。

时尊者祇夜多,即便为王,略说教法:"王来时道好,去如来时。"王闻教已,便即还国。至其中路,群臣怨言:"我等远从大王,往至彼国,竟无所闻,然空还国。"时月氏王,报群臣言:"卿今责我无所得也？向时尊者,为我说法:'王来时道好,去如来时。'卿等不解此耶？以我往昔,持戒布施,修造僧坊,造立塔寺,种种功德,以殖王种,今享斯位。今复修福,广积众善,当来之世,必重受福,故诫我言:'王来时道好,去如来时。'"群臣闻已,稽首谢言:"臣等斯下,智慧愚浅,窃生妄解,谓所行来道。大王神德,妙契言旨,积德所种,故享斯国位。"群臣欢喜,言已而退。

【注释】

[1] 月氏国:原为西域古国,曾多次迁徙,公元前二世纪,大月氏从河西走廊远涉至北天竺。

【译文】

国王拜见证悟者祇夜多的故事

月氏国有一位国王,名叫栴檀罽尼吒。他听说在罽宾国,有一位证悟者阿罗汉名叫祇夜多,名声很大,便很想去见他。于是起驾,带领大臣和侍从前往罽宾国。途中,他想:"我身为国王,治理天下,一切人民没有不恭敬和服从的,没有大德的人怎么能承受得起我的供养呢？"一边想着一边前行,一直到达罽宾国。有人告诉证悟者祇夜多:"月氏国王,名叫栴檀罽尼吒,带领大臣和侍从,从远方来相见。希望您穿戴整齐,前来接待贵宾。"

这时证悟者祇夜多回答说:"我听佛祖说,出家之人因修道而为俗世所敬重，以修德为根本，怎么能衣冠整肃出去迎接国王呢？"于是就静默端坐而不出门迎接。月氏国王于是来到了证悟者祇夜多的住处，看见他的威仪德相，心生恭敬和信服，随即上前礼拜，然后站在一旁。这时祇夜多想吐口唾沫，月氏国王不由自主地上前送上痰盂。这时证悟者祇夜多便对国王说："我现在还不能为国王做什么福田，为何屈尊亲自前来呢？"这时月氏王心中惭愧："这正是我先前心中所生的念头，他能洞察我的内心，如果不是具有神通和大德，怎能如此呢？"于是对证悟者祇夜多更生恭敬之心。

这时证悟者祇夜多就为国王简略地讲说佛法："国王来的时候道路很好，去的时候也如来时一样。"国王听了教诲之后，随即回国。返回途中，大臣们抱怨说："我们从远方跟随国王来此罽宾国，竟然一无所闻，空空而回。"这时月氏国王对大臣们说："你们责怪我今天一无所得吗？刚才证悟者祇夜多，为我讲说佛法：'国王来的时候道路很好，去的时候也如来时一样。'你们难道不理解其中的含义吗？我在过去守戒布施，修造寺院，建立佛塔，各种功德，种下了成为国王的福田，今天才享有王位。如今我又修福田，广积善行，来世必然继续享受福报，因此告诫我说：'国王来的时候道路很好，去的时候也如来时一样。'"大臣听了以后，礼拜叩谢说："我们卑下，智慧浅薄，以致误解，以为是说来的时候所行走的路。国王神明大德，深刻领悟其中奥妙，是说积德种下福田的人生之路，所以享有国王的高位。"大臣们都很高兴，说完后退了下去。

【辨析】

这篇比喻故事围绕证悟者祇夜多的行为营构情节，而却以表现他的人生智慧为重心。一是佛教认为出家人是超越世俗礼法和权势束缚的，因而祇夜多坚持了佛陀时期所形成的出家人不迎接远来的国王，也不为他们专门整理衣冠的规定，表明不服从于王权。二是祇夜多身上体现了佛门威仪，在他那种超凡脱俗、庄严美妙气质的沐化下，国王身不由己地捧上了痰盂。这里通过行为揭示心理的细节描写，十分新颖巧妙。三是洞察和深知国王的心思，从而能够一语道破，又在心理层面收摄其心，遂使国王心生敬意。四是用佛家禅语，以来时路、去时路隐喻前生路、来生路，双关玄妙之语，睿智深刻，韵味无穷。再在结尾之处，巧妙升华，点出过去供佛种福田，今生当国王的事实，自然引出今世再积德，来世再做王的期盼，从而收到了使对方服膺于心的良好效果。

九十四

月氏国王与三智臣作善亲友缘

【题解】

栴檀罽尼吒为月氏国国王,栴檀即檀香,月氏国盛产檀香,故名。栴檀罽尼吒因护法有功,被列为第七位罗汉。本篇通过他广纳贤才,成就霸业的故事,阐发了只有佛教才是有具雄才大略王者之归宿的喻理。

【经文】

时月氏国有王,名栴檀罽尼吒。与三智人,以为亲友,第一名马鸣菩萨[1],第二大臣,字摩吒罗[2],第三良医,字遮罗迦[3]。如此三人,王所亲善,待遇隆厚,进止左右。马鸣菩萨,而白王言:"当用我语者,使王来生之世,常与善俱,永离诸难,长辞恶趣。"第二大臣,复白王言:"王若用臣密语,不漏泄者,四海之内,都可克获。"第三良医,复白王言:"大王若能用臣语者,使王一身之中,终不横死,百味随心,调适无患。"

王如其言,未曾微病。于是王用大臣之言,军威所拟,靡不摧伏,四海之内,三方已定,唯有东方,未来归伏,即便严军,欲往讨罚。先遣诸胡及诸白象,于先导首,王从后引,欲至葱岭,越度关险。先所乘象马,不肯前进,王甚惊怪,而语马言:"我前后乘汝征伐,三方已定,汝今云何不肯进路?"时大臣白言:"臣先所启,莫泄密语,今王漏泄,命将不远。"如大臣言,王即自知定死不久。是王前后征伐,杀三亿余人,自知将来罪重必受无疑,心生怖惧,便即忏悔。修檀持戒,造立僧房,供养众僧,四事不乏,修诸功德,精勤不惓。时有诸臣,自相谓言:"王广作诸罪杀戮无道,今虽作福,何益往咎。"

时王闻之,将欲解其疑意,即作方便,敕语臣下:"汝当然一大镬[4],七日七夜,使令极沸,莫得断绝。"王便以一指镮掷于镬中,命向诸臣:"仰卿镬中得此镮来。"臣白王言:"愿更以余罪,而就于死,此镮[5]叵得。"王语臣言:"颇有方便可得取不?"时臣答言:"下止其火,上投冷水,以此方便,不伤人手,可取之耳。"王答言:"我先作恶,喻彼热镬,今修诸善,惭愧忏悔更不为恶,胡为不灭?三涂可止,人天可得。"即时解悟,群臣闻已,靡不欢喜,智人之言不可不用。

杂宝藏经卷第七

【注释】

[1] 马鸣菩萨:大乘论师,约一世纪北印憍萨罗国人。诗歌体《佛所行赞》为其代表作。相传他说法,声调婉转,人皆动容、开悟,连马也忘了吃草,发出抑扬顿挫的嘶鸣之声。故人称"马鸣菩萨。"

[2] 摩咃罗:论师,数论学者,生卒不详。

[3] 遮罗迦:生卒不详。有古代印度医祖的称誉,著有《遮罗迦集》,至今仍是应用广泛的内科医学著作。

[4] 镬(huò):锅。

[5] 镮(huán):通"环"。

【译文】

国王和三位大臣的故事

古代月氏国有一位国王，名叫栴檀罽尼吒。他和三位智者结为知交好友，第一位人称马鸣菩萨，第二位是大臣，名叫摩吒罗，第三位是名医，名叫遮罗迦。国王与此三人十分友善亲近，给其待遇丰厚，常不离左右。马鸣菩萨对国王说："如果能听我的话，可以使大王来生与善果同在，永远脱离苦难，远离三恶道。"大臣摩吒罗也对国王说："国王如果采用我的密语，不向外泄露，四海之内，都可以攻克。"名医也对国王说："国王如果能听我的话，可以使大王一生之中，不会忽然发病而死，饮食百味，随心所欲，身体健康没有病患。"

国王依照遮罗迦的话，连小病也没有得过。于是国王又采用大臣摩吒罗的建议，军队所到之处，势不可当，四海之内，西、北、南三方已经平定，只有东方，还没有来俯首称臣，随即命令军队，前去讨伐。先派遣各路人马以及白象军阵作为先头部队，国王率领大军跟随其后。要到帕米尔高原以东，途中跨越险关要道，这时原先所乘坐的大象和战马，都不肯前进，国王感到十分奇怪，就对战马说："我之前骑着你征伐，已平定了三方，你今天为什么不肯上路了呢？"这时大臣摩吒罗对国王说："我原先所叮嘱过您的，不能泄露密语，今天国王已经泄露，生命将会不保。"依照大臣摩吒罗所说，国王知道自己离死不远了。于是奋力征伐，杀死了大约三亿多人。自己知道将来罪业深重，必然要受到恶报，心中产生恐惧，就立即开始忏悔。他修建坛场，持守戒律，建造寺院，供养僧人，坚持做这四件事，并修行功德，辛勤努力，不知疲倦。这时大臣们相互说道："国王做了各种罪业且杀戮无数，今天虽造福田，也无益于挽回往日的过错。"

当时国王听了这些话，为了解除大臣们的疑问，就想了一个权宜之法，命令大臣们说："你们烧上一口大锅，七天七夜，让水一直沸腾，不得中断。"国王便将一个指环扔到大锅中，命令大臣们："指望你们能够从大锅中把指环取出。"大臣对国王说："愿以其他的罪罚来死，这指环取不出来。"国王对大臣言说："还有什么巧妙方法可以取出吗？"这时大臣回答说："下面熄火，上面加入冷水，用这样的方法，可以不伤人手，把指环取出来。"国王回答说："我先前造作恶业，就如同这锅滚烫的热水，今天勤修善行，表示惭愧和忏悔，再不作恶，为什么就不可以灭除罪业呢？可以中止不堕三恶道，可以往生人间和天上。"大臣们听了以后，当即开悟，无不欢欣鼓舞，智者的话可不能不奉行。

《杂宝藏经》第七卷完。

【辨析】

这个故事一方面描述了月氏国栴檀罽尼吒国王纳谏如流，听从智者之言，成就霸业的过程，另一方面又谴责他的暴虐无道和穷兵黩武，他杀人数亿，不仅给百姓带来了灾难，而且搞得天怒人怨，以致兵马不前，自身性命也难保。后来国王真心悔过，弃恶从善。然而大臣们认为国王今日的善行已无法消除他杀戮无数的深重罪业。为了转变大臣们的观念和认识，国王以烧水比喻作恶，以釜底抽薪比喻止恶向善。以日常生活中的极为普通的事理作比，来表明自己消除恶业之决心，浅显生动，简洁有力而又十分精辟，阐发了善恶由人造，罪业由人消的喻理。另外，国王这种善于把握自己命运，以及可下地狱成饿鬼，可上天堂做天神的高度自信，也给读者留下了深刻印象。

九十五

拘尸弥国辅相夫妇恶心于佛
佛即化导得须陀洹缘

【题解】

这是一篇讲述佛陀教化暴虐君臣的故事，表达了佛教心怀天下，抑恶扬善的喻理。

【经文】

佛在拘尸弥国[1]，有辅相婆罗门，为人狂暴，动不以道，其妇邪谄，亦复无异。夫敕妇言："瞿昙沙门，在此国界，若其来者，闭门莫开。"于一日中，如来忽然在其屋中，婆罗门妇，见已默然都不与语。佛便说言："汝婆罗门愚痴邪见，不信三宝。"妇闻此语，极大瞋恚，自绝璎珞，着垢腻衣，在地而坐。夫从外来，问言："何以尔耶？"答言："瞿昙沙门，骂辱于我，作如是言：'汝婆罗门，邪见不信。'"夫言："且待明日。"明日开门，以待佛来。于后日中，佛现出其家，婆罗门即捉利剑，而斫于佛，不能得着，见佛在虚空中，便自惭愧，五体投地，而白佛言："唯愿世尊，来下受我忏悔。"佛即来下，受其忏悔，为说法要，夫妇俱得须陀洹道。时诸比丘，闻佛降化如是恶人，各作此言："世尊出世，甚奇

九十五　拘尸弥国辅相夫妇恶心于佛佛即化导得须陀洹缘 / 381

甚特。"佛告比丘言："非但今日，过去之时，亦曾调伏。"比丘白言："不审过去调伏云何？"

佛言："昔迦尸国[2]有王，名为恶受。极作非法，苦恼百姓，残贼无道，四远贾客，珍琦胜物，皆税夺取，不酬其直。由是之故，国中宝物，遂至大贵，诸人称传，恶名流布。尔时有鹦鹉王，在于林中，闻行路人说王之恶，即自思念：'我虽是鸟，尚知其非，今当诣彼为说善道。彼王若闻我语，必作是言："彼鸟之王，犹有善言，奈何人王，为彼讥责，傥能改修。"'寻即高飞，至王园中，回翔下降，在一树上。值王夫人入园游观，于时鹦鹉，鼓翼嘤鸣[3]，而语之言：'王今暴虐无道之甚，残害万民，毒及鸟兽，含气噉噉，人畜愤结，呼嗟之音，周闻天下。夫人荷克，与王无异，民之父母，岂应如是？'夫人闻已，瞋毒炽盛：'此何小鸟，骂我溢口。'遣人伺捕。尔时鹦鹉，不惊不畏，入捕者手。夫人得之，即用与王。王语鹦鹉：'何以骂我？'鹦鹉答言：'说王非法，乃欲相益，不敢骂也。'时王问言：'有何非法？'答言：'有七事非法，能危王身。'问言：'何等为七？'答言：'一者耽荒女色，不务贞正；二者嗜酒醉乱，不恤国事；三者贪着棋博，不修礼教；四者游猎杀生，都无慈心；五者好出恶言，初无善语；六者赋役谪罚，倍加常则；七者不以义理，劫夺民财。有此七事，能危王身。又有三事，倾败王国。'王复问言：'何谓三事？'答言：'一者亲近邪佞谄恶之人；二者不附贤圣，不受忠言；三者好伐他国，不养人民。此三不除，倾败之期，非旦则夕。夫为王者，率土归仰。王当如桥，济渡万民；王当如秤，亲疏皆平；王当如道，不违圣踪；王者如日，普照世间；王者如月，与物清凉；王如父母，恩育慈矜；王者如天，覆盖一切；王者如地，载养万物；王者如火，为诸万民，烧除恶患；王者如水，润泽四方。应如过去转轮圣王，以十善道，教化众生。'王闻其言，深自惭愧：'鹦鹉之言，至诚至款。我为人王，所行无道。'请遵其教，奉以为师，受修正行。尔时国内风教既行，恶名消灭，夫人臣佐，皆生忠敬，一切人民，无不欢喜，譬如牛王渡水，导者既正，从者亦正。

"尔时鹦鹉，我身是也；尔时迦尸国王恶受，今辅相是也；尔时夫人，辅相夫人是也。"

【注释】

[1] 拘尸弥国：北印度古国名。

[2] 迦尸国：佛陀时代憍萨罗国的附属国。

[3] 嘤（yīng）鸣：鸟叫之声，常比喻人同气相求。嘤，象声词。

【译文】

佛陀前生教化国王的故事

佛陀在拘尸弥国的时候，有一位婆罗门种姓的宰相，为人残暴，行为不合法度，他的妻子奸邪谄媚，也和他一样。丈夫对妻子说："释迦族的出家人，现正在国内，如果他来了，关上门不要开。"一天中午，佛陀忽然出现在他们屋里，婆罗门之妻见后默默不语。佛陀便说："你这个婆罗门愚昧无知，不信奉佛、法、僧三宝。"婆罗门之妻听后极为愤怒，摘下了璎珞配饰，穿着污垢油腻的脏衣服，坐在地上。丈夫从外面回来，问她说："你为什么这样呢？"回答说："释迦族的出家人辱骂我，他说：'你这个婆罗门，不信佛、法、僧三宝，心存邪见。'"丈夫说："等明天再说。"于是第二天开着门，等佛陀来。中午时分，佛陀出现在他家，婆罗门立即手持利剑，向佛陀刺去，但是却刺不到。看见佛陀升到空中，便顿生惭愧，五体投地礼拜佛陀说："愿世人之尊，下来接受我的忏悔。"佛陀随即下来，接受他们的忏悔，为他们解说佛法要义，夫妇二人都证得了初果。当时佛弟子听说佛陀降伏感化了这样凶恶的人，都说："世人之尊出世，真是十分难得。"佛陀告诉弟子们说："不止是现在，在过去的时候，我也曾降伏教化过他们。"弟子们说："不知道过去您是怎么教化的呢？"

佛陀说："从前迦尸国有一位国王，名叫恶受。他极为凶恶，践踏百姓，惨无人道，远道而来的四方商客的珍宝财物，都以征收重税加以夺取，不按物品价值付钱。因此，国内的珍宝价格极其昂贵，人们纷纷议论，使其恶名远扬。这时有一只鹦鹉王，在树林中听到路人述说国王的恶行，随即心想：'我虽然是一只鸟，但也还知道国王的过错，今天应当前去为国王讲说善行的道理。国王如果听了我的话，一定会说："这鸟中之王，仍然有善言，作为人中之王，岂能被它指责？"如果这样或许能改恶修善。于是高高飞起，飞到了国王的园林，盘旋下降落在一棵树上。正好赶上国王的夫人到园中游玩观赏，这时鹦鹉鼓起翅膀鸣叫，说道：'国王极为暴虐无道，残害百姓，并且殃及飞禽走兽，大家都怨气冲天，人畜共怒，抱怨的声音传遍了天下。夫人刻薄，与国王无异，作为民之父母，怎么能这样呢？'夫人听了以后，十分恼怒，说道：'这只小鸟，竟敢开口骂我。'就派遣猎人抓捕。这时鹦鹉既不惊慌也不害怕，自己飞到猎人手中。夫人得到后，立即交给了国王。国王对鹦鹉说：'为什么要骂我呢？'鹦鹉回答说：'听说大王没有法度，是要帮助你，并不敢骂你。'这时国王问：'有什么不合法度的事呢？'回答说：'有七件事不合法度，而且能危及国王生命。'国王问：'哪七件事？'回答说：'一是沉溺于女色，不理政务；二是嗜酒如命，不体察国事；三是贪恋赌博，不修礼法教化；四是捕猎杀生，没有慈善之心；五是口出恶言，常无善语；六是税赋劳役，常常加倍；七是不讲道理，掠夺民财。有这样的七种事情，能够危及大王的生命。还有三种事，能使国家倾覆。'国王又问：'哪三种事呢？'回答说：'第一种是亲近奸佞谄媚之人；第二种是不亲近贤明，不接受忠言；第三种是喜好攻伐他国，不让人民休养生息。这三种弊端不除，国家败亡之期已为时不远了。作为国王，要使举国人民敬仰尊崇。国王应当如桥那样，接济救度人民；国王应当如秤一样，亲疏公平；国王应当像大道那样，不违反圣贤的足迹；国王应当像太阳一样，普照世间；国王应当如月一般，给予万物清凉；国王应当如父母一般，恩爱慈善；国王应当像天一样，覆盖一切；国王应当像大地一样，承载养育万物；国王应当如火那般，为了人民，除去邪恶；国王应当如水那般，润泽四方土地。国王应该像过去造福万民的转轮圣王那样，以不杀生、不偷盗、不邪淫、不妄语、不两舌、不恶口、不绮语、不贪欲、不瞋恚、不邪见，这十种善行教化百姓。'国王听了这些话后，深深地表示惭愧，说道：'鹦鹉的话，真诚恳切。我为国王，行为不合法度。一定要遵照你的教诲，奉你为导师，接受正确的言行。'这时国内的教化之风大兴，王之恶名消除，夫人和大臣，都对国王怀着忠诚敬仰之心，一切人民，无不欢喜。比如牛群渡水，引领者走得正确，随从的牛群也走得正确。

"那时的鹦鹉，就是我的前身；那时的迦尸国王恶受，就是今天的宰相；那时的夫人，就是宰相的夫人。"

【辨析】

这篇比喻故事阐述的是佛陀有关治理国家的基本主张。佛陀以鹦鹉比喻自己的前身，全面生动地表达了治国安邦的理念。针对国君如何成就仁德懿行，如何使民富国昌，向国王提出七个方面的要求，并告诫其远离三种祸端。之后，又一连用了十一个贴切生动的比喻，描述了佛陀理想中的仁德之君所应具备的品质与人格，即国王应当如桥、如秤、如大道、如日、如月、如父母、如天、如地、如火、如水、如圣王，文采飞扬，层出不穷的妙譬联喻，让人叹为观止。如此教导国王，把佛陀爱民之心之切、治国之法之严和盘托出。读来犹如恒河之水，滚滚而来，滔滔不绝，给人以义正词严、不可阻挡的感受。最后落在了信奉佛教十善的教义上，表达出善行能治国的喻理。

九十六

佛弟难陀为佛所逼出家得道缘

【题解】

本篇故事叙述了佛陀劝导阿难出家的经过,表达出佛陀救度众生脱离苦海的喻理。

【经文】

佛在迦比罗卫国[1],入城乞食,到难陀舍,会值难陀与妇作妆,香涂眉间,闻佛门中,欲出外看,妇共要言:"出看如来,使我额上妆未干,顷便还入来。"难陀即出,见佛作礼,取钵向舍,盛食奉佛。佛不为取,过与阿难,阿难亦不为取,阿难语言:"汝从谁得钵,还与本处。"于是持钵逐佛,至尼拘屡精舍。佛即敕剃师,与难陀剃发。难陀不肯,怒拳而语剃发人言:"迦毗罗卫一切人民,汝今尽可剃其发也。"佛问剃发者:"何以不剃?"答言:"畏故不敢为剃。"佛共阿难,自至其边,难陀畏故,不敢不剃。虽得剃发,恒欲还家,佛常将行,不能得去。后于一日,次守房舍,而自欢喜:"今真得便,可还家去,待佛众僧都去之后,我当还家。"佛入城后,作是念言:"当为汲水令满澡瓶,然后还归。"寻时汲水,一瓶适满,一瓶复翻,如是经时,不能满瓶,便作是言:

"俱不可满,使诸比丘来还自汲,我今但着瓶屋中,而弃之去。"即闭房门,适闭一扇,一扇复开,适闭一户,一户复开,更作是念:"俱不可闭,且置而去。纵使失诸比丘衣物,我饶财宝,足有可偿。"即出僧房,而自思惟:"佛必从此来,我则从彼异道而去。"佛知其意,亦异道来,遥见佛来,大树后藏。树神举树,在虚空中,露地而立。

佛见难陀,将还精舍,而问之言:"汝念妇耶?"答言:"实念。"即将难陀,向阿那波那山上,又问难陀:"汝妇端政不?"答言:"端政。"山中有一老瞎猕猴,又复问言:"汝妇孙陀利,面首端政,何如此猕猴也?"难陀懊恼,便作念言:"我妇端政人中少双,佛今何故,以我之妇,比此猕猴?"

佛复将至忉利天上,遍诸天宫,而共观看,见诸天子,与诸天女,共相娱乐。见一宫中,有五百天女,无有天子。来还问佛,佛言:"汝自往问。"难陀往问言:"诸宫殿中,尽有天子,此中何以独无天子?"天女答言:"阎浮提内,佛弟难陀,佛逼使出家,以出家因缘,命终当生于此天宫,为我天子。"难陀答言:"即我身是。"便欲即住,天女语言:"我等是天,汝今是人,还舍人寿,更生此间,便可得住。"便还佛所,以如上事具白世尊。佛语难陀:"汝妇端政,何如天女?"难陀答言:"比彼天女,如瞎猕猴比于我妇。"佛将难陀,还阎浮提,难陀为生天故,勤加持戒。阿难尔时,为说偈言:

> 譬如羝羊[2]斗,将前而更却。
> 汝为欲持戒,其事亦如是。

佛将难陀,复至地狱,见诸镬汤,悉皆煮人,唯见一镬炊沸空停。怪其所以,而来问佛,佛告之言:"汝自往问。"难陀即往,问狱卒言:"诸镬尽皆煮治罪人,此镬何故空无所煮?"答言:"阎浮提内，有如来弟，名为难陀，以出家功德，当得生天，以欲罢道因缘之故，天寿命终，堕此地狱，是故我今炊镬而待。"难陀恐怖，畏狱卒留，即作是言："南无佛陀，唯愿拥护，将我还至阎浮提内。"佛语难陀："汝勤持戒，修汝天福。"难陀答言："不用生天，唯愿我不堕此地狱。"佛为说法，一七日中，成阿罗汉。诸比丘叹言："世尊出世，甚奇甚特。"佛言："非但今日，乃往过去亦复如是。"诸比丘言："过去亦尔，其事云何？请为我说。"

佛言："昔迦尸国王，名曰满面。比提希国，有一淫女，端政殊妙。尔时二国，常相怨嫉，傍有佞臣，向迦尸王，叹说彼国有淫女端政世所希有。王闻是语，心生惑着，遣使从索，彼国不与。重遣使语：'求暂相见，四五日间，还当发遣。'时彼国王，约敕淫女：'汝之姿态，所有伎能，好悉具备，使迦尸王惑着于汝，须臾之间，不能远离。'即遣令去，经四五日，寻复唤言：'欲设大祀，须得此女，暂还放来，后当更遣。'迦尸王即遣归还，大祀已讫，遣使还索，答言：'明日当遣。'既至明日，亦复不遣。如是妄语，经历多日。王心惑着，单将数人，欲往彼国，诸臣劝谏，不肯受用。

"时仙人山中，有猕猴王，聪明博达，多有所知，其妇适死，取一雌猕猴。诸猕猴众，皆共瞋呵：'此淫猕猴，众所共有，何缘独当？'时猕猴王，将雌猕猴，走入迦尸国，投于王所，诸猕猴众，皆共追逐。既到城内，发屋坏墙，不可料理。迦尸国王，语猕猴王言：'汝今何不以雌猕猴，还诸猕猴？'猕猴王言：'我妇死去，更复无妇，王今云何欲使我归？'王语之言：'今汝猕猴，破乱我国，那得不归？'猕猴王言：'此事不好耶？'王答言：'不好。'如是再三，王故言不好。猕猴王言：'汝宫中有八万四千夫人，汝不爱乐，欲至敌国追逐淫女。我今无妇，唯取此一，汝言不好。一切万姓，视汝而活，为一淫女，云何捐弃？大王当知，淫欲之事，乐少苦多，犹如逆风而执炽炬，愚者不放，必见烧害。欲为不净，如彼屎聚；欲现外形，薄皮所覆；欲无返复，如屎涂毒蛇；欲如怨贼，诈亲附人；欲如假借，必当还归；欲为可恶，如厕生华；欲如疥疮，而向于火爬之转剧；欲如狗啮枯骨，涎唾共合，谓为有味，唇齿破尽，不知厌足；欲如渴人饮于碱水，逾增其渴；欲如段肉，众鸟竞逐；欲如鱼兽，贪味至死，其患甚大。'

"尔时猕猴王者，我身是也；尔时王者，难陀是也；尔时淫女者，孙陀利是也。我于尔时，欲淤泥中拔出难陀，今亦拔其生死之苦。"

【注释】

[1] 迦比罗卫国：佛陀的祖国，位于今天印度与尼泊尔交界处。

[2] 羝（dī）羊：公羊。

【译文】

佛陀教化堂弟阿难出家的故事

佛陀在迦比罗卫国时，进城乞食，来到堂弟阿难家，正好遇上阿难给妻子化妆，将香料涂在妻子的眉间，听到门外佛陀的声音，要出去看，妻子叮嘱他说："你出去看佛陀，但要在我额上的妆还没有干之前就赶快回来。"阿难出门，向佛陀施礼，拿了佛陀的饭钵回到屋里，盛满食物奉给佛陀。佛陀不要，递给阿难，阿难也不拿，阿难说："您从哪里得到的饭钵，就归还到原处。"于是拿着饭钵跟着佛陀来到尼拘屡寺院。佛陀立即叫剃发师给阿难削发，阿难不肯，愤怒地挥拳对剃发人说："迦毗罗卫国的所有人，你今天都可以去为他们剃发。"佛陀问剃发师："为什么不剃？"回答说："我不敢给他剃。"佛陀把阿难拉到自己身边，阿难敬畏佛陀，不敢不剃。虽然头发剃掉了，他仍想回家，但佛陀一直跟着他，使他不能离去。后来有一天，轮到阿难看守房屋，他心中暗喜："今天真是好机会，可以回家去了，等佛陀和僧人都离开后，我就回家。"等佛陀进城后，阿难心想："应当打好水把洗澡盆装满，然后再回家。"于是就去打水，一盆刚装满，另一盆就被打翻了，这样反反复复很长时间，水盆也没能装满。阿难心想："都没办法装满，让他们回来自己打水吧，我现在把盆拿到屋里，就离开。"于是就关上房门，但刚关上一扇门，另一扇又打开了，关上一个屋子的门，另一个屋子的门又打开了。阿难心想："都没办法关闭，只好这样离去了。即使丢失了僧人们的衣物，我有钱财，足可以赔偿他们。"随即离开寺院，心想："佛陀一定会从这条路回来，我从另一条路离去。"佛陀知道阿难的想法，也从另一条路回来，阿难远远看见佛陀回来，就藏在一棵大树后面。但树神将大树举到空中，露出了站在地上的阿难。

佛陀看见阿难，就把他领回寺院，问他说："你想念妻子？"回答说："确实想念。"佛陀就把阿难带到阿那波那山上，又问阿难说："你妻子漂亮吗？"回答说："漂亮。"佛陀指着山中一只瞎眼的老猕猴，又问："你妻子孙陀利，相貌端庄，比得上这只猕猴吗？"阿难听后很气愤，心想："我妻子相貌端庄，世间无双，佛陀今天为什么把我的妻子和这只猕猴相比呢？"

佛陀又把阿难带到忉利天，在天宫游历一番，见到众天神和众天女一起娱乐。看见一处宫殿有五百位天女，没有天神。阿难问佛陀，佛陀回答说："你自己去问吧。"阿难上前问道："许多宫殿里都有天神，为什么唯独这里没有呢？"天女回答说："在人间，佛陀的堂弟阿难，佛陀迫使他出家，由于出家的缘故，阿难死后应当往生到这座天宫，成为我们这里的天神。"阿难回答："我就是阿难。"就想立即住下，天女对他说："我们是天女，你现在是人，回去过完人的阳寿，往生到这里，就可以住下来了。"阿难回到佛陀的住所后，就把以上的事情都向佛陀说了。佛陀对阿难说："你妻子的美貌比得上天女吗？"阿难回答说："妻子和天女相比，就如同瞎眼的老猕猴和我妻子相比。"佛陀带领阿难又回到了人间，阿难为了将来能往生天上，加倍努力，勤奋修习戒律。于是阿难诵诗道：

> 比如公羊斗，向前却后退。
> 你为欲持戒，道理也如此。

佛陀又领阿难来到地狱，看见许多汤锅里的沸水都在煮人，只有一口锅的沸水中没有人。他感到奇怪，就去问佛陀，佛陀告诉他说："你自己去问吧。"阿难随即前往，就问狱卒说："许多大锅都煮着有罪业的人，这口大锅为什么空着呢？"回答说："在人间，有佛陀的堂弟，名叫阿难，因为出家的功德，应当往生到天界，如果他因为贪欲还俗，在天界的寿命结束后，就会堕入地狱，所以我们烧好这口大锅在等他。"阿难心中害怕，担心狱卒留下他，立即说："皈依佛陀，希望得到您的护佑，带我回到人间吧。"佛陀对阿难说："你勤修戒律，修行上天的福报。"阿难回答说："不用往生天上，只希望我不要堕入地狱。"佛陀为阿难解说佛法，在七天之中，成就了阿罗汉果位。佛弟子们感叹说："世人之尊出世，十分稀有奇特。"佛陀说："不只在今天，在过去也是这样。"佛弟子们说："过去也如此，是怎么回事呢？请为我们解说。"

佛陀说："从前迦尸国的国王，名叫满面。在比提希国，有一个淫女，长得极其端庄美丽。那时这两个国家相互仇恨怨怒。一位奸佞的大臣，在迦尸国王面前赞叹说邻国比提希有一个淫荡女子，花容月貌世间无双。国王听了之后，对此痴迷执着，就派使者前去求取，邻国不答应。就再派使者说：'只是请求暂时见一见，四五天之内，就会送回来。'这时比提希国王就告诉淫女说：'你的容姿仪态，各种表演技艺，都已经具备，要让迦尸国王为你着迷，须臾都不能离开你。'于是派人送去。过了四五天，就又派人叫女子回来，说：'国家要举行盛大的祭祀活动，需要这个女子，暂时让她回来，以后再去。'迦尸国王便派人送还，祭祀完之后，迦尸国王派使者请求让女子再回来，回答说：'明天应当送去。'到了第二天，没见送来。就这样推托了好几天。国王痴迷着急，独自带了几个人前往比提希国，大臣进谏劝阻，他听不进去。

"当时在迦尸国的仙人山中，有一只猕猴王，聪明通达而又博学多识，它的妻子刚死，就找了另一只母猴。众猕猴都斥责猴王：'这只淫荡的猕猴，是大家共有的，为什么你独自占有？'这时猕猴王带着母猕猴来到迦尸国，逃到国王的住所，众猕猴一起追到迦尸国。到了城中，揭去房顶，破坏屋墙，弄得不可收拾。迦尸国王对猕猴王说：'你现在为什么不把母猕猴还给猕猴群呢？'猕猴王说：'我的母猴刚死，现在没有母猴陪伴，国王现在为什么要让我归还母猴呢？'国王说：'今天你的一群猕猴，扰乱我的国家和百姓，你怎么能够不归还呢？'猕猴王说：'现在这样不行吗？'国王回答说：'不行。'猕猴王再三请求，国王仍然不答应。猕猴王说：'你的宫中有八万四千位夫人，你还嫌不够，还要到敌国求取淫荡女子。我今天没有女伴，只要这一只母猕猴，你都说不行。所有的百姓要依靠你生活，你为什么为了一个淫荡女子而要抛弃大家呢？国王应当知道，淫欲的事情，快乐少苦恼多，比如在逆风中手持火炬，愚昧的人不肯放手，就必然被烧伤。欲望是不净的，就像那粪堆；欲望表现在外表，只不过是覆盖的一张薄皮；欲望没有福报，如屎涂在毒蛇身上；欲望如同盗贼，装成亲人来亲近欺诈；欲望如同借贷，有借则必有偿还；欲望最可恶，就像厕所中生出的花朵；欲望如同疥疮，靠近火堆更加疼痛；欲望就像狗啃骨头，涎水唾液一并流下，以为有味道，唇破齿尽落，仍然不知满足；欲望如口渴而喝咸水，越喝口越渴；欲望如同腐肉，众鸟竞相追逐；欲望如同

贪吃的鱼兽，得到的滋味有限，带来的祸患极大。'

"那时的猕猴王，就是我的前身；那时的国王，就是阿难；那时的淫女，就是阿难的妻子孙陀利。我在那个时候，就要从淫欲的淤泥中救出阿难，今天又解除他生死轮回的苦难。"

【辨析】

这篇故事分为两个部分，可谓花开两朵，各表一枝。

第一部分是围绕佛陀堂弟阿难出家修行与否而展开的，既有写实，又有想象。其中阿难给妻子画眉的细节，拒绝剃头的场景，以及出家后思家欲归的心理活动和行动表现，写得既真切自然，细致入微，又生动传神，饶有趣味。此外通过对比，不仅绘声绘色地讲述了天界的美妙，而且还详尽地说明了地狱的苦难。这样的构思，将在家和出家两种截然不同的人生选择，以及出家和还俗所得果报的差异极其鲜活地展示了出来。

第二部分讲的是国王的贪色和猕猴王对其的教化。其中一连用了十二个比喻，多方设譬，将现实生活的种种肮脏、丑恶和令人生厌之物集中罗列，将人的欲望所带来的种种烦恼和痛苦表现到了无以复加的地步，而且调动了人的多种感官，给人留下了十分难忘的印象。

九十七

大力士化旷野群贼缘

【题解】

本篇故事讲述大力士虽然能够教化群盗，却拯救不了自己，借以表达德可服众，欲可伤身的佛理。

【经文】

尔时佛在王舍城。于王舍城、毗舍离二国中间，有五百群贼。频婆娑罗王，慈仁宽善，以恩法治世，不害物命，即出募言："谁能往化五百群盗，使不作贼，当重爵赏。"时有一力士，来应王募，往彼旷野。绥化群贼，即能令其不复作贼。既能调伏，作大城池，而安置之。渐渐聚集，多人依附，遂成大国。其国人民，各作是言："我等今者，蒙大力士养育之恩。"便共聚集，作是言要："从今已后，新取妇者，先奉力士。"即到力士所，语力士言："我等作要，新取妇者，奉上力士。为二事故，一者欲得好子，使似力士；二者以报力士之恩。"力士答言："何用是为？"众人殷勤，即从其意。唯行此法，渐经多时，有一女人，不乐此事，于众人前，裸立小便，众皆呵言："汝无惭愧，云何妇女在众人前，而立小便？"女人答言："女人还在女前而裸小便，有何等耻？一国都是女人，唯大力士是男子耳，若于彼前，应当惭愧，于汝等前，有何羞耻？"从是众人，转相语言："此女所说，正是道理。"

时舍利弗、目连，共将五百弟子，经旷野中过。力士知之，请二尊者并五百弟子，安置止宿，供给衣食。过三日后，国中人民，聚集作会，饮酒过醉，详共围绕大力士舍，以火焚烧。力士问言："何故如是？"众人答曰："妇女初嫁，都经由汝，我等是人，不忍此事，故来烧汝。"力士答言："我先不肯，汝等强尔。"诸人不听，便烧使死。垂欲命终，发誓愿言："持我供养舍利弗、目连功德因缘，生此旷野中，作大力鬼神，灭诸人等。"作是语已，其命即断，便于旷野，作化生鬼，放大毒气，多杀人众。往至中间，有智之人，共求鬼言："汝今自杀无量人民，食肉不尽，唐使臭烂，愿听我等，杀诸牛马，日以一人，供给于汝。"于是国中，皆共拔筹，人当一日。如是次第，到一长者拔须陀罗。须陀罗生一男儿，福德端政，次应鬼食。长者念言："如来出世，拔济一切苦恼众生。唯愿世尊，救护我子今日之厄。"

佛在王舍城，知长者心，即便来向旷野鬼神宫殿中坐。旷野鬼神，来见世尊，极大瞋恚，而语佛言："沙门出去。"佛便出去。鬼适入宫，佛复还入。如是三返，至第四过，佛不为出，鬼作此言："若不出者，使汝心颠倒，当捉汝脚掷恒河里。"佛语之言："我不见世间若天魔梵有能捉我作如是者。"旷野鬼言："如是，如是。如来听我使问四事，当为我说：一者谁能渡驶流？二者谁能渡大海？三者谁能舍诸苦？四者谁能得清净。"佛即答言："信能渡驶流；不放逸者能渡大海；精进能舍苦；智慧能得清净。"闻是语已，即归依佛，为佛弟子，手捉小儿，着佛钵中，遂名小儿为旷野手。渐渐长大，佛为说法，得阿那含道。诸比丘言："世尊出世，甚为希有。如此大恶旷野鬼神，佛能降伏，作优婆塞。"

佛言："非但今日，过去世时，亦复曾于迦尸国、比提醯国二国中间，有大旷野。有恶鬼名沙咤卢，断绝道路，一切人民，无得过者。有一商主，名曰师子，将五百商人，欲过此路，诸人恐怖，畏不可过。商主语言：'慎莫怖畏，但从我后。'于是前行，到于鬼所，而语鬼言：'汝不闻我名耶？'答言：'我闻汝名，故来欲战。'问言：'汝何所能？'即捉弓箭而射是鬼，五百放箭，皆没鬼腹；弓刀器仗，亦入鬼腹；直前拳打，拳复入去；以右手托，右手亦着；以右脚踏，右脚亦着；以左脚踏，左脚亦着；又以头打，头亦复着。鬼作偈言：

汝以手脚及与头，一切诸物悉以着。
余人何物而不着？

"商主说偈而答言：

我今手足及以头，一切财钱及刀仗。
唯有精进不着汝，精进若当不休息，
与汝斗诤终不废。我今精进不休息，
终不于汝生怖畏。

"时鬼答言：'今为汝等故，五百贾客，尽皆放去。'
"尔时师子，我身是也；尔时沙吒卢，旷野鬼是也。"

【译文】

大力士教化盗贼的故事

那时佛陀在摩揭陀国都王舍城，王舍城和毗舍离两国之间，有一群五百个人的盗贼。摩揭陀国王频婆娑罗，仁慈宽厚，以恩泽和律法来治理国家，不伤害生命，于是招募说："谁能前往教化五百强盗，使他们不再为盗，就有爵位和重赏。"这时，一位大力士来应招，被派往群盗出没的旷野。他教化这群盗贼，当即使他们都不再做盗贼了。之后，就建造了一座大城来安置他们。后来人们渐渐聚集，有更多的人来到这里，成为一个大国。国中百姓商议说："我们是承蒙大力士的教化养育恩德。"于是聚集在一起，做了一个约定："从今以后，新娶的媳妇，要先进献给大力士。"他们随即来到大力士的住所，对大力士说："我们做了一个约定：从今以后，新娶的媳妇，要先进献给大力士。这样做有两个原因：一是想要生下像大力士那样的儿子；二是以此报答大力士的恩情。"大力士回答说："哪里用得着这样呢？"但大家殷勤相劝，大力士便听从了他们的意见。实行这种办法，过了很长时间，有一个女子不愿意这样做，就在众人面前，光着身子小便，人们都斥责说："你不知羞耻，为什么一个女人在众人面前站着小便呢？"女子回答说："我是在女人面前裸身小便，有什么羞耻呢？我们整个国家全都是女人，只有大力士是男人，如果在他面前这样，才应当感到羞耻，在你们面前有什么可羞耻的呢？"从此人们相互转告说："这个女子所说的，的确有道理。"

当时舍利弗、目犍连，一起带领五百位佛弟子，从旷野中经过。大力士知道后，就请来两位高僧和五百位佛弟子，安置他们住宿，并供给衣服和食物。三天后，国内的民众在一起聚会，饮酒过后借着醉意，一起围住大力士的住处，放火焚烧。大力士问他们："为什么这样做？"人们回答说："新婚的女子，都要经你占有，我们都是人，不能容忍这样的事，所以来烧你。"大力士回答说："我原先不肯接受，是你们硬要这样做的。"人们都不听他的辩解，就用火烧死了他。大力士在生命垂危之际，发誓说："凭借我供养舍利弗、目犍连的功德，死后往生到这旷野中，成为大力鬼神，消灭这些人们。"话说完以后，就断了气，随之在这旷野处化为恶鬼，放出毒气，杀死了许多人。在这期间，有智慧的人一起请求恶鬼说:"你今天枉自杀死无数人民,肉也食用不完,使其发臭腐烂,祈求你听从我们的建议,杀牛和马,每天以一个人供给你食用。"于是在国人一起抽签,每天送一人供奉恶鬼。就这样依照顺序,轮到了一位长者,名叫拔须陀罗。须陀罗生有一个男孩,又有福德又端正漂亮,轮到将他供奉给恶鬼食用了。长者心想:"佛陀出世,解救一切苦难的众生。期盼世人之尊,解救护佑我的儿子免除今天的厄运。"

佛陀在摩揭陀国都王舍城,知道了长者的心愿,当即便来到旷野恶鬼的宫殿中坐下。旷野恶鬼见到世人之尊极为愤怒,对佛陀说:"出家人出去。"佛陀便出去。恶鬼刚一入宫,佛陀又进到宫中。这样反复三次,到了第四次,佛陀不再出去,恶鬼说:"如果你不出去,就让你的心颠倒过来,抓住你的脚把你扔到恒河里。"佛陀对他说:"我还没见过世间包括天神、魔王、梵天王在内有哪位能抓住我这样做的。"旷野恶鬼说:"是的,是的。佛陀请允许我问四件事,应当为我解说:一是谁能渡过急流?二是谁能渡过大海?三是谁能脱离苦难?四是谁能得到清净。"佛陀随即回答说:"有信念能渡过急流;不放纵能渡过大海;精进修行能脱离苦难;智慧能得到清净。"听到这样的话,恶鬼随即皈依佛陀,成为了佛弟子。他用手托起小男孩,放在佛陀的饭钵中,随之给小男孩取名为旷野手。男孩长大后,佛陀为他解说佛法,证得声闻乘二果。佛弟子们说:"世人之尊出现世间,真是难得。如此凶恶的旷野鬼神,佛陀都能降伏,使他成为在家修行佛法的佛弟子。"

佛陀说:"不仅在今天,在过去的时候,在迦尸国、比提醯国两国之间,也曾有一片广大的旷野。有一个恶鬼名叫沙咤卢,他阻隔断绝道路,所有的人们都不能通过。有一位商人头领,名叫师子,带领五百位商人,要经过这条路,人们都恐惧害怕,担心无法经过。商人头领说:'不要害怕,跟着我走。'就继续往前走,到了恶鬼住的地方,就对恶鬼说:'你没有听说过我的名字吗?'恶鬼回答说：'我听过你的名字，所以来这里和你决战。'这位叫师子的商人又问恶鬼说：'你有什么能耐呢？'就持弓箭射恶鬼，五百支箭都射进了恶鬼的腹部；弓和刀等兵器，也都插进了恶鬼的腹中；又上前用拳打，拳头也打了进去；用右手打，右手也打了进去；用右脚踢，右脚也踢了进去；用左脚踢，左脚也踢了进去；又用头撞，头也撞了进去。恶鬼以诗句说：

> 既用手脚又用头，
> 一切都被我吸着。
> 还有何物不被吸？

"商队头领以诗句回答说：

> 我的手足我的头，
> 所有财物与刀剑。
> 只有精进不沾你，
> 如果精进不停息，
> 与你战斗不停止。
> 我今精进不停息，
> 永不对你有畏惧。

"这时恶鬼回答说：'今天因为你的缘故，将五百位商客全都放行了。'

"那时的师子，就是我的前身；当时的沙吒卢，就是旷野的恶鬼。"

【辨析】

本篇故事十分巧妙地运用了隐喻、双关、反语等表现手法，在含蓄的叙述中饱含讥讽，对人们的愚昧和恬不知耻的行为进行了大胆的嘲弄，表现了被压迫和被凌辱者，只能靠自我的觉醒来拯救自己。故事也正是在人们的自我觉醒中，结束了大力士的生命，翻过了耻辱的一页。

故事以女子当众赤裸身体，隐喻人们的不知廉耻；小便，隐喻污秽肮脏之事；女子"一国都是女人，唯大力士是男子耳"之言，既隐喻所有女子遭受的耻辱，又暗指国中所有的男人不仅毫无尊严，不能称其为男人，而且都是自取其辱，可怜更可憎，因此，面对这样的男人，究竟谁应该感到羞耻？这位女子骇世惊俗的言语和行为中所蕴含的意味，的确令人警醒，令人深思。

九十八

辅相闻法离欲缘

【题解】

本篇通过佛陀教化宰相妻子的故事,阐发了佛教善能胜恶、正能胜邪的喻理。

【经文】

佛在王舍城,频婆娑罗有大辅相,数共其王,往至佛所,而听如来说离欲法。后于妇所,不大往返,妇生恶心,推求毒药,着饮食中,请佛欲与。夫觉其妇有怀恶意,从索饮食,妇不肯与,更与异食。佛已来至,夫白佛言:"此食不可食。"佛言:"何以不可食?"答言:"有毒。"佛言:"世间有毒,不过三毒,我尚消除,有何小毒能中伤我?"佛即食其食,都无有异。时辅相妇,便生信心。佛为说法,夫妇二人,得须陀洹道。诸比丘等,叹未曾有。

佛言:"非但今日,于过去世,亦曾化彼。昔迦尸国王,有一智臣,名比图醯,常以道法,辅相国王,及诸群臣,悉使修善。时有龙王,名曰明相,数数往来比图醯所,听受法言,亦于其妇,往返希简。龙妇瞋恚,而作是言:'得比图醯心祀火,得血而饮,然后可活。'时有夜叉鬼,与此龙王并及其妇,往返亲善,闻龙妇语,便即答言：'我能得之。'于龙妇边，担如意珠，现作贾客，往诣迦尸国。至于王边共王樗蒲[1]，赌如意珠，王以国土、库藏、比图醯等，复作一分，以对其珠。夜叉得胜，求不用其国土、库藏，单取比图醯，以珠与王。王问比图醯：'为欲去不？'答言：'欲去。'夜叉将去。比图醯问夜叉言：'索我来者，有何意故？'夜叉不答。如是殷勤，更问不已，便语之言：'龙王夫人，欲得汝心，以祀于火，欲得汝血，而用饮之。'比图醯言：'若其杀我，担心血去，一切之人，心血一种，知是谁许？汝今莫杀我，为将我去。须我心者，欲得我智；须我血者，欲得我法。'闻此语已，夜叉心念：'实是智人。'即将至龙所。龙见欢喜，即为说法。龙王夫妇，及诸眷属，生敬信心，尽受五戒，并夜叉众，亦受五戒。尔时阎浮提龙与夜叉，大赍珍宝，送比图醯。比图醯得是珍宝，用上于王，并与人民。于是阎浮提人及龙鬼，受持五戒，修行十善。

"尔时比图醯者，我身是也；尔时明相龙王者，善见辅相是也；尔时龙妇者，辅相妇是也；尔时王者，舍利弗是也；尔时夜叉者，目连是也。"

【注释】

[1] 樗（chū）蒲：古时的一种赌博游戏。

【译文】

宰相妻子听佛法得福报的故事

佛陀在摩揭陀国都王舍城的时候，国王频婆娑罗有一位大宰相，多次和国王一起前往佛陀的住所，听佛陀解说离弃欲望的佛法。后来就不常回妻子那里了，于是妻子就起了歹心，她找来毒药，放在饭食中，想请佛陀来时给他吃。丈夫觉察到妻子心怀歹意，就问妻子要饭食，妻子不肯给他，而是给了他另外的饭食。佛陀来了以后，丈夫对佛陀说："这饭食不可以吃。"佛陀说："为什么不可以吃呢？"回答说："有毒。"佛陀说："世间的毒物，莫过贪、瞋、痴三毒，我已经消除了，这些小毒怎能伤害我呢？"佛陀于是吃下了有毒的饭食，没有任何异常。当时宰相的妻子因此而产生了信仰，佛陀为他们解说佛法，夫妻二人，因而证得初果。佛弟子们，都赞叹这是未曾有过的事。

佛陀说："不仅在今天，在过去的时候，我也曾教化他们。从前迦尸国王，有一位智慧的大臣，名叫比图醯。他常以佛法辅佐国王，以致大臣们也都修习善法。当时有位龙王，名叫明相，经常来到比图醯的住所，听他传授佛法，也不常回妻子那里了。龙王的妻子心怀怨恨，发誓说：'要得到比图醯的心用来祭祀火神，用他的血当饮品，然后才可以活下去。'当时有一个夜叉鬼，和龙王以及他的妻子，来往密切，关系亲近，听到龙王妻子的话后，便回答说：'这我都能办到。'于是从龙王妻子那里，拿了如意宝珠，扮成商客，前往迦尸国。他来到国王身边，与他一起赌博，他拿如意宝珠作赌注，国王以国土、国库的宝藏、大臣比图醯等作为赌注，来对决他的宝珠。夜叉鬼得胜后，提出不需要国土、国库的宝藏，只要大臣比图醯就行，并把如意宝珠送给了国王。国王问比图醯说：'你愿意去吗？'回答说：'愿意去。'夜叉鬼就把他带走了。比图醯问夜叉鬼说：'把我要来，为的是什么呢？'夜叉鬼不回答。这样一连几次，追问不止，夜叉鬼便对他说：'龙王夫人，要用你的心来祭祀火神，要用你的血拿来饮用。'比图醯说：'如果你杀了我，拿着我的心和血给她，所有人的心和血都一样，怎么能知道就是我的呢？你现在不要杀我，把我带去。要我心的人，就要得到我的智慧；要我血的人，就要得到我的佛法。'听到这样的话，夜叉鬼心想：'确实是一位智慧的人。'就带他来到龙王的住所。龙王见到他后十分欢喜，比图醯于是为他们解说佛法。龙王夫妻，以及亲属们，都对佛法产生恭敬信仰之心，都接受了不杀生、不偷盗、不邪淫、不妄语、不饮酒五戒，众夜叉也一同接受了五戒。当时海龙王和夜叉鬼，把大批珍宝送给比图醯。比图醯得到珍宝后，用来献给国王，送给国中百姓。于是人、龙王、夜叉鬼，都接受了五戒，修行十善。

"那时的大臣比图醯，就是我的前身；那时的龙王明相，就是宰相善见；那时龙王的妻子，就是宰相的妻子；那时的国王，就是佛弟子舍利弗；那时的夜叉鬼，就是佛弟子目犍连。"

【辨析】

这篇比喻故事的突出特点在于对两位女性，即宰相妻子、龙王妻子的所思所想、所作所为表现得十分细致。两位妻子都是由于丈夫喜闻佛法冷落自己，而心生怨恨。宰相妻子不惜在饭中下毒，以毒死佛陀；龙王之妻竟要挖出大臣的心祭祀，饮其血而解恨。然而在亲闻说法之后，都转而心向佛法，虔诚恭敬，证得佛果。

从故事情节中来看，当妇女们一旦接触了佛教五戒十善的教义后，都很快地接受了佛教义理。可见，佛陀善于理解并教化妇女，适时地引导她们皈依佛法，表现了对女性的极大关怀。

九十九

尼乾子投火聚为佛所度缘

【题解】

尼乾子为耆那教的祖师。耆那教是古代印度传统宗教之一，其主要哲学思想是宿命论。主张通过禁欲和苦行，消除宿业，获得解脱。因常处山野之中裸身苦行，佛教又称其为"裸身外道"。

【经文】

佛在舍卫国。尔时如来降化外道邪见六师，及其眷属，悉使破尽。五百尼干作是念言："我等徒众，都破散尽，不如烧身早就后世。"即集薪草，便欲烧身。如来大悲，欲拔彼苦，使火不然。佛在其边，入火光三昧。诸尼乾子，见大火聚，心生欢喜，而作是言："我等不须然火。"皆共投中。既到火里，身体清凉，极大快乐，见佛在中，倍复庆悦，求欲出家。佛言："善来，比丘。"须发已落，法服在身，佛为说法，得阿罗汉。诸比丘言："希有世尊，乃能拔此尼乾子等自烧之苦，使得罗汉。"

佛言："非但今日，往昔之时，舍卫国中，有五百贾客，入海采宝。时有商主，名比舍佉，将诸商众，顺风而往，即到宝所，集着船上。诸贾客辈，贪取珍宝，船上极重。时比舍佉，语诸商贾言：'莫重着宝，丧汝身命。'时诸贾客，不用其言，宁共宝死，不能减却。商主即以船宝，投着水中，上诸贾客，着己船上，是诸宝船，都没于海。海神见是商主能舍珍宝救诸商贾，心生欢喜，取是商主所弃珍宝，担飞在前，既得出海，以还商主。诸商人言：'我等何为不于宝所即自并命？'见是苦恼。时比舍佉，深生悲愍，所得珍宝，悉亦分与，便修外道出家之法，得五神通。诸商人言：'如此大士，不贪财宝，自修其志，得大利益，我等应学。'各舍珍宝，向仙人所，修习其法，皆获五通。

尔时比舍佉者，我身是也；尔时五百贾客，五百尼乾子是。"

【译文】

耆那教徒被佛陀救度的故事

佛陀在憍萨罗国都舍卫城时，佛陀教化了许多持邪见的其他教派以及他们的亲属，都使他们皈依了佛教。五百位耆那教信徒当时心想："我们教派的信众，都被排斥而分散减少了，不如自焚，早一点往生后世。"随即堆积柴草，准备自焚。怀有大悲之心的佛陀，要解除他们的苦难，不让火燃烧起来。佛陀在他们身边，进入灵觉火光之禅定。耆那教信徒看见大火升起，产生欢喜之心，说道："我们不需要点燃火堆了。"就一起投入火中。进到火光之中，身心清净，极为快乐，看见佛陀也在其中，更加喜悦，要求随佛陀出家。佛陀说："很好，弟子们。"众人的胡须和头发自动落下，袈裟自然穿在了身上。佛陀为他们解说佛法，都证得了阿罗汉果位。佛弟子们说："少有的世人之尊，能免除尼乾子信徒们自焚的苦难，使他们证得阿罗汉果位。"

佛陀说："不止今天如此。在过去的时候，舍卫城中有五百位商客，到大海寻获珍宝。那时商队的头领，名叫比舍佉，带领商人们，顺风而行，来到有珍宝的地方，将采获的珍宝放到船上。商人们全都贪婪地获取珍宝，使船的负荷超重。这时比舍佉对商人们说：'不要采太多的珍宝，否则会丧失性命。'这时商客都不听他的话，宁可带着珍宝一起死，也不肯减少一些。商队头领就把自己船上的珍宝，扔到水中，让其他商客们都到自己的船上来，那些装满珍宝的船，后来都沉没到海中了。海神见到这位商队头领能舍弃珍宝救护其他商人，心生欢喜，于是拿上被头领所舍弃的珍宝，飞行在船的前面，出海上岸后，全都交还给商队头领。商人们说：'我们为什么不在有珍宝的地方与珍宝一起沉没呢？'看见商人们如此痛苦。当时比舍佉心生悲悯，把自己的珍宝都分给大家，然后就出家去修苦行，证得了宿命通、天眼通、天耳通、他心通、身如意通五种神通。商人们说：'这位贤士，不贪图财宝，自己修行的追求，得到了很大利益，我们应当学习。'于是都各自舍弃珍宝，来到仙人修行的地方，修习道法，都获得了五种神通。

"那时商队的首领比舍佉，就是我的前身；那时的五百位商客，就是今天的五百尼乾子信徒。"

【辨析】

本篇故事讲述的是佛陀教化耆那教信徒改信佛教的过程。事实上，改变信仰十分不易，是一种脱胎换骨的过程，要经过激烈的思想交锋，也会有内心艰难和痛苦地挣扎。

耆那教是印度历史上一个极为古老的思想派别，也是最古老的宗教之一，至今仍然有许多信徒。耆那教宿命论的思想主张具有一定的社会基础，属于古代唯物主义、自然主义思想倾向的哲学派别。但由于耆那教认为一切都是由宿业决定的，只有用苦行才能消除罪业，得到来生的快乐。基于这样的认识，就很容易产生厌世的思想，因而常以自焚、自溺、绝食等方式结束生命以求解脱。佛陀早年也曾修过六年苦行，对于耆那教修行者，也都心怀悲悯而希望他们离苦得乐。

一〇〇

五百白雁听法生天缘

【题解】

本篇讲述的是佛陀救度大雁的故事，其中体现了佛教众生平等的基本教义。

【经文】

佛在舍卫国，尔时般遮罗国，以五百白雁，献波斯匿王。波斯匿王，送着祇桓精舍。众僧食时，人人乞食，雁见僧聚，来在前立。佛以一音说法，众生各得随类受解。当时群雁，亦解佛语，闻法欢喜，鸣声相和，还于池水。后毛羽转长，飞至余处，猎师以网，都覆杀之。当网着时，一雁作声，诸雁皆和，谓听法时声，乘是善心，生忉利天。生天之法，法有三念：一者念本所从来；二者念定生何处；三者念先作何业得来生天？便自思惟，自见宿因，更无余善，唯佛僧边听法。作是念已，五百天子，即时来下，在如来边，佛为说法，悉得须陀洹。

波斯匿王，遇到佛所，常见五百雁罗列佛前，是日不见，便问佛言："此中诸雁，向何处去？"佛言："欲见诸雁耶？"王言："欲见。"佛言："先雁飞去他处，为猎师所杀，命终生天。今此五百诸天子等，着好天冠，端政殊特者是，今日听法，皆得须陀洹。"王问佛言："此诸群雁，以何业缘，堕于畜生，命终生天，今日得道？"

佛言："昔迦叶佛时，五百女人，尽共受戒，用心不坚，毁所受戒，犯戒因缘，堕畜生中，作此雁身。以受戒故，得值如来，闻法获道，以雁身中听法因缘，生于天上。"

【译文】

大雁听佛法得福报的故事

佛陀在憍萨罗国都舍卫城时，当时的般遮罗国，将五百只白色的大雁献给憍萨罗国波斯匿王。波斯匿王把大雁都送到了祇园寺院。这时正到了僧人吃饭的时间，每个僧人都要去乞食，大雁看见僧人，就来到他们面前站立。佛陀以法音解说佛法，各类生灵都可以随缘接受理解。当时这群大雁，也理解了佛之说法，听到佛法后十分欢喜，相互鸣叫应和，回到了池塘边。后来它们羽毛丰满了，飞到了别的地方，猎人布下罗网，将大雁捕捉后都杀死了。当大雁被网捕获时，一只大雁鸣叫，其他的大雁都相和，就像听佛法时彼此鸣叫应和的声音，由于这样的善缘，死后往生到欲界忉利天宫。往生天上者，都会思索三个问题：一是想自己本来是什么，由何往生来的？二是明白自己往生在什么地方；三是思考自己是因为做了什么善业得以往生天上？经过自己思索后，了知自己过去的因缘，并没有其他的善因，只是在佛陀身边听了佛法。思考明白之后，五百位天神随即来到人间，在佛陀的身边，佛陀为他们解说佛法，都证得了须陀洹初果。

波斯匿国王来到佛陀的住所时，常常看见五百只大雁站立在佛陀面前，这一天他来的时候却没有看见，就问佛陀说："这里的大雁，到哪里去了呢？"佛陀说："你想见到这些大雁吗？"国王说："想见到。"佛陀说："这些大雁飞到别的地方，被猎人抓捕后杀了，死后往生到了天界。就是今天这五百位穿戴华美、面貌端正的天神，今天听闻佛法，都证得了初果。"国王问佛陀说："这群大雁因为什么业缘，堕入畜生道，死后又往生天上，今天证得了道果呢？"

佛陀说："从前迦叶佛时期，有五百位女子接受了戒律，但心志不坚定，破坏了所受戒律，因为违犯戒律的缘故，堕入畜生道中，成为大雁之身。因为曾经接受过戒律的缘故，得以遇到佛陀，听闻佛法获得道果，由于以大雁之身听佛法的缘故，死后往生到了天上。"

【辨析】

这个故事讲的是可爱的大雁及其不幸的遭遇。五百只白色大雁被送到祇园，在佛陀的身边长到羽翼丰满后，飞到外边却被猎人捕杀了。以大雁被猎人所杀，比喻世人的贪婪和残忍；以大雁往生天界，比喻佛法的恩泽，能够救度一切生灵。而对往昔五百位违反戒律的女修行者的追述，说明违反戒律会堕入恶道，从而告诫佛弟子，不可不慎行。故事在平实的叙述和描绘中，将佛家的慈善、人与动物的亲密和谐展示出来。

一〇

提婆达多放护财醉象欲害佛缘

【题解】

本篇以提婆达多害佛的经过,引出了五百大雁的故事,阐发了一切无常的佛理。

【经文】

佛在王舍城,尔时提婆达多,放护财醉象欲得害佛,五百罗汉,皆飞虚空,唯有阿难,独在佛后。佛时举右手,护财白象,见五百师子,象时恐怖,即便调顺。五百比丘,尽弃佛去,唯有阿难,在于佛后。

佛言:"非但今日,过去亦尔。昔迦尸国,有五百雁,共为群侣。尔时雁王,名曰赖吒,雁王有臣,名曰素摩。时此雁王,为猎者捕得,五百群雁,皆弃飞去,唯有素摩,随逐不舍,语猎师言:'请放我王,我于今日,以身代之。'猎师不听,遂以雁王,献梵摩曜王。王问雁王:'为安隐不?'雁王答言:'蒙王大恩,得王清水,又得好草,以活性命,得常平安,在国土住。唯愿大王,放一切雁,使无所畏。'五百群雁,在王殿上,空中作声。时王问言:'此是何雁?'雁王答言:'是我眷属。'王即施无畏,内外宣令:

'不听杀雁。'

"雁王白王言:'今当以正法治国,世间无常,如四方山。譬如东方大山,上无边际,一时来至;南西北方,亦复如是,磨碎世间一切。众生及与人鬼,悉皆微灭,无可逃避,无可恃怙,不可救济。当于尔时,何所恃赖?惟念如是,宜应慈心普育一切,修行正法,作诸功德。大王当知:一切富贵,皆为衰灭之所摧碎,四方而至,为归丧失;一切强壮,又有诸病,从四方来,破灭强健;一切壮年,有病羸山,从四方来,破坏壮年;一切有命,有大死山,四方而来,坏灭生命。如是四山,一切共有,天龙人鬼有生之类,无得免者。以此义故,常修慈心,勤行正法。若能尔者,死时不悔,心不悔故,得生善处,必遇贤圣,得遇贤圣,得脱生死。'

"王问素摩:'何以默然?'素摩答言:'今雁王人王,二王共语,若当参言,非是仪礼,便无上下恭恪之心。'王言:'实是希有,汝为雁身,能行如是忠臣之节,人所不及,能以身命,代于雁王。又复谦顺,不参言说,如汝雁王,君臣之义,世所希有。'悉与金铔[1]瑕,约其头际,以好白绢,着雁王首,而发遣之,言曰:'往时为我说善法。'即便放去。

"尔时雁王,我身是也;尔时素摩,阿难是也;尔时人王,我父王净饭王是也;尔时猎师,提婆达多是也。"

杂宝藏经卷第八

【注释】

[1] 金铔(yā)瑕:用金子做成的保护颈项的护甲。

【译文】

提婆达多害佛与佛陀前生教化国王的故事

佛陀在摩揭陀国都王舍城时,提婆达多把保护国库的大象灌醉，想让醉象踩死佛陀，五百位随从佛陀的罗汉，都飞到空中，只有阿难一人紧跟佛陀身后。这时佛陀举起右手，白象看见了五百头狮子，顿时害怕，不敢上前，立刻就驯服了。五百佛弟子，都舍弃佛陀而逃，只有阿难，在佛陀身边不离不弃。

佛陀说："不仅在今天，过去也是这样。从前在迦尸国，有五百只大雁，组成一个雁群。那时的雁王名叫赖吒，雁王有一位随臣，名叫素摩。当时雁王被猎人捕获，五百只大雁全都各自飞去，只有随臣素摩，紧随不舍，他对猎人说：'请放了我的雁王，现在让我来替代雁王。'猎人不理会它，随后就把雁王献给了梵摩曜国王。国王问雁王说：'过得还好吗？'雁王回答说：'承蒙国王您的大恩，得到了国王给的清水，又得到了好的草食，可以保全性命，得到平安，在您的国土居住。只希望国王放过所有的大雁，使它们不再害怕。'这时五百只大雁在王宫上空鸣叫，国王问：'这是哪里来的大雁？'雁王回答说：'都是我的亲属。'国王当即施以善行，向国内外宣布：'不准捕杀大雁。'

"雁王对国王说：'今天应当以正确的佛法治国，世间一切无常，如东、西、南、北四方有山。比如东方的大山，高无边际，到时候就会倒下来；南、西、北方的大山，也会如此，砸碎世间的一切。各种生灵以及人、鬼，都会被毁灭，不可逃避，无所依靠，也不可救济。到那个时候还能依赖什么呢？想到这些，就应当以慈悲心对待一切，修行正确的佛法，做种种功德。大王您应当知道：一切富贵都会衰败毁灭，当四方的大山倒下时，富贵都会丧失；一切强健的身体，都会有各种疾病，四方的大山倒下时，会消灭强健的身体；一切壮年人，会有疾病的大山，从四方倒下时，壮年会逝去；一切生命，也会有死亡的大山，从四方倒下时，消灭生命。生、老、病、死这四座山，是一切生灵共同具有的，天神、天龙八部神、人、鬼等有生命的一切，都不能避免。因此，要常修慈善心，勤行佛正法。如果这样做了，死亡来临的时候才不会后悔，由

于心中无悔的缘故,可以往生到天界、人间、阿修罗三善道,遇到大圣大贤,得到圣明贤德的教诲,可以脱离生死轮回的苦难。'

"国王问素摩说:'你为什么默默无语呢?'素摩回答说:'现在是雁王和国王两位大王在一起交谈,如果我插话,不合礼仪,就没有了上下尊卑恭敬之心。'国王说:'这真是太难得了,你身为雁身,却能这样行忠臣的礼节,是一般人都做不到的,能以自己的生命来替代雁王。又如此谦虚恭顺,不加入交谈,像你和雁王这样君臣之间的情义,实在是世间少有。'于是国王送给它金钹瑕,保护好颈部,又把洁白的绢丝,系在雁王的头上,然后放飞了大雁,对大雁说:'来生的时候再为我解说美好的佛法。'随后大雁便远去了。

"那时的雁王,就是我的前身;那时的素摩,就是阿难;那时的国王,就是我的父王净饭王;那时的猎人,就是提婆达多。"

《杂宝藏经》第八卷完。

【辨析】

讲述雁王的故事是本篇的重点。当雁王遭到猎人追捕,身处危难时,五百只大雁各自逃生,唯有大雁素摩不仅紧紧跟随雁王,而且不惜用生命救护雁王,这一情景的描述,突出表现了大雁素摩的至情至义和恭谦达礼,可谓患难之中见真情,读来十分感人。故事以雁喻人,五百只大雁隐喻危难当头各自离去的僧人;大雁素摩隐喻对佛陀忠心耿耿的弟子阿难;猎人隐喻欲害佛陀的提婆达多。

故事通过三种不同类型的出家人,反映出佛陀时期僧团内部出现的矛盾斗争。一种是信仰坚定,矢志不移跟随佛陀的弟子;第二种是见风转舵,灾难来临只顾自己的摇摆不定者;第三种是不仅制造分裂,冲击僧团,而且企图谋害佛陀的反对者。

一〇二

迦栴延为恶生王解八梦缘

【题解】

迦栴延是佛陀"十大弟子"之一,有"议论第一"的称誉。本篇通过他为国王解说梦境,阐发了信佛理,离恶行的喻理。

【经文】

昔恶生王,为行残暴,无悲愍心,邪见炽盛。如来大悲,遣诸弟子,遍化诸国,迦栴延者,即是恶生王国婆罗门种,佛寻遣迦栴延,还化其国王,并及人民。时尊者迦栴延,受佛教已,寻还本国。

时恶生王,不睹正真,奉事邪道,常于晨朝,不欲见人,先拜天祠。时迦栴延,将欲开化恶生王故,于清朝早起,化作异人,状如远使形貌端政,到王门中。当王见时,还服本形,作沙门像。王于道士剃发之人,特复憎恶,王大恚言:"汝今定死。"寻便遣人,将迦栴延,垂欲加害。迦栴延白王言:"我有何过,乃欲见害?"王复语言:"汝剃发人,见者不吉,是以今者欲杀于汝。"尊者迦栴延即答之言:"今不吉者,乃在于我,不在于王。所以者何?王虽见我,都无损减;我见于王,王欲见杀。以此推之,言不吉者,正在于我。"王素聪明,闻其语已,即领其意,放迦栴延,不兴恶心。密遣二人,寻逐其后,观其住止,食何饮食。见迦栴延,坐于树下,乞食而食,若得食时,分与二人,有小余残,泻着河中。二人既还,王即问尊者住处及以饮食,二人如上所见,具白于王。王于后日,而请尊者迦栴延,与粗涩饮食,遣人问言:"而今此食,称适意不?"尊者答言:"食之势力,便以充足。"后与上味细食,复遣人问言:"可适以不?"答言:"食之势力,便为充足。"后王问尊者言:"我所施食,不问粗细,皆言充足。此事何谓也?"尊者迦栴延即答王言:"夫身口者,譬如于灶,栴檀亦烧,粪秽亦烧,身口亦尔,食无粗细,饱足为限。"即说偈言:

此身犹如车,好恶无所择。
香油及臭脂,等同于调利。

王闻其语,深知大德,便以粗细之食,与婆罗门。诸婆罗门,初得粗食,咸皆忿恚,作色骂詈;后与细食,欢喜赞叹。王见婆罗门等于饮食中心生喜怒,于迦栴延,倍生信敬。

尔时尊者,有外生女,先在城外,住婆罗门聚落,甚有好发。以安居时至,心怀供养,剪己发卖,得五百金钱,请迦栴延,夏坐供养。尊者迦栴延,夏安居讫,还至城中。时恶生王宫门之中,卒有死雉[1],如转轮王所食之雉,而恶生王,即欲食之。时一智臣,白于王言:"然此雉者,不宜便食,应先试之。"王用其言,时即遣人,割小脔[2]以用与狗,狗得肉已贪着肉味,合舌俱食,遂至于死。又复割少肉,用试一人,人食肉已,亦着滋味,遂至自啖其手而死。王见是已,深生怖畏,闻有人言:"而此肉者,唯转轮圣王,有无漏智得道之人,乃可食之。"即便遣人,调和美食,送与尊者迦栴延。时迦栴延,食是食已,身体便安。王于后日,遣人伺看,见迦栴延,颜色和悦,倍胜于常。时王闻已,深生奇特,益加尊重，轻贱外道诸婆罗门等。

王问迦栴延言："尊者此夏，何处安居？今方来耶？"尊者具说以外生女卖发贸钱供养众僧，王闻是语，而作是言："我宫中人，极美发者然直铜钱不过数枚，今言彼女之发，直五百金钱者，彼之女人，美发非常，容仪必妙。"即问其女父母姓名，寻遣使人，往至于彼亲见女身，姿貌超绝，果如所量。王即遣使，将娉为妇，而彼女家，大索宝物、城邑聚落，王复思惟："若与彼者，女来之时还当属我。"即便与之，纳为夫人。初迎之日，举国欣庆，咸称大吉。于其后日复放大赦，即号为尸婆具沙夫人，王甚悦敬，后生太子，字乔婆罗。

时王于寝，梦见八事：一头上火然；二两蛇绞腰；三细铁网缠身；四见二赤鱼吞其双足；五有四白鹄飞来向王；六血泥中行泥没其腋；七登大白山；八鹳雀扇[3]头。于梦寤已，以为不祥愁忧惨悴，寻即往问诸婆罗门。婆罗门闻王此梦，素嫌于王，兼嫉尊者，因王此梦，言："大王不吉，若不禳厌，祸及王身。"王闻其语信以为然，益增忧恼，即问之言："若禳厌时，当须何物？"诸婆罗门言："所须用者，王所珍爱，我若说者，王必不能。"时王答言："此梦甚恶，但恐大祸殃及我身，除我以外，余无所惜，请为我说所须之物。"诸婆罗门等，见其殷勤，知其心至，即语王言："所可用者，此梦有八，要须八种可得禳灾：一杀王所敬夫人尸婆具沙；二杀王所爱太子乔婆罗；三杀辅相大臣；四杀王所有乌臣；五杀王一日能行三千里象；六杀王一日能行三千里驼；七杀王良马；八杀秃头迦栴延。却后七日，若杀此八，聚集其血，入中而行，可得消灾。"王闻其言，以己命重，即便许可。还至宫中，愁忧懊恼。夫人问王："何故如是？"王答夫人，具陈说上不祥之梦，并道婆罗门禳梦所须。夫人闻已，而作是言："但使王身平安无患，妾之贱身岂足道耶？"即白王言："却后七日，我归当死，听我往彼尊者迦栴延所，六日之中，受斋听法。"王言："不得。汝若至彼，或语其实,彼若知者,舍我飞去。"夫人殷勤,王不能免,即便听往。

夫人到彼尊者所已,礼拜问讯,遂经三日。尊者怪问:"王之夫人,未曾至此经停信宿,何故今者不同于常?"夫人具说王之恶梦:"却后七日,当杀我等用禳灾患,余命未几,故来听法。"因向尊者,说王所梦,尊者迦栴延言:"此梦甚吉,当有欢庆,不足为忧。头上火然者,宝主之国,当有天冠,直十万两金,来贡于王,正为斯梦。"夫人心急,七日向满,为王所害,惧其来晚,问尊者言:"何时来到?"尊者答言:"今日晡时[4]必当来至。两蛇绞腰者,月支国王,当献双剑价直十万两金,日入当至;细铁网缠身者,大秦国王,当献珠璎珞价直十万两金,后明晨当至;赤鱼吞足者,师子王国当献毗琉璃宝屦价直十万两金,后日食时当至;四白鹄来者,跋耆国王,当献金宝车,后日日中当至;血泥中者,安息国王,当献鹿毛钦婆,价直十万两金,后日日昳[5]当至;登太白山者,旷野国王,当献大象,后日晡时当至;鹳雀屙头者,王与夫人,当有私密之事,事至后日自当知之。"果如尊者所言,期限既至,诸国所献一切皆到,王大欢喜。尸婆具沙夫人,先有天冠,重着宝主国所献天冠,王因交戏脱尸婆具沙夫人所著一重天冠,着金鬘夫人头上。时尸婆具沙夫人,瞋恚而言:"若有恶事,我先当之,今得天冠,与彼而着。"寻以酪器,掷王头上,王头尽污,王大瞋忿,拔剑欲斫夫人,夫人畏王,走入房中,即闭房户,王不得前。王寻自悟:"尊者占梦云有私密,正此是耳。"

王与夫人,寻至尊者迦栴延所,具论上来信于非法恶邪之言,几于尊者、妻子大臣、所爱之物,行大恶事。今蒙尊者演说真实,开示盲冥,得睹正道,离于恶事。即请尊者,敬奉供养,驱诸婆罗门等,远其国界。即问尊者:"有何因缘,如此诸国,各以所珍,奉献于我?"

尊者答言:"乃往过去,九十一劫,尔时有佛,名毗婆尸。彼佛出时,有一国名曰槃头,王之太子,信乐精进,至彼佛所,供养礼拜，即以所著天冠，宝剑，璎珞，大象，宝车，钦婆罗衣，用上彼佛。缘是福庆，生生尊贵，所欲珍宝，不求自至。"王闻是已，于三宝所，深生敬信，作礼还宫。

【注释】

[1] 雉（zhì）：野鸡。

[2] 脔（luán）：小块的肉。

[3] 屙（ē）：排泄大小便。原字为古今皆无的异体字，根据文义改为此字。

[4] 晡时：下午三点至五点之间。

[5] 日昳（dié）：太阳过午偏西的时候。

【译文】

迦栴延为国王解梦的故事

从前有一位恶生王，行为残暴，没有悲悯之心，持有各种邪恶的见解。佛陀以大慈大悲之心，派遣弟子们到各国劝导教化。佛弟子迦栴延，本来就是恶生王所在国的婆罗门种姓。于是佛陀就派他回到故国教化国王和人民。当时迦栴延接受佛陀的教谕后，就回到阿盘提国。

那时国王恶生，不能认知真谛，信奉邪教，常常在早晨见人之前，先要祭祀天神。当时迦栴延为了劝导教化国王恶生，一早起来，化为外乡人，如同一位远方而来的使者，形貌端正，来到王宫门口。当国王召见他时，他又穿上原来的袈裟，恢复出家人的形象。国王对于剃发出家之人特别憎恶，于是极为气愤地说："你今天必死。"马上派人抓住迦栴延想要杀害他。迦栴延对国王说："我有什么罪过，你要杀害我呢？"国王就说："你是一位剃发的出家人,见到后不吉利,所以今天要杀了你。"迦栴延回答说:"今天倒霉的人应该是我,而不是国王。为什么这样说呢?国王虽然见到我,却没有什么损失;我见到国王,却要被杀。以此推论,倒霉的人正是我。"国王本来就聪明,听了这话,马上领会了其中的意思,就放了迦栴延,不再有杀害的恶意了。国王就秘密派遣了两个人,跟在迦栴延的后面,看他住在哪儿,吃什么饭食。他们看见迦栴延坐在树下,吃乞讨得到的食物,得到的食物也分给这两个人,有一些剩饭就倒到河里。他们回去后,国王就问起迦栴延的住处以及日常饮食情况,这两个人就将所见之事都告诉给国王。第二天,国王就请来迦栴延,给他的是粗劣的饭食,还让人问他:"今天这些饭食,你称心如意不?"迦栴延回答:"吃饭是为了有精力,能吃饱就满足。"后来又给他送上美食,又派人问他:"饭食适合不?"回答说:"吃饭是为了有精力,能吃饱就满足。"后来国王问迦栴延说:"我所布施的饭食,无论粗劣和精美,你都说能吃饱就满足。这是为什么呢?"迦栴延当即回答说:"人的身和口,好比炉灶,栴檀香木可烧,牛粪也可以烧,身和口也是如此,吃的无论粗粮或细粮,吃饱就行。"随即以诗句说道:

> 身体犹如车,好坏不选择。
> 香油和臭脂,同样润车轴。

国王听了他的话,深知这是一位大德,便先后以粗劣和精美的饭食,送给婆罗门修行者。婆罗门们先得到粗劣的食物,都很气愤,变脸谩骂;后来得到精美的饭食,就欢喜赞叹。国王见到婆罗门信徒因饭食的好坏而心生喜怒,则对迦栴延心中更加恭敬。

那时迦栴延有一位外甥女,住在城外的婆罗门村子,有一头美发。因为佛弟子闭门修禅的夏安居时间到了,她有心供养出家人,就剪下自己的头发卖了,用得到的五百枚钱请迦栴延,供给他在夏安居三个月中的所需。迦栴延夏安居过后，回到城中。这时恶生王的宫门之中，忽然有一只死的野鸡，如同转轮圣王所吃的鸡，恶生王想要吃。这时有一位智慧的大臣，对国王说："这样的野鸡，不应该随便吃，应当先试一下。"国王听了他的话，立即派人割了一小块肉给狗吃，狗得到鸡肉后，贪其美味，把自己的舌头也吃下去了，于是狗死了。又割下一块肉给一个人吃，那人吃了肉后，也被肉味吸引，把自己的手也吃了下去，也死了。国王见此情景，心里非常害怕。听到有人说："这种肉，只有转轮圣王，以及断除烦恼、证得智慧的人才可以吃。"于是便派人将此烹为美食送给迦栴延。迦栴延吃了之后，身体平安。第二天，国王派人察看，看见迦栴延面色红润和悦，超乎往常。国王听了之后，感到十分惊奇，更加敬重迦栴延，而轻视婆罗门及其他教派。

  国王问迦栴延说："尊敬的迦栴延，夏季三个月的禅修，您在什么地方安居修行的呢？今天你从什么地方来的呢？"迦栴延说了外甥女卖发换钱供养众僧修行的事，国王听了以后，就说："我宫中的女子，最美的头发也不过值几枚铜钱，而你说你外甥女的头发，价值五百枚钱，这样的女人，有超乎寻常的美发，容貌必然极其出众。"便问女子的父母姓名，派遣使者前往亲眼看看女子，该女子容貌超群绝伦，果然如国王所料。国王随即派遣使者，要娶女子为妻，而女家大大地索要了一通珍宝财物，乃至于城镇村落，国王心想："如果给了他们，女子嫁来之后仍然属于我的。"便答应满足他们的要求，娶了女子为妻。迎娶之日，举国欢庆，都称为大吉大利之事。之后又大赦天下，封女子为尸婆具沙夫人，国王对她宠爱敬重，后来夫人生下太子，取名乔婆罗。

  一天，恶生王睡觉时，梦见八件事：一是他头上起火；二是两条蛇缠住了他的腰；三是细铁网缠住身体；四是两条红色的鱼吞下他的双脚；五是四只白天鹅飞到他面前；六是在血染的泥中行走，泥没过他的腋下；七是登上了高大的太白山；八是有鹳雀在他头上拉屎。于是梦醒以后，国王以为是不祥之兆，愁容满面，于是就去咨询婆罗门。婆罗门听了之后，由于一向对国王不满，又嫉妒迦栴延，因此借国王之梦，说道："国王，这很不吉利，如果不想办法消除灾祸，就会伤害到大王。"国王听了之后，信以为真，更加烦恼，于是问道："如果消灾，要用什么来祭祀？"这些婆罗门说："必须要用的东西，都是国王所珍爱的，我如果说出来，国王一定办不到。"这时国王回答说："这梦太可怕，恐怕大祸会殃及于我，除我以外，都没有什么舍不得的，请说出所需要的东西。"婆罗门们看见他如此急切，知道他下了决心，便对国王说："所用的东西，对应梦中的八件事，要八种可以消灾：一是杀了您所敬爱的夫人尸婆具沙；二是杀了您所爱的太子乔婆罗；三是杀了您的宰相大臣；四是杀了大王所有的大臣；五是杀了大王一日能行三千里的大象；六是杀了大王一日能行三千里的骆驼；七是杀了大王的骏马；八是杀了秃头的出家人迦栴延。七天之后，如果杀了以上八种，把他们的血收集在一起，您在血中走过，就可以消除灾祸。"国王听了这些话后，以自己的生命为重，当即便答应了他们。回到宫中后，愁眉苦脸。夫人问他："您为什么这样呢？"国王回答夫人，说了自己的不祥之梦，并讲了婆罗门消灾的办法。夫人听了以后，对他说："只要大王安然无恙，我卑贱的身体又有什么可怜惜的呢"又对国王说："七天之后，我就死了，让我前往迦栴延的住所，在六天之中接受斋戒听闻佛法。"国王说："不行，如果你到他那里，说出了实情，他知道后，就会迅速逃走。"夫人再三坚持，国王没有办法，只好同意她去了。

夫人来到证悟者迦栴延的住所，礼拜问候，一连住了三天。迦栴延奇怪地问："国王夫人，从未在这里停留住宿，为什么这次不同于往常呢？"夫人就说了国王的噩梦，还说："七天后要杀我们用来消灾，我没几天活命了，所以来听佛法。"向迦栴延说了国王所梦的事，迦栴延说："这梦十分吉祥，值得欢庆，不必担忧。头上着火，是邻国献宝的国王，送价值十万两黄金的宝冠，来进贡给国王，正对应了国王的梦。"夫人心里着急，七天就要到了，害怕进献的宝冠不能及时送来而被国王杀害，就问迦栴延说："什么时候能到呢？"迦栴延回答说："今天下午五点之前就会送来。两蛇缠腰，是月支国王将献上价值十万两黄金的双剑，日暮时应当到来；细铁网缠身，是大秦国王要献上价值十万两黄金的珍珠璎珞，明天早晨应当送到；红鱼吞脚，是师子国王要献上价值十万两黄金的琉璃宝鞋，后天早饭时会到；四只白天鹅来到面前，是跋耆国王献来金色宝车，后天中午会到；在血染的泥中行走，是安息国王献上鹿毛制成的价值十万两黄金的柔软的钦婆罗衣，后天日落时会到；登高大的太白山，是旷野国王献来的大象，后天下午五点之前就会到；鹳雀在头上拉屎，是国王与夫人有私密之事，到后日自然会知道。"果然如证悟者迦栴延所说，期限一到，各国所献的物品全都到了，国王十分高兴。尸婆具沙夫人，先前有宝冠，现在又有宝主国王所献的宝冠，国王就开玩笑地摘下尸婆具沙夫人原先所戴的宝冠，戴到了金鬘夫人的头上。这时尸婆具沙夫人，气愤地说："倘若有坏事，让我先担当，今天得到宝冠，却给别人。"就把盛奶酪的容器，扔到国王头上，溅得国王满头都是，国王大怒，拔剑要砍夫人，夫人害怕，逃到房里，随即关上房门，国王不能进去。国王领悟到："证悟者迦栴延预测梦中有私密的事，就是这件事了。"

国王和夫人于是一起来到证悟者迦栴延的住所，如实地讲述了原来迷信邪恶非法的婆罗门，几乎要将迦栴延、妻子、儿子、大臣及一切所爱之物都毁掉，犯下极大的罪恶。今天承蒙证悟者解说真相，指点迷津，得以认识正确的佛理，远离了罪恶。于是请证悟者迦栴延接受供奉，驱逐了婆罗门信徒，让他们远离国境。国王问证悟者迦栴延："是什么缘故，这些国家都以自己的珍宝奉献给我呢？"

证悟者迦栴延回答说："过去在九十一劫漫长的岁月以前，那时有过去七佛中的第一佛,名叫毗婆尸。毗婆尸佛出世时,有一个国家名叫槃头,槃头国的太子信奉佛法,精进修行,他来到毗婆尸佛的住所,礼拜后献上供养,把所戴的宝冠、宝剑、璎珞、大象、宝车、柔软的钦婆罗内衣等,都献给了佛。由于这样的福德,世世代代尊贵,需要的珍宝,不求自来。"国王听了以后,对于佛、法、僧三宝,产生了深深的恭敬和信奉,礼拜之后回到宫中。

【辨析】

这篇比喻故事故事情节波澜起伏,扣人心弦,而且通过一系列的细节描写,生动刻画了佛弟子迦栴延的形象。

首先,是两次出现的"欲杀"情节。故事一开始,国王就对证悟者迦栴延的出现十分气愤,认为见到他的人会不吉利,因而想杀死他。迦栴延则以其机敏睿智启发国王:国王见到我,并没有什么损失;我见到国王,却要被杀。以此推论,倒霉的人正是我。这番话语使国王要杀出家人的理由不能成立。在故事的后半部分,国王听了婆罗门的蛊惑,为了保全自身,又要杀害迦栴延,理由还是不吉利,结果迦栴延以"十分吉祥,值得欢庆"化险为夷。再次凸显了迦栴延超群的智慧和出众的辩才,同时衬托出国王内心的空虚以及自私、凶残和愚蠢。

其次,是"辩食"、"吃鸡"、"解梦"三个细节。一是在对待粗食和美食的态度上。以迦栴延的"吃饱就行"与婆罗门的"挑食"和抱怨进行了对比,同时喻指佛弟子没有"分别心";二是"吃鸡"事件。以国王想吃却又不敢吃、狗吞下了自己的舌头、人吃下了自己的手而死去的恐怖情状,与迦栴延吃下后安然无恙、面色红润进行对比,同时比喻佛弟子没有"贪婪心";三是破解国王的"噩梦"。粉碎了婆罗门极为恶毒的"血祭"的阴谋,拯救了大臣、王后、太子和自己,把婆罗门所说的"八凶"与迦栴延所说的"八祥"进行了对比,同时比喻佛弟子没有"生死心"、"恐惧心",

具备了"智慧心"、"了知心",以及救度众人的"慈悲心"。

对国王恶生的刻画,也并没有简单化,而且处处有照应。如开始时写道:"国王本来就聪明,听了这话,马上领会了其中的意思,就放了迦栴延。"最后写国王领悟到:"迦栴延预测梦中有私密的事,就是这件事了。"前后呼应,既体现出了个性特征,又保持了其形象的一致性,给读者留下鲜明深刻的印象。

一〇三

金猫因缘

【题解】

本篇以金猫为线索,引出恶生王前生施僧而今生得报的故事,阐发了供奉佛、法、僧,后世得福报的喻理。

【经文】

昔恶生王,游观林苑,园中堂上,见一金猫,从东北角,入西南角。王即遣人,寻复发掘,得一铜瓮,瓮受三斛[1],满中金钱。渐渐深掘,复获一瓮,如是次第,得三重瓮,各受三斛。渐复傍掘,亦得铜瓮,转掘不已,满五里中,尽得铜瓮盛满金钱。

时恶生王,深生奇怪,即诣尊者迦栴延所,即向尊者,具论得钱所由因缘:"我适辄欲用,将无灾患于我及国人耶?"尊者答言:"此王宿因所获福报,但用无苦。"王即问言:"不审往因,其事云何?"

尊者答言:"谛听,谛听。乃往过去九十一劫,毗婆尸佛,遗法之中。尔时有诸比丘,于四衢[2]道头,施大高座,置钵在上,而作是言:'谁有世人,能于坚牢藏中?举钱财者,若入此藏,水不能漂,火不能烧,王不能夺,贼不能劫。'时有贫人,先因卖薪,适得三钱,闻此语已,生欢喜心,即以此钱,重着钵中,诚心发愿:'去舍五里,当还家时,步步欢喜。'既到其门,向劝化处,至心发愿,然后入舍。"尊者言:"尔时贫人,今王是也。以因往昔三钱施缘,世世尊贵,常得如是三重钱瓮,缘五里中步步欢喜,恒于五里,有此金钱。"王闻宿缘,欢喜而去。

【注释】

[1] 斛(hú):中国旧时的容量单位,十升为一斗,十斗为一斛。

[2] 四衢(qú):大路,四通八达的道路。

【译文】

金猫引出宝藏的故事

从前有个恶生国王,游赏花园林苑,在园中殿堂上看见一只金猫,从东北角跑过,钻到西南角去了。国王随即派人沿着金猫的行迹挖掘寻找,挖到一只铜瓮,容量有三十斗,盛满了金钱。再往深处挖掘,又得到一只瓮,再挖下去,又得到一只,三只一样,都有三十斗容量。又面向旁边挖掘,也得到这样的铜瓮,这样一直挖掘下去,方圆五里之中,都得到了盛满金钱的铜瓮。

这时恶生王感到非常奇怪,于是来到证悟者迦栴延的住所,向迦栴延讲述了得到金钱的前后经过,并且问道:"我如果用了这些钱,对于我和我的百姓不会有什么灾难吧?"迦栴延回答说:"这些是您过去的善因所获得的福报,尽管放心地用,没有任何灾难。"国王又问:"不知道过去的善因,是因为做了什么呢?"

迦栴延回答说:"您仔细听着。在过去九十一劫漫长的岁月之前,是过去佛毗婆尸传法的时期。那时有一些出家人,在通向四方的十字路口，设置了一个高大的台子，上面放置了一个钵盂，对路过的人说：'世上有谁能把东西永久地保存？如果有人把钱财放到钵盂中保存，则水不能冲走，火不能烧毁，国王不能掠夺，盗贼也不能劫去。'当时有一位穷人，卖柴火刚得了三枚钱，听了这话，心中欢喜，当即把三枚钱放到了钵盂中，诚心地发愿：'离家有五里路，在回家的时候，步步欢喜、吉祥。'到了家门后，又面向劝化他布施的地方诚心还愿，然后进到家中。"

证悟者迦栴延说："那时的穷人，就是今天的国王。因为过去布施了三枚钱的缘故，世世代代享有尊贵，常能得到这样三只装满钱的瓮，由于在回家的五里路上，每一步都心中欢喜，所以在五里之中都有金钱。"国王听了过去的善缘后，高兴地回去了。

【辨析】

故事用过去布施的三枚钱，对应今天得到的三个大钱瓮；以前世回家五里路上的步步欢喜，对应今日五里路的地下钱瓮，两相对比，互为映衬，借以说明布施若真诚恭敬，小因也能结大果的道理，从而彰显了佛教多修善行，必得善果的喻理。

一〇四

恶生王得五百钵缘

【题解】

本篇以恶生王前生布施五个瓦器,今生得五百车盛满金粟的宝钵的故事,寄寓了布施行善,福德无量的佛教义理。

【经文】

昔恶生王,住郁禅延城。时守门者,晨朝开门,门外忽然有五百乘车,各载宝钵,盛满金粟,皆有印封题言:"此钵与恶生王。"时守门者,告白王言:"外有宝钵,题钵言与王,不审今者,为当取不?"王自思惟:"此宝忽至,或是不祥,我若取者,将不为我家国灾害?"作是念已,即往诣尊者迦栴延所,而问之言:"今晨开门,忽见宝钵,其上印题云与恶生王,未知吉凶,为可取不?"尊者答言:"是王宿福果报,但取勿疑。"王白尊者:"我于往因,修何功德而致此报?"

尊者答言:"汝于昔日九十一劫,仙人山中,有一辟支佛,值雨脚跌,即破瓦钵。时辟支佛,诣瓦师家,从乞瓦钵。瓦师寻以五器,皆盛满水,欢喜施与。辟支佛得已,掷钵空中,踊身腾虚,作十八变,瓦师妻子,并买瓦者,见此神变,咸皆踊悦欢喜无量。尔时瓦师者,王身是也;尔时妇者,尸婆具沙夫人是也;尔时儿者,乔波罗太子是;尔时买瓦者,辅相富卢窥是也;买瓦妇者,辅相妇是。"王复问言:"不审此钵,为自然出,为有从来?"

尊者答言:"而此钵者非自然有,从恒河水龙宫中来。何以知之?乃往过去,罗摩王舅婆罗门,修清净行,在恒河侧。时罗摩王,日以宝钵,送食与舅。婆罗门法,器不重用,食竟弃钵于彼恒河中。盲龙收取宝钵,盛满金粟,着己宫中。如是所弃,日日渐多,由是获得五百车钵。盲龙命终,又无儿子赏领此钵。天帝知王往昔施钵因缘,故用遗王。"王闻是语,寻取宝钵,以用作福,广修布施,供养三宝,从此因缘,后生善处。

【译文】

国王得到五百个宝钵的故事

从前恶生王住在郁禅延城的时候,有一天早晨,卫士打开城门后,忽然看见门外有五百辆大车,都满载了宝钵,钵中盛满了金粟,都在封条上题写着:"宝钵给恶生国王。"当时守门人报告国王说:"城门外有宝钵,封条上写着给国王,不知道现在应该取回来不?"国王心想:"这忽然来的宝钵,会不会是不祥之物?我如果取回来,会不会给我和国家带来灾害呢?"想到这里,他便来到证悟者迦栴延的住所,问道:"今天早晨开城门时,忽然看见有五百辆载着装满金粟的钵盂,上面的封条上写着给国王恶生,不知是吉是凶,能否取回来?"迦栴延回答说:"这是国王您前世积德修福的果报,尽管取用,不必疑惑。"国王又问:"我过去修了什么功德,今天得到这样的果报呢?"

迦栴延回答说:"在过去九十一劫岁月里,仙人山之中,有一位独觉乘的出家人,下雨天滑了一跤,将拿在手里的乞食瓦钵摔破了。这位出家人来到了瓦匠的家里，乞求得到一个瓦钵。瓦匠就把五个瓦钵都盛满水，高兴地布施给了他。出家人得到以后，把瓦钵抛向空中，自己也腾身而起，在空中做出十八种变化，瓦匠和他的妻子、儿子，以及买瓦器的人们，看见这样的神通变化，都欢呼雀跃，十分高兴。那时的瓦匠，就是国王的前身；那时的妻子，就是国王的尸婆具沙夫人；那时的儿子，就是乔波罗太子；那时买瓦器的人，就是宰相富卢窥；买瓦器人的妻子，就是今天宰相的妻子。"国王又问说："不知道这宝钵，是自然就有的，还是从别的地方来的呢？"

迦栴延回答说："宝钵不是自然就有的，是从恒河的龙宫中来的。怎么知道的呢？在过去，国王罗摩的舅舅是一位婆罗门，他修行清净，在恒河边禅定。那时国王罗摩每天都要用宝钵给舅舅送去食物。按婆罗门法典，用过的食器不能再用，食物吃完就把宝钵扔到恒河。恒河中的一条盲龙收集了这些宝钵，盛满金粟，放到自己的宫中。这样所弃的宝钵，日积月累，渐渐增多，于是获得五百车宝钵。盲龙死后，没有龙子继承宝钵。帝释天王知道国王您过去布施僧人瓦钵的善缘，所以将这些宝钵送给国王。"国王听了这些话后，就取来了宝钵，用这些财富来做福德，广泛布施于民，供养佛、法、僧三宝，并且由于这样的缘故，死后往生人间、天上、神等三善处。

【辨析】

这个故事情节曲折精彩，想象丰富奇特，读来饶有趣味。故事以国王意外获得的五百辆大车载着盛满金粟的宝钵来开端，巧设悬念，以引出对这批意外财富因缘的叙述。前世的国王，布施给僧人五个瓦钵和净水，今世得到了五百车宝钵的果报。其中宝钵比喻布施僧人带来的巨大福报，清水比喻清净的信仰心。接着再介绍了宝钵的来历，是婆罗门扔到恒河，被盲龙收集，并装满了金粟。最后这些无人继承的宝物,由欲界天王赏赐给了恶生王。本篇旨在劝导教化国王,只有信奉三宝,将财宝广施于民,来生才能获得福报。

一〇五

求毗摩天望得大富缘

【题解】

这篇故事意在告诫世人，祭祀天神，不如供奉佛法，唯有这样才能得到福报。

【经文】

昔有兄弟二人，家计贫困。兄常日夕，精勤礼拜求毗摩天[1]，望得大富，而遣其弟，耕田种殖。如是求请，经历多时。时毗摩天，化作其弟，至其兄边。兄瞋弟言："何不垦殖？来此何为？"时弟答言："兄在天寺，昼夜祈请，望得大富；弟于今日，亦欲效兄，斋戒求愿，望获大富。"兄语弟言："卿不耕田下于种子，财富[2]丰有，何由可获？"弟答兄言："实以种故，而收获耶？"兄不能报。于是毗摩天，还复天像，而语之言："今我之力，正可助汝，及于今日，修行布施，然后可富。而汝往因，不修布施，故使贫穷。今虽日夜精勤求我富饶财宝，将何可获？如庵婆罗树，若于冬时，虽复奉事百千天神欲求于果，果不可得。汝亦如是，先不修因，而于我所，欲求大富，亦不可得。果若熟时，不求自得。"而说偈言：

福业如果熟,不以祠祀得。
人乘持戒车,后得至天上。
定智如灯灭,得至于无为。
一切由行得,求天何所为?

【注释】

[1] 毗摩天:天神,意为"无垢"。
[2] 富:原字为古今皆无的异体字,根据文义改为此字。

【译文】

求无垢天神得富贵的故事

从前有兄弟二人,家中贫困。哥哥常常从早到晚,诚心诚意地礼拜无垢天神,期望得到富贵,而让他的弟弟去田里耕种。哥哥就这样礼拜祈求,经过了很长时间。

有一天,无垢天神变成他的弟弟,来到哥哥身边。哥哥不满地对弟弟说:"你为什么不种田?来这里干什么?"弟弟回答说:"哥哥祭祀天神,昼夜祈祷,希望得到大富贵;弟弟今天也要仿效哥哥,斋戒祈愿,希望获得大富贵。"哥哥对弟弟说:"你不耕田不播下种子,从何获得丰收,得到财富呢?"弟弟回答哥哥说:"真是耕种才会有收获吗?"哥哥不能回答。于是无垢天神,恢复了天神的形象,对他说:"今天用我的神力可以帮助你,从现在开始,就修行布施,然后可以变得富贵。而你在过去世中,由于不修行布施,所以今世贫穷。现在虽然日夜殷勤地祈求我,希望得到富裕和财宝,又怎么可以获得呢?比如芒果树,如果在冬天,即使供奉成百上千天神,以求得到芒果,也不能得到。你就是这样,不先修行善因,而只是祈求我,想要得到大富贵,也是不能的。果实如果成熟了，不求自然也会得到。"天神又以诗句说道：

> 福报如果熟，不因祭祀得。
> 人乘戒律车，死后生在天。
> 禅定如灯灭，证得无我智。
> 一切由行善，求天有何用？

【辨析】

这篇比喻故事虽然不长，但表达的观点，很值得人们深思，尤其是其中关于如何得到富贵的一番议论。财富是靠辛勤劳动得到的吗？按常理回答应当是肯定的，但本篇中弟弟在地里的辛勤劳动，却没有换来富贵，哥哥祭祀天神也没有得到富贵。常言道："大富靠命，小富靠勤。"富贵与否，往往是由诸多包括个人、家庭、社会等主客观条件构成的，不是简单的勤能致富所能概括的。本篇通过天神说明布施修行就可得富贵，旨在劝导人们行善布施。

一〇六

鬼子母失子缘

【题解】

本篇通过佛陀降伏鬼母的故事，表现了佛陀佑护天下一切众生的喻理。

【经文】

鬼子母者，是老鬼神王般阇迦妻，有子一万，皆有大力士之力。其最小子，字嫔伽罗，此鬼子母凶妖暴虐，杀人儿子，以自啖食。人民患之，仰告世尊。世尊尔时，即取其子嫔伽罗，盛着钵底。时鬼子母，周遍天下，七日之中，推求不得，愁忧懊恼，传闻他言，云佛世尊，有一切智。即至佛所，问儿所在。

时佛答言："汝有万子，唯失一子，何故苦恼愁忧而推觅耶？世间人民，或有一子，或五三子，而汝杀害。"鬼子母白佛言："我今若得嫔伽罗者，终更不杀世人之子。"佛即使鬼子母见嫔伽罗在于钵下，尽其神力，不能得取，还求于佛。

佛言："汝今若能受三归五戒，尽寿不杀，当还汝子。"鬼子母即如佛敕，受于三归及以五戒。受持已讫，即还其子。佛言："汝好持戒，汝是迦叶佛时，羯腻王第七小女，大作功德，以不持戒故，受是鬼形。"

【译文】

鬼母失子的故事

小鬼的母亲，是老鬼神王般阇迦的妻子，她有一万个儿子，都有大力士般的力量。她最小的儿子名叫嫔伽罗。鬼母凶恶暴虐，杀死别人的儿子来作为自己的食物。人们都深以为害，祈求佛陀护佑。那时佛陀就把鬼母的儿子嫔伽罗捉来，放在了钵盂的底部。鬼母找遍天下，一连七天，都没有找到。她极其忧愁苦恼，听别人说，佛陀具有一切智慧，于是来到佛陀的住所，求问自己儿子的去向。

这时佛陀回答她说："你有一万个儿子，只丢失了一个儿子，为什么要如此苦恼忧愁而四处寻找呢？世间的百姓，有的只有一个孩子，有的有三个五个孩子，而你却要杀害他们。"鬼母回答佛陀说："我今天如果找回嫔伽罗，就再也不杀别人的儿子了。"佛陀随即让鬼母看到了在钵底下的小儿子嫔伽罗。鬼母用尽了神通之力，也不能把儿子取出来，只好求助于佛陀。

佛陀说："你今天如果能皈依佛、法、僧，接受不杀生、不偷盗、不邪淫、不妄语、不饮酒五戒，终身不杀生，我就把儿子还给你。"鬼母立刻按佛陀的教诲皈依了佛、法、僧，并接受了五戒。受戒完毕，佛陀当即归还了她的儿子。佛陀对她说："要好好修持戒律，你是过去迦叶佛时，羯腻王的第七个女儿，虽然有大功德，但因为不持守戒律，所以成为了鬼。"

【辨析】

故事中佛陀以鬼母对自己小儿子的情感，劝导其进行换位思考，教化鬼母皈依佛教，止恶从善，以此巧妙地体现了佛教六道轮回，人鬼本自同源的教义和喻理。

在表现手法上，紧扣一个"情"字，从母亲爱子的人伦亲情出发，以"鬼情"比"人情"，以"一子"与"一万子"数量上的悬殊对比展开故事情节，由己及人，情中喻理，新颖独特，别具一格，富有启发性和吸引力。

此外，故事中佛陀把鬼母的小儿子嫔伽罗装在钵盂里，鬼母无力救出只好求助佛陀的情节，也充满了神奇的想象，暗喻鬼母受佛法的感召，改邪归正，一心向善。所谓佛法无边，回头是岸。

一〇七

天祀主缘

【题解】

本篇围绕婆罗门欲作天神祭司的所思所想、所见所闻,阐明了敬天不如行善的喻理。

【经文】

昔日有一婆罗门,事摩室天,昼夜奉事。天即问言:"汝求何等?"婆罗门言:"我今求作此天祀主。"天言:"彼有群牛,汝问最在前行者。"即如天语,往问彼牛:"汝今何以为苦为乐?"牛即答言:"极为大苦,刺刺两肋,柴戾[1]脊破,驾挽车载重,无休息时。"复问言:"汝以何缘,受是牛形?"牛答之言:"我是彼天祀主,自恣极意,用天祀物,命终作牛,受是苦恼。"闻是语已,即还天所。天即问言:"汝今欲得作天主不?"婆罗门言:"我睹此事,实不敢作。"天言:"人行善恶,自得其报。"婆罗门悔过,即修诸善。

【注释】

[1]柴戾(lì):指柴火把脊背的皮磨破。

【译文】

婆罗门想成为天神祭司的故事

从前有一位婆罗门,供奉摩室天神,昼夜不止。天神便问他:"你有什么祈求呢?"婆罗门回答:"我今天祈求成为祭祀天神的祭司。"天神说:"那儿有一群牛,你问走在最前面的那头牛。"婆罗门就按照天神的话问牛:"你今天痛苦还是快乐呢?"牛就回答说:"极为痛苦,每天有铁器抵住两肋,柴火把脊背都磨破了,驾车载着重物,没有休息的时候。"又问:"你因为什么缘故变成牛了呢?"牛回答说:"我曾是祭祀天神的祭司,不知约束,恣情纵意,把祭祀天神的祭品自己享用,死后成了牛,遭受这样的苦难。"听完这话后,婆罗门立即回到天神那里。天神问他说:"你现在还想做天神的祭司吗?"婆罗门说:"我亲眼目睹了牛的状况,实在不敢做了。"天神说:"世人之善行恶行,自然会得到相应的果报。"婆罗门悔过自新,随即努力修习各种善行。

【辨析】

婆罗门想成为主持祭天仪式的祭司,其目的是为了满足自己的私欲,即既可以得到人们的尊敬,又能够占取祭祀的供奉物品,从而揭示了掌握神权的婆罗门的贪婪和伪善。

这个故事的叙事特点在于,通过天神与婆罗门、婆罗门与牛之间的对话,把婆罗门的期望与现实进行对照,形成心理预期和苦难现状的巨大反差,从而达到"人行善恶,自得其报"的教化目的。

一〇八

祀树神缘

【题解】

本篇记述了一富人因生前杀羊食肉，死后变羊被杀的故事，说明杀生必受恶报的喻理，体现了佛教众生平等的慈悲精神。

【经文】

昔有老公，其家巨富，而此老公，思得肉食，诡作方便，指田头树，语诸子言："今我家业，所以谐富，由此树神恩福故尔，今日汝等，宜可群中取羊以用祭祠。"时诸子等，承父教敕，寻即杀羊祷赛[1]此树，即于树下，立天祠舍。其父后时，寿尽命终，行业所追，还生己家羊群之中。时值诸子欲祀树神，便取一羊，遇得其父，将欲杀之，羊便咩咩[2]笑而言曰："而此树者，有何神灵？我于往时，为思肉故，妄使汝祀，皆共汝等，同食此肉。今偿殃罪，独先当之。"

时有罗汉，遇到乞食，见其亡父受于羊身，即借主人道眼，令自观察，乃知是父，心怀懊恼，即坏树神，悔过修福，不复杀生。

【注释】

[1] 祷赛：祈祷并祝词。

[2] 咩咩（miē miē）：原字为古今皆无的异体字，根据文义改为此字。咩咩，象声词，形容羊发出的声音。

【译文】

祭祀树神的故事

从前有一位老翁，家里很富有，这个老翁想要吃肉，就想了一个方法，指着田边的大树，对几个儿子说："今天我的家业之所以富裕，是由于这位树神恩赐的缘故，今天你们应该从羊群中杀一只用来祭祀。"儿子们遵照父亲的教导，随即杀了一只羊为大树祈祷并致辞，并在树下建了一座祠堂。后来父亲去世，按照生前的业缘，转生到自己家的羊群之中。适逢儿子们要祭祀树神，便牵来一只羊，恰好就是父亲转生的那只，正准备杀死，羊便咩咩叫着说："这棵大树，哪有什么神灵？我在前生时，因为想吃肉的缘故，才让你们杀羊祭祀的，这样就能和你们一起吃羊肉。今天转生为羊，偿还罪业，由我一人先遭受了。"

这时有一位罗汉正好到这里化缘，看见他们的亡父转生为羊，就借给主人法眼，使儿子们亲自观察前缘，才知道这羊就是已故的父亲，心怀懊悔，当即毁了树神祭坛，悔过并修积福德，不再杀害生灵。

【辨析】

杀生食肉更是贪欲的表现，早期佛教反对杀生祭祀，乃至于反对一切祭祀活动。因为佛教认为人和动物，本自六亲，应该善待一切生命，不杀生为佛教的基本教义和基本戒律。

故事以父亲为了给自己杀羊吃肉找出一个合理高尚的理由，就谎编了家庭的富裕皆由树神护佑的假话。结果因缘聚合，前生杀羊，死后转生为羊，又成为儿子遵从父命，杀羊祭祀的替身，借以证明"万般皆离去，唯有业随身"。故事用了一连串的巧合，构成了一系列因果关联的情节，从中可以看出佛教教化世人的良苦用心。

一〇九

妇女厌欲出家缘

【题解】

这篇故事揭示了人若恣情纵意则与兽无异的佛教喻理，也表现出佛家对人性丑陋的揭示和批判。

【经文】

昔有一妇女，端政殊妙，于外道法中出家修道。时人问言："颜貌如是，应当在俗，何故出家？"女人答言："如我今日，非不端政，但以小来厌恶淫欲，今故出家。我在家时，以端政故，早蒙分处，早生男儿。儿遂长大，端政无比，转觉羸损，如似病者。我即问儿病之由状，儿不肯道，为问不止，儿不获已，而语母言：'我正不道，恐命不全；正欲具道，无颜之甚。'即语母言：'我欲得母以私情欲，以不得故，是以病耳。'母即语言：'自古以来，何有此事？'复自念言：'我若不从，儿或能死，今宁违理，以存儿命。'即便唤儿，欲从儿意。儿将上床，地即劈裂，我子即时生身陷入，我即惊怖，以手挽儿，捉得儿发。而我儿发，今日犹故在我怀中。感切是事，是故出家。"

【译文】

母亲觉醒出家修行的故事

从前有一位妇女,容貌端庄,非常美丽,出家修行外道。当时有人问她说:"你有这样的姿容,应当在世俗生活,为什么要出家呢?"女人回答说:"我现在出家,并不是容貌不好,只是从小就厌恶淫欲之事,所以才出家。我未出家时,因为容貌出众,早早地嫁了人,生下一个男孩。儿子长大后,相貌端正无比,后来他渐渐消瘦衰弱,好像得了病。我问儿子病因,儿子也不肯说,我追问不止,儿子迫不得已,就说:'我本来不应当说,但恐怕生命不久了;要是说出来,又无脸见人。'随即对母亲说:'我想得到母亲以满足情欲,由于不能得到的缘故,所以病了。'母亲当即说:'自古以来,哪有这样的事?'又心想:'我倘若不答应,儿子也许会死。今天宁可违背伦理,也要保住儿子的性命。'就叫来儿子,要满足儿子的心意。儿子刚要上床,他脚下的地突然裂开,我儿子身体当即陷入地下,我惊恐万分,赶紧用手拽住儿子,但只抓住了儿子的一把头发。我儿子的头发,至今仍然放在我的怀中。感叹如此悲切的事情,所以才出家修行。"

【辨析】

所谓"万恶淫为首",一己私欲不仅会害了自己,而且也会害了亲人,毁了家庭。故事中的母亲放纵自己的儿子,竟然到了可以满足他极其无耻的乱伦要求的地步,结果最终害死了儿子。而其初衷恰恰是为了保全儿子的性命,这也是十分荒谬的。

故事虽然是一个极端的例子,但启示人们:子女不教,父母之过。本故事中母亲"宁可违反伦理"的放纵，正是这出丑剧、悲剧的根源。表现了佛教对于恣情纵欲置人于死地的认知，寄托了只有修身正意，才能使人不致沦入兽类的喻理。

一一〇

不孝子受苦报缘

【题解】

这篇不孝之子因殴打母亲,后来自己的胳膊被人砍掉的故事,说明了现世造恶现世即受恶报的喻理。

【经文】

昔迦默国,鸠陀扇村中,有一老母,唯有一子。其子勃逆,不修仁孝,以瞋母故,举手向母,适打一下,即日出行。遇逢于贼,斩其一臂。不孝之罪,寻即现报,苦痛如是,后地狱苦,不可称计。

【译文】

不孝儿子受恶报的故事

从前在迦默国一个叫鸠陀扇的村子里,有一位老母亲,只有一个儿子。这个儿子忤逆不孝,不知仁慈孝敬,因为对母亲不满的缘故,举手打了母亲一下。当天就在他外出的路上,遇到了盗贼,砍掉了他一只胳膊。不孝顺的罪业，立即得到了现世的报应，痛苦不堪。死后在地狱中遭受的苦难，更是无法计算。

【辨析】

古人云："不顺乎亲，不可以为子"、"百善孝为先"。尽心尽力地孝顺和奉养父母为世间最大功德，所以佛说："孝顺父母，世间第一福田。"对父母哪怕只做了一点恶，一定会得到很大的恶报，本篇便是恰好的证明。这个小故事，表达了逆子无善报的喻理，具有一定的伦理教化作用。

此为《杂宝藏经》中最短的一篇。情节虽然简单，但表达方法却不无独到之处。其特点在于围绕"四个一"进行描述，即：一位老母、一个儿子、打了一下、断了一臂，从而给人留下难忘的印象。

难陀王与那伽斯那共论缘

【题解】

难陀王是古印度摩揭陀国的国王，是难陀王朝（公元前424年至前321年）的建立者，这一时期摩揭陀是当时北印度和恒河中上游地区最强大的国家。本文通过难陀王和高僧的对话，彰显了佛教对世界以及社会人生的认识。

【经文】

昔难陀王，聪明博通，事无不练。以己所知谓无酬敌，因问群臣："颇有智慧、聪辩之人，咨询疑事，能对我不？"

时有一臣，家先供养一老比丘，履行清净，然不广学，即谈于王。王问之言："夫得道者，为在家得，为出家得乎？"时老比丘，即答之曰："二俱得道。"王复问言："若二俱得，何用出家？"彼老比丘，即便默然，不知何对。

时难陀王，转复憍慢。时诸臣等，即白王言："那伽斯那[1]，聪慧绝伦，今在山中。"王于尔时，欲试之故，即遣使人，赍一瓶酥，湛然盈满。王意以为我智满足，谁复有能加益于我？那伽斯那，获其酥已，即解其意，于弟子中，捡针五百，用刺酥中，酥亦不溢，寻遣归王。王既获已，即知其意，寻遣使请。那伽斯那，即赴王命。那伽斯那身体长大，将诸徒众，在中特出，王心骄豪，诡因游猎，路次相逢，见其姝长，即自摇指异道而去，竟不共语，默欲非之，一切长者，都无所知。时那伽斯那，寻以己指，而自指胸言："而我独知。"难陀王将延入宫，即凿小屋，户极令卑下，望使斯那曲躬向伏，然此斯那知欲陷己，即自却入，不受其屈。

时难陀王，即设饮食，与粗食数种食，食五三匙，便言："已足。"后与细美，方乃复食。王复问言："向云已足，何故今者犹故复食？"斯那答言："我向足粗，未足于细。"即语王言："今者王殿上，可尽集人令满其上。"寻即唤人充塞遍满，更无容处。王在后来，将欲上殿，诸人畏故，尽皆慑伏，其中转宽，乃容多人。斯那尔时即语王言："粗饭如民，细者如王，民见于王，谁不避路？"王复问言："出家在家，何者得道？"斯那答言："二俱得道。"王复问言："若俱得道，何必出家？"斯那答言："譬如去此三千余里，若遣少健，乘马赍粮，捉于器仗，得速达不？"王答言："得。"斯那复言："若遣老人，乘于瘦马，复无粮食，为可达不？"王言："纵令赍粮，由恐不达，况无粮也？"斯那言："出家得道，喻如少壮，在家得道，如彼老人。"王复问言："今我欲问身中之事，我为常无常，随我意答。"斯那返问："如王宫中，有庵婆罗树上果，为甜为醋？"王言："如我宫中，都无此树，云何问我果之甜醋？"斯那言："我今亦尔。一切五阴[2]，既自无我，云何问我常以无常？"

时王复问："一切地狱，刀剑解形，分散处处，其命犹存，实有此不？"斯那答言："譬如女人，啖食饼肉瓜菜，饮食悉皆消化。至于怀妊，歌罗罗[3]时，犹如微尘，云何转大而不消化？"王言："此是业力。"斯那答言："彼地狱中，亦是业力，命根得存。"

王复问言："日之在上，其体是一。何以夏时极热，冬时极寒；夏则日长，冬则日短？"斯那答言："须弥山有上下道，日于夏时，行于上道，路远行迟，照于金山，是故长而暑热。日于冬时，行于下道，路近行速，照大海水，是故短而极寒。"

【注释】

[1] 那伽斯那：印度僧人，简称"那先"，意译为龙军、象军。天竺称象为那，那先出生时，家中母象同时产下一只小象，故名。那先少时随舅父出家，证得阿罗汉果位。汉译有《那先比丘经》（东晋时译，译者不详），记录了那先与国王弥兰陀的问难。

[2] 五阴：又称五蕴，即色、受、想、行、识，是人对主客观现象的认知。

[3] 歌罗罗：佛教把人在母胎中如豆大小时，称为歌罗罗，认为有命、识、暖三种特征。

【译文】

难陀国王与高僧那先论道的故事

从前摩揭陀国的国王难陀，聪明博学，世事人情无不练达。他自认为自己的学识天下无人能够相比，因此问大臣们说："有没有智慧、聪明和善辩的人，可以让我咨询疑难，为我解答呢？"

这时有一位大臣，家里供养了一位年老的出家修行者，老和尚修行清净，但学识并不广博，于是请来和国王交谈。国王问："那些证得佛理的人，是在家证得，还是出家证得呢？"老和尚回答说："这两种都可以。"国王又问："如果两种都可以证得，为什么还要出家修行呢？"这位老和尚一时语塞，不知如何回答。

这时国王难陀更为傲慢自大起来。于是大臣们对国王说："有一位叫那先的证悟者，智慧绝伦，现在山中修行。"国王听后就想先比试一下，便派遣使者送去一瓶酥油，这瓶酥油满得快要溢出来了。国王的意思是我的智慧如瓶已满,有谁还能给我教益来增加呢?那先得到酥油后,立刻明白了国王的意思,叫弟子找来了五百根针,插在酥油中,酥油一点也没有溢出来,随即派弟子把酥油送还给国王。国王难陀收到后,立即明白了那先的意思,于是派遣使者去请他来。那先当即接受了国王的邀请。那先身材高大魁梧,带领着弟子们,在他们中间显得特别突出。国王难陀心中傲慢,假装要外出游猎,在半路遇到了那先,看见他相貌端正,身体魁梧,就远远地用手指了一下,就从另一条路走了,竟然没打招呼,心里暗想着要为难那先。国王的意思所有的随从,没有一个人知道。当时那先以手自指胸口,说:"我心知肚明。"国王难陀回到宫中,立即叫人在宫墙上凿出一扇小门,门框极低,想让那先进宫时躬身弯腰表示卑微,然而那先知道国王想羞辱自己,当即转身倒走着进入王宫,以背对国王,而不受其辱。

国王随即设置好了饭食,送上的是几种粗劣的食物,那先只吃了几口,就说:"已经够了。"随后又送上精细的食物,那先又接着吃了起来。国王又问:"刚才说已经够了,为什么现在又吃呢?"那先回答说:"我刚才是说粗粮够了,没有说细粮。"就对国王说:"请陛下今天多召集些人来,把大殿站满。"国王当即就招来许多人站满了大殿,没有一点空隙。国王随后进来,准备上殿,众人敬畏,都避向两边,中间留出路来,又可以容纳许多人。那先这时便对国王说:"粗劣的饭食如民众,精美的饭食如国王,民众见国王,谁不避开让路呢?"

国王又问那先:"出家或在家修行,哪一种可以证得佛理?"那先回答:"两者都可以证得。"国王又问:"既然都可以证得佛理,又何必要出家修行呢?"那先回答说:"假如去三千里外的地方,如果派一个身强力壮的年轻人,骑上马,带上干粮,拿上武器,可以迅速到达不?"国王回答说:"可以。"那先又问:"如果派一个老人,乘一匹瘦马,没有粮食,可以到达不?"国王回答:"即便带上粮食，恐怕也不能到达，更何况没有粮食呢？"那先说："出家证得佛理，就好比如年轻人远行；在家证悟佛理，比如老人出行。"国王又问："现在我想问有关人生的问题，我是常存还是无常呢？希望能回答我。"那先反问国王说："比如国王宫中芒果树上结的果实，是甜的还是酸的呢？"国王说："我的宫中没有这种树，怎么能问我果实是甜的还是酸的呢？"那先说："我的回答也如此。色、受、想、行、识，五阴之中，本自无我，怎么能问我常存还是无常呢？"

这时国王又问："一切地狱中人，人身被刀剑砍断，分散四处，但生命还存在，确实有这样的事吗？"那先回答说："这就比如女人，吃下饼、肉、瓜、菜，都被消化掉了。但到怀孕时，虽然胎儿刚形成时，其小如微尘，为什么能变大却不消化掉呢？"国王说："这是业力的作用。"那先回答说："在地狱之中，也是业力流转，所以生命还存在。"

国王又问："太阳在天上，是同样一个事物，为什么夏天时炎热，冬天时严寒；夏天则白天长，冬天则白天短呢？"那先回答说："须弥山有上下两条道路，夏天太阳走的是上面一条路，路途远走得慢，照着金山，所以白天长而且天气炎热。冬天太阳走的是下面一条路，路途近走得快，照着海水，所以白天短而且天气寒冷。"

【辨析】

这篇比喻故事充满了哲学思辨的色彩。国王所提出的问题为佛教信仰者都必须思考和面对的，如为什么要出家修行？佛教的因果报应，地狱学说是否真实？

那先十分巧妙地运用了比喻论证的方法对这些问题进行了回答。对前者，以远行三千里为喻，以年轻人骑快马、备好粮与老年人骑瘦马、没有粮这两者进行对比，得出了出家修行如青年远行，可以到达目的地。比喻浅显易懂，却有很强的说服力。对后者，有无地狱以及死后人的生命是否存在的回答，则用了这样的比喻，即同样是进入女人身体里的东西，然而吃进去的各种食物就被消化了，但胎儿的生命却不断生长，不被消化。回答形象生动，颇具智慧。本来这一问题，是无法证实的。因为佛教认为"万法唯心"，信仰的真实是无需用现实来证明的。这个问题之所以得到国王认可，其原因在于两个人都基于一个前提，这就是所谓的业力不失、因果有报的认识。

至于常与无常的问题，由于佛教否认我的真实，认为我只是一种因缘的聚合，是妄有形态。因此那先举了王宫没有的果树来论证，既表示不屑于回答这样的问题，也隐喻国王的无知。这样，就以宫中没有的芒果树，让国王自己否定了自己的问题："在我的宫中，没有这种树，怎么能问我果实是甜的还是酸的呢？"

此外，故事还巧设了许多细节，如为了表现国王的傲慢和自大，以国王的满瓶酥油，比喻他的自满自傲；那先的酥油插针，更让人有许多联想，既可指国王心中容不下一根针，又可指那先"针锋相对"，要还你"五百针"。再如，国王凿了一扇小偏门，那先却以背相对，读后不仅使人哑然失笑，而且都会有所启示。

上述这一系列问题，在《那先比丘经》中都得到了充分的论说，可以参读。

一一二

不孝妇欲害其姑反杀其夫缘

【题解】

本篇故事通过媳妇欲杀婆婆却误杀丈夫的叙述，阐发了害人终将害己的喻理。

【经文】

昔有一妇，禀性佷戾[1]。不顺礼度，每所云为，常与姑反，得姑瞋责，恒怀不分。瞋心转盛，规欲杀姑，后作方计，教其夫主，自杀其母。其夫愚痴，即用妇语，便将其母，至旷野中，缚结手足，将欲加害。罪逆之甚，感彻上天，云雾四合，为下霹雳，霹杀其儿。母即还家，其妇开门，谓是夫主，问言："杀未？"姑答："已杀。"至于明日，方知夫死。不孝之罪，现报如是，后入地狱，受苦无量。

【注释】

[1] 佷戾（hěn lì）：凶狠而乖张。

一一二 不孝妇欲害其姑反杀其夫缘 / 457

【译文】

媳妇杀婆婆却误杀丈夫的故事

从前有一位妇女，生性狠毒凶恶。不守礼法，行为和言语，与婆婆多有相左，受到婆婆的指责后，一直心怀不满。怨怒之心与日俱增，就想杀死婆婆，后来想方设法，教唆丈夫杀死自己的母亲。她的丈夫十分愚痴，便听了妻子的话，将他的母亲带到旷野中，捆住手和脚，准备杀害。如此深重罪孽，震撼了上天，这时云雾四起，雷声霹雳，雷电劈死了这个儿子。婆婆当即回到家中，媳妇开门时，以为是丈夫，就问："杀了没？"婆婆回答："已经杀死了。"到了第二天，妇人才知道丈夫被雷电劈死了。不孝顺的罪孽，现世就得到了如此报应，媳妇死后堕入地狱，遭受的苦难不可计数。

【辨析】

这篇故事记叙了一个由婆媳矛盾导致的家庭悲剧。婆媳矛盾是众多家庭矛盾中最常见的，一般来说，大多都是由于彼此以自己的眼光和标准要求对方，缺少谅解、宽容而引起的。面对婆媳矛盾，做丈夫的本来应该两边做工作，互为说和。但故事中的丈夫居然听了妻子的恶言，欲杀害母亲，结果却是自己遭雷电轰死。

人们常说，羔羊尚能跪乳，乌鸟尚知反哺，本篇中的儿子不仅不知报答母恩，不知孝顺敬老，竟然做出如此伤天害理的事情。由于罪孽的深重，所以当场即遭恶报。

一一三

波罗奈王闻冢间唤缘

【题解】

本篇故事通过国王与应召者行为的对比,说明获得财宝也需要胆识和勇气。

【经文】

凡一切法,于可求处,若以方便,可得;若不可求,虽欲强得,都不可获。譬如压沙责油、攒冰求酥,既不可得,徒自劳苦。如昔波罗奈国,有王名梵誉,常于夜半,闻冢间唤声,唤言:"咄王,咄王。"如是一夜,三闻其声。王闻异声情甚惊怕,音声不绝,经历多时。

王集诸婆罗门太史相师,而与议言:"我常于夜,耳闻冢间唤我之声,我常恐惧,怖不敢应。"诸人答言:"彼冢墓间,必有妖物,作此音声,今宜遣使有胆勇者诣冢往看。"王即募人:"若有夜能至冢间者,吾当赏赐五百金钱。"

时有一人,茕独无父,家甚贫寒,有大胆力,即便应募。身着钾胄,手捉刀杖,夜至冢间闻唤王声,即便厉[1]言:"叱!汝是谁?"答言:"我是贝耳伏藏。"语募人言:"汝健丈夫,我于夜常唤彼王，彼王若当应和于我，我欲往至其库藏中。然彼王怯，未曾应我，而我今者，将从有七，明日清晨，当至汝家。"募人问言："明日来时，我当以何事共相承迎？"贝耳答言："汝但洒扫舍内，除去粪秽，香华严饰，极令清净，蒲桃、麨浆、酥乳之糜，各盛八器，有八道人，当以杖打上座头，语言：'入角。'如是次第，尽驱入角。"募人知已，即便还家。从王请取五百金钱，用俟供设。

王问之言："彼音声者，为是何物？"募人诡答言："是鬼魅。"受募之人，闻贝耳言，私怀欢喜，请剃发师，以自庄严。至明日已，供设备具，有八道人，来就其食。饮食既讫，打上座头，驱令入角，即变作金钱一盎[2]，以次驱入，作金八盎。时剃发师，在门孔中，见其得宝，默自念言："我解此法，试效为之。"便于后时，备具如前，请八道人，设食已讫，闭门遮户，打上座头，望同前者获珍宝聚。然此道人，头破血沥，玷污床座，驱令入角，得急失粪。次第七人，皆被打棒，宛转于地，中有一人气力盛壮，即时掣手，突出至外，扬声大叫云："某主人，欲害我等。"

时彼国王，遣人往视，即捉主人，具问事状。时剃发师，具以上事，而白于王。王寻遣人，到募人舍，看其金宝，正欲税夺，化为毒蛇，变为火聚。王即语言："此是汝福。"

世间凡愚，亦复如是，具有精进，受持八戒，获善果报，渐行八正，得无漏果。便欲效他，受持八戒，内无诚信，悕求利乐，既无善果，反获殃咎，如彼愚人，等无差别。

【注释】

［1］厉：原字为古今皆无的异体字，根据文义改为此字。

［2］盎：原字为古今皆无的异体字，根据文义改为此字。盎，古代一种腹大口小的盆。这里指一堆金钱。

【译文】

国王听到墓地叫声的故事

大凡一切事物，在可以得到的时候，如果方法得当，就可以得到；如果不可以得到，虽然勉强得到了，都不可以长久。好比用沙子榨油，让冰变成酥油一样，是不可能的，是徒劳无益的。如从前波罗奈国，有一位国王名叫梵誉，常常在半夜，听到坟地里传出叫他的声音，叫道："嗨，国王，国王。"就这样一个晚上，接连三次听到这种声音。国王听到这奇异的叫声后感到十分震惊和害怕，这种声音不绝于耳，持续很长的时间。

国王召集婆罗门太史吏和相师，和他们商议道："我常常在夜里听到坟地里传来叫我的声音，十分恐惧，不敢应答。"这些人回答说："这墓地中间，一定有妖孽之物，发出这种声音，现在应当派遣有胆量和有勇气的人到坟地去看。"国王听了马上招募人员说："如果有夜里能到坟地察看的人，我会赏赐他五百枚金币。"

当时有一个人，孤身一人，没有父亲，家境贫寒，胆子和力气很大，于是就应召了。他身穿铠甲，手拿刀棍，半夜去了坟地，果然听到叫国王的声音，当即便厉声地问："哎！你是谁？"回答说："我是贝耳，埋在这里的宝藏。"对应招者说："你是勇敢的大丈夫，我在半夜常常叫你们国王，国王如果和我交谈的话，我就会到国库中去。然而你们国王胆怯害怕，没有理会过我，我今天将带着七位宝贝，明天清晨会到你家。"应召者问："明天来的时候，我应当用什么方式来迎接你呢？"贝耳回答说："你只要打扫干净房间，除去粪便污秽，用香花装饰，使家里清净。用八个器皿分别盛满葡萄、面糊、酥油、乳酪之类，有八位道人会到你家来食用你供奉的物品，吃完之后，你就用木棒打高僧的头，对他们说：'到角落去。'这样按顺序，把他们都赶到角落。"应召的人知道以后，随即回家。从国王那里取来五百枚赏赐的金币,准备用来设置供给。

国王问应召者说:"坟地发出的声音,到底是什么东西呢?"应召者撒谎说:"是鬼魅。"应召者听到了贝耳的话后,心中欢喜,请来了理发师,给自己理了发,表示庄重。到了第二天,应召者设置了供给,果然有八位得道的人,前来用饭食。等他们吃完以后,应召者就敲打上座的头,让他到角落去,当即他就变成了一堆金钱,依次这样,八位得道者就变成了八堆金钱。这时理发师,在门的缝隙中,看见应召者得到珍宝,心想:"我了解了这种方法,也应当仿效。"随后,便准备好了和应召者一样的东西,请来八位得道的人,设置了饭食以后,闭上门户,敲打坐上座的头,希望得到和应召者一样的珍宝。然而得道的人,这次却头破血流,血迹污染了床铺和坐椅,理发师驱赶他们到角落,更是惊吓得拉到了裤子里。接下来的七个人都被棒打得倒在地上,其中有一个人身体强壮,便抓住理发师的手,拉出门外,高声大叫:"这家的主人要杀害我们。"

这时国王派人前来察看,当即就捉住了主人,询问事情的原委。这时理发师就把事情的经过告诉了国王。国王立即派人,来到应召者的住处,看见宝盆中的钱财,正要夺走,这些宝物就都变成了毒蛇,又变为一堆火。国王于是说道:"这才是应召者有的福分。"

世间愚昧的人也是如此。看到别人精勤勇进,接受佛教八种戒律,获得善果福报,逐渐修行得八正道,证得断除烦恼的果位,就想仿效他,接受了八种戒律,但内心却没有信念,只希望求得利益和快乐,这样既不会得到善果,反而会带来灾祸,就像愚昧的理发人一样,没有什么不同。

【辨析】

这篇故事一连用了五层比喻,阐发了佛家如宝的理趣。即宝物比喻为佛教义理;变成八堆宝物的八位道人,比喻为佛教达到涅槃境界的八种修行的正确方法，即"八正道"；国王比喻为不接受佛理，不知宝物的愚人；勇敢的应召者，比喻为接受了佛理，精勤勇进，获得善果福报的人；理发师，比喻为没有诚信，只希望求得利益和快乐的修行者。

本篇故事想象极为丰富，"坟地的呼唤"、"国王的心惊胆战"、"应召者和宝物的对话"、"理发师的仿效"，这些情节和场景，描写得绘声绘色，使人有身临其境之感。

一一四

老比丘得四果缘

【题解】

本篇故事在一位老和尚和一群小和尚的玩笑中,寄寓佛理,阐发了修行佛法,贵在真诚的喻理。

【经文】

佛法宽广,济度无涯,至心求道,无不获果,乃至戏笑,福不唐捐[1]。如往昔时,有老比丘,年已朽迈,神情昏塞,见诸年少比丘,种种说法,闻说四果,心生羡尚,语少比丘言:"汝等聪慧,愿以四果,以用与我。"诸年少比丘,嗤而语言:"我有四果,须得好食然后相与。"

时老比丘,闻其此语,欢喜发中,即解钦婆[2],用贸所须,寻即施设种种肴膳,请少比丘,求乞四果。诸少比丘,食其食已,更相指麾[3],弄老比丘语言:"大德,汝在此舍一角头坐,当与尔果。"时老比丘闻已欢喜,如语而坐。诸少比丘,即以皮鞠,打其头上,而语之言:"此是须陀洹果。"老比丘闻已,系念不散,即获初果。诸少比丘,复弄之言:"向尔虽得须陀洹果,然其故有七生七死,更移一角,次当与尔斯陀含果。"

时老比丘，获初果故，心转增进，即复移坐。诸少比丘，复以鞠打头，而语之言："与尔二果。"时老比丘，益加专念，即证二果。诸少比丘，复弄之言："汝今已得斯陀含果，犹有往来生死之难，汝更移坐，我当与尔阿那含果。"

时老比丘，如言移坐，诸少比丘，复以鞠打，而语之言："我今与尔第三之果。"时老比丘，闻已欢喜，倍加至心，即时复证阿那含果。诸少比丘，复弄之言："汝今已得不还之果，然故于色无色界，受有漏身，无常迁坏，念念是苦，汝更移坐，次当与尔阿罗汉果。"

时老比丘，如语移坐，诸少比丘，复以皮鞠，撩打其头，而语之言："我今与尔彼第四果。"时老比丘，一心思惟，即证罗汉。得四果已，甚大欢喜，设诸肴膳种种香花，请少比丘，报其恩德，与少比丘共论道品无漏功德。诸少比丘，发言滞塞。

时老比丘，方语之言："我已证得罗汉果已。"诸少比丘，闻其此言，咸皆谢悔先戏弄罪。

是故行人，宜应念善，乃至戏弄，犹获实报，况至心也。

【注释】

[1] 唐捐：落空，虚耗，白费。

[2] 钦婆：又称钦婆罗衣，指羊毛布衣，为出家人穿的"十种衣"之一。

[3] 指麾：指挥，指使，摆布。麾：通"挥"。

【译文】

老和尚证得罗汉果位的故事

佛法宽广无边，救度众生无穷无尽，诚心修行，没有不能获得果报的，乃至于在嬉戏玩笑之中，福报也不会落空。如在当初有一位老和尚，年老体迈，思维迟钝，见到几个年轻的佛弟子解说佛法，听到声闻乘四种果位时，心中羡慕向往，就对他们说："你们这么聪明，希望把四果也能给我。"年轻佛弟子们讥笑着对他说："我们有四果，但必须得到美食后再给你。"

这时老和尚听到，发自内心地欢喜，随即脱下自己的衲衣，换来所需要的食物，立即布施设置了各种美味佳肴，请年轻佛弟子们来吃，希望得到四果。年轻佛弟子们吃完饭后，大家相互指使戏弄老和尚说："大德，你坐在这间屋子角落，会给你一果。"这时老和尚听后很高兴，按照吩咐坐下。年轻的佛弟子们就拿起皮球打在他的头上，边打边对他说："这是须陀洹初果。"老和尚听后，心定一处而不散乱，当下证得声闻乘初果。年轻的佛弟子们又戏弄他说："刚才你虽然得到须陀洹初果，但还有七生七死的磨难，再挪到另一个角落，这次会给你斯陀含二果。"

这时老和尚由于获得了初果的缘故，意念更加坚定，就移坐到屋子另一角。年轻的佛弟子们，又用皮球打他的头，对他说："给你斯陀含二果。"这时老和尚更加专心禅定，当下证得声闻乘二果。年轻的佛弟子们又戏弄他说："你今天已经证得斯陀含果，但还有往来于生死轮回的苦难，你再移到另一角落坐下，我们会给你阿那含果。"

这时老和尚便移坐在另一角落，年轻的佛弟子们又用皮球打他的头，对他说："我们现在给你第三果。"老和尚听后十分欢喜，倍加至诚禅定，当下又证得了阿那含果位。年轻的佛弟子们接着戏弄他说："你现在已经证得不还欲界的果位，但还在色界和无色界之中，有烦恼之身心，仍会遭受无常变化，种种苦难，再移坐到另一角落，这次会给你阿罗汉果。"

于是老和尚再移坐到另一角落，年轻的佛弟子们又用皮球打他的头，对他说："我们现在给你第四果。"这时老和尚，专心思维，当下证得阿罗汉果位。得到四果以后，极为喜悦，就准备了美味佳肴和各种香花，请年轻的佛弟子们来，以报恩德，并和他们共同讨论阿罗汉果位没有一切烦恼的功德。年轻的佛弟子们，听后一时语塞，无话可答。

老和尚这时对他们说："我已证得阿罗汉果位。"年轻的佛弟子们听到这话以后，全都忏悔刚才戏弄的罪过。

所以出家修行的佛弟子，应当心存善念，即使在嬉戏和玩笑之中，仍然会获得真实的果报，更何况诚心修行呢？

【辨析】

所谓"说者无心，听者有意"。故事精心构思，巧妙安排，运用"反巧合"的手法设置情节，构成了有心栽花花不发，无心插柳柳成荫的圆满结局，营造了轻松愉快，诙谐幽默的喜剧效果。

作者把"四果"和佛教修行所达到的四种境界结合在一起，对应屋子的四个角落，依次转换，逐次证得须陀洹初果、斯陀含二果、阿那含三果、阿罗汉四果。同时，又把各个果位之间的差别，解说出来，达到了在故事的叙述之中宣说佛理的功效。

故事还运用了多重对比。先是年纪上的对比，接着又是佛法知识上的对比，继而是态度上的对比，一者嬉戏玩笑，一者专注禅定，充分地表现了禅修出世间，心诚最重要，善果必会报，业缘一念间的喻理。

一一五

女人至诚得道果缘

【题解】

这篇比喻故事通过女子诚心悟道,表现了修行之人求法应以至诚为要的喻理。

【经文】

若人求道,要在精诚,精诚相感,能获道果。如往昔时,有一女人,聪明智慧,深信三宝,常于僧次,请一比丘,就舍供养。

时有一老比丘,次到其舍,年老根钝,素无知晓。时彼女人,斋食已讫,求老比丘为我说法,独敷一座,闭目静默。时老比丘,自知愚闇,不知说法,伺其泯眼,弃走还寺。然此女人,至心思惟,有为之法,无常、苦、空,不得自在,深心观察即获初果。既得果已,求老比丘,欲报其恩。

此老比丘,审己无知,弃他走避,倍更惭耻,复弃藏避。而此女人,苦求不已,方自出现。女人于时,具论上来蒙得道果,故赍供养,用报大恩。

时老比丘,以惭愧故,深自克责,即复获果。是故行者,应当至心,若至心者,所求必获。

杂宝藏经卷第九

【译文】

女子心诚证得佛理的故事

一个人若要追求佛理，则贵在精进诚笃，至诚则能相互感通，就能获得佛果。比如过去有一个女人，非常聪慧，笃信佛、法、僧三宝，常常按照次序，在僧人中请一位来到家里供养。

那时按次序一位老僧人被请到女子家，他不仅年老而且生性迟钝愚笨，对于佛理平素所知不多。这时女子等老僧人用完斋饭，请求他为自己解说佛法，女子给自己铺设一个座位坐在上面，闭目静默等着僧人传法。这时老僧人知道自己愚昧，不能解说佛法，趁着女子闭上眼睛的时候，悄悄离开跑回到寺院。但这位女子诚心思索，世间一切事物迁流不息，人生无常，一切是苦，不得自在，静心思虑，随即证得须陀洹初果。得到果位之后，女子来找老僧人，想报答他的教化之恩。

这位老僧人知道自己无知，就离开寺院躲避，心中更加感到十分羞愧，又想办法躲藏避开女子。而这位女子苦苦寻找不已，老僧人只好出来见她。女子这时详细讲述了自己承蒙教化因而证得了初果，所以再来供养，以报答他的大恩大德。

这时老僧人心中惭愧而深深地自责，随即也获得了初果。因此修行的人，应当诚心，如果诚心修学佛理，所追求的必定能够得到。

《杂宝藏经》第九卷完。

【辨析】

这篇比喻故事，不仅讲述了修行之人，以诚为贵的喻理，更重要的是启示人们：佛法向内求，修学在个人。女子能够在平静中修行，反观内照，参透无常、无我、一切皆苦的教义，就可以自悟佛法；年老出家人，不贪天之功为己功，进行深刻内省，也自证佛果。从而鼓励人们：修学路上无老少，度人度己度众生。此外，本故事描写生动有趣，尤其是老僧人的行为和心理表现得活灵活现，如在眼前。

一一六

优陀羡王缘

【题解】

本篇通过国王和夫人先后出家,修行佛果的故事,阐发了佛教人生无常的喻理。

【经文】

昔优陀羡王,住卢留城。聪明解达,有大智慧。其一夫人,名曰有相,姿容奇特,兼有德行,王甚爱敬,情最宠厚。时彼国法,诸为王者,不自弹琴。尔时夫人,恃已爱宠,而白王言:"愿为弹琴,我为王舞。"王不免意,取琴而弹,夫人即举手而舞。王素善相,见夫人舞,睹其死相,寻即舍琴,惨然长叹。夫人即白王言:"如我今者,受王恩宠,敢于曲室,求王弹琴,我自起舞,用共为乐,有何不适,放琴而叹?愿王莫隐,而见告语。"时王答言:"我之长叹,非尔妇人之所可闻。"夫人白言:"我今奉王,至诚无二,若有不理,宜应告救。"殷勤不已,王以实答:"我之于尔,岂容有异?尔向起舞,死相外现,计其余命,不过七日,由是之故,舍琴而叹。"夫人闻已,甚怀忧惧,即白王言:"如王所说,命不云远。我闻石室比丘尼说,若能信心出家一日,必得生天。由是之故,我欲出家，愿王听许，得及道次。"时王情重恩爱不息，语夫人言："至六日头，乃当听尔出家入道，不相免意。"遂至六日，王语夫人："尔有善心，求欲出家，若得生天，必来见我，我乃听尔得使出家。"作是誓已，夫人许可，便得出家，受八戒斋。即于其日，多饮石蜜浆，腹中绞结，至七日晨，即便命终。乘是善缘，得生天上，即生三念：一念忆本为是何身；二念本缘修何功德；三念现今定是天身。作是念已，具知本缘并与王誓，以先誓故，来诣王所。

尔时光明遍满王宫，时王问言："今此光瑞，为是谁耶？愿见告示。"时天答言："我是王妇有相夫人。"王闻是语："愿来就坐。"天答之言："如我今者，观王臭秽，不可亲近。我以先誓，故来见王。"王闻是已，心即开悟，而作是言："今彼天者，本是我妇，由有善心，求索入道，出家一日，寻即命终，由是功德，而得生天，神志高远，而见鄙贱。我今何故，而不出家？我曾闻说，天一爪甲，直阎浮提，况我一国，何足贪惜？"作是语已，立子王军，用嗣王位，出家学道，得阿罗汉。

尔时王军王，统临国已，信用谗佞，不恤国事。优陀羡王，愍念其子并及国人，欲来教化劝令修善。时王军王，闻父将至，踊悦无量，欲敕一切于路往迎。时诸佞臣，畏惧被遣，即白王言："如王今者，首戴天冠，坐师子座。师子之座，法无再坐。若迎父王，还复王位，必杀于王。王若立者，须害父王。"时王军王，心怀忧愕，疑惑转生，劝谏不已，遂作恶意，募栴陀罗[1]，往杀其父。时栴陀罗，既受募已，到父王所，头面顶礼，而白之言："我之昔来，亦受恩遇于父王所，实无逆心，而今被遣来杀父王，若不加害，必受诛罚[2]。"父王答言："我今来者，欲化尔王，岂可爱身使尔被诛？"便引项令长十余丈，语栴陀罗："随尔斫截。"时栴陀罗，极力斫之，刀不能伤。父王愍故，而借神力，语栴陀罗："尔今为我往语尔王：'尔今杀父，复害罗汉，作二逆罪，好加忏悔，可得轻罪。'"时栴陀罗，既受敕已，举刀复斫，斩父王首，赍向其国。时王军王，见父头已，颜色不变，知父得道，不贪王位。悔情既生，心怀懊恼，啼哭闷绝，良久乃苏，问栴陀罗父王所说。时栴陀罗，以父王敕，而白于王："尔既杀父，复害罗汉，作是二逆，须好忏悔。"闻是语已，倍增断绝，而作是言："今我父王，得罗汉道，有何贪国，而使我杀父？"时彼佞臣，惧王加害，而白王言："世界之中，何有罗汉？王信空语，用自苦恼。"时王答言："今我父头，死来多日，颜色不变，自非得道，何由有是？又我父时，大臣婆哐师[3]，优波哐师，普皆出家，得罗汉道，种种神变，我等所见，于此涅槃，收骨造塔，如今现在，云何道无？"佞臣答言："世幻咒术，及以药力，亦能神变。彼二臣者，非是罗汉。比更数日，示王证验。"作是语已，便于塔所，造作二孔各置一猫，于塔养食，唤言："哐师出"，猫出食肉，语令："还去"，还入于孔。如是教之，猫便调伏，而白王言："今王欲见哐师等耶？愿往共看。"王即命驾，往至塔所。时彼佞人，便唤："哐师出来"，猫即出孔，语令："还去"，猫便入孔。王既见已，迷心遂盛，任意所作，不信罪福。

时王出军，游戏回还，于其路次，而见尊者迦栴延，端坐静处，坐禅入定。时王见之，便生恶心，手自把土，用坌[4]尊者，语左右言："尔等为我各各以土坌迦栴延。"于时土聚，遂没尊者。有一大臣，信心三宝，于后而至，闻见斯事，极大懊恼，即为尊者，除去其土。复语诸人："有念我者，而除此土。"尔时尊者，坐琉璃宝窟，神仪鲜泽，无污坌色，大臣欢喜，头面礼足，白尊者言："今王无道，作是恶逆，善恶必报，何得无患？"尊者答言："却后七日，天当雨土满其城内，积为土山，王及人民，尽皆覆灭。"大臣闻已，心怀忧恼，即以白王；又自设计，造作地道，出向城外。七日既满，天雨香华珍宝衣服，于其城内无不欢喜，佞臣白王："而今此瑞，皆由王德，无智之人，反生诽谤，云当雨土，而获珍宝。"如此诳惑，前后非一，恶缘之后，闻有善瑞，皆来云集。时城四门，冥缘力故，尽下铁关，逃隐无地，天便雨土，满城山积。

而彼大臣，共有心者，地道而出，向尊者所，而白之言："感惟此城，一日覆没，雨土成山，君民并命。先有何缘，同受此害？"

尔时尊者，语大臣言："谛听，谛听，当为尔说。乃往过去若干劫，时于其国内，有长者女，住于楼上，清朝洒扫，除弃扫粪置比丘头，不知忏悔。会得好夫，尔时诸女，而问女言：'尔作何缘，得此良匹？'时女答言：'更无异事，由我扫楼，坌比丘头，由是之故，值遇好婿。'诸女闻已谓如其言，竞共聚土，用坌比丘。由是业缘，普受斯报。"作是语已，共功德天，向花氏城。自昔以来，卢留城而与彼城，迭互盛衰，此国既灭，彼城复盛。由是之故，而尊者等，向花氏城，好音声长者于其界首，供养尊者。尔时长者，素自殷富，尊者到家，财宝丰溢，殊胜于前。既至城已，尊者迦栴延，而白佛言："好音声长者，有何因缘，有好音声，巨富无量，财宝盈溢？"

佛言："乃往过去，有一长者，日日遣人，请五百辟支佛，就家设食。而彼使人，常将狗往。会有事缘，不得往请。狗依时节，独诣僧坊，向僧而吠。时辟支佛等，而作是言：'俗内多事，脱能过忘，向狗来吠，似唤我等。'即便相将，诣长者家。尔时长者，甚大欢喜，如法供养。尔时长者，我身是也。尔时使人，阿那律是。尔时狗者，好音长者是。由是之故，世世好声，而多财宝。"是故智者，应于福田所勤力供养。

【注释】

[1] 栴陀罗：屠夫，古代印度社会最低下的种姓。

[2] 罚：原字为古今皆无的异体字，根据文义改为此字。

[3] 咥（dié）师：本文指咒师。

[4] 坌（bèn）：尘土，这里指用土掩埋。

【译文】

国王优陀羡出家修行的故事

从前国王优陀羡,住在卢留城。他聪明通达,有大智慧。他有一位夫人,名叫有相,容貌出众,又有品行,国王十分喜欢,最宠爱她。当时国法规定,国王自己不能弹琴。这时夫人倚仗着自己最受宠爱,就对国王说:"愿大王为我弹琴,我为大王跳舞。"国王不好拒绝她的美意,就操琴而弹,夫人随即翩翩起舞。国王一向擅长相面,看见夫人起舞时,面有濒死之相,随即放下琴,哀声长叹。夫人对国王说:"我今天受国王恩宠,敢在宫室请王弹琴,我来跳舞,一同娱乐,有什么不好,要放下琴哀叹呢?愿王不要隐瞒,请告诉我。"这时国王回答说:"我之所以长叹,不是你一个女人可以明白的。"夫人说:"我今天侍奉国王,忠诚不贰,如果有不对的地方,应当告诉我。"这样再三追问,国王只好以实相告:"我对你,怎么能有二心?我刚看你起舞时,临死之相出现,你的生命不会超过七天,由于这样的缘故,所以放下琴叹息。"夫人听了以后,内心忧愁恐惧,即刻对国王说:"如果是国王所说的那样,我离死不远了。我听石窟中的尼姑说,如果能诚心出家修行一天,死后就能往生天界。因此,我要出家,请国王允许,从而证得佛理。"但国王对夫人感情深重,难舍恩爱,就说:"等到第六天,让你出家修行,不会违背你的心意。"到了第六天,国王对夫人说:"你有善心,要出家修行,如果能够往生天界,一定要来看我,我才按你的意愿让你出家。"夫人答应后,就出家修行,接受了佛教不杀、不盗、不淫、不妄语、不饮酒、不饰身观歌舞、不卧高广大床、过午不食八种戒律。就在这天,多喝了一些蜂蜜,腹中梗结绞痛,到第七天早晨就死了。由于出家的善缘,往生到天上,随即产生三种思考:一是追忆自己原本是什么;二是知道原来的因缘,自己修了什么功德；三是知道今天在天界。思考以后，清楚知道自己往生天上的善缘和与国王的约定，为了原先的誓言，又来到了国王的住所。

当时光明遍布王宫，这时国王问道："今天放出这祥瑞之光的是谁呢？希望能得到开示。"天女回答说："我是国王从前的夫人有相。"国王听到后，说："愿你来这里坐下。"天女回答说："如今的我，观知大王污秽，不可亲近。我因为之前有约定，所以来看大王。"国王听了这话，心中随即领悟，说道："今天的天神，原来是我的夫人，因有善心，寻求佛理，仅出家一天就去世了，由于出家的功德，死后往生天界，志向高远，看我而觉得卑贱。我今天还有什么理由，不出家修行呢？我曾听说，天神的一个指甲，就可以抵得上整个世间，更何况我这一个国家，有什么值得贪恋呢？"说完以后，就让太子王军继承王位，自己出家修行，证得阿罗汉果位。

国王王军统领国家以后，听信谗言，重用佞臣，不理国事。国王优陀羡，怜悯他的儿子以及人民，希望来教化儿子修善积德。当时国王王军，听说父亲要来，无比喜悦，想让所有的人在路边迎接。当时一些奸臣们，害怕被遣走，就对国王说："如今的国王，头戴王冠，坐在狮子宝座。狮子宝座，按国法不能有人再坐。如果迎接你父王，就要给他恢复王位，就必然会杀了国王。国王如果要保住王位，就必须杀了父王。"这时国王王军，感到忧虑、惊愕、疑惑。在佞臣们的不断劝谏下，于是心生恶念，招募杀手旃陀罗前去杀害父王。这时旃陀罗受招募后，就来到优陀羡国王的住所，顶礼膜拜后，对优陀羡说："我过去，也接受过优陀羡国王的恩德礼遇，确实没有叛逆之心，今天被派遣来杀优陀羡王，如果不杀害，必然会被处死。"优陀羡王回答说："我今天是来教化国王王军，怎么能因为保全自己的身体而使你被害呢？"便将脖子伸到十几丈长，对旃陀罗说："随你砍吧。"这时旃陀罗尽力砍去，但却没能砍伤他。优陀羡王怜悯他，借神通之力给他，对他说："你今天回去告诉王军王说：'你今天杀父，又害罗汉，犯了两种大逆不道的罪孽，要好好加以忏悔，才可以减轻罪孽。'"这时旃陀罗接受了告诫，举刀又砍，砍下了优陀羡王的头，拿回国去。当时国王王军，看见父亲的头，脸色不变，知道父亲已经证得道果，不贪恋王位。于是悔恨之心油然而生，心中极其痛苦，哭得昏了过去，很久才苏醒过来，就问旃陀罗父王说了什么。这时旃陀罗就把父王的教诲，告诉国王王军："你既杀父，又害罗汉，犯了两种大逆不道的罪孽，要好好忏悔。"国王听了这话，更加悲痛欲绝，说道："今天我父王，证得罗汉道果，有什么贪图王位的，而我为什么还杀了父亲呢？"当时佞臣们都害怕受到国王惩罚，就对国王说："这世上哪有罗汉呢？国王相信空门的佛语，自寻烦恼。"这时国王回答说："现在我父亲的头，已经死了多日，脸色不变，如果没有证得道果，为什么会这样呢？还有我父王在位时的咒师大臣婆咥师、优波咥师，都出家修行，证得罗汉道果，各种神通和变化，我们都见到了，后来进入涅槃境界，收取灵骨建造佛塔，今天还在，怎么说没有道果呢？"佞臣们回答说："世上的迷幻和咒术，加上各种药物的作用，也能有神通和变化。这两位大臣，并不是罗汉。等过几天以后，会让国王亲自验证。"说完以后，奸臣就来到佛塔，凿了两个洞，每个洞中养了一只猫，在塔洞里喂养，叫："咒师出来"，就给猫肉吃，叫："回去"，猫就回到洞中。这样教后，猫就被驯服了。奸臣们对国王说："今天国王想见一下咒师吗？希望一起去看。"国王随即命令起驾，来到佛塔。这时奸臣，就叫："咒师出来"，猫随即从洞中出来，说："回去"，猫就回到洞中。国王见了以后，痴迷之心更加严重，胡作非为，不相信有罪业福报。

一次国王王军外出游玩回来，在半路上，看见证悟者迦旃延，端庄地坐在僻静之处，坐禅止观。国王看见后，就生出恶念，亲自用手抓起土撒到迦旃延身上，对左右随从说："你们都给我把土撒到迦旃延身上。"于是土渐渐堆积，埋没了迦旃延。有一位大臣，信奉佛、法、僧三宝，随后而来，看见这样的事极为气愤，当即为迦旃延除去身上的土，又对大家说人："看在我的分上，除去佛弟子身上的土。"当时迦旃延端坐在琉璃宝洞，威仪如故，没有污垢。大臣心中欢喜，礼拜迦旃延后，对他说："今天国王无道，做出这样的坏事，善恶必有报应，怎样才能没有祸呢？"证悟者迦旃延回答说："七天之后，天会降下雨土布满城中，积土为山，国王和人民都会被埋葬。"大臣听了以后，心怀忧虑，随即告诉国王，他又自行想办法挖好了地道，通向城外。七天之后，天上降下香花、珍宝和衣服，城内的百姓无不欢喜，佞臣对国王说："今天这瑞相，都是由国王之德而来，没有智慧的人，反而诽谤，说要降土，而却获得珍宝。"这样前后不一，使人疑惑。在传闻有恶缘之后，又见到有瑞相，人们都来城里聚集。这时四面的城门，由于孽缘之力都降下铁门，人们无处逃离，天降土雨，满城堆积如山。而那位信佛的大臣和心中信佛的人，都从地道出城，来到迦旃延的住所，对他说："感慨城市就在一天之中覆没，雨土堆积成山，国王和人民一起丧命。这是什么缘故，使大家都受到祸害呢？"

这时证悟者迦旃延对大臣说："请仔细听，仔细听，应当为你解说。在很久的岁月以前，那时在这个国家，有一位长者的女儿，住在楼上，清晨起来打扫卫生，将扫除的垃圾、粪土扫到出家人的头上，却不知忏悔。后来嫁了一位好丈夫，这时一些女子就问她说：'你做了什么善缘，得到这么好的丈夫？'这时长者女儿回答说：'也没有什么特别的事，由于我扫楼时，把土落在出家人的头上，由于这个缘故，遇上了好丈夫。'这些女子听了以后都像她所说的那样，竞相将粪土撒向出家人。由于这样的缘故，所以受到上天的恶报。"说完以后，大家都想要做功德，就前往花氏城。自古以来，卢留城和花氏城，盛衰相互交替，这个城市毁灭，另一个城市就昌盛。因此，迦旃延和大臣，一起来到花氏城，一位声音洪亮的长者在路边供养迦旃延。当时的长者，家境殷实富裕，这时证悟者迦旃延到了他家，看到财宝充裕，远胜过以前。来到城中以后，证悟者迦栴延对佛陀说:"声音洪亮的长者,有什么善缘,有这样好的声音,家中极为富有,财宝众多呢?"

佛陀说:"在过去,有一位长者,每天都派人请五百位缘觉乘的出家人到家供斋饭。而派的人常带着狗一同前往邀请僧人。有一次正好有事,这人不能前往邀请僧人。狗依照往常的习惯,独自来到僧人的住地,向着僧人叫。这时出家人说道:'那家俗事繁多,也许忘了来叫,这狗就是叫我们去的。'随即一起来到长者家里。这时长者极为高兴,像平时一样供养僧众。那时的长者,就是我的前身;那时被派的人,就是佛弟子阿那律;那时的狗,就是声音洪亮的长者。由于这样的缘故,世世代代声音洪亮,而且财宝众多。"所以智慧的人,应该勤种福田供养僧人。

【辨析】

这是一篇叙述国王王军恶行的故事。作品表现王军杀害父王、迫害佛弟子迦㫣延的狠毒,并没有采取简单化的方式。他对父王从迎接到怀疑,又在奸臣的蛊惑下,逐步地丧失天良,再到想要杀害;从痛苦到焦虑,再进一步否认善恶有报,最后到主动侮辱证悟者迦㫣延,招来灭顶之灾。通过情节的衍化推进,反映出无论是国王还是百姓,只要作恶必受报应,寄寓了因果报应,如影随形的佛理。

这个故事篇幅较长,人物众多,从父王、夫人,到国王王军;从屠夫、佞臣、信佛的大臣、佛弟子迦㫣延,到扫地女子;从好声音的长者、请僧人的使者,到佛陀。诸多形象,都能依次道来,或细致描绘,或有所交代,故事情节既曲折离奇,又详略有致,有很强的可读性。

一一七

罗睺罗因缘

【题解】

罗睺罗为佛陀独生子,亦为佛陀十大弟子之一,有"密行第一"称誉。他十五岁出家时,尚未达到二十岁受具足戒的年龄,所以成为佛教僧团中第一位沙弥。耶输陀罗是佛陀为太子时的妻子,罗睺罗的生母,也是佛教最早的比丘尼。本文讲述的是罗睺罗出生和成长的经历。

【经文】

我昔曾闻,佛初出家夜,佛子罗睺罗,始入于胎。悉达菩萨,六年苦行,于菩提树下,降伏四魔[1],除诸阴盖[2],豁然大悟,成无上道,具足十力、四无所畏,成就十八不共之法[3],具四辩才,悉于诸度得到彼岸,解了一切诸佛之法,过诸声闻缘觉之上。

于初成道夜,生罗睺罗,举宫婇女,咸皆惭耻,生大忧恼,而作是言:"怪哉,大恶耶输陀罗,不虑是非,轻有所作,不自爱慎,令我举宫都被染污。悉达菩萨,久已出家,而于今者,卒生此子,甚为耻辱。"时有释女,名曰电光,是耶输陀罗姨母之女,椎胸拍髀,瞋恚呵骂:"耶输陀罗,汝于尊长所亲,何以自损?悉达太子,出家学道，已经六年，生此小儿，甚为非时，从谁而得？尔无惭愧，辱我种族，不数种族，不护恶名。悉达菩萨，有大功德，名称远闻，汝今云何，不护惜彼，而方耻辱？"

净饭王[4]当于尔时，在楼阁上，见此大地六种震动[5]奇异相现，白净王见是相已，谓菩萨死，忧箭入心，生大苦恼，而作是言："我子戒香，充塞四远，相好庄严，如莲花鬘。今为死日之所干枯，戒深固根，惭愧枝叶，名誉之香，大悲厚荫。我子如树，为死象所踢；大如金山，众宝庄严，我子金山王，相好庄严身，为无常金刚杵之所碎坏；犹如大海，满中众宝，如摩竭鱼扰乱海水，我子大海，亦复如是，为死摩竭鱼之所扰恼；犹如满月，众星围绕，我子如是无量功德，相好庄严，今为无常罗睺罗所吞。我种从大丈夫、丈夫卢越真净，如是等王，相续至此，今日将不断绝我种耶？特望我子为转轮圣王，或成佛道，而于今者，宁可死耶？设失我子，忧愁憔悴，命必不全。冀其出家法服持钵，敷演甘露，如此种种诸事，必不得见。"以忆子故，种种愁思思惟。是时闻子宫中举声大哭，王倍惊怖，谓太子死，问前走使女言："是何哭声？将非我子死耶？"女白王言："太子不死，耶输陀罗今产一子，举宫惭愧，是以哭耳。"王闻是语，倍增忧恼，发声大哭，扬声大唤，唱言："怪哉！极为丑辱。我子出家，以经六年，云何今日，而方生子？"时彼国法，击鼓一下，一切军集，九万九千诸释悉会，即唤耶输陀罗。

时耶输陀罗，著白净衣，抱儿在怀，都不惊怕，面小有垢，于亲党中，抱儿而立。时执杖释，作色瞋忿，骂耶输陀罗："叱，尔凡鄙可愧之甚！辱我种族，有何面目，我等前立？"有释名毗纽天，是耶输陀罗舅，语耶输陀罗："凡鄙婴愚，无过于尔。舅于种族，宜好实语，竟为何处而得此子？"耶输陀罗，都无惭耻，正直而言："从彼出家释种名曰悉达，我从彼边，而得此子。"悦头檀王，闻是语已，瞋恚而言："不护所生，便作异语，若实若虚，诸释所知。

我子悉达，本在家时，闻有五欲，耳尚不听，况当有欲而生于子？如斯之言，深为鄙媟[6]。从谁得子？毁辱我等，实是谄曲，非正直法。我子悉达，昔在家时，及众珍宝肴膳，都无染着，况今苦行，日食麻米，以此谤毁。"净饭王极大瞋恚，问诸释言："今当云何苦毒杀害？"复有释言："如我意者，当作火坑，掷置火中，使其母子，都无遗余。"诸人皆言："此事最良。"即掘火坑，以佉陀罗木，积于坑中，以火焚之，即将耶输陀罗至火坑边。

时耶输陀罗，见火坑已，方大惊怖，譬如野鹿，独在围中四向顾望，无可恃怙。耶输陀罗便自呵责："既自无罪受斯祸患。"遍观诸释，无救己者，抱儿长叹，念菩萨言："汝有慈悲，怜愍一切，天龙鬼神，咸敬于汝。今我母子，薄于祐助，无过受苦，云何菩萨不见留意？何故不救我之母子今日危厄？诸天善神，无忆我者。菩萨昔日，处众释中，犹如满月在于众星，而于今者，更不一见。"即时向佛方所，一心敬礼，复拜诸释，合掌向火，而说实语："我此儿者，实不从他而有斯子，若实不虚，犹六年在我胎中者，火当消灭终不烧害我之母子。"作是语已，即入火中，而此火坑，变为水池，自见己身，处莲花上，都无恐怖，颜色和悦，合掌向诸释言："若我虚妄，应即燋死，以今此儿实菩萨子，以我实语，得免火患。"复有释言："视其形相，不惊不畏，以此推之，必知是实。"复有释言："而此火坑，变为清池，以是验之，知其无过。"时诸释等，将耶输陀罗还归宫中，倍加恭敬赞叹，为索乳母，供事其子，犹如生时，等无有异。

祖白净王，爱重深厚，不见罗睺罗，终不能食；若忆菩萨，抱罗睺罗，用解愁念。略而言之，满六年已，白净王渴仰于佛，遣往请佛。佛怜愍故，还归本国。来到释宫，佛变千二百五十比丘，皆如佛身，光相无异。耶输陀罗，语罗睺罗："谁是汝父？往到其边。"时罗睺罗，礼佛已讫，正在如来左足边立，如来即以无量劫中所修功德相轮之手，摩罗睺罗顶，时诸释等，咸作是念："佛今犹有爱私之心。"佛知诸释心之所念，即说偈言：

> 我于生眷属，及以所生子。
> 无有偏爱心，但以手摩顶。
> 我尽诸结使，爱憎永除尽。
> 汝等勿怀疑，于子生犹预。
> 此亦当出家，重为我法子。
> 略言其功德，出家学真道。
> 当成阿罗汉。

【注释】

[1] 四魔：佛教指害人慧命的四种魔，即烦恼魔（又称欲魔）、蕴魔（指五蕴即五阴，又称阴魔）、死魔（指能断众生命根，使出家人无法延续慧命）、天子魔（欲界第六天的魔王，妨害人行善，又称天魔）。

[2] 阴盖：指被五阴（色、受、想、行、识）遮蔽所形成的烦恼。

[3] 十力、四无所畏、十八不共之法：分别指佛陀的十种智力，四种无畏，十八种不同于声闻乘、缘觉乘修行者的功德，皆为佛陀所独具。佛教经论中对此还有各种说法。

[4] 净饭王：又称白净王，为佛陀的父亲，迦毗罗卫国的国王。净饭王姓乔达摩，因名叫首图驮那，意为纯净的稻米，故称，属释迦族，婆罗门种姓。王后叫摩诃摩耶，是佛陀生母。

[5] 六种震动：指大地在佛法神力下的六种异样。

[6] 鄙媟（xiè）：这里指鄙污淫乱。媟，通"亵"。

【译文】

佛弟子罗睺罗的故事

我过去曾经听说，佛陀要出家的那天夜里，佛陀的儿子罗睺罗才刚入胎。佛陀这位证悟者，经过六年的苦行，在菩提树下降伏了烦恼、五蕴、死、天四种魔障，除去了色、受、想、行、识五蕴之蒙盖，豁然彻悟，证成无上正觉，具备了十种智力、四种无畏，成就了十八种不共之法，具有了四种辩才，度脱到了彼岸。通晓过去七佛的一切法理，超过了声闻、缘觉二乘。

在佛陀初成佛果的那天夜里，他的儿子罗睺罗降生，宫中的所有侍女，都为此事感到羞愧，极为烦恼，都说："奇怪呀，丑恶的耶输陀罗，不辨是非，行为轻浮，不谨慎自爱，使宫中全都被流言染污。悉达多菩萨，早就已经出家，而今天耶输陀罗忽然生了这个儿子，真是太羞耻了。"当时有一位释迦族女子，名叫电光，是耶输陀罗姨母的女儿，她捶胸顿足，愤怒地大骂："耶输陀罗，你是前辈和尊长的宠爱，为什么自取其辱呢？悉达多太子出家修学道果，已经六年了，你生下这小孩，真不是时候，跟谁得的儿子？你毫无羞愧，侮辱我们种姓和家族，就算你不顾种姓和家族的名誉，不顾自己的恶名。悉达多证悟者，有大功德，声名远扬，你现在为什么不爱护珍惜他，而使他受到这般羞辱呢？"

净饭王当时正在阁楼上，见到大地相继出现六种奇异的震动，他看见这种情况后，以为悉达多证悟者死了，忧伤地如箭穿心，极为痛苦，说道："我儿子持戒的美名，传遍四方，庄严妙相如莲花花环一般，今天却干枯而死，持戒根基固然深厚，但惭愧的是枝叶凋败，名誉的清香被悲惨地遮蔽了。我儿子如树，今为大象踩死；如金山，宝相庄严；我儿子是金山之王，美好庄严的身躯，被无常的金刚杵所打碎毁坏；犹如大海，充满了各种珍宝，如今却被魔鱼扰乱，我儿子的大海也是如此，为该死的魔鱼所干扰；我儿子犹如一轮满月，众星围绕，这样的无量功德，庄严好相，今天却被这无常鬼罗睺罗所吞没。我释迦种族从来都是大丈夫，真正的大丈夫卓越清净，因此世代为王，延续至今，今天将断绝我们释迦族的血脉吗？多么期望我的儿子成为转轮圣王，或者成就佛果，而在今天，我宁可死了！如果我失去儿子，会憔悴忧愁而死。希望他出家修法穿袈裟持钵盂，遍洒如甘露的法雨，如此种种，一定见不到了。"因为想着儿子的缘故，千万愁绪涌上心头。这时听宫中传出大哭声，饭净王更加惊恐，以为太子已死，赶快上前问侍女："这是什么哭声？难道是我儿子死了？"侍女对国王说："太子没死，是耶输陀罗刚产下一子，全宫人都感到羞愧，所以哭泣。"饭净王听了这话后，更加痛苦，放声大哭，一边高声呼叫："太奇怪了！太丑恶和羞辱了。我儿子出家已经六年了，为什么今天才生子呢？"按当时的国法，击一下鼓，所有的军队，以及九万九千释迦族的人都要来集会，当即传唤耶输陀罗。

这时耶输陀罗身穿洁净的白衣，将儿子抱在怀里，没有惊慌和恐惧，脸上似有泪痕，抱着儿子站在亲属当中。这时执管仪式的释迦族人，满脸愤怒地责骂耶输陀罗说："唉！你也太可憎了！羞辱了我们种族，有什么脸面，站在我们面前呢？"有一位释迦族的长者叫毗纽天，是耶输陀罗的舅舅，对她说："没有比你再卑鄙无耻的了。当着舅舅和全族人的面，必须说实话，究竟是和谁有了这个孩子？"耶输陀罗面无愧色，挺直身子面对大家说："就是你们释迦族出家修行名叫悉达多的，我从他那里得到这个孩子。"饭净王听了这话后，气愤地说："不想说清是谁所生，就说这种怪话，是真是假，各位释迦族的人都知道。我儿子悉达多，在家当太子的时候，对色、声、香、味、触五欲之类，听都不想听，怎么有欲望生孩子？你说这样的话，实在太无耻了。跟谁得的儿子？这样羞辱我们，真是诬陷，歪曲事实。我儿子悉达多，过去在家的时候，对于珍宝和佳肴，都不染指，更何况今天修苦行，每天只吃粗食，为什么这样诋毁他？"净饭王极为愤怒，问释迦族的人说："今天应当用什么酷刑来处置她呢？"有位释迦族的人说："按我的意见，挖好火坑，把她扔到火中，把他们母子都烧得一干二净。"大家都说："这办法最好。"立即挖好火坑，以高大的佉陀罗树的树干堆积在坑中，点燃后，就将耶输陀罗带到火坑边。

这时耶输陀罗看见火坑以后，才觉得极为恐怖，就像一只被猎人围捕的野鹿，四处张望，却孤立无援。她便责怪道："我没有罪过为什么要受这种惩罚？"看到周围的释迦族，没人救自己，就抱着儿子长叹，口中念着悉达多菩萨说："你大慈大悲，怜悯一切，天龙八部、大力鬼神，都敬畏你。今天我们母子却得不到护佑和救助，没有过错却遭受苦难，为什么悉达多菩萨不能觉察呢？为什么不救我们母子于厄运呢？各天界的善神，没有忆念我们的。悉达多证悟者过去在释迦族中，犹如众星捧月，而今天却见不到。"随即向佛陀所在的方向，诚心敬礼，又礼拜释迦族人，然后双手合什面向火堆，真诚地说道："我这个儿子，确实不是和别人生的，如果真实不假，这六年以来就在我胎中，大火就应当不能烧死我们母子。"说完，当即投入火中，而这时火坑变成了水池，只见她坐在莲花上，毫无恐怖，面色和悦，双手合什面向释迦族人说："如果我说假话，应当立即被烧死，因为这儿子确实是悉达多的儿子，由于我说的是实话，所以免除了火灾之难。"这时又有人说："看她的表情神态，不惊慌不畏惧，由此看来，她所说的一定是真话。"还有人说："这火坑，变成了清净的池水，由此可以证明，她是没有过错的。"这时人们就把耶输陀罗接回宫中，更加恭敬和赞赏，为她找来了乳母，养育儿子，就像王室生下孩子时一样，没有什么区别。

爷爷饭净王深深地痛爱着孙子，看不见罗睺罗就吃不下饭；如果想起儿子悉达多时，就抱孙子罗睺罗，用来化解心中的思念。岁月如梭,转眼间又过了六年,饭净王渴望见到佛陀,就派人去请佛陀。佛陀怜悯父亲,回到了故乡。来到王宫,佛陀变出一千二百五十位出家人,都和佛陀一样,三十二种美好的征相,并且没有差别。耶输陀罗这时对罗睺罗说:"谁是你父亲?你就到谁的身边。"这时罗睺罗礼拜了佛陀,然后就在佛陀左脚边站着,佛陀随即以无尽岁月中所修的功德圆满的之手,抚摸罗睺罗的头顶,这时释迦族的人们,心中都想:"佛陀今天仍然还有爱怜自己儿子的私心。"佛陀知道释迦族人们的心意,随即用诗句说:

> 我对王眷属,自己亲生子。
> 没有偏爱心,以手摩其顶。
> 我已无烦恼,爱憎永消除。
> 你们别怀疑,此子预先知。
> 今后要出家,重为佛弟子。
> 略说有功德,出家学佛理。
> 成就阿罗汉。

【辨析】

这是一篇围绕罗睺罗出生这一事件表现佛陀亲属之间的关系及情感冲突的比喻故事。其中充分调动了多种手法,多角度地进行叙述和描绘,构成了跌宕起伏的情节,塑造了血肉丰满的人物形象。如对耶输陀罗在面对亲人的指责、误解、质疑和辱骂时的行为表现和心理活动,刻画得十分细致,形神兼备地展示出她所具有的那种高贵、镇定和从容,同时又表现了她的无辜、无助、无奈,令人为之动情。对宫中侍女、释迦族女子、净饭王、耶输陀罗的舅舅等因罗睺罗的出生所产生的误解和愤怒,也都表现得极为充分。从侧面歌颂了释迦族所具有的爱憎分明、疾恶如仇的性格特征。尤其是对净饭王形象的塑造最为成功,须眉个性,跃然纸上。

对佛陀的描写，则是通过其父净饭王之口，运用排比、比喻尽情地铺叙渲染，从相貌、人品、戒行、功德等各个方面进行歌颂，以"如莲花、如树、如金山、如大海，如满月"的连比叠喻，淋漓尽致地烘托出亲人们对佛陀的赞誉和崇敬。本篇故事文笔抑扬顿挫，感情激越慷慨，文情相生，气势夺人，极富文学的神奇瑰丽色彩。

一一八

老婆罗门问谄伪缘

【题解】

本篇故事通过一位老年婆罗门的亲身经历,警示人们:看待事物,要能透过现象看到本质,避免被假象所迷惑。

【经文】

一切狡猾谄伪诈惑,外状似直,内怀奸欺,是故智者,应察真伪。如往昔时,有婆罗门,其年既老,娉娶少妇,妇嫌夫老,傍淫不已。欲心既着,诳夫设会,请诸少壮婆罗门等,夫疑有奸,不肯延致。时彼少妇,设种种计,用惑其夫。老婆罗门前妇之子,坠于火中,尔时少妇,眼看使堕,而不捉取。婆罗门言:"儿今坠火,何故不捉?"妇即答言:"我自少来,唯近己夫,不曾捉他其余男子,云何卒欲令我捉此男子小儿?"老婆罗门闻是语已,谓如其言信明妇故,便于其家,而设大会,集婆罗门。尔时少妇,便共交通。老婆罗门闻是事已,心怀忿恨,即取宝物,盛裹衣械,弃妇而去。

离舍既远,于其路中,见一婆罗门,便共为伴。于其日暮,一处共宿。至明清旦,复共前行,离主人舍,渐渐欲远。彼婆罗门,语老婆罗门言："于昨宿处，有一草叶着我衣裳，我自少以来，无侵世物，叶着衣来我甚为愧，欲还草叶，归彼主人，尔并停住待我往还。"老婆罗门闻是语已，深信其言，倍生爱敬，许当住待。彼婆罗门，诈捉草叶欲还主人，未远之间，入一沟壑，偃腹而卧，良久乃还，云以草叶还主人竟。老婆罗门信以为然，倍增爱重。老婆罗门时因便利，洗大小便，即以宝物，而用寄之，此人寻后，赍其珍宝，便弃走去。

老婆罗门见偷己物，叹惋彼人，又自感伤，忧愁懊恼，惆怅进路。小复前行，憩一树下，见一鹳雀，口中衔草，语诸鸟言："我等应当共相怜愍，集会一处，而共住止。"尔时诸鸟，皆信其言，而来聚集。时此鹳雀，伺众鸟等一切行后，就他巢窠，啄卵饮汁，杀他子食，诸鸟将至，更复衔草。众鸟既还，见有此事，咸皆瞋责，而此鹳雀，拒言我不。时诸鸟辈，知其谄欺，悉舍而去。于此树下，更经少时，见一外道出家之人，身服纳衣，安行徐步，去去众生。老婆罗门而问之言："何以并行口唱'去去'？"外道答言："我出家人，怜愍一切，畏伤虫蚁，是故尔耳。"时婆罗门，见其出家口吐此言，深生笃信，即时寻逐，往至其家。于其暮宿，语婆罗门："我须闲静以自修心，尔止别屋于彼而卧。"时婆罗门，喜闻行道，心怀庆悦。至夜后分，但闻作乐歌舞之声，便出看之，乃见出家外道住室，有一地孔，中出妇女，与共交通，若女人舞，外道弹琴，若外道舞，女人弹琴。见此事已，而自念言："天下万物，不问人兽，无一可信者。"说偈言曰：

不捉他男子，以草还主人。
鹳雀诈衔草，外道畏伤虫。
如是谄伪语，都无可信者。

尔时国内，有一长者，居家巨富，多诸珍宝。于其一夜，多失财物。时王闻已，问长者言："有谁来去，致令亡失？"长者白王："初无奸杂而与往返，唯一婆罗门，长共出入。清身洁己，不犯世物，草叶着衣，犹还其主。自此已外，更无异人。"王闻是已，摄婆罗门而诘问之。尔时长者，往白王言："彼人净行，世之无比，如何一旦，而被拘执？宁失财物，愿王放舍。"时王答言："我昔曾闻，有如是比外诈清净，内怀奸恶。尔勿忧恼，听我核实。"作是语已，即便捡究，辞穷理屈，依实伏首。是故智者，处世如镜，善别真伪，为世导师。

【译文】

老年婆罗门辨别伪善的故事

一切狡猾虚伪狡诈的人，外表看似朴实率直，内心却十分欺诈，所以智慧的人们，应该观察分辨真伪。从前有一位婆罗门，年纪已老，却娶了年轻的妻子，妻子嫌丈夫年老，就和别人邪淫。淫欲之心不止，劝丈夫举办聚会，请年轻体壮的婆罗门来，丈夫怀疑有奸情，就不肯举办这种聚会了。这位少妇就设下了种种计谋来迷惑丈夫。老婆罗门前妻的儿子，不慎坠入火中，少妇眼看着掉下去而不伸手搭救。老年婆罗门说："儿子今天坠入火中，你为什么不救呢？"少妇随即回答说："我嫁到你家以来，只亲近自己的丈夫，不曾碰过其他男子，怎么忽然让我抓住小男孩儿呢？"老婆罗门听了这话以后，认为是对的，就相信了妻子，便在家里，举办各种聚会，召集婆罗门。这时少妇便和客人私通。老婆罗门知道这事后，心怀愤恨，立即拿上财宝和衣服，离家出走了。

老婆罗门离家远走他乡，在道路上，遇见了一位婆罗门，就结伴而行。在当天晚上，一起住宿。第二天清晨，又一起前行，离开昨晚主人的住处，越来越远。这位婆罗门对老婆罗门说："在昨天住宿之处,有一片草叶粘到了我的衣服上,我从小就不拿别人的东西,草叶粘在我的衣服上,我实在惭愧,想要把这一片草叶,送还给他的主人,你停一下,等我还了再来。"老婆罗门听了这样的话深信不疑,对他心生敬意,就答应等他。那位婆罗门假装要把一片草叶还给他的主人,走了不远,就进到路旁的一个沟壑里,仰身躺下休息,很久才回来,说已经把草叶还给主人了。老婆罗门信以为真,更加敬重他。老婆罗门这时因为要上厕所不方便,就把财宝托婆罗门照看,这人却拿着财宝逃走了。

老婆罗门见到婆罗门偷了自己的财物,感慨世上还有这样的人,十分感伤,忧愁懊恼。他心情惆怅继续上路,走了一会儿,靠在一棵树下休息时,看见一只鹳雀口中衔着草,对别的水鸟说:"我们应当相互照顾,聚在一起,共同生活。"这时别的水鸟,都相信了它的话,就聚在一处生活。这时鹳雀等所有的鸟出去后,就在它们的巢里将鸟蛋啄破吃了,杀死了它们的孩子。当鸟儿们将要回来的时,鹳雀又飞出去衔草。别的鸟回来后,看见这样的事,都十分愤怒地斥责,而这只鹳雀抵赖不承认是自己干的。这时水鸟们知道受了骗,全都离开了。老婆罗门在树下,过了一会儿,又看见一位外道出家人,身穿百衲衣,小心地走着,还"去去"地赶着身边的虫子。老婆罗门就问说:"你为什么一边走还一边口里喊着'去去'呢?"外道出家人说:"我是出家修行者,怜悯一切生灵,害怕伤害爬虫和蚂蚁,所以这样。"这时老婆罗门听见出家人所说,认为真实可信,就跟着来到了他家。晚上睡觉时,出家人对老婆罗门说:"我要清静以修心,你到别的屋里休息。"当时老婆罗门听说修行的事,心里感到喜欢高兴。半夜,他听到有音乐歌舞之声,便出门去看,见到这位出家人屋里,有一个地道,从中走出一位妇女,与出家人约会。如果女子起舞,出家人就弹琴伴奏;如果出家人起舞,女子就弹琴伴奏。看见这事以后,老婆罗门自言自语地说:"天下万物,无论是人还是动物,没有一个是可以相信的。"并以诗句说：

> 不拉小男孩，骗说草还主。
> 鹳雀诈衔草，外道怕伤虫。
> 都是虚假言，全无可信者。

那时国内，有一位长者，家产万贯，珍宝无数。在一天夜里，丢失了许多财物。这时国王知道以后，就问长者说："有谁来过你家，使财物丢失？"长者对国王说："也没有交往奸诈的人，只有一位婆罗门，长期以来常到我家来。他洁身自好，不拿别人的东西，连一片草叶粘在衣服上，还要还给人家。除此之外，再无人来过。"国王听了以后，就叫来婆罗门询问。这时长者前去对国王说："这人品行高洁，世间无人可比，怎么能因为我家中失窃，就把他拘捕审问呢？我宁可损失财物，也希望国王放了他。"这时国王回答说："我过去曾经听说过，有这样表面高洁，内心邪恶的人。你不要担心，让我来核查证实这件事。"国王说完，随即进行调查审问，这个婆罗门在事实面前理屈词穷，据实交代了罪恶。因此智慧的人，处世待人要如明镜一般，善于识别事情的真假，才能成为指导人们的明师。

【辨析】

所谓"画人画皮难画骨，知人知面不知心"。这篇比喻故事以老婆罗门的所见所闻为线索，讲述了五个表面现象和真实情况完全相反的事件，塑造了"红杏出墙诈说忠"、"不粘片草真贪婪"、"小鸟面善极凶残"、"出家言善心邪淫"、"假装高洁老盗贼"五个形象，作者以透视人性贪婪本质的眼光，入木三分地揭示出世间的伪善、奸诈、邪恶，隐喻出世间百态皆有染，法眼清净不可瞒的义理。

一一九

婆罗门妇欲害姑缘

【题解】

这也是一篇反映婆媳关系的故事。通过婆媳的彼此相害,反映了恶有恶报的喻理。

【经文】

昔有婆罗门,其妇少壮,姿容艳美,欲情深重,志存淫荡。以有姑在,不得遂意,密作奸谋,欲伤害姑。诈为孝养,以惑夫意,朝夕恪勤,供给无乏。其夫欢喜,谓其妇言:"尔今供给,得为孝妇,我母投老,得尔之力。"妇答夫言:"今我世供,资养无几,若得天供,是为愿足,颇有妙法,可生天不?"夫答妇言:"婆罗门法,投岩赴火,五热炙身,行如是事,便得生天。"妇答夫言:"若有是法,姑可生天,受自然供,何必孜孜,受世供养?"作是语已,夫信其言,便于野田,作大火坑,多积薪柴,极令然炽,乃于坑上,而设大会,扶将老母,招集亲党,婆罗门众,尽诣会所,鼓乐弦歌,尽欢竟日。宾客既散,独共母住,夫妇将母诣火坑所,推母投坑,不顾而走。

时火坑中,有一小隥[1],母堕隥上,竟不坠火。母寻出坑,日已逼暗，按来时迹，欲还向家。路经丛林，所在阴黑，畏惧虎狼罗刹鬼等，攀上卑树，以避所畏。会值贼人多偷财宝，群党相随，在树下息。老母畏惧，怖不敢动，不能自制，于树上欬。贼闻欬声，谓是恶鬼，舍弃财物，各皆散走。既至天明，老母泰然，无所畏惧，便即下树，选取财宝，香璎、珠玑、金钏、耳珰，真奇杂物，满负向家。

夫妇见母，愕然惊惧，谓是起尸鬼，不敢来近。母即语言："我死生天，多获财宝。"而语妇言："香璎[2]、珠玑、金钏、耳珰，是汝父母、姑姨姊妹，用来与汝。由吾老弱，不能多负，语汝使来，恣意当与。"妇闻姑语，欣然欢喜，求如姑法投身火坑，而白夫言："老姑今者，缘投火坑，得此财宝，由其力弱，不能多负，若我去者，必定多得。"夫如其言，为作火坑，投身燋烂，于即永没。尔时诸天，而说偈言：

夫人于尊所，不应生恶意。
如妇欲害姑，反自焚灭身。

【注释】

[1] 隥（dèng）：古同"磴"，台阶、石阶。
[2] 香璎：即璎珞，由珠玉贯串而成的饰品。俗称佛珠、念珠。

【译文】

婆罗门妇女害婆婆的故事

从前有一位婆罗门，他的妻子年轻且风姿绰约，但情欲旺盛，贪念淫欲。因为有婆婆在，不能恣情纵意，就暗地里密谋，想害死婆婆。她假装孝顺，以迷惑丈夫，从早到晚都很勤快，使婆婆衣食不缺。丈夫很满意，就对妻子说："你今天奉养老人，称得上孝妇，我母亲养老，真是靠得上你了。"妻子回答说："今天我们俗世的供养，资财有限，如果能得到天上的供养，就能满足心愿，有什么好办法，可以升天吗？"丈夫说："按婆罗门的方法，跳进深渊或投身火中，热焰烧身，这样就可以升天。"妻子说："如果有这种方法，婆婆可以升天，自然受到天界的供养，何必如此辛苦受我们世间的供养呢？"说完这话，丈夫竟然相信了，就在野地里挖了一个大火坑，堆积了许多木柴，点燃熊熊大火，并在火坑边上举行聚会。他搀扶着老母亲，召集亲朋好友和婆罗门们，敲鼓奏乐，弹琴唱歌，狂欢了一天。宾客们散去后，只留下夫妻二人和老母亲，夫妻二人将母亲带到火坑旁边，将她推下，头也不回地走了。

当时火坑中有一个小台阶，母亲落在台阶上，而没有坠入火中。母亲不一会儿就爬出坑来，那时天色已晚，她就按来时的路回家去。路上经过丛林，漆黑一片，母亲害怕遇上虎狼和恶鬼，就爬上一棵矮树以躲避危险。正遇上一群盗贼偷了许多财宝，这群人来到树下休息。老母害怕得一动也不敢动，却又没控制住自己，在树上咳了一声。盗贼们听到咳嗽声，以为是恶鬼，就扔下财物，立刻纷纷逃走。等到天亮以后，老母亲安然无恙，也不再害怕，便从树上下来，选了一些璎珞、珍珠、金手镯、耳环等等，各种珍奇异宝满载而归。

夫妻两人看见母亲，惊恐至极，以为是死鬼，不敢走近。母亲就说："我死后升天，获得了很多财宝。"又对媳妇说："璎珞、珍珠、金手镯、耳环，是你父母、姑姑和姨妈、姐妹们给你的。因我年老体弱，不能多带，他们说让你去，想拿多少拿多少。"媳妇听了婆婆的话，欣喜万分，祈求像婆婆一样投身火坑，就对丈夫说："老母亲今天由于投火坑的缘故，得到这些财宝，但她年老体弱，不能多带，如果是我去，肯定能得到更多。"丈夫就按她的话，为她挖好火坑，她跳进火中，立刻被烧得焦烂，当即死了。这时天神们用诗句说道：

> 人与长辈处，不应生恶意。
> 媳妇害婆婆，反而焚自身。

【辨析】

本篇所写的是因婆媳矛盾而演变的一个家庭悲剧。故事起因虽由婆媳矛盾引发，但最终导致灾祸的发生，则媳妇、婆婆、丈夫三人都难辞其咎，是他们共同制造了这出悲剧。

故事中的媳妇，她年轻漂亮，却心存不轨。因此，觉得婆婆在家中会妨碍她的"艳遇"。于是处心积虑地想害死她。她先讨好丈夫和婆婆，目的是取得信任，麻痹他们，以售其奸。后来终于想到了借婆罗门供奉火神祈求死后升天的习俗，把婆婆送上"西天"的"妙计"，于是怂恿丈夫一同实施了这个狠毒的计划。然而婆婆侥幸生还，她的阴谋成空。后遭婆婆所诱骗，结果媳妇自投火海，自取灭亡。害人反害己，恶毒又愚蠢。

婆婆，开始时受到媳妇的迷惑，以为媳妇真是为了让她能上天堂。但面对熊熊的大火，以及把她推下火坑一去不回头的儿子和媳妇，她才恍然大悟。在大难不死和得到财宝后，她想到的是恶毒报复，以用其人之道还治其人之身的方法，利用媳妇的贪婪、愚昧，把媳妇送上了"西天"。所以，她既是受害者，也是害人者。同样极其伪善、凶残。故事对她的描写中运用了两次巧合：一是在被推下火坑时，落到了台阶上，幸免于难；二是意外地获得了财宝。

儿子，表面看来似乎轻信、顺从，是本质并不坏的一个人，实则却是残酷而毫无人性可言。他听媳妇的话，蓄意烧死母亲；又按母亲的建议，烧死了媳妇，是一个真正意义上的杀人凶手。实际上他始终都清楚自己在干什么，他不仅嫌老母亲多余，也容不下贪婪、淫荡、凶狠的妻子。所以，当妻子投火坑的时候，他成全了她，实际是除掉了自己的心头大患。

　　故事内容并不复杂，但却安排得精巧紧凑、曲折跌宕，情节的发展每每出人意料，有极强的可读性。同时，这个故事也暗喻出婆罗门教义的荒谬绝伦和信徒的阴险狡诈和愚昧无知。

一二〇

乌枭报怨缘

【题解】

本篇故事以乌鸦和猫头鹰之间的仇怨，阐发了冤冤相报，没有了期，最终则会自食恶果的喻理。

【经文】

昔有乌枭[1]，共相怨憎。乌待昼日，知枭无见，踏杀群枭，啖食其肉。枭便于夜，知乌眼暗，复啄群乌，开穿其肠，亦复啖食。畏昼畏夜，无有竟已。

时群乌中，有一智乌，语众乌言："已为怨憎，不可救解，终相诛灭，势不两全，宜作方便殄灭[2]诸枭，然后我等可得欢乐，若其不尔，终为所败。"众乌答言："如汝所说，当作何方，得灭仇贼？"智乌答言："尔等众乌，但共啄我，拔我毛羽，啄破我头，我当设计，要令殄灭。"即如其言。燋悴形容，向枭穴外，而自悲鸣。枭闻声已便出语言："今尔何故，破伤头脑，毛羽毁落，来至我所，悲声极苦，欲何所说？"乌语枭言："众乌仇我，不得生活，故来相投，以避怨恶。"时枭怜愍，欲存养畜，众枭皆言："此是怨家，不可亲近，何缘养畜，以长怨敌？"时枭答言："今以困苦，来见投造,一身孤单,竟何能为?"遂便畜养,给与残肉。

日月转久,毛羽平复,乌诈欢喜,微作方计,衔干树枝并诸草木,着枭穴中,似如报恩。枭语乌言:"何用是为?"乌即答言:"孔穴之中,纯是冷石,用此草木,以御风寒。"枭以为尔,默然不答。而乌于是,即求守孔穴,诈给使令,用报恩养。

时会暴雪,寒气猛盛,众枭率尔来集孔中,乌得其便,寻生欢喜,衔牧牛火,用烧枭孔,众枭一时,于是殄灭。尔时诸天,说偈言曰:

> 诸有宿嫌处,不应生体信。
> 如乌诈托善,焚灭众枭身。

【注释】

[1] 枭(xiāo):猫头鹰。
[2] 殄(tiǎn)灭:消灭、灭绝。

【译文】

乌鸦和猫头鹰的故事

从前有一群乌鸦和一群猫头鹰,彼此怨恨。乌鸦在白天的时候,知道猫头鹰看不见,就去踩杀猫头鹰,啄食它们的肉。猫头鹰就在夜里,知道乌鸦眼睛看不见,同样来啄杀乌鸦,开膛穿肠,然后把它们吃掉。猫头鹰害怕白天,乌鸦害怕黑夜,没有消停的时候。

那时这群乌鸦中,有一只很聪明,就对所有的乌鸦说:"我们现在和猫头鹰已成冤家,冤仇无法化解,终将相互仇杀,势不两立,应当想办法消灭这些猫头鹰,然后我们才可以得到安乐,如果不想办法，最终会被打败。"乌鸦们回答说："正像你所说的，应当用什么方法，才能消灭仇敌呢？"聪明的乌鸦说："你们现在一起来啄我，拔掉我的羽毛，啄破我的头，我要设计来消灭猫头鹰。"乌鸦们随即按它的话做了。这只乌鸦的外表被啄得可怜不堪，飞到猫头鹰的巢穴外面，悲惨地叫着。一只猫头鹰听到声音后便出来说："你今天为什么，头破体伤，羽毛脱落，到我们这里悲惨地鸣叫，你有什么想说呢？"乌鸦对猫头鹰说："乌鸦们仇恨我，不让我活了，所以我来投靠你们，以避开冤仇。"这只猫头鹰怜悯它，想收留这只乌鸦，猫头鹰们都说："这是仇家，不可亲近，怎能收留它，来助长仇敌呢？"这只猫头鹰回答说："这只乌鸦今天困顿无奈，才来投靠我们，它孤单一身，又能做什么呢？"于是就留下了这只乌鸦，给它剩下的肉吃。

不久以后，乌鸦的羽毛长好了，乌鸦假装欢喜，开始按计划行事。它衔来树枝和草秆，放在猫头鹰的巢穴中，好像要报恩的样子。猫头鹰问乌鸦说："这是做什么呢？"乌鸦随即回答说："山洞巢穴之中，都是冰冷的石头，用这些草木来抵御风寒。"猫头鹰认为有道理，就默然允许了。于是乌鸦要求守护巢穴，假装接受驱使，用来报答养伤的恩情。

这时遇上了暴风雪，寒风凛冽，猫头鹰们都来到山洞的巢穴之中，乌鸦见到机会来了，心中暗喜，就衔来了牧牛人留下的火种，点燃了猫头鹰的巢穴，猫头鹰都被烧死了。这时各位天神用诗句说道：

所有宿日仇，不应去轻信。
乌鸦诈称善，烧死猫头鹰。

【辨析】

这篇故事记述的是自然界的冤冤相报并由此引发的惨剧。

本篇以乌鸦和猫头鹰宿怨的不可调和,无休无止地相互仇杀,比喻世间生灵永无停歇地弱肉强食与杀戮。告诫世人,仇恨的种子一旦发芽,就会结出意想不到的恶果。最后乌鸦以诈欺导致猫头鹰全被烧死的结果,则说明不辨善恶的愚善只能招来灭顶之灾。

　　本篇具有很强的文学性,故事情节集中紧凑、不枝不蔓而又曲折生动,富有形象性和画面感,很好地调动了人们的想象,从而展现出一幅幅画面,一个个场景。此外,还运用拟人手法通过对话和行为描写,刻画了乌鸦和猫头鹰的形象,突出了乌鸦的狡诈和猫头鹰的愚痴,给人留下深刻的印象。

一二一

婢共羊斗缘

【题解】

本篇以女仆和公羊之间的冲突，最终祸及村民和猕猴的故事，阐发了贪、瞋、痴三毒是众生苦难根源的佛教喻理。

【经文】

昔有一婢，禀性廉谨，常为主人，曲熬麦豆。时主人家，有一羯羝[1]，伺空逐便啖食麦豆。斗量折损，为主所瞋。信己不取，皆由羊啖。缘是之故，婢常因嫌，每以杖捶，用打羯羝。羝亦含怒，来抵触婢，如此相犯，前后非一。

婢因一日，空手取火，羊见无杖，直来触婢，婢缘急故，用所取火，着羊脊上。羊得火热，所在触突，焚烧村人，延及山野。于时山中五百猕猴，火来炽盛，不及避走，即皆一时被火烧死。诸天见已，而说偈言：

瞋恚斗诤间，不应于中止。
羝羊共婢斗，村人猕猴死。

杂宝藏经卷第十

【注释】

[1] 羯羝（jié dī）：公羊。

【译文】

女仆和羊争斗的故事

从前有一位女仆，为人清廉谨慎，经常为主人熬麦粥和豆子。当时主人家有一只公羊，稍不注意就偷吃麦子和豆子。这样饭粥的数量就有减损，为此主人不满意。女仆自己确实没有拿，都是公羊偷吃了。女仆常因此而讨厌公羊，每次见到就用木棍用力去打。公羊也发怒，就用角来顶女仆，发生这样的冲突，前后不止一次了。

有一天，女仆空手去取火种，公羊看见她手中没有木棍，就直接上来用角顶撞女仆，女仆情急之中，就用取来的火种，戳在羊的脊背上。羊被火烫着了，到处乱跑，烧了村子里的人家，火势蔓延到山野，这时山中的五百只猕猴，由于火势迅猛，来不及躲避，当即就被烈火烧死。众天神看见以后，用诗句说道：

愤怒斗争中，不应留其中。
羊和女仆斗，人逃猕猴死。

《杂宝藏经》第十卷完。

【辨析】

本篇讲述女仆和公羊之间因怨愤而引发的相斗，不仅使得两败俱伤，而且殃及无辜的悲剧故事，意在警示世人：相斗必有所伤，一时冲动则会酿成大祸。

　　故事情节设计巧妙，合情合理，羊因身上的毛被火点着，被烧得到处乱窜，进而殃及村民，点燃了原野，火又在风势的作用下烧到山中，烧死了猕猴。作者将这一连串的灾祸，通过简洁而形象的语言描绘得真切生动，历历在目。

后 记

本书是笔者承担的教育部社会科学基金项目"佛教比喻经典注译、评介、辨析与研究"的研究成果之一，为《佛教比喻经典丛书》中的第六本。能从事"佛教比喻经典注译、评介、辨析与研究"的工作，是我多年以来的心愿。完成这一任务，对我来讲是一种"加持"和"增上"的殊胜因缘。

当夜阑人静，窗外子夜的星光，已经被校园外依然闪烁的霓虹灯和电子大屏幕的灯光掩去的时候，也往往是我们工作开展最顺利，并渐入佳境的时候。在又一个长安四月天，"东风夜放花千树"的季节，如期杀青《杂宝藏经注译与辨析》一稿，也使我们又一次从心底泛起阵阵"轻安喜乐"的惬意，在写作的过程中，那种时不我待的感受常常在督促着我们。

本书在初稿完成后，曾广泛征求了西安电子科技大学宗教学、美学专业研究生的修改意见，也曾得到师兄、陕西省社会科学院宗教研究所王亚荣研究员，同年学长、中国社会科学院学部委员、宗教研究所魏道儒研究员，师弟、西北大学佛教研究所所长李利安教授的热情鼓励，在此谨致谢意。

感谢中国社会科学出版社同仁们的热情帮助；衷心地感谢黄燕生学长的举荐并作了许多前期的出版工作，提出了很好的建议；策划胡靖先生、编辑蔺虹女士为本书的出版提出了许多宝贵的修改意见,做了许多工作。值本书付梓之际,谨致诚挚的敬意。衷心地期望本书能得到读者的喜爱。

荆三隆记于 2013 年 5 月

怡然书斋